PEIYANG UNIVERSITY AND
MODERN CHINA

VOL.1

北洋大学与近代中国

—— 第1辑 ——

王杰 张世轶 主编

创于1897 商务印书馆
The Commercial Press

序　一

以史为鉴推进教育现代化的新征程

金秋十月，我们高兴地迎来了北洋大学创办 125 周年纪念。创建于 1895 年的北洋大学堂，为中国历史上第一所现代性质的国立大学，开中国近代高等教育之先河。1900 年，八国联军入侵津京，学校被迫停办，后于 1903 年 4 月复校。1912 年 1 月，"北洋大学堂"定名为"北洋大学校"，1913 年定名"国立北洋大学"。在 1928 年、1929 年又先后改名为"国立北平大学第二工学院"和"国立北洋工学院"。1937 年，"七七事变"爆发，9 月与北平大学、北平师范大学和北平研究院共同组建国立西安临时大学。1938 年 3 月，临大改称"国立西北联合大学"，1938 年 7 月，国立西北联合大学改组，北洋工学院与北平大学工学院、东北大学工学院和私立焦作工学院合组国立西北工学院。1942 年，国民政府行政院将原浙江省立英士大学升格为国立，将其工学院划出并独立为国立北洋工学院。抗战胜利后，国立北洋工学院（泰顺）、北洋工学院西京分院、西北工学院和北平部四校师生返回天津，恢复国立北洋大学，1946 年复名"北洋大学"。1951 年，北洋大学与河北工学院合并，由国家定名为天津大学。

北洋大学之于天津，是知识文化圣地，之于中国，是开中国近代高等教育之先河者，是中国社会向现代化转型的助推器。至今为止，我们已进行五届"北洋大学与天津"研讨会，在专家学者的共同努力下，产生了丰硕的研究成果，帮助我们深入认识北洋大学的历史发展，以及北洋大学、北洋学子在近代天津的现代化进程中发挥的作用。由此，我们希望将北洋大学文化与历史的研究继续深入，即由天津扩展到全国，围绕"北洋大学与近代中国"这一主题继续深挖。一方面，北洋大学作为中国第一所现代性质的国立大学，研究其历史，有助于了解北洋大学与近代社会变革之间的关系。另一方面，学史明理，以史为鉴。对于当下致力于创建世界一流大学的中国而言，探讨近代中国历史上大学所发挥的作用、所扮演的角色，从中能够得到相当的启发。

无论对于中国，还是对于世界，2020年都将是不平凡的一年。

2020年是中国人民抗日战争暨世界反法西斯战争胜利75周年。抗日战争是近代以来中国人民反抗外敌入侵持续时间最长、规模最大、牺牲最多的民族解放斗争，也是第一次取得完全胜利的民族解放斗争，是中华民族近代以来，从陷入深重危机，到走向伟大复兴的历史转折点。抗日战争爆发后，北洋大学与北平大学、北平师范大学共同组建了西北联合大学，与西南联合大学一起，携手积蓄力量，并肩支撑起抗战期间中国的大学教育。当年，西北联大提出的"团结御侮，自强不息"的民族精神，"艰苦奋斗，兴学强国"的创业精神和"公诚勤朴，矢志报国"的奉献精神，如今，已被视为当代中国高等教育的优秀传统基因。

历史可以洞见未来，但征程却没有穷期。

当今世界正经历百年未有之大变局，国际环境日趋复杂，全球大流行的新冠肺炎又加速了变局的演进，风险挑战之多，前所未有，也可说是世界进入了动荡变革期。在这样一个充满不确定性、不稳定性的世界里，面对"世界怎么了，我们怎么办"的时代之问，应该如何跨越时空维度，去回答，去感悟，去诠释，去践行解决这些问题呢？在百年未有之大变局下，"北洋大学与近代中国"将会是一个重要的时代探索命题。以下简要谈谈我的一些认识：

一、北洋大学的校歌中写道，"穷学理、振科工，要实地将中华改造"。求真务实是中华民族数千年传承的优秀传统，北洋大学将其发扬光大，用于近现代中国的建设中。历史表明，中国从一个积贫积弱的落后国家，发展成为世界第二大经济体，靠的不是对外扩张和殖民掠夺，靠的是求真务实、埋头苦干，走的是一条和平发展之路。过去如此，现在如此，今后还是如此。

二、从世界文明的发展规律上看，文明总是因多样而交流，因交流而互鉴，因互鉴而发展。一百年前，中西文化交流催生了中国高等教育，带动了中国传统教育的转型。当今世界，各个国家之间的联系越来越紧密，越来越成为你中有我、我中有你的命运共同体。不同文明的交流互鉴，是各国人民的共同愿望，更是推动世界高等教育发展的动力之一。一百多年前，北洋大学树立了中西文化交流的典范，成为中国高等教育发展史上重要的里程碑。今天的高等教育更需要在全球化融合中走向未来。

三、办好人民满意的教育，加快推进教育现代化的新征程，培养出有理想、有本领、有担当，能够肩负起民族复兴大任的时代新人。当前，发展是第一要务，人才是第一资源，创新是第一动力。而教育无疑是人才培养的关键。北洋大学开办之初就确立了"兴学强国"的使命，秉持着"自强之道，以作育人才为本；求才之道，以设立学堂为先"的办学宗旨，培养了一批具有家国情怀的国之栋梁。回顾与研究近代历史上北洋大学的学科教学、人才培养和学术研究方面的成就与影响，既有助于我们了解北洋大学的发展历程及其与社会发展的关系，也为当下高等教育的发展方向提供借鉴。

无论古今，教育对于一个国家、民族而言，都具有深刻的意义。当我们纪念北洋大学创建 125 周年之时，再次回溯近代中国历史上的北洋大学的历史，研究北洋大学在近代中国现代化转型中的角色、与社会变革的关系，既是为了铭记历史、不忘本来、以史为鉴，也是为了砥砺前行、面向未来。

罗澍伟

2020 年 10 月 16 日

序　二

国家的命运和大学的命运是如何交融、交织，大学在国家发展中如何更好地发挥作用？我们以北洋大学——中国第一所现代性质的国立大学作为重点研究对象，来开展一系列长周期的研究就成为非常重要的任务。基于这种认识，我们邀请众多专家学者共同研究。此前已举办过数届以"北洋大学与天津"为主题的研讨会。最初参与研讨会时，我还不是天津大学党委副书记，在这个过程当中，我和各位专家成了朋友。我也曾想我们对历史、文化的挖掘有一天会不会枯竭，再无可研究的，我是个读理工科的人，但是我因为参加了这五届"北洋大学与天津"研讨会，看到了参会专家的队伍越来越壮大，看到一届又一届的学术研究活动中有价值的成果像清泉一样涌出来，看到《北洋大学与天津》的学术论文集一年比一年厚实，我真的是感觉到中国历史文化的博大精深。欣闻研究的主题从"北洋大学与天津"扩展到"北洋大学与近代中国"，将更为深入地探索近代历史上大学与国家、社会之间的互动关系。这不仅有助于我们深入了解历史，了解北洋大学与社会发展的关系，也能够为我们当下如何发展高等教育提供重要参考。

教育对于国家而言，意义非凡，强国需先兴学。盛宣怀在 120 多年前提出："自强之道，以作育人才为本；求才之道，尤宜以设立学堂为先"，北洋大学是在近代中国有识之士救国图存的背景之下诞生的。而回顾近代历史上的北洋大学，学校的发展推动着社会的进步，不仅为社会输送各专业领域的人才，也促进新的理念、思想的传播。

我印象当中，在 120 周年校庆的时候，征集天大和北洋故事的时候，书的卷首有一篇文章这样提到：北洋大学的成立，是一个时代的表达，预示着在那样一个积贫积弱的年代，国家要找到复兴之路，解救民族于危亡的道路，必须要创新，必须要打破陈旧的桎梏，在这样一种思想的指引之下，这样的一所大学诞生了，北洋大学就是中国创新求发展、创新求变革的时代印记。

今天，125 年过去了，我们可以看到我们的国家就在我们选择的道路上砥砺前行。在这样的时代节点，我们再一次去研究"北洋大学与近代中国"这样一个话题，是非常重要的。回顾一百多年的天津大学的发展历史，可以看到我们是有利于历史发展的。当年邓小平同志在塘沽提到"开发区大有希望"，而我们也是特别重要的发展地区。

2018 年我挂职教育部职业教育与成人教育司副司长的时候，我始终认真学习职业教育和继续教育。天津是开创高等教育先河的地方，也始终走在继续教育的前列。我们天津的工业体系，在新中国一穷二白的基础之上，率先恢复了制造业等。到了今天，怎样为天津赋能、为天津找到发展道路，实际上作为大学的学者我们也承担着不可推脱的历史使命，所以前一阶段，天津市专门研究了在天津如何推动创新，如何让高校从创新的边缘走上创新的主战场。过去我们仅仅为创新创业提供人才支持，现在要求大学要走上创新的主战场，所以需要我们大学去研究。在 20 世纪二三十年代，我们率先开创研究型大学，为当时的中国开创的制碱业、水泥工业、材料工业、矿业工业等一系列新经济新产业的发展提供了非常多的支持；到了今天，如何用那样的魄力继续为助力区域经济发展贡献我们的力量，这是我们在今后研究"北洋大学与近代中国"这一课题时，必须要思考的问题。我想这些工作都需要我们这样的知识分子倾心投入。

传统文化的研究一定要继承家国情怀。从北洋大学诞生的第一天起，我们和西方中世纪教会和行业学会大学最大的不同就是，我们将大学的命运和国家民族的命运紧密地结合起来，把兴学救国、兴学强国的使命作为中国大学的精神之元始和基因之所在。我们在研究"北洋大学与近代中国"的时候，我们应考虑如何更加坚定地走中国道路，把我们的道路自信、文化自信、制度自信、理论自信发扬起来，总结凝练出更多更新的理论成果。所以我想今天和大家一起，在"北洋大学与天津"的基础上，继续共话"北洋大学与近代中国"。

在这样的一个历史节点上，再去看待这样一个话题，它的内涵变得格外深厚，它关照的世界变得格外宏大，这个话题所蕴含的力量变得格外深刻。在此对所有参与这一课题研究，以及给予我们支持帮助的社会各界专家学者、朋友们表示衷心的感谢。也特别期待各位学者继续围绕"北洋大学与近代中国"这一主题，围绕大学精神与社会发展，贡献智慧和力量，产出更为丰富的研究成果。

雷 鸣

2020 年 10 月 16 日

目　录

引　言

　　《北洋大学与近代中国》一书是研究中国近代，由中国政府批准建立的第一所现代性质的国立大学与中国社会变革之间的关系的学术著作。既有研究北洋大学自身的内容，也有研究北洋大学与中国社会之间的互动关系的内容，以试图真实地揭示大学建立对于社会变革所产生的影响。

一

　　我国现代性质的大学起步较晚，而且是"西学东渐"影响下的产物，因此潘懋元先生概括地称之为"后发外生型"。"后发"是说诞生的时间比欧美，甚至日本晚，"外生"即不是中国传统教育的延续，而是向中国之外的西方教育学习的结果。

　　中国的高等教育虽然是"西学东渐"的产物，但是这并不等于中国的大学就是完全照搬西方大学的样式，走的是西方大学的道路，而是紧密结合中国的国情，适应民族发展的需要，走出了一条既有世界现代教育特征的共性，又有鲜明的中国特色的中国大学之道。

　　北洋大学建立于清末的 1895 年 10 月，是我国近代学习美国大学模式，由中国政府批准，中国人自己建立的第一所现代性质的大学。北洋大学创办者盛宣怀在给光绪皇帝的奏折中明确提出："伏查自强之道，以作育人才为本；求才之道，尤宜以设立学堂为先"[1]，这一"兴学强国"的主张。随之在其后 120 多年的办学实践中始终坚定不移地将"兴学强国"作为学校使命，走出了一条中国特色高等教育之路。而且，这条道路（亦可称为大学功能）之于中国的现代高等教育具有共性的特征。在北洋大学建立 120 年后，2016 年天津大学举办的校长论坛上，中国高教学会瞿振元会长说："'兴

---

　　[1] 《盛宣怀请奏设立本校章程禀》，北洋大学—天津大学校史编辑室编：《北洋大学—天津大学校史资料选编（一）》，天津：天津大学出版社，1991 年，第 3 页。

学强国'是中国高等教育与生俱来的历史责任和追求，是继意大利博洛尼亚大学提出'人才培养'，德国洪堡大学提出'科学研究'之后，大学功能在中国的拓展与完善。随后，'服务社会'这一功能被美国威斯康星大学提出。可以说，'兴学强国'拓展了高等教育功能，提升了高等教育境界，彰显了中国大学的精神特质，改变了世界高等教育发展史。"[1]

就教育来讲，"兴学强国"改变了世界高等教育发展史，就中国社会来讲，"兴学强国"影响了中国社会的变革与进步。

恩格斯指出："一切社会变迁和政治变革的终极原因，不应当到人们的头脑中，到人们对永恒的真理和交换方式的变革中去寻找，而应当到生产方式和交换方式的变更中去寻找；不应当到有关时代的哲学中去寻找，而应当到有关时代的经济中去寻找。"[2]

教育反映了人类社会发展的一种需求，不同类型的教育是与不同的社会形态相适应的。与自给自足的农业社会相适应的是封建教育，重视科举取士，培养为封建统治服务的管理人才。农业社会对于科学技术需求的低下，没有需要大批科学技术人才的市场，也就不需要现代大学。

现代高等教育产生于工业社会的前夜。现代大学出现在欧洲，11 世纪，现代意义的"大学"在意大利中部的博洛尼亚（Bologna）出现，1158 年建立博洛尼亚大学，1231 年萨莱诺大学获得官方承认，从而意大利成为文艺复兴的基地、欧洲社会向现代转型的摇篮。

12 世纪中叶，法国建立了巴黎大学。1257 年，大学的第一个学院机构索邦学院成立，索邦（Sorbonne）成为大学的代称。法国大学兴起，为普鲁士帝国辉煌提供了思想、艺术和人才的支持。

1640 年至 1688 年，英国进行了资产阶级革命，打破了封建专制，开始从农业国家转向工业国家。18 世纪中叶英国第一所实施高等工程教育的沃灵顿学院应运而生，这是第一所专业化的技术性学院。1828 年又设立了大学学院，以学院为基础，1832 年建立了达勒姆大学，1836 年建立了伦敦大学。其后英国开展了"新大学运动"，促

① 王杰：《中国现代大学的道路自信》，《小语微言——大学文化学术报告自选集》，天津：天津大学出版社，2019 年，第 28 页。
② 中共中央马克思恩格斯列宁斯大林著作编译局编译：《马克思恩格斯选集》（第三卷），北京：人民出版社，1995 年，第 617—618 页。

进了英国高等教育的快速发展，为工业革命和技术革命输送了人才，为英国综合国力的提高发挥了作用。19世纪中叶英国一跃成为世界头号强国。

19世纪研究型大学的观念是从德国发展起来的，德国教育部长、柏林大学校长洪堡提出了大学开展科学研究的使命，强调科学研究的成果融入教学，创造了教学科研相长的新的大学功能。此时的德国大学在世界起到了引领作用，其后，德国成为第二次工业革命中最重要的国家。黑格尔曾言："没有洪堡大学就没有光辉灿烂的德意志文明"。

在美国，先有哈佛，后有美利坚。1636年建立了哈佛学院，1783年美国独立。17世纪中叶的哈佛大学，后来的耶鲁大学和麻省理工学院等18世纪建立的大学，及《尼雷尔法案》后美国大学如雨后春笋般的发展，极大地促进了美国的现代化，第一次世界大战后美国成为世界超级强国。

以上笼统的表述虽然不能够详细地说明大学的建立与国家发展的关系，但是大学的发展促进了社会的变革却是不争的事实。

西学东渐，进入工业社会的资本主义国家借船坚炮利之势对落后国家进行军事侵略、经济掠夺的同时，输出科学技术、文化教育。19世纪初，英国开始向中国大量走私鸦片，天津则是中国北方最大的走私口岸和贸易市场。第二次鸦片战争，天津被开辟为通商口岸。随着商贸的繁荣，天津成为中国北方最大的贸易港口和工商业大城市。天津不仅经济发达而且地理位置重要，是清政府所在地——北京的门户。为此，清政府在天津设立了专职的"三口通商大臣"和直隶总督。此后，中国的外交中心由上海转移到天津，天津的政治、经济、军事地位骤然上升，成为洋务运动的北方中心、全国的第一重镇。

19世纪末，天津建立的许多工厂企业创造了中国之最，标志着中国近代工业从天津萌发。1867年天津开办机器局，1878年成立了运用西法采矿的开平矿务局，1880年成立了天津电报总局，1888年天津修筑了第一条铁路，1890年天津成立了"北洋官铁路局"，等等。其中，天津机器局、开平矿务局等是举国闻名的大型工矿企业。此时还有许多外国企业在天津投资建厂，据统计1895年到1919年国外企业在天津建厂近60家，包括造船厂、机器厂、电灯厂、发电厂、面粉厂、化工厂等等。

此时的天津也是中国北方最大的金融中心。1880年英国在天津开设了汇丰银行，1895年英国又在天津开设了麦加利银行，1896年俄国在天津开设了华俄道胜银行，1897年德国在天津开设了德华银行，1899年日本在天津开设了正金银行，等等。

为了拱卫京畿，清政府投入巨资在黄渤海成立了当时装备先进的北洋水师，设立了培养海战人才的天津水师学堂。同时，为培养新式陆军人才成立了天津武备学堂。

19 世纪末的天津，成为近代中国工业、金融、商贸最发达的地区，又是政治、军事、文化重镇，繁荣而特殊的社会需要大量具有高等教育水平的人才，这也为受过高等教育的人才提供了市场。19 世纪末的天津在中国率先具备了工业社会的发展要素，相对发达的经济、文化，为中国高等教育的产生营造了必要的环境。

潘懋元主编的《中国高等教育百年》中，朱国仁教授的文章提道："中国近代大学是在 19 世纪末开始萌芽的，1895 年盛宣怀主持创办的天津中西学堂的头等学堂是其标志。"①

潘懋元在《高等教育学》中进一步肯定："1895 年，津海关道盛宣怀在天津设立中西学堂，其教学内容完全不同于以'儒学'为主课的旧式学校。它除了'中学'之外，特别注意机械和法律等科目，并以外语和先进的科技为主课。该学堂的开办是由盛宣怀奏议、光绪帝亲自批准，由国家举办。学校经费由国家拨款，学生一切费用也是由国家负担。因此，天津中西学堂可看作是我国近代第一所公立大学。"②

潘懋元先生所说的"天津中西学堂"是盛宣怀草拟办学章程时使用的名称，光绪皇帝批准后，开办时称为"北洋大学堂"。从世界来看，各国现代大学的开办都深刻、多方面地影响着社会的变革，那么"我国近代第一所公立大学"的开办对于中国社会的变革又有怎样的影响呢？这确实是一个非常有研究价值的实际问题。

尤其是在当今，我国正处于百年未有之大变局的形势下，面对实现"两个一百年"奋斗目标和实现中华民族伟大复兴的中国梦的关键时期，面对国内、国际的新的社会发展格局，大学发展对于社会变革的影响与贡献的研究，更显得格外重要，具有很强的实践意义和现实意义。③

改革开放后，高等教育史的研究成果颇丰，但是研究大学与社会关系的成果较少，更缺少对于中国第一所大学和标志性大学与社会变革关联的研究。因此，关于北洋大学与近代中国的研究就愈加重要和可贵。

---

① 朱国仁：《中国近代高等教育体制的形成》，潘懋元主编：《中国高等教育百年》，广州：广东高等教育出版社，2003 年，第 113 页。

② 潘懋元，王伟廉主编：《高等教育学》，福州：福建教育出版社，2007 年，第 15 页。

③ 习近平在 2019 年秋季学期中央党校（国家行政学院）中青年干部培训班开班式上的讲话。

二

此书是《北洋大学与近代中国》（第 1 辑），标志着尝试将一所大学放到中国社会中研究的开始，为了这个开始，前期我们做了大量且长时间的准备和积累。

早在 1983 年，我们就开始校史的研究和撰写，其后将近 40 年的时间里先后出版了《北洋大学——天津大学校史》第一卷和第二卷，"天津大学（北洋大学）百年办学回顾"丛书，《天津大学简史》《百年教育思想与人物》《天津大学志》等史志编研成果；出版了《学府典章：中国近代高等教育初创之研究》《学府探赜：中国近代大学初创之史实考源》《学府史集》《学府史论：中国近代大学校史研究论文选编》《中外大学史教程》等高等教育问题性研究成果；还出版了《文化记忆》《实事求是　日新又新——天津大学文化研究》《大学文化讲演集》《木铎金声——天津大学校长寄语集》《小语微言：大学文化学术报告自选集》等大学文化研究成果。更直接的是自 2016 年起，连续五年，由天津大学发起、组织、承办了五届"北洋大学与天津"恳谈会，每届参会者都有一两百人，为天津市文史、教育等各界学者和研究人员，并连续出版了《北洋大学与天津》研究成果五辑。尤其是第四、五届会议，吸引了国内外学者的参加，客观上突破了"北洋大学与天津"的研究范围，扩大到了北洋大学与近代中国的研究范围。

《北洋大学与天津》第一至五辑收录研究成果近百篇，主要集中在以下几个方面：

一是对于北洋大学历史和办学特点的研究。如《刍议北洋（天津）大学堂之初创》《创办北洋大学堂的历史背景和创办过程》《天津大学创建早期有关校史研究中的几个问题》《北洋学潮概述——学生校长学制之争》《北洋大学堂"庶务官"之庶务提调考》等等，此类研究成果充实了校史研究和高等教育史研究的内容。

二是对于北洋大学人物的研究。如《中西交通史学家张星烺》《严复与王修植的交往》《抗战忠烈房阴枢生平考略》《1921 年至 1923 年北洋大学及著名校友王宠惠、钟世铭等的活动》《一生致力公共卫生事业的刘瑞恒》等等。这部分所占篇幅较多，有 50 余篇。由于北洋大学的教师和毕业学生在不同领域做出了卓越贡献，因此，写人的同时就涉及了他们对于中国社会的贡献。例如，中国共产党创始人之一、广州起义总指挥张太雷，近代中国法学第一人、海牙国际法庭大法官、民国外长和总理的王宠惠，经济学家、人口学家马寅初，金属学及材料科学家师昌绪，"中国奥运之父""远东奥林匹克运动会"发起人王正廷，音韵学大师、词学家陈荫杭，矿冶专家、材料学家王宠佑，等等。清末北洋大学毕业生中有近 150 人被清政府赏予进士出身，这在各个大学中是绝无仅有的，这些人不仅仅担任要职，更重要的是成为中国社会近代化的许多领域的开创者，对于中国近代社会的变革起着重要影响和作用。

三是对于北洋大学与社会关联性问题的研究。如《五四运动中的北洋大学》《早期西式体育在近代天津的传播》《直隶总督、北洋大臣与北洋大学堂》《九·一八之后北洋大学的反日活动》《五四运动中的北洋大学》《解放战争时期北洋大学学生运动略考》等等，直接研究北洋大学与社会事件的关联。当然，还有北洋大学与中国近代工业建设的研究，如北洋大学与中国第一家水泥公司"启新公司"，北洋大学与中国最大的现代煤矿"开滦煤矿"，北洋大学与中国第一个民族碱业"红三角"纯碱，北洋大学与中国第一座现代大桥"钱塘江大桥"，等等。这些研究成果本身就是"北洋大学与近代中国"的题中之义。

综上所述，开展"北洋大学与近代中国"的研究是有历史、有基础、有内容、有价值的。《北洋大学与近代中国》（第 1 辑）仅仅是一个尝试性的开端，今后要长期、深入地做下去，期望能够达到揭示大学与社会变革之目的。

三

"北洋大学与天津"得以拓展为"北洋大学与近代中国"，得益于有一支高水平的研究队伍。此队伍包括有"北洋大学与天津"专项研究员、研究指导和研究顾问 30 余人，有天津文史界的众多热心支持者，大家同心协力共同打造了"北洋大学与天津"这个平台，同时吸纳了上海、武汉、唐山、广州、香港、澳门等地的研究学者，在天津大学领导的长期支持下，以天津大学"大学文化与校史研究所"为支持基地，扩展为"北洋大学与近代中国"的研究平台。我们相信随着《北洋大学与近代中国》一书在商务印书馆出版，会在社会造成更大的影响，今后这个研究平台会有更多的人加入，会产生更多、更有质量的成果，为中国高等教育的发展和社会进步起到积极的作用。

王　杰

2021 年 3 月 25 日

中国第一所现代公立大学考辨[*]

吴　骁^{**}

哪所大学是中国历史上的第一所现代公立大学？这个问题的答案，原本是非常明晰的，即清末津海关道盛宣怀于 1895 年在天津主持创办的北洋大学堂（今天津大学前身），这本是教育史领域的一个基本常识。^① 然而，近些年来，由于种种原因，这一客观史实屡遭各种无谓的"挑战"。^② 现在，笔者就以大量相关的基本史实以及全国学术界近年来关于北洋大学堂的一些最新研究成果为据，重申并再次牢固地树立这一"常识"。

在甲午战前，中国所有的官办新式学堂均无任何关于现代大学的基本制度设计，亦从未尝试过构建现代三级学制，故无现代公立大学可言。及至甲午战后，由时任津海关道盛宣怀主持创办的天津北洋大学堂，最早仿照西方现代高等教育模式进行制度设计，最早以"大学堂"正式命名，最早以完整的中等教育及大学预科教育为办学基础，最早参与构建小学—中学—大学"三级学制"，最早创立现代大学学科专业，最

---

* 项目基金：教育部人文社会科学重点研究基地重大项目"中国近代大学的兴起与演进"（17JJD770005）。

** 作者简介：吴骁，武汉大学档案馆馆员，主要从事中国近代大学史及武汉大学校史研究。

① 相关学术观点可参见陈翊林：《最近三十年中国教育史》，上海：太平洋书店，1930 年，第 49—50 页；周予同：《中国现代教育史》，上海：良友图书印刷公司，1934 年，第 190 页；熊明安编著：《中国高等教育史》，重庆：重庆出版社，1983 年，第 310、315 页；夏东元：《盛宣怀传》，成都：四川人民出版社，1988 年，第 277 页〔加拿大〕许美德著，许洁英译，王嘉毅、陆永玲校：《中国大学 1895—1995：一个文化冲突的世纪》，北京：教育科学出版社，2000 年，第 17 页；金以林：《近代中国大学研究：1895—1949》，北京：中央文献出版社，2000 年，第 9—10 页。

② 比如有学者认为："1895 年成立的天津北洋西学学堂，是与其他洋务学堂性质完全相同的地区性的洋务学堂。而 1896 年更名为北洋大学堂，其性质并没有改变……因此，天津大学的大学校史的严格地说应从 1910 年算起……"参见郝平：《北京大学创办史实考源》（修订版），北京大学出版社，2008 年，第 305 页。还有学者认为："武汉大学是中国最早的现代大学，成立于 1893 年，是欧洲人所建议的'洋务运动'的一部分。"参见〔美〕柯伟林著，谢喆平译：《中国世纪？——高等教育的挑战》，《清华大学教育研究》2014 年第 3 期。

早被政府当局授予大学本科毕业文凭，最早派遣大学本预科肄业生、毕业生及教师出国留学，最早享有中央政府所认可的全国最高"学历"（赏给进士出身），故其毫无疑问为中国第一所现代公立大学。

众所周知，作为一个在 19 世纪中期因被西方列强用"坚船利炮"打开国门，慢慢地陷入半殖民地化的历史深渊，最终被迫走上"后发外生型"现代化道路的后起国家，中国的现代高等教育并非是由本国源远流长的古代高等教育一脉相承地延续发展而来，而是在国门洞开、"西学东渐"的历史背景下，由国内外的若干先进人士直接将西方现代高等教育的基本制度与形式逐步引进和"移植"而来。从 19 世纪 30 年代末开始，西方各国教会在中国的领土上陆陆续续地创办了不少教会学校。当时，西方社会的"小学—中学—大学"三级学制早已成型，故外国传教士在华办学时，通常都是首先从最低层次的启蒙教育或初等教育入手，然后再在此基础上循序渐进地陆续开办中等教育乃至高等教育。从 19 世纪 80 年代初到 90 年代初，山东的登州文会馆（齐鲁大学前身）、北京的汇文书院与潞河书院（均为燕京大学前身）、上海的圣约翰书院（圣约翰大学前身）等著名教会学校先后开设了大学课程，后来又先后被相应的外国教会和政府认可为"大学"。对此，海外学术界很早就有人认为，上述四校便是中国历史上最早的几所教会大学。[1]

从 19 世纪 60 年代初开始，为御侮图强，清政府中的洋务派也在全国各地开办了不少以"西文""西艺"为主要学习内容的所谓"洋务学堂"。与教会学校的办学路径截然相反的是，由于洋务派最初对西方的教育制度所知甚少，只是要针对各项洋务事业的具体需要直接培养相应的各类专门人才，故从一开始就选择了开办各种专门教育。然而，由于这些专门教育缺乏普通教育作为基础，因此，所有的洋务学堂均须从初等教育或中等教育开始"补课"，然后才有可能在此基础上施行专门教育。在实际的办理过程中，大多数洋务学堂的基本程度只是停留在中等专业教育层次，但也有少数水平较高者如京师同文馆、福建船政学堂、天津水师学堂等脱颖而出，突破了中等教育的范畴，初步地达到了相当于现代高等专科教育的办学层次。然而，由于洋务教育始终未能构筑起一套层次分明、相互衔接的学制体系，因此，即使是其中办学水平最高的少数佼佼者，也不能算作现代意义上的正规大学。

---

[1]　参见 Kwang-Ching Liu, "Early Christian Colleges in China," *The Journal of Asian Studies,* Vol. 20, No. 1, 1960, pp.71-78；〔美〕杰西·格·卢茨著，曾钜生译：《中国教会大学史（1850—1950）》，杭州：浙江教育出版社，1987 年，第 23—30 页。

总之，在中日甲午战争前夕，中国境内虽然已经有了少数几所现代大学，但均为外国教会所办，这些教会大学对于中国的教育发展与社会进步固然也具有非常重要的意义，然而，在它们正式向中国政府立案之前，其存在本身即为对中国教育主权的侵犯。直到甲午战后不久，在空前深重的民族危机的刺激下，清政府中的少数先进人士才最终选择了借鉴西方高等教育模式，在自己的国土上自主创办了第一所官办的现代大学——北洋大学堂。

需要特别加以说明的是，在清末，由中国人自己开办的新式学堂可分为官立、公立和私立三类，其办学主体分别为政府、社会团体和个人。其中，"公立"学堂多由民间士绅捐集"公款"而建，如果按照从民国时期直至现代的定义和标准，实多为由"私法人"主办的"私立"学校。另外，进入民国后，"官立"这一称谓被废止，而以"公立"取而代之，至此，"公立"一词的含义便发生了根本性的变化。本文所谓的"公立大学"，系采用现代汉语语义，即由政府部门主办的大学，在清末的语境中，与之对应的则是"官立"或"官办"大学。由于当时"民间"的办学力量远远无法与掌控着大部分社会资源的"官府"相提并论，由私人或私法人兴办的高等教育自然会远远滞后于官办高等教育，因此，在这样的基本"国情"土壤之中，中国人最早尝试并成功创办的第一所现代大学，必定会是一所官办大学，用现在的话来说，即公立大学。

那么，为什么说北洋大学堂是中国人自己创办的第一所现代公立大学呢？其基本理由主要有如下几点：

一、在全国各官办新式学堂中进行了最早的现代大学制度设计

作为洋务派的重要代表人物，盛宣怀在办理洋务教育方面原本颇有建树，而更为难能可贵的是，在所有的洋务大员中，他最先感受到了洋务教育的一些根本性缺陷，并试图用更加先进的教育模式取而代之。到了甲午前后，盛宣怀逐渐认识到，只办理一些急功近利、揠苗助长的专门教育，学习一点肤浅的"西文""西艺"，那是远远不够的，必须要在全国范围内大力发展从初等教育、中等教育稳步递进至高等教育的有组织、有系统的普通教育，并且将学习内容扩展和上升到更为深邃的"西政""西学"的制度层面上去，这才是更为有效的救亡图存之道。而1895年北洋大学堂的创办，正是盛宣怀率先在全国范围内着力开办正规普通教育及高等教育的

历史开端。①

　　1895 年，在甲午战后不久，时任津海关道盛宣怀便委托直隶总督兼北洋大臣李鸿章的家庭教师、早年先后毕业于美国达特茅斯学院与欧柏林学院研究院的美国驻天津副领事丁家立（Charles Daniel Tenney）负责筹办一所新式学堂。当年 9 月 10 日，丁家立起草了一份以"Tientsin University"（天津大学）为名的规划书，并将该校的办学层次划分为"Preparatory School"（预备学校）与"Technical College"（技术学院）两级，也就是美国大学中的预科与本科，其中译名则分别定为"二等学堂"与"头等学堂"。丁家立指出，开办该大学的第一步，便是先指派一个由一位"华总办"与三名来自不同国籍（如英、德、美、法等国）的、能干的外籍土木工程师组成的考察团，赴欧美主要国家搜集各国大学章程，然后提交一份报告书，汇报国外不同大学体系之优劣，并完整、详尽地阐述如何建立一所能够满足中国之需要，且能适应中国之国情的"技术学院"。不过，另一方面，丁家立又强调，该校使用英语授课，因此，校中的中国学生必须完全掌握英语。此外，这份规划书对于上述两级学堂的教师聘用、课程设置、学生的经费补贴及日常管理等问题均作出了初步的规定。②

　　当时，盛宣怀与丁家立"考究再三"，最终拟定了天津头等、二等学堂章程及功课、经费规定，较为翔实、完备地规定了这两所学堂教职员的聘任与管理、学生的招录与分类教育、学科专业设置与历年课程、常年经费预算与分配、校舍与仪器设备的布置等内容，堪称中国现代高等教育史上的第一个官办大学堂章程。盛宣怀还特别强调，"当赶紧设立头等、二等学堂各一所，为继起者规式"，"头等学堂，因须分门别类，洋教习拟请五名，方能各擅所长，是以常年经费甚巨，势难广设。现拟先在天津，开设一处，以为规式"。③ 事实上，北洋大学堂的若干办学模式，对于后来南洋公学、京师大学堂、山西大学堂等其他官办大学的陆续开办，均起到了一定的示范与"规式"作用。如在 1896 年南洋公学筹办之时，盛宣怀就明确表示要"如津学之制

---

　　① 　相关研究可参见欧七斤：《盛宣怀与中国近代教育》，上海：上海交通大学出版社，2016 年，第 51—53、91—95 页。

　　② 　以上内容参见《博来评论新设学堂节略（英文）》，1895 年 9 月盛宣怀档案，档号 045091—2，上海图书馆藏。

　　③ 　以上内容参见《拟设天津中西学堂章程请奏明立案禀北洋大臣王》《头等学堂章程》《头等学堂功课》，《时务报》第 8 册，光绪二十二年九月十一日（1896 年 10 月 17 日），第 8—11 页；《头等学堂经费》《二等学堂章程》《二等学堂功课》《二等学堂经费》，《时务报》第 11 册，光绪二十二年十月十一日（1896 年 11 月 15 日），第 6—9 页。

而损益之"①，1898年又称"初议筹设南洋公学，拟照天津分设头、二等两学堂"②。又如1902年初，在"庚子变乱"后京师大学堂恢复重建之时，管学大臣张百熙鉴于当时全国各地的中小学堂尚未遍设，普通教育体系构建需时，无法及时给大学堂提供足够的合格生源，于是只好采取"通融办法，惟有暂且不设专门，先立一高等学校……以此项学校造就学生，为大学之预备科"③，这便是北洋大学堂在创办之初专门设立大学预科（二等学堂），直接为大学本科（头等学堂）培养合格生源的做法。所不同的是，北洋大学堂在1895年创办伊始便是大学本科与预科并设（虽在1900年被迫暂时停办，但不久后又分别于1903年和1905年先后恢复了大学预科与本科，详见下文所述），而京师大学堂则直到1910年方才正式开办"分科大学"④，刚刚达到大学本科办学层次。再如1902年成立的山西大学堂的西学专斋，先办大学预科，而后又先后开设了法律、矿学、格致、工程4门本科专业，⑤ 其中除格致外，其余3门均与北洋大学堂完全相同。

二、全国第一所被正式冠以"大学堂"之名的官办新式学堂

在晚清的第二次"西学东渐"浪潮中，对于西方国家的"university"以及提供高等教育的"college"，中国的一些士大夫与广大外国传教士均主要将其翻译为"大书院"。⑥ 相对而言，"大学堂"一词出现较晚，最初也主要是用来指称国外的大学，还有外国人在中国创办的一些新式学校（如美国传教士林乐知创办的上海中西书院）。根据现有史料，中国人首次使用"大学堂"一词来称呼国人自行开办的新式学堂，可能正是从盛宣怀开始的。1891年8月，盛宣怀主管下的上海电报总局在《申报》上

---

① 盛宣怀：《请设学堂片》（光绪二十二年九月，1896年10月），《盛尚书愚斋存稿初刊一百卷》（以下简称《愚斋存稿》），卷一，奏疏一，思补楼藏版，1939年，第11页。

② 盛宣怀：《筹集商捐开办南洋公学折》（光绪二十四年四月，1898年5月），《愚斋存稿》，卷二，奏疏二，第19页。

③ 《管学大臣张百熙奏陈筹办大学堂情形折》（光绪二十八年正月初六日，1902年2月13日），北京大学、中国第一历史档案馆编：《京师大学堂档案选编》，北京：北京大学出版社，2001年，第102—103页。

④ 《又奏分科大学开学日期片》，《学部官报》第118期，宣统二年三月二十一日（1910年4月30日），"本部章奏"，第1—2页；问天：《宣统二年二月中国大事记》，《东方杂志》第7卷第3期，宣统二年三月二十五日（1910年5月4日），"记载第一 中国大事记"，第47页。

⑤ 参见《国立山西大学沿革概况》《国立山西大学大事记》，《国立山西大学一览（民国三十六年）》，1947年，第1、3—4页。

⑥ 参见范广欣：《从"大书院"到"大学"：近代中国对university的翻译》，《江海学刊》2019年第4期，第179—187页。

发布告示称："上海电报总局现奉督办宪盛札饬添设大学堂，招取洋文深透、身体结实、性情和平、心地聪明、廿岁以内之上等学生十名，愿学者速至陈家木桥电报学堂报名，听候洋教习考试录用……"① 由于史料缺乏，我们尚难断定盛宣怀当时"札饬添设"的这个"大学堂"究竟是不是现代意义上的大学，但可以肯定的是，这项办学计划的具体实施结果后来未见经传，这个仅仅只是曾经在纸面上出现过的"大学堂"，显然并没有成为现实。

在 1895 年北洋大学堂筹办之初，该学堂的正式名称一开始并没有立即确定下来，而是先后有过"北洋头等学堂""天津中西学堂""北洋西学学堂"等多个临时性代称。1895 年 9 月 19 日，盛宣怀在上呈时任直隶总督兼北洋大臣王文韶的《拟设天津中西学堂章程请奏明立案禀》一文中提出，"当赶紧设立头等、二等学堂各一所"，并且明确指出，"头等学堂……此外国所谓大学堂也"。② 这就明确昭示了他所筹办的"头等学堂"是以国外的"大学堂"作为参照的。随后，王文韶又于当年 9 月 30 日为盛宣怀代奏在天津"创办西学学堂""创设北洋西学学堂"一事，并在其奏折中完全沿袭了盛宣怀所称"头等学堂……此外国所谓大学堂也"的说法。③

1895 年 10 月 18 日，北洋大学堂正式开办。④10 月 30 日，德国政府与天津地方当局签订了《德国租界设立合同》，其中明文规定："博文书院及博文书院所有之地，现在中国官改为大学堂……"⑤11 月 8 日，为筹集办学经费，盛宣怀在《直报》上发布了一条"劝令加捐"的筹款启事，其中明确指出："查前因天津设立头等二等大学堂……"⑥12 月 7 日，英国人在天津创办的英文报纸《京津泰晤士报》（*Peking and Tientsin Times*）刊登了两篇关于北洋大学堂的报道，一篇名为《中国北方大学》（*The University of North China*），文中同时列出了该校名称的英文译音与中文原文——"Pei-yang-ta-hsüeh-t'ang（北洋大学堂）"，并指出这一校名系由中国官方所命名，另一篇名为《天津大学访问记》（*A visit to the Tientsin University*），其在结尾处也特地用

①《招人告白》，《申报》，1891 年 8 月 16 日，第 5 版。

②《拟设天津中西学堂章程请奏明立案禀北洋大臣王》，《时务报》第 8 册，光绪二十二年九月十一日（1896 年 10 月 17 日），第 8—9 页。

③《奏设天津中西学堂章程》（续第 11 册），《时务报》第 12 册，光绪二十二年十月廿一日（1896 年 11 月 25 日），第 6—8 页。

④ 参见欧七斤：《盛宣怀与中国近代教育》，上海：上海交通大学出版社，2016 年，第 57—58 页。

⑤《德国租界设立合同（老租界）》（1895 年 10 月 30 日），天津档案馆、南开大学分校档案系编：《天津租界档案选编》，天津：天津人民出版社，1992 年，第 162 页。

⑥《劝令加捐》，《直报》1895 年 11 月 8 日，第 2 版。

汉字注明了该校的中文名称——"北洋大学堂",而且这两处"北洋大学堂"均为大号加粗字体。①

由上可见,在北洋大学堂创办的当年,其"大学堂"的名称、性质与地位便已得到中外政府当局以及社会媒体的多次确认,并由此成为中国历史上第一所被政府当局乃至全社会公认为"大学堂"的高等学府。此外,尤为重要的是,正是以1895年"北洋大学堂"的创办为标志和起点,"大学堂"一词便开始逐步取代先前通行了数十年之久的"大书院"一词,成为中外人士对于"university"这一英文单词的标准译法。②

另外,到了1897年夏,美国传教士李佳白(Gilbert Reid)向清政府建言创设"总学堂"(即后来的"京师大学堂")时,首先就开门见山地指出:"天津初创育才馆,近更有大学堂之设。"③这就说明,在京师大学堂创办之前,北洋大学堂就已经是中外士人所公认的、名副其实的"大学堂"了。事实上,即使是在后来京师大学堂、山西大学堂等其他官办大学堂陆续成立之后,北洋大学堂在一些政府公文中也依然经常被径直简称为"大学堂"。

三、以完整的中等教育及大学预科教育为办学基础

丁家立在规划筹建北洋大学堂之时,之所以要分设头等学堂(大学本科)与二等学堂(大学预科),就是为了在当时中国的普通教育尚未全面兴起的背景下,由二等学堂直接为头等学堂培养和提供合格的生源。1895年9月7日,丁家立首次在《直报》上刊登招生启事,称"本总教习拟在天津、上海、香港招集头等学堂一班学生、二等学堂三班学生"。④一开始,盛宣怀曾错误地认为,"二等学堂即外国所谓小学堂也"。⑤不过,很早就有学者指出,按照盛宣怀的计划,由于"二等学堂招收十三岁至十五岁的学生,'按其年岁,考其读过四书,并通一二经,文理通顺者,酌量收录'。如此,

---

① "The University of North China," "A visit to the Tientsin University," *Peking and Tientsin Times,* December 7th, 1895.

② 参见范广欣:《从"大书院"到"大学":近代中国对university的翻译》,《江海学刊》2019年第4期,第179—187页。

③ 〔美〕李佳白:《拟请京师创设总学堂议》,《万国公报》第103卷,光绪二十三年七月(1897年8月),第1页。

④ 《教育英才》,《直报》,1895年9月7日,第2版。

⑤ 上海图书馆编:《盛宣怀档案选编》第86册,上海:上海古籍出版社,2014年,第8页。

则二等学堂不是'外国所谓小学堂'，而是外国所谓中学堂了"。① 二等学堂的学制定为四年，如此一来，"第五年起，每年即可拨出头班三十名，升入头等学堂"。但在另一方面，盛宣怀又考虑到，"惟目前急于成材，若候至五年后设立头等学堂，实有迟暮之憾"。于是，为了加快人才培养的速度，盛宣怀便决定，"拟向上海、香港等处召集已学西文、算学四五年者，精选三十名为第四班，第二、三、四年仿此办法"。② 在 9 月 19 日正式上呈王文韶的禀文中，盛宣怀将头等学堂的招生方案正式确定为："本年拟先招已通大学堂第一年功夫者，精选三十名，列作末班，来年即可升列第三班，并取二等之第一班三十名，升补头等第四班之缺，嗣后按年递升……"③

1895 年 9 月中旬，丁家立首次在天津招考头等、二等学堂学生，但结果很不理想，最终录取者寥寥无几。9 月下旬，丁家立又与二等学堂总办蔡绍基前往上海招生，此次招生"皆以英文为重""考取极严"，在 70 多名报考者中，最后录取二等学堂学生 50 人，其中头班 7 人，二班 15 人，三班 28 人。10 月初，丁家立、蔡绍基又来到香港招生，当时共有 295 人报考，最终录取 67 人，其中仅有来自广东东莞的王宠佑、王宠惠兄弟两人首批被选入头等学堂，其余 65 人均只能暂入二等学堂学习。另外，在这 67 人中，有 35 人曾肄业于香港最早的官办中学——皇仁书院。10 月 17 日，丁家立在香港正式公布了招生结果，并且特别表示："此次取中之二等学堂学生，其中如有读过几何、代数等学，实因一时不慎，成稍为生疏，以致不能取入头等学堂者，正可及时用功温习，俟到津后再行复试补取可也。诸生勉之！"④ 由此可见，在北洋大学堂筹办之初，由于头等学堂合格生源难觅，丁家立便稍作变通，对那些被录取到二等学堂的学生再作一番筛选，通过"复试"从中择优"补取"，以求头等学堂能够尽早开办。

按照丁家立 1895 年 9 月 10 日草拟的规划方案，"二等学堂现时即可创办，""头等学堂宜稍缓开办，缘学生在二等学堂内已有成效者方能选入头等学堂，且须盖置房屋、布置格致演试房所、延请妥当格致学之教习等事，须一年之期，方能竣事"。⑤ 不

① 陈翊林：《最近三十年中国教育史》，上海：上海太平洋书店印行，民国十九年（1930），第 45 页。

② 上海图书馆编：《盛宣怀档案选编》第 86 册，上海：上海古籍出版社，2014 年，第 8—9 页。

③ 《拟设天津中西学堂章程请奏明立案禀北洋大臣王》，《时务报》第 8 册，光绪二十二年九月十一日（1896 年 10 月 17 日），第 9 页。

④ 以上内容参见唐越：《刍议北洋（天津）大学堂之初创》，王杰、张世轶编著：《北洋大学与天津（第一辑）》，天津：天津大学出版社，2017 年，第 2—8 页。

⑤ 《博来评论新设学堂节略（英文）》，1895 年 9 月盛宣怀档案，档号 045091—2，上海图书馆藏。

过，因急于求才，加之生源基础也已初步具备，头等学堂最终还是在当年 11 月 17 日与二等学堂同步开学，当时到堂的四班学生共 87 人，[①] 其中"二等三班已齐，头班只有四人，先查有二等学堂头班可升头等四班者十数人"[②]。一个多月后，有 14 名二等学堂学生成功地"考升头等四班"。[③]

由上可见，北洋大学堂在创办之初，其生源主要来自香港、上海、天津等几处开埠较早、近代新式教育也起步较早的沿海地区重要通商口岸，这几个地方很早就出现了西式中学，或是大致相当于中学程度的新式学堂，而且为数不少，足以为北洋大学堂的两级学堂提供一定数量的合格生源。另外，尽管盛宣怀曾一度将二等学堂错误地视为"小学堂"，不过，根据他与丁家立共同拟定的《二等学堂功课》，其"历年课程分四次第"，第一年有英文初学浅书、英文功课书、英字拼法、朗诵书课、数学，第二年有英文文法、英字拼法、朗诵书课、英文尺牍、翻译英文、数学（并量法启蒙），第三年有英文讲解文法、各国史鉴、地舆学、英文官商尺牍、翻译英文、代数学，第四年有各国史鉴、坡鲁伯斯第一年格物书、英文尺牍、翻译英文、平面量地法。[④] 从上述课程设置来看，二等学堂显然与一般的中学程度相当或略高一筹，其实际办学层次足以达到大学预科的水平，远非盛宣怀所谓的"小学堂"所能企及，其个人一时的理解不当与表述错误，显然并不影响"二等学堂"的实际性质。另外，盛宣怀当时还对这两级学堂的学习年限进行了严格的规定："二等学堂功课，必须四年，方能升入头等学堂，头等学堂功课，必须四年，方能造入专门之学，不能躐等。"[⑤] 其根本目的即是为了从制度上保障北洋大学堂的生源及教育质量。

总之，正是因为有了港、沪、津三地的若干中等教育程度的生源作为基础，北洋大学堂才得以在创办伊始即可直接、迅速地开办大学本科教育，随后，作为大学预科的二等学堂，又源源不断地为头等学堂提供合格生源，从而初步构筑了一套比较完整

---

① 参见唐越：《刍议北洋（天津）大学堂之初创》，《北洋大学与天津（第一辑）》，第 8 页。

② 《盛宣怀致伍廷芳函》，光绪二十一年十月十四日，1895 年 11 月 30 日盛宣怀档案，档号 044905—1，上海图书馆藏。

③ 《蔡绍基致盛宣怀函》（光绪二十一年十二月十五日，1896 年 1 月 9 日），上海图书馆编：《盛宣怀档案选编》第 86 册，上海：上海古籍出版社，2014 年，第 232 页。

④ 《光绪二十一年丁家立拟学校章程译折》，上海图书馆编：《盛宣怀档案选编》第 86 册，第 128 页；《二等学堂功课》，《时务报》第 11 册，光绪二十二年十月十一日（1896 年 11 月 15 日），第 8 页。后者将"英字拼法"误作"英字文拼法"，将"坡鲁伯斯第一年格物书"误作"坡鲁伯斯第一年"与"格物书"。

⑤ 《拟设天津中西学堂章程请奏明立案禀北洋大臣王》，《时务报》第 8 册，光绪二十二年九月十一日（1896 年 10 月 17 日），第 8 页。

的高等教育体系。

四、全国最早尝试构建小学—中学—大学“三级学制”的直接产物

盛宣怀在北洋大学堂按照“二等学堂（大学预科）—头等学堂（大学本科）”两级学制办学的同时，还试图在更大的范围内构建一套“小学—中学—大学”三级学制。1895—1896年，盛宣怀曾制定了一项在全国各地捐款兴学的全盘规划，决定在天津、上海两地分别设立北洋大学堂与南洋大学堂（即后来的南洋公学，上海交通大学前身），在全国的23座省城各设小学堂1所，并在北京、天津、上海三地各设1所短期培训性质的“时中书院”，所有办学经费均由他一手掌控的轮船招商局、电报局、金矿局等“官督商办”企业予以捐助。[①]这一整套办学计划，可以说是盛宣怀这位并非专职办理或主管教育事务的普通四品官员，出于一番为国育才、兴学救亡的公心，试图在最大限度上努力调动自己所掌握的有限权力与资源，在全国范围内初步构建一套学制体系的首次尝试。

按照盛宣怀当时的计划，“小学堂两年为限，第三年归津、沪中学堂”。[②]所谓的“津、沪中学堂”，显然是指天津的“北洋大学堂”中所附设之“二等学堂”，以及正在筹建中的上海“南洋大学堂”所附之同类次级学堂（亦即后来的“南洋公学中院”），也就是说，盛宣怀计划在全国捐建23所“小学堂”的一个重要目的，即是为了源源不断地给分别隶属于北洋、南洋两所大学堂的“津、沪中学堂”输送生源。由此可见，北洋大学堂的两级学制，实际上也是建立在盛宣怀在全国同步规划的三级学制的基础之上的，就该学堂本身而言，由于“二等学堂不是‘外国所谓小学堂’，而是外国所谓中学堂了。故成文虽为两级学制，而不成文则已具三级学制的规模”。总之，北洋大学堂最初的开办目标，便是要建成一所完全有别于以往的各种办学层次含混不清的洋务学堂，在普通教育的框架体系内实施正规高等教育的现代大学，而最终先后成功地创办了北洋大学堂与南洋公学这两所中国最早的官办大学的盛宣怀本人，后来曾被一些学者誉为“中国近代高等教育第一人”[③]，亦属实至名归。

---

① 参见《北洋大学堂等捐款单》，约1895—1896年盛宣怀档案，档号044280—3，上海图书馆藏。

② 《谢家福致盛宣怀函》光绪二十二年五月二十六日（1896年7月6日）盛宣怀档案，档号072610，上海图书馆藏。

③ 何立波:《盛宣怀：中国近代高等教育第一人》，《文史春秋》2009年第6期，第38—43页。

　　值得一提的是，北洋大学堂不仅在制度设计方面基本遵循了现代三级学制，而且在其实际的办学过程中，盛宣怀也始终严格地按照三级学制的基本要求来执行。1898年初，当时已远在上海的盛宣怀，接到负责督办北洋大学堂的时任津海关道李珉琛的来函，称其"欲改六十名分学法、德、东三国之文"，他当即同时致电王文韶与李珉琛，表示强烈反对。盛宣怀明确指出："北洋大学堂奏明头等四班、二等四班，每班三十名，递年工夫长进，升至头班头等，再派出洋，此皆取法于西，不容紊乱。中国学无次序，浅尝辄止，故无成效。此学堂幸蒙督帅主持允许，历久不渝，商、电两公司始乐捐输，成斯美举，各国称为中国第一学堂，方冀人才辈出，不负督帅及诸公成全盛意。"然而，李珉琛欲令部分学生改习外文的这一计划，"是殆误会此堂仅学文字，不知内有分类专门工夫，为小失大，弊莫甚焉"。他进一步强调指出："前据丁家立面商，头等三十名应分律例、矿务、制造各若干名，以后每年每类仅得数名，正恐不敷派用，时势需才如此其急，讵可一误再误！铁路学生同是英文，宣尚不肯假借以损大学，况改习他国文字，便须另聘他国教习，此堂隳废，即在目前，为天下笑！且二等四班学生，例应就三等学堂挑升，年来苏、浙皆有三等学堂，津则无之开，正应挑四班生三十名。"最后，针对李珉琛对于培养其他各种外语人才的具体需求，盛宣怀还提出了自己的替代方案——"德文已有武备学堂，法文似可附入俄文学堂，东文或可在大学堂左近另盖数椽，专设一堂，费似无多"。①

　　上文中所谓的"三等学堂"，其名称系相对于"头等学堂"（大学）、"二等学堂"（大学预科或中学）而言的，并直接为"二等学堂"提供生源，也就是现代意义上的小学。在盛宣怀看来，北洋大学堂二等学堂的四班（即一年级）学生，主要应该从江浙一带的三等学堂"挑升"，在堂中先后经过二等学堂四年、头等学堂四年的学习之后，才能最终"升至头班头等"，完成大学学业。总之，上述电文可谓充分表明了盛宣怀当时对于现代三级学制与高等专业教育的深刻理解，以及始终坚持将完整、系统的学制体系贯彻实施到底、"不容紊乱"的坚定决心。同时，明确地揭示了北洋大学堂这所严格遵照学制规定的"次序"逐年递升且"内有分类专门工夫"的新型大学，与某些"仅学文字"的一般"洋务学堂"之间的本质区别。

---

　　①　以上内容参见盛宣怀：《寄直督王夔帅、津关道李少东观察岷琛》（光绪二十三年十二月十五日，1898年1月7日），《愚斋存稿》，卷二十九，电报六，思补楼藏版，第33—34页。

五、学科与课程设置基本达到现代大学标准

根据盛宣怀和丁家立拟定的《头等学堂功课》，在"四次第"的"历年课程"（公共课）之外，另有工程学（土木）、电学（电气）、矿务学、机器学（机械）、律例学五门"专门学"（专业），其中除电学外，其余四门后来均成功开设。[1] 各"专门学"的主要课程如下：

工程学——专教演习工程机器、测量地学、重学、汽水学、材料性质学、桥梁房顶学、开洞挖地学、水力机器学

矿务学——深奥金石学、化学、矿务房演试、测量矿苗、矿务略兼机器工程学

机器学——深奥重学、材料势力学、机器、汽水机器、绘机器图、机器房演试

律例学——大清律例、各国通商条约、万国公法等[2]

从这些课程的名称来看，显然均可谓是建立在普通教育基础之上的、比较精深的高等专业教育，其中的大多数课程均为国内首创。不过，在后来的实际办学过程中，各个专业的具体课程设置亦会有所变通，乃至进一步扩充和深化。比如说，1900 年初，北洋大学堂"律例学"首届毕业生王宠惠所获"钦字第一号""考凭"（毕业文凭），上面一一列出了他在四年修业期间所学习过的全部 20 门课程——英文、几何学、八线学、化学、格致学、身理学、天文学、富国策、通商约章、律法总论、罗马律例、英国合同律、英国罪犯律、万国公法、商务律例、民间词讼律、英国宪章、田产易主律例、船政律例、听讼法则。[3] 也就是说，与《头等学堂功课》中仅仅只列出了 3 门"律例学"专业课程相比，该专业的第一届学生最后实际修完的法学专业课程已达到了 12 门之多，可谓充分体现了法学高等教育的程度与水准。

在民国时期的北洋工学院院长李书田看来，北洋大学堂的创办，"是为……开办现代大学之先锋，并奠立法学科学与工程教育之始基，"[4] "'中国之工程教育'与中国之现代大学教育，同年同月同日生，即中国起始有现代大学之日，就有工程科系"，

---

① 《头等学堂功课》，《时务报》第 8 册，光绪二十二年九月十一日（1896 年 10 月 17 日），第 11 页；《国立北洋大学校略史》，北洋大学—天津大学校史编辑室：《北洋大学—天津大学校史资料选编（一）》，天津：天津大学出版社，1991 年，第 30 页。

② 《头等学堂功课》，《时务报》第 8 册，光绪二十二年九月十一日（1896 年 10 月 17 日），第 11 页。

③ 《钦字第一号文凭》，中国第一历史档案馆、天津大学编：《中国近代第一所大学——北洋大学（天津大学）历史档案珍藏图录》，天津：天津大学出版社，2005 年，第 26 页。

④ 李书田：《北洋大学五十年之回顾与前瞻》（民国三十四年十月二日为北洋大学五十周年纪念而作），《东方杂志》第 41 卷第 20 号，1945 年 10 月 31 日，第 50 页。

"不惟中国之现代大学教育，盛氏创其始，而且中国之工程教育，亦系盛氏树其基也，""继北洋大学而设立之工程学府，为北京大学之工科……其次为山西大学之工科，南洋公学及唐山路矿专校，""中国各大学依其基本工程科系设置之次第，土木、矿冶、机械最早，电机次之"。[①]诚如李书田所言，北洋大学堂不仅在全国开法学高等专业教育之先河，而且在高等工程教育方面，亦同样是开风气之先，成功地创立了全国最早的三个工程学科，为国内后起的多所"工程学府"作出了良好的示范。

六、首届毕业生最早被中国政府授予大学本科毕业文凭

到了1899年底，在北洋大学堂头等学堂头班的首批24名学生中，除有少数几人或"派往日本游学"，或"因事请假未回"，或"学无进益，降入二班"均不能如期毕业之外，[②]最终共有18人顺利地完成了四年的学业，成为北洋大学堂首届毕业生，[③]同时，也是中国人自己培养出来的第一批大学本科毕业生。

1900年2月，北洋大学堂"律例学"首届毕业生王宠惠获得了由时任直隶总督兼北洋大臣裕禄颁发的"钦字第一号""考凭"。其左右两侧绘有象征皇权的蛟龙出海图样，左右边沿均书有"钦字第一号"字样。正文右侧则首先用大号字注明其颁发者的身份——"钦差大臣办理北洋通商事务直隶总督部堂裕"，然后又较为详细地叙述了该"考凭"的获得者王宠惠从入学到毕业的整个学习与考试过程：

> 天津北洋大学堂招取学生，由二等四班递升头等头班，分年肄习汉、洋文及各项专门之学，历年由该学堂总办暨总教习、分教习随时考验，均能按照功课，循序渐进。惟查该学堂于光绪二十一年九月开办，当时所招学生，有在原籍及上海等处曾习汉、洋文，尽有造到，该学堂所定功课，四五年、二三年不等者，故自二十二年起，随其学历深浅，分隶头等第四班及二等各班。现届四年期满，核与八年毕业章程仍相符合，所有头等头班毕业士（学生）王宠惠，经本大臣复加考核，名实相符，合行给付考单，俾该生执以为凭，以便因材录用。凡该生肄习各项学问，逐一开列于后……

---

① 李书田：《四十年来之中国工程教育》，《教育杂志》第26卷第1号，1936年1月10日，第83—84页。

② 《丁家立致盛宣怀函》（光绪二十五年八月十九日，1899年9月23日），上海图书馆编：《盛宣怀档案选编》第86册，上海：上海古籍出版社，2014年，第223页。

③ 《1900年北洋大学首届毕业生合影》，中国第一历史档案馆、天津大学编：《中国近代第一所大学——北洋大学（天津大学）历史档案珍藏图录》，天津：天津大学出版社，2005年，第28—29页。

查该生前在香港肄业四年，于光绪二十一年招取，入头等学堂第四班。[①]

以上记载充分说明，北洋大学堂在初创之时，确实始终都是在严格地执行其自身的学制规定——王宠惠在考入北洋大学堂之前，曾"在香港肄业四年"。具体而言：王宠惠已在全香港建校最早、教育质量也是最好的西式中学——皇仁书院接受了正规的中学教育；在其入学后的第二年，又"随其学历深浅"，被分配到"头等第四班"就读，说明他当时已经达到了大学本科一年级的入学标准，而达不到这一标准的其他学生则被分配到"二等各班"，先从大学预科读起；最后，在头等学堂学习"四年期满"之后，又经直隶总督兼北洋大臣"复加考核，名实相符"，说明政府当局最终认可其实际程度已达到大学本科毕业生的水平，故按照该校的办学章程授予其大学毕业文凭。

放眼全国，在 1900 年直隶总督兼北洋大臣裕禄向北洋大学堂首届毕业生王宠惠授予"钦字第一号""考凭"之前，全国各地还没有任何一所官办新式学堂曾经有过仿照西方大学的通行做法向毕业生正式授予学历证书的先例，因此，这张"考凭"堪称"前无古人"，毫无疑问是中国现代高等教育史上由本国政府颁发的第一张大学本科毕业文凭。

七、首开中国大学本预科肄业生、毕业生及教师出国留学之先河

1898 年 9 月，盛宣怀曾指令北洋大学堂头等学堂总办王修植，从头等学堂二班、三班、四班中各挑选一名学生赴日本留学。[②] 1899 年春，北洋大学堂将头等学堂"工程生"黎科（当时已升入四年级）与"律例生"张煜全（三年级）、王建祖（二年级）三人以及二等学堂学生张奎、金邦平、周祖培三人派往日本东京帝国大学留学，此举可谓开中国大学在校本科生及预科生出国留学之先河。当时，日本文部省与东京帝国大学方面的一份文件曾如此记载这六名北洋大学堂肄业生的学历与专业：

黎　科，为天津大学一级生，八年英语修了，学习土木科；

张煜全，为天津大学二级生，八年英语修了，学习政治科；

王建祖，为天津大学二级生，八年英语修了，学习政治科；

① 《钦字第一号文凭》，《中国近代第一所大学——北洋大学（天津大学）历史档案珍藏图录》，第 26 页。
② 《王修植致盛宣怀函》，光绪二十四年八月十四日（1898 年 9 月 29 日），上海图书馆编：《盛宣怀档案选编》第 86 册，上海：上海古籍出版社，2014 年，第 308 页。

张　　奎，为天津大学四级生，五年英语修了，学习应用化学；

金邦平，为天津大学预备校一级生，四年英语修了，学习农科；

周祖培，为天津大学二级生，三年英语修了，学习政治科。[①]

由上可见，北洋大学堂当时的办学层次及水准，已经得到了东京帝国大学这所日本最高学府的高度认可，甚至其中的两名预科生还被认为已经具有本科生的水平与程度。

按照盛宣怀最初的计划，北洋大学堂首届学生修业期满后，"准给考单，挑选出堂，或派赴外洋，分途历练，或酌量委派洋务职事"。[②] 到了1899年底，在北洋大学堂首届毕业生行将产生之际，学堂总教习丁家立便按照盛宣怀的指令，提出每年派遣十名学生分别前往英、美两国留学，[③] 但一时未能实现。1900年夏，随着义和团运动的蔓延与八国联军的入侵，北洋大学堂被迫暂时停办，广大师生为躲避战祸，纷纷逃离天津，其中有很多人南下来到上海。当时，盛宣怀曾要求南洋公学收容一部分北洋师生继续就读或任教。1901年夏，盛宣怀决定与美国加州伯克利大学东方语言文学讲座教授傅兰雅（John Fryer）合作，委托其带领北洋大学堂的"毕业及头等学生八名"赴该校留学。当时，盛宣怀还特别指出："该学生学力足，迳进大书院者固善，倘其间有未能迳入者，须在外馆暂行习读，听候补入。"[④] 随后，先期自费留美的北洋大学堂律例科毕业生薛颂瀛也转为公费，这九名学生均在当年先后进入加州伯克利大学学习。在这九人中，陈锦涛曾任北洋大学堂算学教习，王宠惠、王宠佑、胡栋朝、薛颂瀛、陆耀庭五人为该学堂首届毕业生，张煜全、严锦荣、吴烓灵三人为头等学堂肄业生。于是，北洋大学堂又开创了中国大学教师及本科毕业生出国留学之先河。

后来的事实充分证明，盛宣怀一开始对于北洋大学堂首批公费留美学生之"学力"的担心，完全就是多余的。这批早已在北洋大学堂完成本科学业的学生，就其实际程度而言，已经不仅仅是在美国"迳进大书院"这么简单了，事实上，他们在入学

---

　①　东京大学校史档案室藏：《文部省往来文书》，明治三十二年，转引自：孔祥吉：《甲午战争后的民族危机与北洋大学的创成》，《澳门理工学报》2016年第1期，第183—184页。

　②　《拟设天津中西学堂章程请奏明立案禀北洋大臣王》，《时务报》第8册，光绪二十二年九月十一日（1896年10月17日），第9页。

　③　《丁家立致盛宣怀函》（光绪二十五年十月十八日，1899年11月20日），上海图书馆：《盛宣怀档案选编》第86册，上海：上海古籍出版社，2014年，第187页。

　④　盛宣怀：《派遣留学生咨文》，1901年盛宣怀档案，档号044569—2，上海图书馆藏。

加州伯克利大学后不久，便"已居毕业之列"。① 短短一年过后，据当时报载，"美国卜技利大书院② 年试刻已揭晓，中国学生均列前茅，有陈锦涛者得超等者四艺，此外王宠佑得超等者三艺，王宠惠得超等者两艺，又以陈共试六艺，四艺得列超等，两艺得列特等，为合院二千五百余人所绝无仅有，人咸叹中国人才迥超乎欧美焉"③，"中国前次派往之学生，已届一年期满，此次考试，得一等者九人，得中等者五六人，其余多列二三等。其中工程生胡朝栋（栋朝）习测量铁路，所画之图独冠全班，教师奖誉不止；陈锦涛习格致艺学，列入一等；吴桂灵习机器学，亦列前茅；王宠惠习律法学，王宠佑习矿学，严锦荣习政治学，均在一二等之列；惟张煜全尤为出色，于考试武备时，得有美国中卫之衔"④。对此，当时的加州伯克利大学校长还特意在学校的年度报告中高度称赞他们"在大学里的表现极佳，他们优秀的才华和能力为他们赢得了师生们的尊敬和敬仰"。⑤

有意思的是，被加州伯克利大学校长公开赞誉"表现极佳"的张煜全、严锦荣、薛颂瀛、王宠惠等四名"以商律、商务为专科"的北洋"游学生"，却在入学仅仅半年之后，便于 1902 年 2 月 24 日联名致信盛宣怀，向他抱怨道：

> 卜忌利大学堂创办伊始，学科多未完备，与美国东方各省所设诸学堂其程度相去甚远。盖卜忌利为美国西鄙，僻处一隅，诚如甘陕之于中国，不问而知其非求学之地矣。且美国东方为文学士夫、执政权要萃聚之所，美国学生非万不得已，无在卜忌利肄业者，即傅兰雅先生之子、家立君亦在东方学堂肄业。现卜忌利学堂各教习，均在东方聘来，所用教科讲义，尽是东方各学堂教师所著录。古人所谓"立法夫上，仅得其中"，今肄业于下等之学级，而欲学问之上进也，盖亦难矣。生等顷在学堂中已居毕业之列，学堂所教授之书，类多在北洋大学堂时经已习闻，欲求新学，实无几矣，若久居于此，亦徒縻国帑而负雅意耳……卜忌利学校中，工、矿二科实为美国超等之列，其余各科则自檜以下，无足道矣。⑥

---

① 《王宠惠等致盛宣怀函》，光绪二十七年正月十七日（1902 年 2 月 24 日）盛宣怀档案，档号 044786，上海图书馆藏。

② 即伯克利（Berkeley）大学，下文中的"卜忌利大学堂"亦为该校校名在当时的不同译法。

③ 《中国多才》，《申报》，1902 年 8 月 31 日，第 1 版。

④ 《记中国游学生在美国考试事》，《申报》，1903 年 3 月 31 日，第 2 版。

⑤ 郭晶萍、徐珊珊：《美国海关档案与清末南洋公学留美生史实》，《历史档案》2020 年第 1 期，第 138 页。

⑥ 《王宠惠等致盛宣怀函》，光绪二十七年正月十七日（1902 年 2 月 24 日）盛宣怀档案，档号 044786，上海图书馆藏。

最后，除了薛颂瀛继续留在加州伯克利大学完成学业，并于 1903 年获得该校商贸学士学位后转赴德国留学外，其余八名北洋"游学生"均在 1902 至 1904 年间先后转入美国东部的几所办学水平更高的著名大学就读，且均在很短的时间里先后获得了博士或硕士学位。其中，王宠惠于 1902 年转入耶鲁大学，1903 年获法学硕士学位，1905 年获法学博士学位；张煜全于 1902 年转入耶鲁大学，1903 年获法学学士学位，1904 年获法学硕士学位后继续留校深造至 1906 年；陈锦涛于 1902 年获加州伯克利大学数学学士及硕士学位后转入耶鲁大学，1906 年获经济学博士学位；严锦荣于 1902 年转入哥伦比亚大学，1905 年获法学博士学位；王宠佑于 1903 年获加州伯克利大学矿学学士学位后转入哥伦比亚大学，1904 年获矿学及地质学硕士学位后继续留校深造，1906 年赴欧洲留学，先后求学于英、法、德等国，后获博士学位；吴娃灵于 1903 年获加州伯克利大学机械学士学位后转入斯坦福大学，1904 年又转入康奈尔大学，1905 年获机械硕士学位；胡栋朝于 1904 年转入康奈尔大学，1905 年获土木工程硕士学位；[1] 陆耀庭于 1904 年转入康奈尔大学，1905 年获桥梁专业硕士学位。[2]

值得一提的是，1903 年，梁启超曾在《新大陆游记》中充满自豪地写道：

> 耶路为美国最著名之大学，吾国学生亦有三人在焉，曰陈君锦涛，曰王君宠佑（惠），曰张君煜全，皆北洋大学堂官费生也……今年夏季卒业，其法律科，王君蔼然为举首，受卒业证书时，王君代表全校四千余人致答词，实祖国第一名誉也。是次法律科第一名为黄种人，第二名为黑种人，第三名乃为白种人，各报纸竞纪之，谓从来未有之异数云。[3]

综上所述，初创时期的北洋大学堂在 19 世纪末、20 世纪初先后派遣到日本、美国留学的这些"游学生"，以他们在国外的若干著名大学继续深造时的优异表现，为当时积贫积弱、长期愚昧落后的祖国争得了极大的荣誉，同时也从一个侧面充分证明，北洋大学堂在建校伊始，其办学水平便已基本达到了世界先进水平。

---

① 据当时报载，康奈尔大学"设立工程专科五十余年，学生之考筑桥法从未有得九十分之程度者，胡君独得九十八分，为该学堂冠，并得入美国工程总会，发明造桥新法，工程总会特赠以金牌"，参见《广东毕业生新进士之历史》，《申报》，1906 年 11 月 2 日，第 9 版。

② 以上内容参见郭晶萍、徐珊珊：《美国海关档案与清末南洋公学留美生史实》，《历史档案》2020 年第 1 期，第 136—138 页。

③ 梁启超：《新大陆游记》，癸卯年《新民丛报》临时增刊，1904 年，第 70—71 页。

八、本科毕业生在全国各大学中率先被清政府赏给进士出身

1902 年 6 月，时任直隶全省学堂总教习的丁家立，赴保定拜见直隶总督兼北洋大臣袁世凯，"以重建北洋大学堂为请"，并得到允准。[①]1903 年 1 月，袁世凯正式发布北洋大学堂开办告示，对其招生条件作出了明确的规定："所有前在北洋大学堂暨天津水师学堂肄业各学生，其有读过英文，并学习算学，普通已及三载，抑或三载以上，凡昔日功课勤奋，品行端方者，均准收录，毋庸考试……其他项学堂学生，如已读过英文等项三年有余，其品学兼优者，亦可前往报名，以便验明文凭，分隶各科研习专门学术。"[②]1903 年 4 月，北洋大学堂在天津西沽武库旧址的新建校舍正式复课，当时，由于"数年乖隔，曩日生徒风流云散，专门各科骤难归复，爰招集前北洋大学堂及前天津水师学堂旧生数十人，作为备斋学生，补习普通科目，肄习二年，以备专门之选"[③]，相当于首先恢复了大学预科。

1905 年夏，学务大臣张百熙在天津视察学务时，曾特别称赞道："北洋大学堂学科之备，程度之高，允为各行省冠，此固本大臣所最钦迟喜慰者也。"[④]就在当年的暑假过后，北洋大学堂在复校后所招收的首批预科生"补习期满"，"分为第三（第二年级）、第四（第一年级）两班，分入法律、土木工程，及采矿冶金三学门肄业"[⑤]，"是时法科工科各学门，除机械工学门外，均继续办理"[⑥]，"本校至是始又有正科生"[⑦]，即恢复了大学本科。不过，到了 1906 年，第三班学生尚未升级，便全部被派往美国留学，同时第四班升为第三班。1907 年夏，北洋大学堂又"续派法律学生十一人官费赴美，工矿学生三人自费赴美，所余学生，升为第二班，分工、矿二门，以法律学生，尽留学于外也。第四班升为第三班，则仍为三门"。[⑧]

1908 年春，清政府学部在调查了北洋大学堂的功课之后，"以为各班学科属于高

　　① 《重办学堂》，《申报》，1902 年 6 月 28 日，第 3 版。

　　② 袁世凯：《北洋大学堂开办报名注册告示》（光绪二十八年十二月十六日，1903 年 1 月 14 日），骆宝善、刘路生主编：《袁世凯全集》第 10 卷，郑州：河南人民出版社，2013 年，第 589 页。

　　③ 《本院沿革》，《北洋周刊》第 70 期，1935 年 6 月 3 日，第 1 页。

　　④ 《学务大臣张尚书天津视学训辞》，《北洋官报》第 725 册，1905 年 8 月，第 1 页。

　　⑤ 《本院沿革》，《北洋周刊》第 70 期，1935 年 6 月 3 日，第 1—2 页。

　　⑥ 李书田：《北洋大学五十年之回顾与前瞻》（民国三十四年十月二日为北洋大学五十周年纪念而作），《东方杂志》第 41 卷第 20 号，1945 年 10 月 31 日，第 51 页。

　　⑦ 《本校学科沿革略》，北洋大学—天津大学校史编辑室编：《北洋大学—天津大学校史资料选编（一）》，天津：天津大学出版社，1991 年，第 76 页。

　　⑧ 杨奎明：《述本校之建置及其历史》，《北洋大学校季刊》第 1 期，1915 年 12 月，"记载"，第 3 页。

等普通者太多，属于专门者较少，核与奏定章程尚有不符，令即补足教授钟点，准予立案"。① 对此，学堂方面经过仔细研究，拟定了改进办法，决定"凡高等普通科目悉数剔出，作为预科课程，其专门科目，另行编配，逐年课程补足教授钟点"②，"将来学生毕业，送部考试，按照分科大学定章奏请给奖"③。随后，学部又进一步指出："查该大学堂以前办法，均与奏定章程不合，此次加增功课，添聘教习，展长年限，均系必不可缓之举。"④ 经过此次课程改革，北洋大学堂三门学科的所有在堂学生一共被分为五个班，其中，"土木工科甲班"与"采矿冶金科甲班"学生预定于1910年暑假时毕业，"土木工科乙班"与"采矿冶金科乙班"预定于1910至1911年间的"年假"时毕业，"法律科甲班"预定于1911年暑假时毕业。此后，在北洋大学堂按照学部的指令"延长年限，增加课程，添聘教习，切实整顿，均已照办"之后，到了1910年夏，"土木工科甲班及采矿冶金科甲班均已毕业，共计学生十五名"。⑤ 这是北洋大学堂在1903年复校后所培养出的第一批大学本科毕业生，与此同时，就全国范围内而言，"是为前清新学制颁定后大学学生毕业之始"⑥。

随后，根据《奏定学堂章程》的规定，时任直隶总督兼北洋大臣陈夔龙将这15名北洋大学堂毕业生的"各项考试试卷、教科书籍及学生自著论说等一并汇送"至学部，并由学部奏请清政府简派两位大臣会同学部对其进行考试，10月1日，清政府决定派张亨嘉、陈宝琛二人与学部一同"会考北洋大学堂毕业学生"。⑦ 10月中旬，这批学生在学部"分场扃试"，随后，经学部"将各场试卷详细校阅，计取列最优等三名，优等八名，中等四名"。⑧ 由于这十五人中有三人当时正"在丁忧期内"，学部遂将其余十二人于当年12月10日遵章"带领引见"，并请旨奖励。最终，这十二名北洋大学堂毕业生均被清政府"赏给进士出身"，并全部授予实官。"考列最优等"的三

---

① 《禀陈改良北洋大学堂办法》，《新闻报》，1908年8月18日，第1张。

② 《本院沿革》，《北洋周刊》第70期，1935年6月3日，第2页。

③ 《禀陈改良北洋大学堂办法》，《新闻报》，1908年8月18日，第1张。

④ 《学部咨请宪杨北洋大学堂所拟功课添聘教习办法应准立案文并批》，《北洋官报》第1807册，光绪三十四年七月十六日（1908年8月12日），第5页。

⑤ 《奏请简大臣会考北洋大学堂毕业学生折》，《学部官报》第138期，宣统二年十月十一日（1910年11月12日），第4页。

⑥ 杨奎明：《述本校之建置及其历史》，《北洋大学校季刊》第1期，1915年12月，"记载"，第3页。

⑦ 《奏请简大臣会考北洋大学堂毕业学生折》，《学部官报》第138期，宣统二年十月十一日（1910年11月12日），"本部章奏"，第4—5页。

⑧ 《奏会考北洋大学堂学生毕业事竣折（并单）》，《学部官报》第142期，宣统二年十一月二十一日（1910年12月22日），"本部章奏"，第2页。

人中有两人被"授为翰林院编修"，一人"授为翰林院检讨"，"考列优等"的六人均"改翰林院庶吉士"，"考列中等"的三人均"以主事分部尽先补用"。[①] 其待遇大致相当于过去科举殿试及第者中的"一甲"或"二甲"地位。

在 1905 年科举制度正式废除之后，清政府仍然按照以往的科举旧习，开始对一些学成归国的留学生赏给进士出身，后来，又将赏进士的范围逐渐扩展到其他一些领域。[②] 如上所述，到了 1910 年 12 月 10 日，北洋大学堂的首批十二名本科毕业生成为全国三所官办大学堂学生中最早获赏进士者；而相比之下，京师大学堂这所名义上的"全国最高学府"直到当年 3 月才刚刚开办大学本科，故其在不到两年后清王朝宣告灭亡之时，亦未及培养出任何一名大学本科毕业生；至于山西大学堂，其首批十九名本科毕业生于 1911 年 5 月 27 日与北洋大学堂的又一批二十名本科毕业生一同获赏进士，但前者不授实官，其待遇仍不及后者。[③] 由此可见，清末的北洋大学堂本科毕业生，在国内最早享有中央政府所认可的全国最高"学历"。平心而论，与京师大学堂相比，北洋大学堂在实际办学层次、人才培养水平、毕业生所获待遇及其社会成就等方面均是遥遥领先，因此，就事实的层面而言，该学堂才是当时真正意义上的"全国最高学府"。

综上所述，无论是从建校背景、学校名称、制度设计、教育基础，还是课程设置、办学水平、学生程度、毕业待遇等多个方面来进行细致、深入的全面考察，1895 年诞生的天津北洋大学堂，在清末全国所有的官办新式学堂中，均可谓是率先初步具备了现代高等教育的诸多基本特征，在中国教育史上显然具有全方位的开创意义，因此，该校毫无疑问是中国第一所现代公立大学，堪称中国人自主创办现代大学的历史性起点。

---

① 《学部奏北洋大学堂毕业学生引见折（并单）》，《政治官报》第1138号，宣统二年十一月二十六日（1910年 12 月 27 日），第 7—8 页；中国第一历史档案馆编：《宣统朝上谕档》第 36 册（宣统二年），桂林：广西师范大学出版社，1996 年，第 460 页。

② 相关研究可参见王勇则：《说不尽的末科进士》，上海：上海远东出版社，2017 年，第 395—465 页。

③ 中国第一历史档案馆编：《宣统朝上谕档》第 37 册（宣统三年），第 110—111 页。

盛宣怀档案中的北洋大学堂史料

曲振明 [*]

盛宣怀是北洋大学的创办人，在上海图书馆保存的盛宣怀档案中，有一些北洋大学堂的史料。这些史料是北洋大学堂草创时期的珍贵文献，其中《上海图书馆藏盛宣怀档案萃编》，收集了一些具有重要历史价值的内容，对了解北洋大学堂初期办学情况有很大帮助。由于档案原件皆为毛笔书写，且未断句，阅读很不方便。笔者在认真阅读这些档案原件的基础上，参照其他资料进行了整理与考证，特将有关内容分成三类，具体整理如下：

一、北洋大学堂头、二等学堂章程、功课、经费的议折

这一部分有《拟设天津头等学堂章程、功课、经费与总教习丁家立酌议各款折》和《拟设天津二等学堂章程、功课、经费与总教习丁家立酌议各款折》，这两件文稿由盛宣怀亲笔书写，写在 28×33 厘米的笺纸上。

* 曲振明，现为天津民间文学研究会秘书长、天津口述史研究会理事、天津大学北洋大学与近代中国专项研究员，主要从事天津地方史及地方文化研究。

1.《拟设天津头等学堂章程、功课、经费与总教习丁家立酌议各款折》

图 1.1　《拟设天津头等学堂章程、功课、经费与总教习丁家立酌各款议折》1

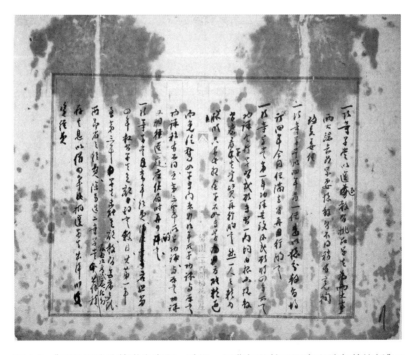

图 1.2　《拟设天津头等学堂章程、功课、经费与总教习丁家立酌各款议折》2

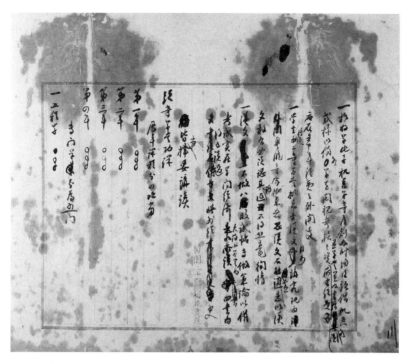

图 1.3 《拟设天津头等学堂章程、功课、经费与总教习丁家立酌各款议折》3

图 1.4 《拟设天津头等学堂章程、功课、经费与总教习丁家立酌各款议折》4

此件共刊载四页，原文整理如下：

谨将拟设天津头等学堂章程、功课、经费与总教习丁家立酌议各款缮折，恭呈钧鉴，计开

头等学堂章程

一、头等学堂因须分门别类，洋教习拟请五名，方能各擅所长。是以常年经费甚巨、势难广设。现拟先在天津开设一处，以为规式。

一、房屋必须宽大，拟即就天津梁家园南围墙外前津海关周道所议造之博文书院作为北洋头等学堂，以期名副其实。

一、头等学堂必须谙习西学之大员一人为驻堂总办，尤必须熟悉西学教习一人为总教习。所有学堂一切布置及银钱各事均归总办管理。所有学堂考核、功课，以及华洋教习勤惰、学生去取，均归总教习管理。遇有要事，总办、总教习均当和衷商办。

一、头等学堂以选延教习、挑取学生两大端最为紧要，总教习不得稍有宽徇，致负委任。

一、头等学堂以四年为一任，是以总分教习均定四年合同，任满去留，再行酌定。

一、头等学堂第一年功课告竣后，或欲将四年所定功课全行学习，或欲专习一门，均由总办、总教习察看学生资质，再行酌定。然一人之精力聪明，只有此数，全学不如专学，方能精进而免泛骛。如学专门者，则次年所学功课与原定功课稍有不同。至第三、四年所学功课，与原定功课又相径庭，应俟届时再行酌定。

一、头等学堂常年经费，应照第四年教习、学生足额，酌定数目。其第一年至第三年，学生未能足额，教习无庸多请，所节省之经费，除另造二等学堂及每次考试花红外，其余积存生息，以备四年后挑选学生出洋川资经费。

一、格物学、化学、机器学等房，创办时均须预备机器式样，以备各学生阅视考据，并学堂置办书籍各图，所有经费应在常年经费之外开支。

一、学生将来由二等学堂挑来者，汉文自可讲究。现由粤沪等处挑来者，恐汉文不能尽通；是以汉文教习必须认真访延，不得丝毫徇情。

一、汉文不做八股试帖，专做策论，以备考试实在学问经济。大约小学堂内《四书》古文均已读过，此外经史皆当择要讲读。

头等学堂功课

历年课程分四次第

第一年……

第二年……

第三年……

第四年……

专门学分为五门

一、工程学……

一、电学……

一、矿务学……

一、机器学……

一、律例学……

洋人教习五名

一、工程学、算学教习一名

一、格物学、化学教习一名

一、矿物机器学、地学教习一名

一、机器学、绘图学教习一名

一、律例学教习一名

华人汉文教习二名

一、讲读经史之学

一、讲读圣谕广训

一、课策论

华人教习洋文六名

一、华人洋文教习，视其所通何学，则由洋文总教习调度，帮助洋人教习。[1]

---

[1]　上海图书馆编：《上海图书馆藏盛宣怀档案萃编》，上海：上海古籍出版社，2008年，第386—389页。

2.《拟设天津二等学堂章程、功课、经费与总教习丁家立酌各款议折》

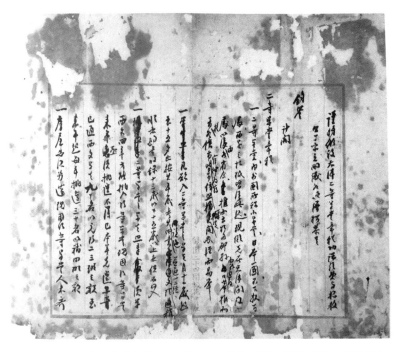

图2.1 《拟设天津二等学堂章程、功课、经费与总教习丁家立酌各款议折》1

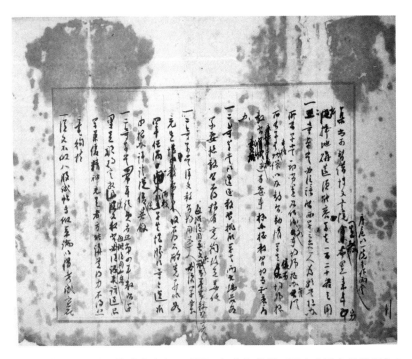

图2.2 《拟设天津二等学堂章程、功课、经费与总教习丁家立酌各款议折》2

图 2.3 《拟设天津二等学堂章程、功课、经费与总教习丁家立酌各款议折》3

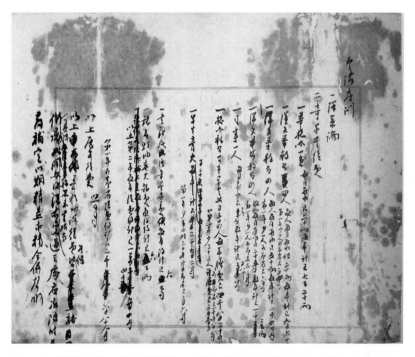

图 2.4 《拟设天津二等学堂章程、功课、经费与总教习丁家立酌各款议折》4

此件共刊载四页，原文整理如下：

谨将拟设天津二等学堂章程、功课、经费与总教习丁家立酌议各款缮折，恭呈钧鉴，计开

二等学堂章程

一、二等学堂即外国所称小学堂，日本一国不下数百处，西学之根柢皆从此起。现拟先在天津开设一处，以后由各省会推而至于各郡县，由各通商口岸推而至于各镇市，官绅商富皆可仿照集资开办，轻而易举。

一、凡欲入二等学堂之学生，自十三岁起至十五岁止。按其年岁，考其读过《四书》，并通一二经，文理通稍顺者，酌量收录。十三岁以下十五岁以上者俱不收入。

一、二等学堂之学生照章须学西文四年，方能挑入头等学堂。现因头等学堂来年亟须挑选，不得已本年先选已通西文学生九十名，以充头二三班之额。至来年起，每年挑选三十名，以补四班之额。

一、房屋必须另造。现因头等学堂人未齐集，尚可暂借博文书院房屋，以一院分作两堂，足敷布置。来年另行择地购造，须能容学生一百二十名之用。

一、二等学堂必须谙习西学之员一人为驻堂总办。所有学堂一切布置及银钱各事，均归总办管理。所有学堂考核、功课，以及教习勤惰、学生优劣，均归总教习考核。遇有要事，总办、总教习均当和衷商办。

一、二等学堂以选延教习、挑取学生两大端最为紧要，总教习不得稍有宽徇，致负委任。

一、二等学堂洋文教习均用华人，每班须用英文正教习、帮带教习一名，必须学业充足，故不得不酌宽薪水。如四年任满，所教学生堪胜头等之选，准由总办详请从优奖叙。

一、二等学堂常年经费应照第四年教习、学生足额，酌定数目。汉文教习每班须用一名，必须认真访延品学兼优、精神充足者，方能讲学得力，不得丝毫徇情。

一、汉文不做八股试帖，专做策论，以备考试实在学问经济。第一年现选学生九十名，皆自外来，汉文必浅，尤应认真讲诵，以立造就根基。

一、二等学堂之学生，每月贴膳银三两。第一年学生每人每月膏火银一两；第二年学生每人每月一两五钱；第三年学生每人每月二两；第四年学生每人每月

二两五钱。俟风气大开，咸知西学有进身之阶，渐推渐广，膏火或可酌裁。

二等学堂功课

历年课程分四次第

第一年……

第二年……

第三年……

第四年……

洋文华教习八名

一、四班每班英文正教习一名，帮教习一名

汉文华教习四名

一、讲读四书经史之学

一、讲读圣谕广训

一、课策论

二等学堂经费

一、华总办一员（每月薪水银六十两，每年计银七百二十两。）

一、汉文华教习四人（每人每月薪水银二十两，每年计银九百六十两。第一年少一人，可节省银二百四十两。）

一、洋文华教习四人（每人每月薪水银五十两，每年计银二千四百两。第一年少一人，可节省银六百两。）

一、洋文华帮教习四人（每人每月薪水银二十五两，每年计银一千二百两。第一年少一人，可节省三百两。）

一、司事一人（每月薪水银十五两，每年计银一百八十两。）

一、总办、教习、司事、学生共一百三十四人（每年膳费银四千八百二十四两。第一年少三十三人，可节省银一千一百八十八两。）

一、学生膏火一百二十名，每年计银二千五百二十两。第一年少第四班三十名，计可节省银三百六十两。）

一、书籍纸张笔墨费，每年约计银六百两

一、听差灯油炭火杂费，每年约计银六百两

以上第二年每年经费约计银一万四千四两，第一年可节省经费二千六百八十八两。

以上历年经费，照……

以上二等（学堂）于功课经费各条皆就目拟具陈说，深恐未言确当，如开办后须有变通之处，应准随时随地商禀补定，以期精益求精，合并声明。①

上述拟设天津头等、二等学堂章程，功课，经费与总教习丁家立酌议折的内容曾被 1935 年 9 月 30 日出版的《北洋周刊·本院四十周年纪念专号》收录，标题为《盛宣怀请奏设立本校章程》，前有内容介绍："距今四十年前，津海关道盛宣怀请北洋大臣王文韶转奏，设立本院，实为我国实施新式高等教育之始，此文载舒新城所编《近代中国教育史料》第一册，原题《天津中西学堂章程》，王奏于前，清光绪二十一年八月十二日封发，至十四日即奉谕照准。以其为本院文献中之重要资料，特为复印于此。"② 这是一份给北洋大臣王文韶议折，内容谈论设立天津中西学堂的必要性以及章程、功课、经费等内容。

《上海图书馆藏盛宣怀档案萃编》展示的是议折的附录部分，而附录部分头等学堂与二等学堂各展示了四页。给北洋大臣王文韶议折是经过盛宣怀与北洋大学堂总教习丁家立"考究再三"后，酌议而成。《上海图书馆藏盛宣怀档案萃编》展示的原件是议折的草稿，从草稿的笺纸看，上面标注"留园二十四间梅花书屋"。留园在苏州，是盛家的私人园林，由盛宣怀父亲盛康购置的，"二十四间梅花书屋"是盛宣怀的斋号。从草稿上看，盛宣怀亲笔手录议折并作了一些修改。

这篇议折草稿与正式议折对照，个别字句有所出入，如正式议折标题为"分缮清折"③，而草稿为"缮折"④。草稿在功课中的历年课程部分只标年份，没有内容。专门学中只列出五个门类，也未叙述内容。而二等学堂章程的次序与正式议折也不一致。如二等学堂经费中的"学生膏火"⑤草稿在第七条，正式议折在第五条⑥。另外从几份资料对比上看，《北洋周刊·本院四十周年纪念专号》收录的内容有缺失，如头等学堂章程第三条："头等学堂必须谙习西学之大员一人为驻堂总办；尤必须熟悉西学教习一人为总教习……"⑦ 一段没有录入。从内容介绍上看，该文采用舒新城编《近代中国教育

---

① 上海图书馆编：《上海图书馆藏盛宣怀档案萃编》，上海：上海古籍出版社，2008 年，第 390—393 页。
② 北洋工学院编：《北洋周刊·本院四十周年纪念专号》，1935 年 9 月 30 日，第 9 页。
③ 同上书，第 11 页。
④ 上海图书馆编：《上海图书馆藏盛宣怀档案萃编》，上海：上海古籍出版社，2008 年，第 386 页。
⑤ 同上书，第 393 页。
⑥ 北洋工学院编：《北洋周刊·本院四十周年纪念专号》，1935 年 9 月 30 日，第 16 页。
⑦ 舒新城编：《中国近代教育史料》第一册，北京：人民教育出版社，1961 年，第 139 页。

史料》1933 年版，而舒新城原文采自麦仲华《皇朝经世文新编》第六卷。我查了《皇朝经世文新编》第六卷和人民教育出版社 1961 年版的舒新城编《中国近代教育史资料》第一册（该版书名有变化，并对 1933 年版引用资料有删节），都有第三条的内容，显然《北洋周刊》在录入时有遗漏情况。

另外《光绪朝东华录》光绪二十一年（1895）八月，收录了王文韶转奏的盛宣怀禀文，但没有附录《天津中西学堂章程》的内容。[1] 关于学堂章程酝酿的时间另有新说，据《宋恕集》丙申日记六月"初八，赴盛杏孙会议《学堂章程》之招，始识杏孙。"[2] 此条，编者胡珠生在《宋恕年谱》中云：光绪廿二年六月"初八赴盛宣怀会议天津北洋西学堂章程之邀，该学堂不久改名天津大学堂，后改名北洋大学堂，首任督办即盛宣怀。"[3] 丙申为光绪二十二年（1896），与议折上奏时间相差近一年，故存疑。

二、北洋大学堂头等、二等学堂招生启事与告白

这一部分内容有两件，分别为《天津头等二等学堂招生启事》和代拟登《招考天津大学堂学生告白》，都是准备刊登在报纸上是广告，呈送盛宣怀审阅。

1.《天津头等二等学堂招生启事》

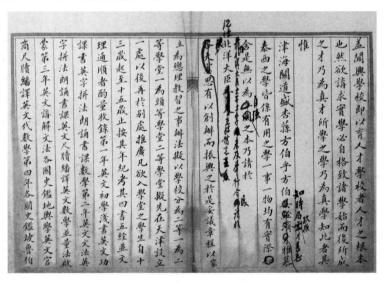

图 3.1　《天津头等二等学堂招生启事》1

---

① 朱寿朋编、张静庐等校点：《光绪朝东华录》第四册，北京：中华书局，1984 年，第 3656—3658 页。

② 胡珠生编：《宋恕集》，北京：中华书局，1993 年，第 937 页。

③ 同上书，第 1104 页。

斯第一年格物書作英文論英文尺牘繙譯英文平面
量地法四年內每日華洋字共寫若干每年分為夏冬兩
季各放假半月每逢中外節令放假凡禮拜日休息一日
日每年考試兩次定其優劣或留或黜以為準程每學
生每月貼膳銀三兩第一年每學生每月膏火銀一兩
二年一兩五錢三年二兩四年二兩五錢延請華人洋文
教習為之教導此二等學堂大概情形也頭等學堂
在天津南園牆外博文書院中第一年幾何學三角
勾股法格物學筆繪圖各國史鑑作英文論繙譯英
文第二年駕駛並量地法學微分學格物學化學筆繪
圖並機器繪圖作英文論繙譯英文第三年天文工程
初學化學花草學作英文論筆繪圖並機器繪圖繙譯
英文第四年金石學地學考究禽獸學萬國公法理財
富國學作英文論繙譯英文如欲專習一門者均聽自
便計專門學一工程一電氣一礦務一機器一律例第一
年每學生每月津貼膏火銀四兩二年五兩三年六兩四
年七兩另擇其學問最優者數名送至外國遊歷二三
年以資歷練川資由學堂給發其不欲出洋者酌量

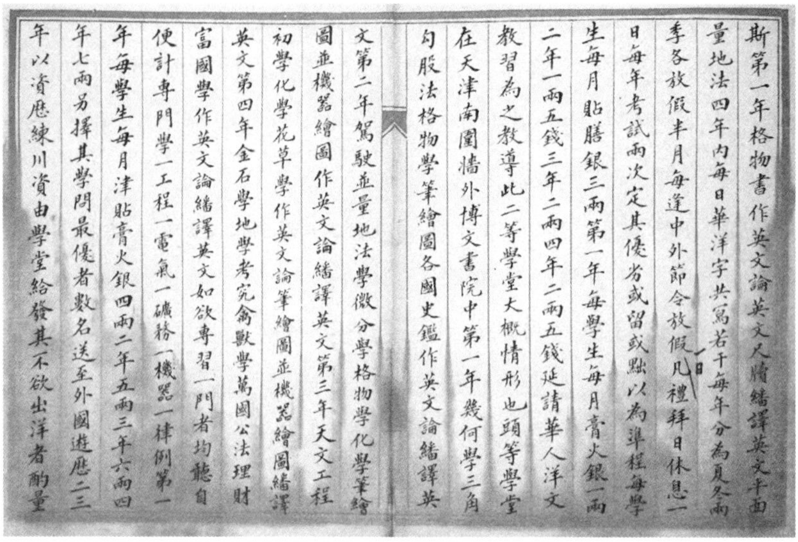

图 3.2 《天津头等二等学堂招生启事》2

委派差事此頭等學堂大概情形也現在頭等學堂一
班二等學堂三班擬即招集本總教習擬在天津上
海香港招集頭等學堂一班學生二等學堂三班學生
如有按照以上二等學堂功課學至四年者即撥歸頭
等學堂第一班其餘視其將二等學堂功課學多少
年再定班次通曉西學者望及時奮興幸勿觀望自悞
以後如考試以上各處學生屆時再行出示曉諭可也
此啓
洋總教習丁家立啓

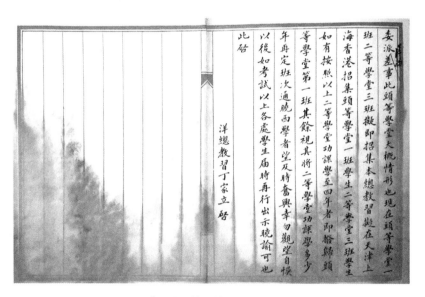

图 3.3 《天津头等二等学堂招生启事》3

此件是准备在天津《直报》与上海《申报》刊登的头等二等学堂招生启事，书写在 26×18 厘米的稿纸上，原文整理如下：

盖闻兴学校即以育人才，学校者人才之根本也。然欲讲求实学，必自格致诸学始，而后所成才乃为真才，所学之学乃为真学，知此者其惟津海关道盛杏荪方伯乎？方伯知时局艰难，需才甚亟，雅慕泰西之学皆系有用之学，一事一物均有实际，舍是无以为自强之本，乃请于前任北洋大臣、大学士李，未及举行。今复请于现任北洋大臣、直隶督宪王，思有以创办而振兴之。于是妥议章程，以家立为总理教习之事办法，拟以学校分为二等，一为二等学堂；一为头等学堂。二等学堂拟先在天津设立一处，以后再于别处推广。凡欲入学堂之学生，自十三岁起至十五岁止。按其年纪，考其四书五经，并文理通顺者，酌量收录。第一年英文初学浅书（言）①、英文功课书、英字拼法、朗诵书课、数学。第二年英文文法，英字拼法，朗诵书课，英文尺牍、翻译英文，数学并量法启蒙。第三年英文讲解文法，各国史鉴，地舆学，英文官商尺牍，翻译英文，代数学。第四年各国史鉴，坡鲁伯斯第一年，格物书，作英文论、英文尺牍、翻译英文、平面量地法。四年内，每日华洋字共写若干。每年分为夏冬两季，各放假半月。每逢中外节令放假一日，凡礼拜日休息一日。每年考试两次，定其优劣，或留或黜，以为准程。每学生每月贴膳银三两，第一年每学生月膏火银一两，二年一两五钱，三年二两，四年二两五钱。延请华人洋文教习为之教导，此二等学堂大概情形也。

头等学堂在天津南围墙外博文书院中，第一年几何学、三角勾股法、格物学、笔绘图，各国史鉴、作英文论、翻译英文；第二年驾驶并量地法学、微分学、格物学、化学、笔绘图并机器绘图、作英文论、翻译英文。第三年天文工程初学、化学、花草学、作英文论、笔绘图并机器绘图，翻译英文。第四年金石学、地学、考究禽兽学、万国公法、理财富国学、作英文论、翻译英文。如欲专习一门者，均听自便。计专门学一工程、一电气、一矿务、一机器、一律例。第一年，每学生每月津贴膏火银四两，二年五两，三年六两，四年七两。另择其学问最优者数名，送至外国游历二三年，以资历练，川资由学堂给发。其不欲出洋者，酌量委派洋务差事。此头等学堂大概情形也。

现在头等学堂一班，二等学堂三班，拟即招集。本总教习拟在天津、上海、香港招集头等学堂一班学生，二等学堂三班学生。如有按照以上二等学堂功课学至四年者，即拨归头等学堂第一班，其余视其将二等学堂，功课学多少年，再定班次。通晓西学者，望及时奋兴，幸勿观望自误，以后如考试，以上各处学生届时再行出示晓谕可也。此启。

洋总教习丁家立启②

①　舒新城编：《中国近代教育史资料》第一册，北京：人民教育出版社，1961年，第143页为"浅言"。
②　上海图书馆编：《上海图书馆藏盛宣怀档案萃编》，上海：上海古籍出版社，2008年，第394—395页。

　　该文未注明年月，据考约为光绪二十一年（1895）。原文由学堂总教习丁家立草拟，盛宣怀对个别内容进行了修改，如将原文"具经济才"改为"知时局艰难，需才甚亟"，将"立国"之本改为"自强"之本，将"乃请于北洋大臣各大宪"改为"请于前任北洋大臣、大学士李，未及举行。今复请于北洋大臣直隶督宪王"。从修改的内容看，盛宣怀考虑得比较周到。该文刊登于光绪二十一年（1895）七月十九日和廿一日天津《直报》上，题为《教育英才》，内容大致相同。后还在上海《字林沪报》和《申报》上刊登。

　　2. 代拟登《招考天津大学堂学生告白》

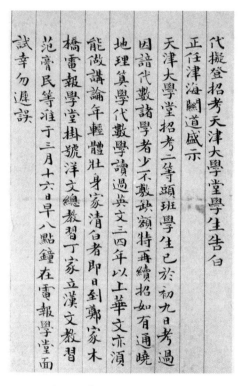

图 4　代拟登《招考天津大学堂学生告白》

　　此件为光绪二十二年（1896），即学堂成立的第二年，准备刊登在上海《申报》《新闻报》上的告白，书写在 23.5×14 厘米的两张稿纸上。原文整理如下：

　　　　代拟登《招考天津大学堂学生告白》

　　　　正任津海关道盛示：

　　　　天津大学堂招考二等头班学生已于初九日考过，因谙代数诸学者少，不敷缺额，特再续招。如有通晓地理、算学、代数学，读过英文三四年以上，华文亦须能讲论，年轻体壮，身家清白者，即日到郑家木桥电报学堂挂号。洋文总教习丁家立、汉文教习范膏民等准于三月十六日早八点钟在电报学堂面试，幸勿迟误。[1]

这是北洋大学堂在创办的第二年（光绪二十二年），在上海招考二等学堂头班的续招告白。光绪二十二年（1896）三月初九，在上海郑家木桥电报学堂招收过一次，因考生会代数者少，特再续招。招生地点仍在郑家木桥电报学堂，考官为总教习丁家立与汉文教习范膏民。查《北洋大学堂光绪二十三年题名录》有二等学堂教习范熙民[2]，估计"范膏民"有误。这份续招告白，曾在光绪二十二年三月十一日和三月十四日《申报》上刊登。

三、北洋大学堂有关人员的信函

这部分有王修植、蔡绍基、丁家立三人以及王宠惠等四名留学生给盛宣怀的四封信。

1. 王修植致盛宣怀函

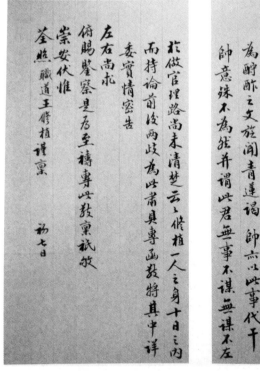

图 5　王修植致盛宣怀函

这是时任北洋大学堂头等学堂总办王修植给盛宣怀的密信，写在 23.7 × 12.7 厘米

---

① 上海图书馆编：《上海图书馆藏盛宣怀档案萃编》，上海：上海古籍出版社，2008 年，第 396 页。

② 北洋大学编：《国立北洋大学卅周年纪念册》，1925 年 10 月。

的信纸上。原文整理如下：

敬禀

杏公奉常大人阁下：

前奉归并铁路学堂钧示，业将商办情形会同总公司津局总办黄、张两次禀覆在案。嗣于本月初二日，青莲走商欲为梅溪说项，故复有初三日会衔之信。梅溪误视学堂为利薮，谋之甚切。在青莲碍于情面，亦不过以此为酧酢之文。旋闻青莲谒帅，亦以此事代干。帅意殊不为然，并谓此君，无事不谋，无谋不左，于做官理路尚未清楚云云。修植一人之身，十日之内，而持论前后两歧。为此肃具专函，敬将其中详委实情密告左右，尚求俯赐鉴察，是为至祷，专此敬禀，祇叩崇安，伏惟荃照。

职道王修植谨禀

初七日①

这是一封有关归并铁路学堂的密信。根据史料记载，山海关铁路学堂在光绪二十三年（1897）开办时，曾暂借北洋大学堂上课。时任铁路总公司督办盛宣怀有意将其归并于北洋大学堂，并嘱意王修植接管。胡燏芬就任津芦铁路督办后，决定将铁路学堂从北洋大学堂中迁出。后来为解决芦汉铁路缺乏技术人才情况，光绪二十四年（1898）初，盛宣怀嘱意王修植另在上海招收二十名学生，在北洋大学堂内设芦汉铁路学堂。这件事有详细记载，光绪二十三年（1897）十一月二十五日《集成报》中《记山海关铁路学堂》："北洋山海关铁路学堂系由津榆车脚项下筹款成立，本年归并总公司后，将学生移至天津大学堂，现闻胡大京兆，拟将学堂移至山海关，或在北戴河另建堂舍，因而总公司大臣或拟另招学生，专门芦汉一路一用。近已由总办大学堂王苑生观察，饬令总教习丁家立，于前月下旬赴上海、福州等处，招考读过洋文三、四年者二十余人，随带来津，列为一班，闻上海已于前月二十六日开考。"②王修植的信写于光绪二十三年（1897）四月初七，即山海关铁路学堂在北洋大学堂开课不久。由于是密信，人名多用代号，如胡燏芬字芸楣，文中的"梅溪"似指胡燏芬。"青莲"似指继任津海关道李少东，因为李白号"青莲居士"，"青莲"借用李姓。"帅"指北洋大臣兼直隶总督王文韶。津局总办黄、张，似指招商局黄建筦、张振棨。当时盛宣怀任中国铁路总公司督办，已离开津海关道，但对北洋大学堂的事仍具有话语权。另外盛宣怀与王修植私人关系密切，光绪二十六年（1900）北洋大学堂被德军占据，王

① 上海图书馆编：《上海图书馆藏盛宣怀档案萃编》，上海：上海古籍出版社，2008 年，第 397 页。

② 高时良、黄仁贤编：《洋务运动时期教育》，上海：上海教育出版社，2007 年，第 588 页。

修植被盛宣怀召到上海南洋公学，继续管理芦汉铁路学堂。

2. 蔡绍基致盛宣怀函

图 6.1　蔡绍基致盛宣怀函 1

图 6.2　蔡绍基致盛宣怀函 2

图 6.3　蔡绍基致盛宣怀函 3

图 6.4　蔡绍基致盛宣怀函 4

蔡绍基是首批留美幼童，光绪二十一年（1895）北洋大学堂成立时，就担任北洋二等学堂总办，这封信写在 23.7×12.7 厘米的四张信纸上，内容整理如下：

宪台大人阁下：

敬禀者，窃卑职前奉宪札，饬补月册，业经遵照补上，当邀鉴核伏维，政躬介福，鼎履增绥，日以为颂。学堂功课照旧加严，年终大考，即照章升班。因思上年宪节到津临堂查看后，因头、二班学生实不满额，蒙谕本年新班多取六名，庶日后升主头班时，不致减少足征。

宪台广植人才之至意，惟是现时二等学堂诸生正额计一百二十名，几无欠缺，加以附学三五名，共计一百二十余人，来年新生再取三十六名，一二年后，四班合共应多二十余名，经费不敷，尚可禀请宪台按名数加赠。惟正额过多，平日有实在聪颖子弟一二名来堂肄业者，无从安插，未免向隅。且平日月考功课稍次，不能与本班诸生同班教授，似应降班。年终大考功课稍逊，不能与诸生同升，亦应留班。此等诸生各班均有是。每年四班新生正额三十六名，加以降班、留班、附学各生，总在四十名外，一堂教授，亦实拥挤不堪。不但教习课读时，耳目难以兼顾，即质地稍次诸生，有晰疑辨难处，亦无暇可以请质，诚恐人多功少，未免有因一二生之笨拙，致累诸生之锐进。且多则难精，似与诸生功课，亦属有碍？可否仰求宪台酌量于来年正月，申津二处收考，仍以三十名为正额。庶学堂平日降班、大考留班暨外来聪颖子弟一二名均可安插，于诸生裨益，实匪浅鲜。再天津李少东观察拟定于正月二十日收考，上海收考之期应否一律？以便开冻时即来津也。再南省各处均有学堂，北地生徒实繁，申津两处是否照旧分收若干名？统乞电示，祇遵谨肃，敬叩钧安，伏维慈鉴。

卑职蔡绍基谨禀

十一月二十日 [①]

此信写于光绪二十三年（1897）十一月二十日，从信中"上年宪节到津临堂查看后"的文字看，盛宣怀曾于光绪二十二年（1896）到了北洋大学堂视察。该年盛宣怀已离任津海关道，蔡绍基向他汇报二等学堂办学情况，从信中"仰求宪台酌量于来年正月，申津二处收考，仍以三十名为正额""申津两处是否照旧分收若干名，统乞电示"等文字看，盛宣怀对北洋大学堂仍具有话语权。

① 上海图书馆编：《上海图书馆藏盛宣怀档案萃编》，上海：上海古籍出版社，2008 年，第 398—399 页。

3. 丁家立致盛宣怀函

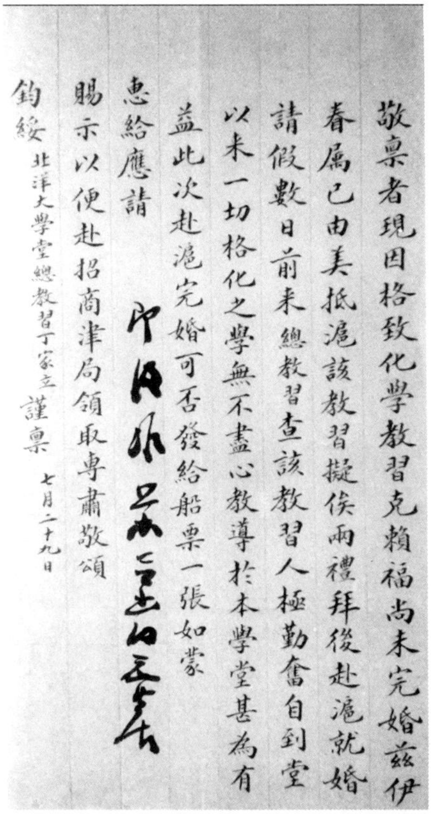

图 7　丁家立致盛宣怀函

这是北洋大学堂总教习丁家立写给盛宣怀的信，写在 23.5 × 12.5 厘米的信纸上，内容整理如下：

> 敬禀者，现因格致化学教习克赖福尚未完婚，兹伊眷属已由美抵沪。该教习拟俟两礼拜后赴沪就婚，请假数日。前来，总教习查该教习人极勤奋。自到堂以来，一切格化之学，无不尽心教导，于本学堂甚为有益。此次赴沪完婚，可否发给船票一张？如蒙惠给，应请赐示，以便赴招商津局领取，专肃敬颂，钧绥
>
> 北洋大学堂总教习丁家立谨禀
>
> 七月二十九日 [①]

此信信封标明：由天津北洋大学堂寄到上海中国电报总局呈钦差督办铁路总公司大臣盛大人收，写信的时间是光绪二十四年（1898）七月二十九日。克赖福为美国

---

① 上海图书馆编：《上海图书馆藏盛宣怀档案萃编》，上海：上海古籍出版社，2008 年，第 400 页。

人，是北洋大学堂最早的外国教习之一。在《国立北洋大学卅周年纪念册·前任教员录》中，仅次于丁家立，位居第二名。另从《王文韶日记》中光绪二十二年正月初八（1896 年 2 月 20 日）记“署领事丁家立带同大学堂教习克赖福”[①] 给王文韶拜年。北洋大学堂这么多外国教习，丁家立见王文韶为何只带克赖福？说明二人关系比较密切。而这次写信为克赖福成婚讨要一张天津至上海的招商局船票，也说明二人关系非同一般。

4. 王宠惠等致盛宣怀函

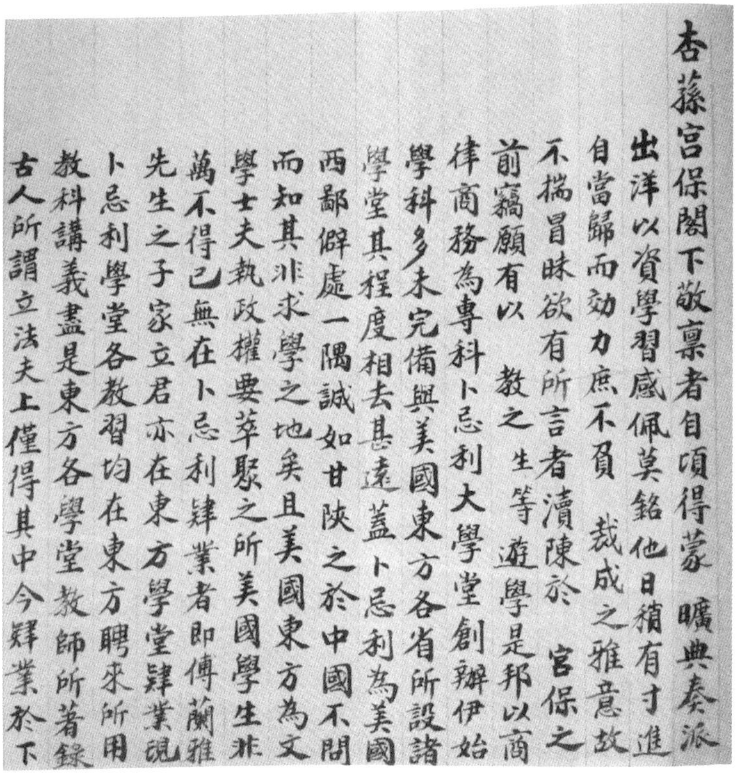
杏蓀宫保閣下敬禀者自頃得蒙 曠典奏派
出洋以資學習感佩莫銘他日稍有寸進
自當歸而効力庶不負 裁成之雅意故
不揣冒昧欲有所言者瀆陳於 宫保之
前竊願有以 教之 生等遊學是邦以商
律商務為專科卜忌利大學堂創辦伊始
學科多未完備與美國東方各省所設諸
學堂其程度相去甚遠蓋卜忌利為美國
西鄙僻處一隅誠如甘陝之於中國不問
而知其非求學之地矣且美國東方為文
學士夫執政權要萃聚之所美國學生非
萬不得已無在卜忌利肄業者即傅蘭雅
先生之子家立君亦在東方學堂肄業觀
卜忌利學堂各教習均在東方聘來所用
教科講義盡是東方各學堂教師所著錄
古人所謂立法夫上僅得其中今肄業於下

图 8.1　王宠惠等致盛宣怀函 1

① 袁英光、胡逢祥整理：《王文韶日记》，北京：中华书局，2014 年，第 932 页。

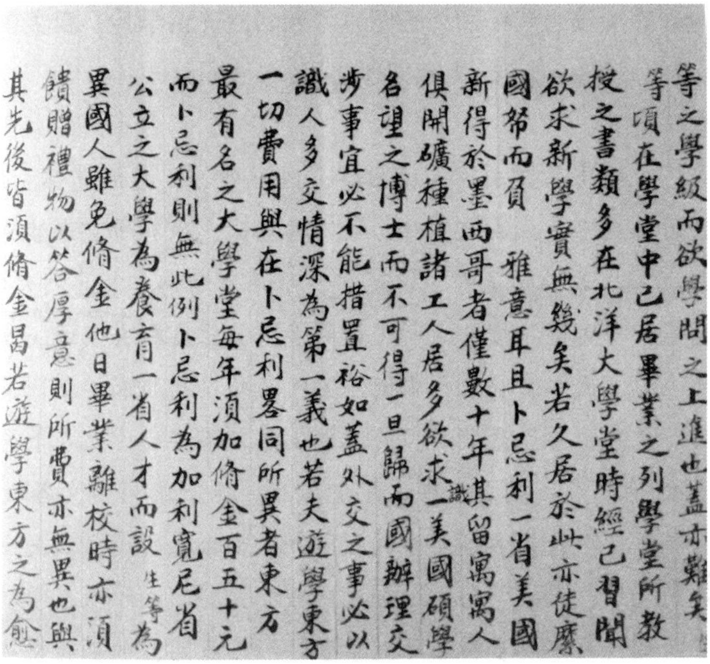

图 8.2 王宠惠等致盛宣怀函 2

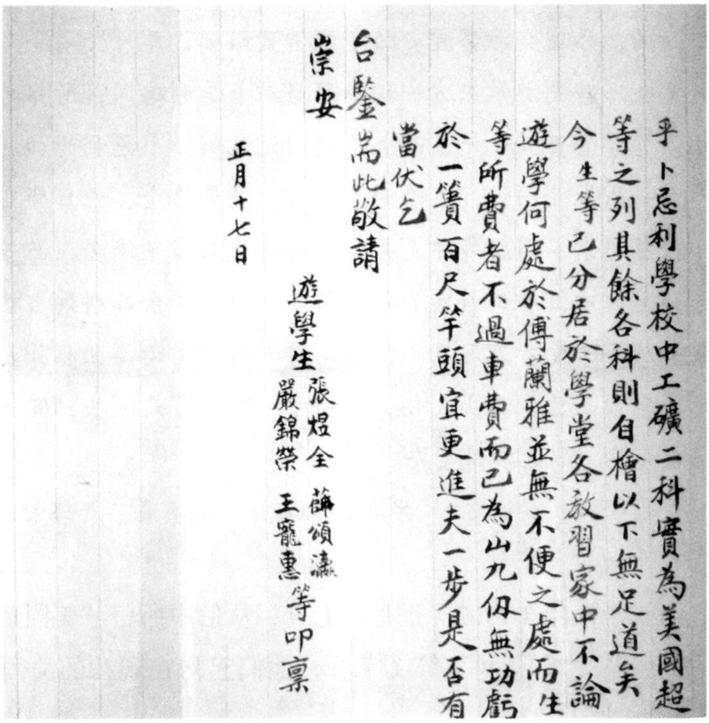

等之學級而欲學問之上進也蓋亦難矣
等頃在學堂中已居畢業之列學堂所教
授之書類多在北洋大學堂時經已習聞
欲求新學實無幾矣若久居於此亦徒靡
國帑而負雅意耳且卜忌利一省美國
新得於墨西哥者僅數十年其留一省
俱開礦種植諸工人居多欲求一美國碩學
名望之博士而不可得一旦歸兩國辦理交
涉事宜必不能措置裕如蓋外交之事必以
識人多交情深為第一義也若夫遊學東方
一切費用與在卜忌利畧同所異者東方
最有名之大學堂每年須加脩金百五十元
而卜忌利則無此例卜忌利為加利寬尼省
公立之大學為養育一省人才而設生等為異國人雖免脩金他日畢業離校時亦須
饋贈禮物以答厚意則所費亦無異也與
其先後皆須脩金昌若遊學東方之為愈

图 8.3 王宠惠等致盛宣怀函 3

乎卜忌利學校中工礦二科實為美國超
等之列其餘各科則自檜以下無足道矣
今生等已分居於學堂各教習家中不論
遊學何處於傅蘭雅並無不便之處而生
等所費者不過車費而已為山九仞無功虧
於一簣百尺竿頭宜更進夫一步是否有
當伏乞
台鑒尚此敬請
崇安

正月十七日

遊學生　張煜全　薛頌瀛
　　　　嚴錦榮　王寵惠等叩稟

　　这是张煜全、薛颂瀛、严锦荣、王宠惠等四名赴美留学生，自美国寄来的信，写在 24×49.5 厘米的三张信纸上，内容整理如下：

　　　　杏孙宫保阁下：

　　　　敬禀者，自项得蒙旷典，奏派出洋，以资学习，感佩莫铭。他日稍有寸进，自当归而效力，庶不负裁成之雅意。故不揣冒昧，欲有所言者渎陈于宫保，之前窃愿有以教之。生等游学是邦，以商律、商务为专科。卜忌利大学堂创办伊始，学科多未完备，与美国东方各省所设诸学堂，其程度相去甚远。盖卜忌利为美国西鄙，僻处一隅，诚如甘陕之于中国，不问而知，其非求学之地矣。且美国东方为文学士夫、执政权要萃聚之所。美国学生非万不得已，无在卜忌利肄业者。即傅兰雅先生之子、家立君亦在东方学堂肄业。现卜忌利学堂各教习均在东方聘来，所用教科讲义尽是东方各学堂教师所著录。古人所谓立法夫上仅得其中，今肄业于下等之学级，而欲学问之上进也，盖亦难矣。生等顷在学堂中，已居毕业之列。学堂所教授之书类多在北洋大学堂时经已习闻，欲求新学实无几矣。若久居于此，亦徒糜国帑而负雅意耳。且卜忌利一省，美国新得于墨西哥者仅数十年。其留寓寓人俱开矿种植诸工人居多，欲求识一美国硕学名望之博士，而不可得。一旦归而国，办理交涉事宜，必不能措置裕如，盖外交之事必以识人多、交情深为第一义也。若夫游学东方一切费用与在卜忌利略同，所异者东方最有名之大学堂每年须加修金百五十元，而卜忌利则无此例。卜忌利为加利宽尼省公立之大学，为养育一省人才而设，生等为异国人，虽免修金，他日毕业离校时，亦须馈赠礼物，以答厚意，则所费亦无异也。与其先后皆须修金，曷若游学东方之为愈乎。卜忌利学校中工矿二科实为美国超等之列，其余各科则自桧以下，无足道矣。今生等分居于学堂各教习家中，不论游学何处，于傅兰雅并无便之处而。生等所费者不过车费而已，为山九仞，无功亏一篑；百尺竿头，宜更进夫一步。是否有当？伏乞台鉴，嵩此敬请崇安。

游学生张煜全、薛颂瀛、严锦荣、王宠惠等叩禀

正月十七日。①

　　此信写于光绪二十八年（1902）正月十七日，从信中所言"美国新得墨西哥者仅数十年""加利宽尼省""卜忌利"等文字看，他们起初在现在的美国加利福尼亚大

---

　　① 　上海图书馆编：《上海图书馆藏盛宣怀档案萃编》，上海：上海古籍出版社，2008 年，第 403—405 页。

学伯克利分校就学。据资料记载，该校创办于 1868 年 3 月，是一所公办学校。可笑的是"学堂所教授之书类多在北洋大学堂时经已习，闻欲求新学实无几矣"。这说明北洋大学堂教学程度较高。四位学生希望转到教育条件较好的东部学校就学，于是向盛宣怀写了一封信。至于最后情况如何，尚未发现有关史料，不过从王宠惠等人后来到耶鲁大学就学，并获得法学博士等情况看，他们的问题得到了解决。从 1925 年《国立北洋大学卅周年纪念册》毕业同学录获悉几位留学生的情况：张煜全，47 岁，广东人，时任外交部参事，曾任清华校长；薛颂瀛，广东香山人，时任香港工商银行经理；王宠惠，45 岁，广东东莞人；严锦荣，没有具体信息。另从光绪二十七年（1901）六月初六，美国驻上海总领事馆颁发给王宠惠的护照看，上面标着在日本横滨上船，北洋学堂肄业，赴美国学堂肄业的文字。说明已在日本留学的王宠惠，由横滨登船赴美。

以上是对《上海图书馆藏盛宣怀档案萃编》所录北洋大学堂资料的文字整理与解读，可以看出盛宣怀不仅在津海关道任职期间，还是离开天津，始终关注北洋大学堂的事情。而北洋大学堂的各位总办、总教习以及学生有事依然向他请示，由此说明盛宣怀离开津海关道，不担任北洋大学堂督办后，仍对北洋大学堂具有一定的话语权。

从丁家立的两封信看北洋大学创立时间和性质

张 诚 *

1895 年 11 月 4 日，美国《圣地亚哥联合劳动报》（*San Diego Union and Daily Bee*）（第四十卷，编号 9819）刊登了一则题为《丁家立的荣耀》（*Charles D. Tenney Honored.*）的消息。消息称住在圣地亚哥的丁家立父亲特尼牧师（Rev. D. Tenney）收到了他儿子的一封信，信中提到一个好消息，丁家立帮助中国政府在天津创办了一所大学，并且已被任命为校长。学校由他与伍廷芳（Wu Ting-fang）和蔡绍基（Ts'al Chao-chi）两位院长共同负责。这所大学将开设一门普通科学课程以及几门工程等方面的专业课程。他的校长职位是他在中国教育学生成功的结果。信中还提到，9 月 7 日的《京津泰晤士报》（*The Peking and Tientsin Times*）详细报道了这所大学，并高度评价了丁家立被选为校长的事。

* 张诚，天津师范大学文化地理研究中心兼职研究员，中国近现代史史料学会会员，天津市河东区政协文史顾问，从事天津近代史研究和历史影像研究。

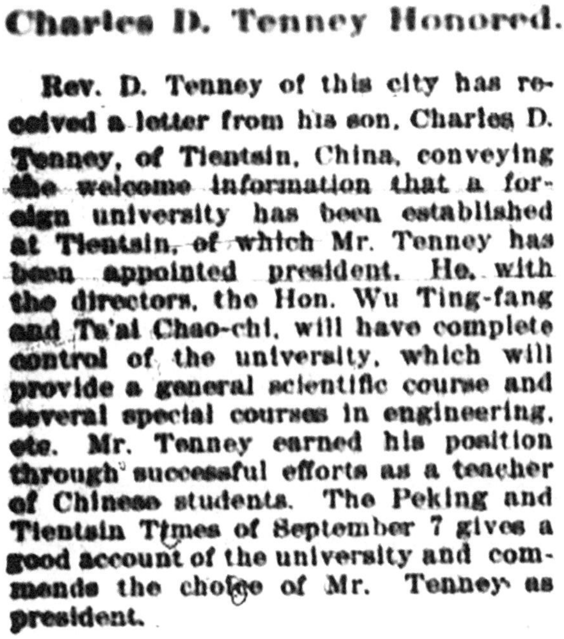

Charles D. Tenney Honored.

Rev. D. Tenney of this city has received a letter from his son, Charles D. Tenney, of Tientsin, China, conveying the welcome information that a foreign university has been established at Tientsin, of which Mr. Tenney has been appointed president. He, with the directors, the Hon. Wu Ting-fang and Ts'al Chao-chi, will have complete control of the university, which will provide a general scientific course and several special courses in engineering, etc. Mr. Tenney earned his position through successful efforts as a teacher of Chinese students. The Peking and Tientsin Times of September 7 gives a good account of the university and commends the choice of Mr. Tenney as president.

图 1 《圣地亚哥联合劳动报》(San Diego Union and Daily Bee) 刊载的消息《丁家立的荣耀》

消息原文如下：

Charles D. Tenney Honored.

Rev. D. Tenney of this city has received a letter from his son, Charles D. Tanney, of Tientsin, China, conveying the welcome information that a foreign university has been established at Tientsin, of which Mr. Tenney has been appointed president. He, with the directors, the Hon, Wu Ting–fang and Ts'al Chao–chi, will have complete control of the university, which will provide a general scientific course and several special courses in engineering, etc. Mr. Tenney earned his position through successful efforts as a teacher of Chinese students. The Peking and Tientsin Times of September 7 gives a good account of the university and commends the choice of Mr. Tenney as president.[1]

这是迄今最新发现的史料，为早期北洋大学的创立时间和性质提供了新的依据。值得重视的是：

---

① *San Diego Union and Daily Bee*, Volume XL, Number 9819, 4 November 1895.

1. 北洋大学创立时间或许更早。

一般来说一封信从天津寄到美国，最少也要一个月左右，美国《圣地亚哥联合劳动报》1895 年 11 月 4 日刊载的消息，至少也要在 1895 年 10 月 4 日前发出，这与北洋大学堂"奉旨批准之日"的时间 1895 年 10 月 2 日基本吻合，以此证明 2015 年上海交通大学党史校史研究室副主任欧七斤根据上海图书馆馆藏盛宣怀档案中的相关内容，考证出北洋大学堂正式"开办"的日期为"1895 年 10 月 18 日"有误。同时这一时间也早于 2017 年珠海市高新区唐家历史文化研究会秘书长唐越先生根据 1895 年底的《香港华字日报》中的相关记载，最终考证出北洋大学堂正式开学的日期为"1895 年 11 月 17 日"。

按照惯例，一所新的建筑或学校启用，会有开学盛典或启用仪式，当地报纸当天或隔日会刊载新闻报道。丁家立的信中提到 9 月 7 日的《京津泰晤士时报》对这所大学和丁家立被选为校长给了很好的评价和赞扬。按照报纸出版日期（September 7），北洋大学的创立应早于 1895 年 9 月 7 日。此报道亦早于本报同年 12 月 7 日之《天津大学访问记》（*A visit to the Tientsin University*）。

2. 北洋大学是一所西式大学。

尽管这所大学的性质因各方解释不同，但丁家立在信中明确提到这是一所按照国外标准设立的大学（foreign university），并立一门普通的科学以及一些工程方面的特殊课程。此正是盛宣怀之《拟设天津中西学堂章程禀》中"头等、二等学堂各一所"，并不是只头等学堂才是"外国所谓大学堂也"。

丁家立在给父亲的信中毫不掩饰地说自己是这所大学的校长（president），而伍廷芳和蔡绍基则类似于董事（directors）。

时隔一年，美国《圣地亚哥联合劳动报》（*San Diego Union and Daily Bee*）又刊载的一篇《论中国的教育》（*EDUCATION IN CHINA*）的文章，副标题为"天津大学堂是如何由美国人创建的"，时间为 1896 年 9 月 7 日，与上次丁家立信中提到《京津泰晤士报》报道北洋大学堂的 9 月 7 日相同，这也许不是巧合。

这篇文章提到圣地亚哥牧师约翰·帕克（John D. Parker）在《北美中陆》（*Midcontinent*）发表了一篇文章，他认为李鸿章对美国的教育思想的认同与丁家立所创的天津大学堂（the Tientsin university）有关。他还称丁家立的父亲丹尼尔·特尼牧师非常感谢李鸿章的到访，并为儿子有这样的朋友而感到骄傲。文章的原文是这样的：

EDUCATION IN CHINA

HOW TIENTSIN UNIVERSITY WAS FOUNDED BY AN AMERICAN.

His Father a Resident of San Diego—Part Played by Li Hung Chang—His Admiration for Modern Educational Methods—His Children Enrolled.

Chaplain John D. Parker of this city has an appreciative article in the Midcontinent regarding Li Hung Chang and his sympathy with American educational ideas, especially as relating to the Tientsin university, founded by Charles D. Tenney. The father of Mr. Tenney, the Rev. Daniel Tenney, is a resident of San Diego, and is naturally much interested in the visit of the great viceroy, who has befriended his son. Chaplain Parker writes:

"The coming of Li Hung Chang to America will be a noteworthy event in the history of two of the leading nations of the globe. Gen. Grant, in his tour around the world, said that Li Hung Chang was one of the most remarkable men that he had ever met. His excellency the Viceroy Li, as he is termed in China, has been called to Pekin to become the principal adviser of the Emperor, and he will evidently have more influence than ever in forming public opinion in China. His wealth is estimated at $500,000,000, and his opinions have great weight with the people of the orient. The Chinese are divided in sentiment in regard to modern civilization. The majority of the nation are conservative, and ching to the past in education and religion, and let go of traditions reluctantly. But a growing minority, among whom Li Hung Chang is the leader, are becoming imbued with the new thoughts and life of western nations, and are ready to welcome any true advance made in science and the arts.

"It was the unfolding of an unseen providence that led a young man from America, about twelve year ago, to go to China, to become unconsciously a leader in the marvelous reformation that seems destined in due time to leaven the whole Chinese people. The narrative of the work of the young man is simple, but full of interest to the students of history who can see the workings of divine providence in the unfolding of human events.

"In the year 1884, Charles D. Tenney, a graduate of Dartmouth college, and of Oberlin Theological Seminary, went to China with a small band of fellow students, to become missionaries under the American Board of Foreign Missions. After laboring as a missionary for two year Mr. Tenney resigned and opened a private school in Tientsin for the education of Chinese youth. This was simply a day school, founded in the autumn of 1886. With the purpose of fitting young men to act as efficient interpreters, and to engage in foreign trade, in the railway service and in the various industries in China that require a knowledge of English. After two years so many pupils came to his private school from distant provinces that it was found necessary to make it a boarding school as wall as a day school. Rooms were rented as lodgings for scholars, and the attendance increased to such an extent that Mr. Tenney erected in 1891 a permanent building for the school.

"Li Hung Chang, the viceroy, who lived in Tientsin, was accustomed to visit this school, and soon became so favorably impressed with the substance and methods of education pursued by western nations, as seen in this school, that be engaged Mr. Tenney as a private tutor to his children. From this time every day after the session of the school closed, a servant on horseback leading another horse, came and took Mr. Tenney to the palace of Li Hung Chang. Under his tutorage these children made rapid progress, and proved to be equal to any youth of similar age in America, in mastering the elementary branches of education as pursued in this country. The instruction, of course, was purely secular, but was thorough and very satisfactory to all concerned. The children became greatly attached to their teacher, and gave willing obedience and made such progress in their studies that Mr. Tenney became proud of their advancement. Li Hung Chang watched all of these things with appreciation, and became the firm friend and powerful supporter of the educational plans of Mr. Tenney.

"Educational matter in Tientsin made such progress under Mr. Tenney, that about a year ago, it was thought best to establish Tientsin university, of which Mr. Tenney has become the president. A fine building has been erected, and about 150 pupils have been attracted to it from the first families of China, coming from several different provinces.

"A glimpse into one of Mr. Tenney's letters to his father, dated Sept. 20, 1895, on shipboard shows how actively he is discharging his duties as president of Tientsin university. He says: "You see from the date of this tester that I am on the seas. I left

Tientsin this morning for Shanghai and Hong Kong, on the university business. I am to stop for a few days in Shanghai to examine some students, and then go to Hong Kong for the same purpose. I shall enjoy the change exceedingly, for I have been cooped up in Tientsin now for many year. My new position is likely to make me quite a traveler, for I shall frequently have to make trips to different parts of the empire as new school are established. Probably a preparatory school, on the model of ours at Tientsin, will be established next year at a city near Shanghai, and if so, l shall have to visit It at least semiannually."

"To the superficial observer, the establishment of a university in a foreign land is a matter at surprise, but the careful student of history learns how, under a favoring providence, the efforts of a single Christian student in a foreign land may lead to the most important result, even to the establishment of Tientsin university, which will probably become a fountain of living waters for all the coming ages.

"President Tenney has just published a second edition of his English lesson book for Chinese students, and he says it is selling very rapidly. He has now almost ready for the press a Geography of Asia with special reference to the Chinese empire. He has just built a little cottage on the seashore, up near Shan-hai-kuan, at the extremity of the great wall, and he desires that his aged father, Rev. Daniel Tenney. D., who is now living at San Diego, shall go out to China and visit his son. Dr. Tenney, who is the founder of Oxford Female College at Oxford, O., is now 79 years of age and quite feeble, and hesitates about starting on so long a journey."[1]

帕克文章的大意是："李鸿章到访美国，是一件值得载入中美这两个全球大国历史史册的大事。格兰特将军在环球旅行时曾说，李鸿章是他见过的最杰出的人之一。时任直隶总督的李鸿章，已被邀请到北京去担任皇帝的首席顾问。显然，他对中国舆论的影响力将比以往任何时候都大。据估计，李鸿章财产有五亿美元。他的话在东方很有分量。中国人对现代文明的看法不一，全国大多数人都是保守派，固守过去的教育和宗教上，不愿放弃传统。但是，越来越多的人，包括像李鸿章这样的官员，都开始受到西方新思想和新生活的影响，并且准备好了迎接任何科学和艺术方面的进步。"

---

① "EDUCATION IN CHINA," San Diego Union and Daily Bee, Septenuber 7, 1896.

作为一个神父，帕克牧师总是从宗教的角度看问题。他说到"十二年前，一个年轻的美国人，在上帝的指引下到中国定居，竟无意中领导了一场改革，而这场改革注定要在不久的将来影响整个中国。对这位年轻人所做的工作的叙述很简单，但是，对能从人类故事中看到神的旨意的历史系学生来说，这些叙述就充满趣味了。

帕克牧师在文章中提到丁家立之前办的学校。"1884 年，丁家立从达特茅斯大学和欧柏林神学院毕业后，就与一小部分同学来到了中国，成为美国对外宣教委员会的传教士。在担任传教士两年后辞职，并在天津创办了一所私立学校，教育中国青年。这所走读学校建于 1886 年秋，旨在培养年轻人成为熟练口译员，以促进外贸、铁路等需要掌握英语的行业的发展。两年后，外地的学生也来此求学，因此学校有必要提供食宿。房间租给学生作宿舍，解决了住宿问题后，学生人数不断增加，以至于丁家立在 1891 年，为学校专门建了座永久建筑。"这个永久建筑，大概就是说 1888 年建成的博文书院。

帕克牧师还提到丁家立被聘请为李鸿章儿子的家庭教师的原因。"住在天津的总督李鸿章经常来这所学校。不久，他就对西式教育内容和教育方式印象深刻，聘请丁家立做他孩子的家庭教师。这以后，每天学校放学后，都有一个仆从骑着马，并且拉着另一匹马，接丁家立去李鸿章家上课。在丁家立的指导下，孩子们进步飞快，这证明中国孩子与美国同龄人没什么不同，一样能掌握美国为他们孩子规定基础教育。当然，这里的教育是纯粹世俗的，但教授的各方面知识都很详尽，也很令人满意。孩子们很依赖他们的老师，也乐于跟从老师。他们在学习上取得的进步，让身为老师的丁家立也自豪不已。李鸿章见证了这一切，对他感激不已，不仅与其成为朋友，而且坚定支持其教育计划。"

帕克牧师说："在丁家立领导下，天津的教育事业取得了显著的进步。一年前他还在大声呼吁，最好要建一所天津大学。而一年后，丁家立就成了该校的校长，还盖了一栋精美建筑，吸引了第一批学生。这些学生约有 150 人，来自全国不同省份。"

帕克牧师在文章中特别提到，从丁家立于 1895 年 9 月 20 日在船上写给他父亲信中，就能看出作为天津大学校长的他有多尽职尽责。

他在信中与父亲说："您从日期就能看出我现在在海上。今天早上，我从天津出发，动身前往上海和香港，处理学校公务。我要在上海待几天，招一批学生，然后再去香港招生。我会享受这种变化，因为我已经在天津待了好多年，一直没有机会四处看看，而我的新职位很方便我外出旅行。因为随着新学校的建立，我也不得不在帝国各地奔波。明年，我们可能会根据在天津的学校模式，在上海附近的一个城市创办一所预科学校。如果办成了，我至少每半年就要去视察一次。"

帕克牧师在最后没有忘了把丁家立所取得的成绩归于上帝。他认为，对于一般的观察者而言，在异国他乡创办大学，是一件令人惊讶的事情。但细心的历史系学生会发现，在上帝的帮助下，独身一人在异乡的丁家立的努力会有丰厚回报，甚至是他创办的天津大学，也可能在上帝的庇佑下，未来成为活水源泉。

帕克牧师的文章中提到"丁校长刚为他的中国学生出版了第二版英语课本，还说这本书卖得很快。丁家立差不多已经准备好了出版《亚洲地理》，内容侧重于中国地理。文章还写到，丁家立刚在山海关长城入海口处的海岸边，建了一座小屋，希望他住在圣地亚哥的老父亲，丹尼尔·特尼牧师，能来中国探望他。老丹尼尔·特尼是牛津女子大学的创办者，已经 79 岁高龄的他，身体虚弱，对这么长的旅程犹豫不决。"

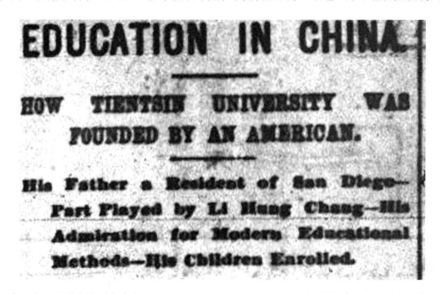

图 2 《圣地亚哥联合劳动报》（*San Diego Union and Daily Bee*）刊载《论中国的教育》（部分）

但是老丹尼尔·特尼因为身体虚弱，对这么长的旅程犹豫不决，最终也没来到中国，而是在 1902 年 10 月去世了。美联社驻圣地亚哥记者报道了这一消息，说在他身后留下他留下一个寡妇和四个孩子，其中一个是牧师，就是中国天津帝国大学（the Imperial University at Tien Tsin）校长丁家立。

1920 年 11 月 20 日，老丹尼尔·特尼的遗孀莎拉（Mrs. Sarah Tennery）展示了两张剪报，一张是她儿子二十年前担任帝国大学的校长的任命，说是他儿子自己组织的机构。并向人们讲述丁家立是如何毕业于达特茅斯大学和欧柏林学院的，如何以传教士的身份来到中国的，是出于对国外教育的同情，在成立帝国大学之前就在天津为中国人创办了一所中文学校。并说李鸿章经常光顾这所学校，因为儿子在那儿就学。去年 9 月丁家立离开中国时，中国官员和那里的外国外交人员都聚集在一起向他道别。

另一张剪报则是朋友从明尼阿波利斯寄给她的，其中回顾了丁家立在中国教育方面的成就，并赞扬他创立了北洋技术学校（Peiyang technical school）、天津大学堂（the university at Tien–tsin）和老北京大学（the old Imperial university at Peking）。莎拉说尽管丁家立辞职了，但是他在中国的教育和外交界占有一席之地。

为此美国《圣地亚哥联合劳动报》特于 1920 年 11 月 20 日以《丁家立作为中国教育工作者四十年职业生涯》（Rev. Charles D. Tenney's Career of Forty Years as Educator In China Briefly Sketched）对丁家立为中国教育事业做出的贡献做了简要的概述。①

---

① "Rev. Charles D. Tenney's Career of Forty Years as Educator In China Briefly Sketched," *San Diego Union and Daily Bee*, November 20, 1920.

北洋大学堂"监学官"考

王勇则[*]

在清末学堂中，监学官是一个重要存在。这个学务管理角色负有监督教员（即教习）之责[①]，在总办、监督领导下开展工作。北洋大学堂也不例外，1904年起明确设置监学官。民初相继改称学监、学监主任，职责范畴也有所调整。

关于监学官的职官设置、改革以及监学官的生平事迹，均为北洋大学校史研究中的一个空白，现予考察，裨补阙漏。

1925年版《国立北洋大学卅周年纪念册·前任职员录》开列北洋大学堂时期的"学监官"（即中华民国成立之前就任者）共有两位：

一是"学监官陆鸿文"，籍贯为直隶天津，任职年月和离校年月均未载明，但注明"根据《北洋大学堂光绪三十二年一览》列入，兼管中西书馆"。

二是"学监官张桐云"，籍贯为直隶静海，任职年月为"光绪三十四年（1908）七月"，注明"兼管中西书馆"，离校年月未载。

1925年版《国立北洋大学卅周年纪念册·前任教员录》又载有"学监官"一位，即国文教员桂填，籍贯为广东南海，任职年月为"光绪三十一年（1905）正月"，注明"兼充学监官"，离校年月未载。

1936年版《国立北洋工学院校友及毕业同学录（民国二十四年度）·前任教职员

王勇则，天津市河北区档案馆（天津市河北区地方志编修委员会办公室）二级调研员，主要从事天津地方史研究。

①《奏定学务纲要（1904年1月13日）》载："学堂教员宜列作职官，以便节制，并定年限。外国学堂教习，皆系职官。日本即称为教授、训导，亦称教员。此后，京外各学堂教习，均应列作职官，名为'教员'，受本学堂监督、堂长统辖节制，以时考核其功过而进退之。"转引自陈元晖主编：《中国近代教育史资料汇编·学制演变》，上海教育出版社，2007年，第504—505页。虽然官方对教员称谓予以规范，但此后仍明显存在"教习"与"教员"杂糅问题。以下行文涉及教习时，除引文保留原貌外，均表述为教员。

录》所载，以 1925 年版《国立北洋大学卅周年纪念册》为依据，但较为粗略。其中，《历任学监人员》开列张桐云、陆鸿文，并未提及桂埴。而在《历任国文教员》中，则载有"桂植"之名，其籍贯为广东南海，任职年月为"前清光绪三十一年"。因之判断，"桂植"无疑就是桂埴。

1990 年版《北洋大学—天津大学校史》第 1 卷《1895 年至 1948 年北洋大学教职员名录·历任学监、训导长》中，亦开列张桐云、陆鸿文，未载桂埴或"桂植"，仅在《历任国文教员》中，开列"桂植"之名。另在《创建初期北洋大学概况·经费、教员、待遇》中载明："汉文教习还有著名学者罗瘿公、庄凌孙、沈易年、桂植（兼充监学官）、潘承宣、徐德源（后为监督、校长）等。"① 此处记载的"桂植"，与"桂埴"为同一所指。罗瘿公即罗惇曧（号瘿公），与桂埴同为广东人，交谊甚厚。二人同在北洋大学堂任职任教。

值得注意的是，此处记载的是"监学官"，而非前引 1925 年版《国立北洋大学卅周年纪念册》所载的"学监官"。

以下考证包括三个方面：一是对于北洋大学堂时期设置的到底是"学监官"还是"监学官"做出明确判断；二是梳理北洋大学堂监学官一度兼管图书馆（时称"中西书馆"）的史实，考察掌书官沈嘉炎的生平事迹；三是梳理桂埴、张桐云、陆鸿文的履历，且以考察桂埴的生平事迹为重点。

桂埴（字东原）是北洋大学堂时期具有代表性的人物之一，但迄今未被纳入学术视野。桂埴在北洋大学堂的任职时间约计两年（1904 年底至 1906 年），去职后，长期活跃在外交领域（1908—1931），官至总领事，是资深外交家，享有较高的社会知名度。可以认为，北洋大学堂是培养桂埴为外交官的摇篮，在北洋大学堂的任教任职经历，对其人生走向产生的影响很大。桂埴的国学素养也是一流的，既是诗人，也是擅长小篆的书法家，其作品在艺术品拍卖市场中具备投资行情。桂埴还有英文翻译特长，其著述和编译散见当年报刊（已得见十余种）。

梳理桂埴生平事迹，颇具研究意义。由于缺乏学术关照，莫衷一是的情形迄今仍比较明显。下文的相关挖掘和考证，可基本厘清桂埴的生平脉络，涉及并不局限于以下五个方面：一是桂埴的家庭背景；二是桂埴之名被误载为"桂植"的缘由；三是桂埴在北洋大学堂任教期间的作为；四是桂埴与北洋大学堂教职员（如总办沈

---

① 北洋大学—天津大学校史编辑室编：《北洋大学—天津大学校史（第一卷）》（1895 年 10 月—1949 年 1 月），天津：天津大学出版社，1990 年，第 34、434、441 页。

桐、监督兼教习罗惇曧）的关系；五是北洋大学堂的工作经历对桂埴人生路径产生的必然影响等。

一、北洋大学堂监学官的设置和沿革

（一）1904 年始设监学官

1904 年，北洋大学堂总办沈桐主持制订《天津大学堂新订各规则》（即北洋大学堂新规则），"将总办以下各员应尽义务暨诸生应守学律，仿照《京师大学堂章程》，旁参东西洋学堂规制，条分缕析，定为规则"。遂旋经禀批施行。直督袁世凯对此评价甚高，批曰："所拟规则详审精密，仰即一律遵守，以严秩序。"[①] 其中，包括《监学官规则》五条，即：

　　——监学官所以稽查教员勤惰，每星期列教员到堂时刻表二份，送总办、总教习查核。

　　——每打上堂钟点后五分钟，按堂查核各教习曾否上堂，随时记注。

　　——监学官派教习兼充。

　　——教员有事请假，须告知监学官，传知学生。

　　——教员逾时不上堂者，由本班班长呈知监学官，由监学官查明，详注册内。

可见，监学官负有监管教员考勤之责。在北洋大学堂《教习规则》（共计十四条）中，也明确了教员请假的程序，即："教习到堂时刻，由监学官记注，每星期汇呈总教习查核。""教习告假，须函知监学官，传知学生停课。若未告假，以旷课论。"

北洋大学堂《监学官规则》《教习规则》中，均称"监学官"。清末报刊也把监学理解为"监视学务"。《申报》1905 年 12 月 9 日《论各省派大员监学事》载："所谓监学官者，不过视察其教育之合格与否，以随时指导耳。"故可对前引 1925 年版《国立北洋大学卅周年纪念册》所载的"学监官"，产生质疑。

下面先看看《钦定京师大学堂章程》（1902 年 8 月 15 日）所载。该章程中的《教员管理员条例》第十二节载明："监学官掌考验本科学生行检及学生斋舍、功课勤惰、出入起居一切事务；以教员兼充，禀承斋务提调。监学官必须以教员兼充，与学生情

---

① 《天津大学堂沈道订立各项规则请立案禀》，原载《北洋官报》1905 年第 614 册《文牍录要》。参见北洋大学——天津大学校史编辑室编：《北洋大学——天津大学校史资料选编（一）》，天津：天津大学出版社，1991 年，第 21—29 页。

意方能相洽，易受劝戒。"①1904 年 1 月 13 日颁行的《奏定大学堂章程·教员管理员章第五》所载，与之并无二致。

可见，《奏定大学堂章程》是以《钦定京师大学堂章程》为基础制订的。与之相较，北洋大学堂制订的《监学官规则》《教习规则》，内容较为具体。

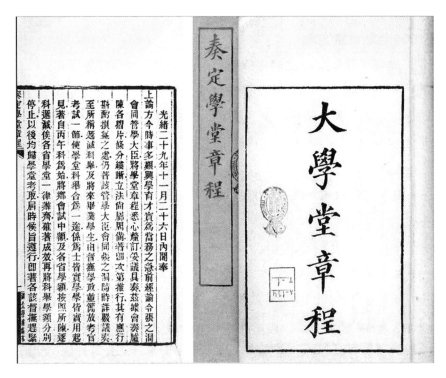

图 1　光绪二十九年十一月二十六日（1904 年 1 月 13 日）颁布的《奏定学堂章程》

又如《奏定大学堂章程·教员管理员章第五》载：斋务提调"以曾充教员又有学望者充之，受总监督节制，为分科大学监督之副，诸事与本科监督商办，管理该科'整饬斋舍、监察起居'一切事务；监学官、检察官、卫生官属之"。②可见，监学官受斋务提调节制，而监学官直接受总办、监督调遣的情形也应该是常态。

虽然北洋大学堂新规则是仿照《京师大学堂章程》订立的，但也在一定程度上受到以下成案或规范性制度的影响。

一是借鉴湖广总督张之洞、湖北巡抚端方在湖北进行的学务改革经验。《大公报》

① 北京大学校史研究室编：《北京大学史料》第 1 卷（1898—1911），北京：北京大学出版社，1993 年，第 126—127 页。

② 《奏定大学堂章程（附〈通儒院章程〉）》，王杰、祝士明编：《学府典章·中国近代高等教育初创之研究》，天津：天津大学出版社，2010 年，第 245—246 页。

1903 年 1 月 17 日《湖广总督张宫保、湖北巡抚端抚军会奏鄂省筹设大学堂折》载："谕官委任，但取其总司考核外，其余自总提调起，以至监督各堂提调、管理教习、监学领班，皆择究心学务之员，或曾到外国考察学制，或向来讲求东西各国教法，或曾经自行创设学堂，或曾游历东西洋者，务各举其职。"

二是受到 1904 年 1 月 13 日《奏定各学堂管理通则》《奏定学务纲要》的影响。这两种新颁布的学务规章都细化了"监学官""监学"的任职资格和责权。如：

"各学学生，以端饬品行为第一要义，监督、监学及教员，当随时稽察学生品行，并详定分数，与科学分数合算。

"凡品行分数册，各教员及监学、检察等官，皆宜人置一本，随时稽察学生品行登记。

"学生在自习室、寝室，俱宜遵循本章各节规条，并受监学官、检察官约束。

"学生赏罚，由教务提调或教员、监学等摘出，呈监督核定。

"学生如有私事，必须请假至数日者，在监学处禀准，领取假票，填明缘由，交监学后始准出堂。"①

而 1904 年《京师大学堂详细规则》对监学官的管理愈加精确。《监学处规则》共计 15 条，即：

第一条　本学堂设监学官二员，稽查学生，维持风纪，整理法律，实行学规，或派专员或以教员兼充，其应行事件，随进与教务、斋务提调商办。

第二条　凡自习室、寝室、讲堂、操场整饬事宜，概由监学官担任办理，以重责成。

第三条　凡学生请假、旷课、勤学、立品等事，皆由监学官掌之，但事关重大者，随时与教务提调商议办理。

第四条　各室必须一律整洁、所有整顿事宜涉于斋务、庶务者，可随时商知斋务、庶务提调办理。

第五条　监学处须备学生履历簿、请假旷课簿、勤学立品簿、记过记功簿，随时注记。每日送交斋务提调查阅，每月初送教务提调综核一次。

第六条　学生因事请假者，必考查确实情形，分别准驳，其准者给予假条或名牌，仍为注簿。

---

① 参见璩鑫圭、唐良炎编：《中国近代教育史资料汇编·学制演变》，上海：上海教育出版社，2007 年，第 481—515 页。

第七条　学生如无假条、名牌擅自外出者，准门役告知监学官，分别记过。

第八条　凡自习室之位次，由监学官编定。

第九条　学生如有违背规则、紊乱秩序者，监学官随时劝止之，如劝之不从，告知教务提调照章办理。

第十条　监学办公处，即在学生自习室近旁，以期情意浃洽，易受规戒。

第十一条　各科讲义由教务处交到，按日发给班长。其学生销假陆续来堂者，随时请教务处补发讲义。

第十二条　教习因事停课，既得教务处知会，即牌知学生，并饬司事停止打钟。

第十三条　监学办公处派供事一名，以司缮写。

第十四条　凡各室杂役均受监学官指挥。

第十五条　凡各室规则，一时不能完密，由监学官随时会同教务提调酌办，其重大者呈总监督核定。[①]

可见，《京师大学堂详细规则》为监学官赋予了较大职权，职责也更明确。这与北洋大学堂新规则有明显不同（北洋大学堂是否特设监学处，未见有载）。

那么，监学官这个职位在学堂中的实际地位到底如何呢？上海《南方报》1905 年 10 月 2 日所载《论设学部办法》一文中，对于各学堂职员提出有针对性的建议，即："学堂人员应作为职官，已见奏定章程……今拟将学堂职员分为数等，最高者为大学堂监督，其职应与丞参同。其余，以次递减，至与训导相同为止……其组织之法，则一堂中以监督为最高，教务长、庶务长等次之，教员、监学又次之，会计、杂务、文案各官又次之。会计等官除属于监督外，尚属于教务长、庶务长等，其余不相统摄。"[②] 此载虽属探讨层面，但也可知监学官确实是一个比较重要的位置，其与教员在同一个层面，教员当时也在官员序列，在学堂管理中是不可或缺的。

不过，这个广为传播的建议并不能准确反映北洋大学堂当时学务管理的实在情形。原来，北洋大学堂监督并非学堂职员中的"最高者"。其所设的总办一职，才负有"总理全学之权"。

1904 年施行的北洋大学堂《总办规则》载："堂中办事各员，由总办慎选札派，

---

① 王学珍、张万仓编：《北京高等教育文献资料选编（1861—1948）》，北京：首都师范大学出版社，2004 年，第 195—196 页。"随进"应为"随时"之误。

② 转引自《东方杂志》第 2 年第 12 期第 311 页，光绪三十一年十二月二十五日（1906 年 1 月 19 日）发行。

随时查核。有不谨者，易置之。"① 可见，北洋大学堂监学官由总办选派。

1904 年施行的北洋大学堂《监督规则》又载："监督所以襄佐总办整理全堂事务，有大事就总办决之"；"监督有稽查各教习勤惰之权，教习有事请假，告知监督，由监督传知学生。"② 可见，北洋大学堂监督是总办的辅佐官（大概相当于常务副校长）。同时也表明，关于教员考勤管理事宜，监学官是在监督领导下履职的，监学官如果离岗的话，自然也要先向监督履行告假程序。

可以判定，北洋大学堂监学官的分管领导是监督，但监督、监学官都受总办管辖，如在监学官的人事任免上，应由总办说了算。

（二）清末并无"学监官"

检清末报刊书籍，并未发现关于新式学堂职官中有"学监官"或"学监"的记载，但"监学官""监学"这两个关键词则比比皆是。

如《大公报》1908 年 2 月 10 日刊载的《大公报二千号祝典增刊·强迫教育先从天津试办之方法》（署名仲玉）一文建议："学堂经费宜力求省约也。今日一学堂开办，动逾十万，常年经费且七八万。中国大局亟矣，财力竭矣，国势积弱不振，筹款至不易，而糜费若此，其将何以为继？若长此不变，三十年后，中国将无复识字者，非过语也。实以财力有穷，而学校之不尽收实效也。及按其所费，耗于建筑者半，耗于薪水者半，而干没中饱者，更无论矣。校舍则仿洋式也，教习则请洋员也，监督、总办则三司及府道也。而校内之职员，有教务长、斋务长、庶务长之分，学务官、监学官、文案官、杂务官、掌书官之别。听差、校役之数，至不可以数计。且津教员必有助教，流品愈杂……"

而北洋大学堂于 1903 年复校后不久，即着手制订《监学官规则》，并于 1904 年颁行。迄今并未发现北洋大学堂等同一时期的新式学堂曾设置"学监官""学监"的记载。这表明，当时的官称即监学官（有的学堂简称监学，还有的学堂设有监学员）。而 1925 年版《国立北洋大学卅周年纪念册》所载的清末"学监官"，或为俗称，或使用了民国初年的称谓，总之并未反映清末新式学堂的实际情形。

厘清了这个问题后，对于北洋大学史料小组所撰《北洋大学事略》一文表述的

---

① 《天津大学堂沈道订立各项规则请立案禀》，原载《北洋官报》1905 年第 614 册《文牍录要》。转引自北洋大学—天津大学校史编辑室编：《北洋大学—天津大学校史资料选编（一）》，第 22 页。

② 《天津大学堂新订各规则（续）》，《北洋官报》1905 年第 615 期，第 1—2 页。

"一九〇七年，督办改由津海关道唐绍仪兼，裁撤帮办、会办，增设了学监"[①]一语，就不难发现，这个记载在监学官的设置时间和称谓上均成问题。

今人著述对此不假思索想当然的情形不在少数。如 2002 年版《天津教育史》载："1903 年北洋大学堂迁入新校址，对原有科系作了调整，为进一步加强对学校的管理，又重新制订了一系列教育教学的管理制度"，其中包括"学监规则"。[②]北洋大学堂时期未曾制订过《学监规则》是可以肯定的。

另外，还有把"督办"误载为"学监"的记载，如 2016 年版《唐家王朝——改变中国的十二位香山子弟》载："1903 年和 1904 年，唐绍仪还在天津担任北洋大学的学监。"[③]已知唐绍仪担任津海关道的起讫时间为 1902—1904 年，并以此身份兼任北洋大学堂督办。可见，以上两种记载存在的问题是显而易见的。

（三）监学官缘何兼管"中西书馆"

前引 1925 年版《国立北洋大学卅周年纪念册·前任职员录》载，"学监官"（应为监学官）陆鸿文（任职时间不晚于 1906 年）、张桐云（任职时间为 1908 年 8 月前后）在任期间，分别"兼管中西书馆"。

北洋大学堂"中西书馆"为何意？缘何一度由监学官兼管？ 1906 年之前由谁来负责？这些史实也有必要厘清。

首先聚焦 1925 年版《国立北洋大学卅周年纪念册》所载的"中西书馆"这个关键词。"中西书馆"是否为北洋大学堂时期的实际称谓呢？遍查北洋大学堂校史文献，均未发现有对"中西书馆"的记载，上海等地倒是曾有学堂名为"中西书馆"的，但北洋大学堂并未像山西大学堂那样设置"中学专斋和西学专斋"。因此，从北洋大学校史角度上审视这个称谓，只能从字面上理解为泛指中文西文图书馆了。

1. 北洋大学堂掌书官的设置

北洋大学堂在西沽武库复校后，即增建图书馆。《大公报》1903 年 2 月 28 日《学堂纪闻》载："北洋大学堂设立西沽武库内，约二月底竣工，规模较前稍阔。近又增建图书馆一所，搜集东西各国书籍，俾资学生研究。"

1904 年，北洋大学堂总办沈桐主持制订的《天津大学堂新订各规则》（即北洋大

---

① 北洋大学史料小组：《北洋大学事略》，天津市政协文史资料研究委员会编：《天津文史资料选辑》第 11 辑，天津：天津人民出版社，1980 年，第 10 页。

② 赵宝琪、张凤民主编：《天津教育史》上册，天津：天津人民出版社，2002 年，第 126 页。

③ 〔英〕马克·奥尼尔著：《唐家王朝——改变中国的十二位香山子弟》，张琨译，广州：南方日报出版社，2016 年，第 126 页。

学堂新规则），包括《图书室规则》（共计 13 条）、《阅报室规则》（共计 7 条），但 1991 年版《北洋大学—天津大学校史资料选编》第 1 册所载的《天津大学堂新订各规则》为选录（共 22 种，仅选录 9 种），并未收录这两个规则。以下据《北洋官报》1905 年第 622—623 册所载整理点校。

图书室规则

第一节：关于掌管之事

——书籍、图表派员专管，常川驻堂料理，不得任意出入，致荒职业。

——书箱钥匙由管书员掌管，不得委之差役。有取阅者，即行登记。

——书籍、图表须随时整理、类别部分，不得散乱无纪。

——书目当随时排比，以便检取，不可杂乱无章。

第二节：关于借阅之事

——借书由管书员按箱检出登记，不得擅行携去。

——借书不得过三本，阅毕交还续借。

——借书不得过十日，妨碍他人阅看，按期由该生自行缴还。如逾期不交，由管书员遣役催缴。

——借书遗失、污损者，其价值责本人赔偿。

——书籍止系一部及太贵重者，止准在室内阅看，不得携出。阅毕仍交掌书员收藏，倘欲续阅，仍可续取。

——室内有人阅书，他人不得喧扰谈论，有碍公益。

——教习有编纂讲义之义务，无论何书，均得调取。用毕即行交回，如有污损，一律按价赔偿。若书仅一部，学生欲取阅者，由掌书员取回，交学生在室内阅看。

——办事员借书，应照常规，不得援教习调取之例。

——凡借书期内，未交回，而借与别人者，仍归原借人自缴，或由续借者自行报明，改记册内。①

阅报室规则

——中西各报隶掌书员管理，按日排比，每星期钉为一册，不得凌乱散失。

——学生阅报，当在室内，不得携出。

---

① 《天津大学堂新订各规则（八续）》，《北洋官报》1905 年第 622 册，第 1—2 页。

——各报不得毁坏、污损、任意涂抹。

——不得喧扰杂遝。

——不得吐唾狼藉。

——室内预备茶水，责成差役勤慎伺候。

——室内傍晚点灯，九点钟灭灯。[①]

北洋大学堂"中西书馆"即指图书室、阅报室（俗称图书馆）。主其事者称为"掌书员"或"管书员"。已知 1905 年前后，沈嘉炎（字竹白、竹帛等）担任北洋大学堂掌书官。

《大公报》1905 年 3 月 19 日《送别志盛》载，北洋大学堂总办沈桐"奉南洋大臣电调，襄办要政"，遂交卸学堂事务，南下履职。3 月 13 日，师生为之送行。送行者包括"正文案官甘君联超，副文案兼掌书官沈君嘉炎，副文案官潘君寿恒"。可见，沈嘉炎是以汉文副文案官（当时亦设英文文案官）的身份兼任掌书官的。

掌书官一职又被记载为"图书馆经理官"。如 1925 年版《国立北洋大学卅周年纪念册·前任职员录》开列"图书馆经理官"一位，即：沈嘉炎，籍贯为河南许州，任职年月为"光绪三十一年（1905）正月"，离校年月未载。又如《天津大学图书馆馆藏印考析》一文也称："图书馆由沈嘉炎于 1905 年任通判衔图书馆经理官。"[②]

关于"图书馆经理官"这一称谓，在 1904 年 1 月 13 日颁布的《奏定大学堂章程·教员管理员章第五》中已有记载，即："图书馆经理官以各分科大学中正教员或副教员兼任，掌大学堂附属图书馆事务，禀承于总监督。"[③]北洋大学堂即属"分科大学"，报章还俗称其为"西沽分科大学"。

不过，这并不一定意味着北洋大学堂也将掌书官称为"图书馆经理官"。查清末报刊可知，"掌书官""掌书员""管书员""收发图书员"均为常见称谓。

京师大学堂则设藏书楼提调、收掌。《大公报》1902 年 9 月 9 日《京师大学堂章程》载："设藏书楼、博物院收掌官一员或二员，专司收发检查书籍、仪器、标本、模型等事。"《大公报》1903 年 3 月 12 日《京师大学堂藏书楼新定章程》又载："藏书楼办事人员除提调外，暂设正副收掌各一员、供事六员，均由提调督率，照章办事。"

①　《天津大学堂新订各规则（九续）》，《北洋官报》1905 年第 623 册，第 2 页。

②　张红雁等：《天津大学图书馆馆藏印考析》，天津师范大学图书馆编：《21 世纪图书馆论坛》第 2 辑，天津：天津科学技术出版社，2008 年，第 296 页。

③　《奏定大学堂章程（附〈通儒院章程〉）》，王杰、祝士明著：《学府典章：中国近代高等教育初创之研究》，天津：天津大学出版社，2010 年，第 245—246 页。

由于"图书馆经理官"一词鲜见于清末文献，可判断，这个称谓大概在清末并未叫响。

2. 沈嘉炎在北洋大学堂任职时间考

沈嘉炎是享誉河南的辛亥革命人物。1999年11月26日，河南省民革在开封辛亥革命纪念园镌立沈嘉炎雕像及生平事迹《革命先烈沈竹白》，碑文曰：

> 沈君名嘉炎，字竹白，祖籍浙江绍兴。生于一八七八年八月，一九一四年被北洋军阀豫督张镇芳杀害，时年三十六岁。竹白聪敏勤奋，博学多才，足智广识，向有贤名。一九零五年，愤于辛丑国耻，东渡扶桑，翌年加入同盟会，成为民主革命志士。一九零八年自日返国，奔走于汴，启迪民智，宣传革命主张。辛亥秋，革命党武昌举义，竹白遂联络同道，筹划在豫起义，以为响应。惜奸人告密，起义告败，竹白与同道多人遭清廷逮捕。张钟端等11人惨遭屠戮，暴尸开封城外。竹白获救出狱后，不畏凶险，尽收其尸，葬于汴郊。民国初立，竹白秉承中山之志，在豫办实业、兴义学，寻求实业救国之路；并积极响应二次革命，投身于讨袁义举。竹白毕生轻财仗义，矢志不渝，义葬同志之骸，坚持革命之旗，直至从容就义，堪为实践孙中山先生爱国、革命和不断进步精神之典范。

按：惜此载囿于篇幅，对沈嘉炎在天津大学堂任职的这段重要经历只字未提。值得引起注意的是，如果沈嘉炎于1905—1908年留学日本的话，那么，和其在天津大学堂任职经历是否就存在冲突？可以肯定的是，此载并未准确反映沈嘉炎与天津的特殊渊源，应予厘清。

（1）今人记载存在明显抵牾

沈嘉炎是近代名人，更是值得敬仰的辛亥革命烈士，其生平事迹在官修史书及辞典等工具书中不乏记载。经详加比对可知，涉及沈嘉炎留学时间及其与北洋大学堂关系的相关记载，差异较大：

一是"1903年留日，1908年回国"说。1998年《浙江古今人物大辞典》载：沈嘉炎"1903年东渡日本，加入同盟会。1908年回国后，曾任教师、中州公学总办、河南提督使署督学。河南革命党人发动起义时，担负政学界联络工作。"[1]

二是"1905年留日，1908年回国"说。1993年版《许昌市志》载，沈嘉炎之父"与袁世凯有旧交，袁视沈嘉炎为奇才，委为直隶督署文案。他力辞不就，入北洋大

---

① 单锦珩总主编：《浙江古今人物大辞典》下册，南昌：江西人民出版社，1998年，第371页。

学读书。1905 年他与张钟端等人官费留学日本，受孙中山革命思想影响，于翌年加入同盟会。1908 年回国，到北洋大学任职。1910 年到开封，任河南提学使署督学，并任中州学堂、法政学堂教习。"①2005 年版《中国近现代人物名号大辞典》、2007 年版《民国人物大辞典》均依此说。②2012 年版《河南辛亥革命人物传略》包括辞条"沈竹白"，虽然文字有所补充，但也在本质上也未摆脱此说。③

三是"1906 年留日，1908 年回国"说。1995 年版《河南省志·人物志》载，沈嘉炎于"光绪二十九年（1903 年）夏，赴天津，因其父与袁世凯有旧友关系，被委以督署文案。竹白鄙视袁氏，推辞不任，自请入北洋大学读书。光绪三十二年（1906年）初，东渡日本留学。同年，经胡经武介绍在北京加入同盟会。光绪三十四年（1908 年），沈竹白回国，先后任北洋大学文案、中州学堂总办、河南提学使署督学、法政学堂教师。"④2012 年版《河南大学百年人物志》亦采此说。⑤

四是"1906 年返豫"说。1993 年版《许昌县志》载："沈嘉炎（1879—1914），字竹白，号明甫，祖籍浙江绍兴，后定居许昌……入北洋大学读书。清光绪三十二年（1906），沈嘉炎应河南省提学使孔祥霖电邀回豫，任河南提学使署督学，中州学堂、法政学堂教习。"⑥此处载其生年为 1879 年，而非常见的 1878 年。

可见，沈嘉炎在北洋大学堂担任掌书官的这段经历，已被忽略。而且，今人对沈嘉炎的记载，问题迭出。沈嘉炎到底是何时留日的？其就读的是日本哪所学校？遍查史料并未发现蛛丝马迹。至于 1903—1905 年其以何种形式在北洋大学堂就读？是何专业？是毕业还是肄业？这在北洋大学各个时期的同学录中也都未发现只言片语。

那么，对于沈嘉炎留日时间与其在北洋大学堂任职时间相冲突的问题，应该如何看待？笔者判断，以上所载之所以相互矛盾，甚至是莫衷一是，很可能是受到河南省、市、县政协文史资料所载（如沈嘉炎后人的记述）的影响。

（2）1923 年版《许昌县志》所载值得参考

1923 年版《许昌县志》载有沈嘉炎小传，即："沈嘉炎，字竹白，先越人，绍兴

①　许昌市地方志编纂委员会编：《许昌市志》，天津：南开大学出版社，1993 年，第 647 页。

②　陈玉堂著：《中国近现代人物名号大辞典（全编增订本）》，杭州：浙江古籍出版社，2005 年，第 568 页。徐友春主编：《民国人物大辞典：增订本》上册，石家庄：河北人民出版社，2007 年，第 740 页。

③　赵长海主编：《河南辛亥革命人物传略》，郑州：大象出版社，2012 年，第 112 页。

④　河南省地方史志编纂委员会编纂：《河南省志第 60 卷人物志（传记上）》，郑州：河南人民出版社，1995 年，第 16—18 页。

⑤　刘卫东主编：《河南大学百年人物志》，郑州：河南大学出版社，2012 年，第 296—297 页。

⑥　许昌县志编纂委员会编：《许昌县志》，天津：南开大学出版社，1993 年，第 898 页。

望族也。三父茂棠官于豫，遂家。许父闻庭，亦服官河南，入许籍。光绪五年（即1879年），生竹白于许昌。竹白生而颖异，琴棋书画，一览便精。幼年即不屑操贴括业。光绪乙未（即1895年），江槐庭守怀庆，精算数。竹白闻知往从学焉。父闻庭与袁项城善，会项城回籍葬亲。竹白谒之，接谈之。项城目为奇才，嘱令至北洋，作己臂助。癸卯（即1903年）夏，竹白赴天津，项城委充督署文案，辞不就，自请入北洋大学读书，项城旋委以'大学校文案'差，未及，复委以'中州学堂总办'。丙午（即1906年）夏，豫提学使孔电邀回豫，委办普通学堂事务。竹白回豫后，深悲桑梓风气闭塞，首先捐资创办白话讲演所、阅报社，汴中风气为之一变。尤复创办工业学堂暨织染工场，毕业四班，成绩卓著。辛亥冬，张钟端等在豫遇害，竹白收诸义士骨骸，丛葬南郊。当道闻知，下令逮捕，竹白遁迹天津，旋绕道至上海。及共和告成，仍回汴。民国元年，接办洛阳货捐局差。二年夏，闻宋教仁在沪被戕，因慨伤时事，悲悼英雄，曾在杨某家开追悼会。当道侦知，深妒之。及李烈钧兵败湖口，袁项城解散国会。竹白愈加悲愤，遂密设民党招待所于洛，以收纳西来同志。事为当道闻知，立饬撤货捐局差，一面严令逮捕至省。民国三年正月二十八日，遂遇害。子名世祺，仅十岁。竹白性旷达，有胆略，遇事敢为，不拘形迹，卒亦致祸……"①

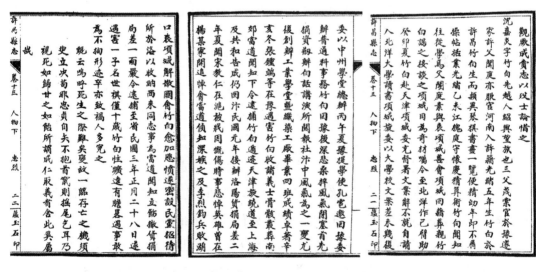

图2　1923年版《许昌县志》是记载沈嘉炎生平事迹的早期文献

1923年版《许昌县志》的编纂、出版时间，距沈嘉炎英勇就义尚不足十年。当时，乡里坊间对于沈嘉炎知根知底者大多健在，故可认定此载较为贴近史实，值得在

① 王秀文等修、张庭馥等纂：《许昌县志》卷十三，人物（下）·忠烈，第21—22页，宝兰斋石印本。

此基础上加强研究。

虽然前引史志、辞典也在一定程度上引用或改编了 1923 年版《许昌县志》中的部分表述，但却出现了明显的时空混乱、张冠李戴等问题，难以自圆其说。这表明，今人对于 1923 年版《许昌县志》所载并未引起足够的重视。

其中所载的沈嘉炎被袁世凯委以"大学校文案"（"大学校"特指北洋大学堂），又被委以"中州学堂总办"（"中州学堂"设在天津河北大经路中州会馆旁），这两个关键词，可在《大公报》《豫报》等文献记载中得到验证（参见下文）。而关于沈嘉炎返豫之后的行迹，1923 年版《许昌县志》不夸饰不溢美，行文平朴，冷静客观。

据此推断，1905—1906 年，沈嘉炎仍在天津任职，并未赴日本留学（指正式入校就读），当然并不排除其有过短期赴日游学的可能性。

（3）1906 年改任"河南驻津招待员"

《大公报》1906 年 4 月 7 日《来函》载："河南同乡游学诸君赐鉴。敬启者。迩时，同乡来北洋游学者日多，而未得入学校，闲居于旅舍者亦不乏人。近日，闻各同乡纷纷禀求宫保，愿自费入保定优级师范学堂，均因该堂学额已满，未便批准。此皆因不知北洋学校情形，冒然而来，徒劳往返，空费川资，并抛郤有用之光阴，而终未能达其目的，岂不深为可惜耶？敝人代为踌躇者久矣，如诸同乡尚有未归者，可否移玉过我一谈，商一妥善办法，再函知未来之同乡，即不至复蹈故辙矣。倘蒙不弃，请先期示知，以便候驾。河南驻津招待员沈竹白谨启。现住天津北洋大学堂。"

《大公报》1906 年 4 月 13 日《热心学界》又载："河南驻津招待员沈竹白君，邀请乡同中人之未获入学校者，晤商一切，已志前报。兹闻中州学界诸君来游者，近复不少。沈君仍在北洋大学堂接见。"

可见，沈嘉炎当时的公开身份已是"河南驻津招待员"，并积极为旅津的豫籍人士寻找出路。此举非同小可，应经"宫保"（即直督袁世凯）授意指派。袁世凯是河南项城人，在津倡办中州会馆、中州学堂等具备乡谊功能的机构。

显然，"河南驻津招待员"是沈嘉炎的新身份，与北洋大学堂并无实质性关系。1906 年 4 月前后，沈嘉炎陆续辞去北洋大学堂副文案、掌书官这两个职务的可能性大增。虽然沈嘉炎招待来津同乡的工作量日渐增加，但利用北洋大学堂的接待条件打开局面，只能是暂时的，并非长久之计。

（4）1906 年任职于天津中州学堂

1906 年底，河南籍的留日学生在日本东京创办《豫报》月刊，其宗旨为"改良风速，开通民智，提倡地方自治，唤起国民思想"。《豫报》共出版四期，其创刊号的印刷时间为"光绪三十二年十一月廿七日"（1907年1月11日）。

《豫报》创刊号载有《豫报公启并简章》，文称："凡代派及函购诸君，或汇洋元于上海虹口新靶子路中国公学王君敬芳，或汇至天津贾大桥中州学堂沈君竹白代收。"可见，沈嘉炎当时确在天津。

文中所载的"天津贾大桥中州学堂"，即位于天津河北贾家大桥迤北，与中州会馆毗邻（今中山路中山公园与造币总厂旧址之间）。为区别于设在保定的"中州公立两等学堂"，也有"天津中州学堂""北洋中州学堂"等称谓。

天津中州学堂于1906年成立后，首次招生考试就是在中州会馆举行的。《大公报》1906年6月7日《中州学堂广告》载："启者。本学堂现定于本月二十日在贾家大桥北中州会馆内考试。已经报名诸生务于是早八点钟，各携笔墨，齐集该处候考。勿误。闰四月十五日，中州学堂启。"《大公报》同年7月5日《中州学堂广告》又载："本学堂定于本月二十日续考附额学生，有志向学者，速至贾家大桥西本学堂宿舍报名候考。勿误。"

不久之后，天津中州学堂宿舍建成投入使用，办学条件大为改善。《大公报》1906年8月17日《添造宿舍》："河北创设中州学堂，早志前报。刻因学生宿舍不敷，现在贾家大桥迤西马路，创盖中州学堂宿舍，刻已竣工，以俟油饰整齐，即行迁宿。"沈嘉炎随即把"河南驻津招待员办事处"迁入中州学堂，则属顺理成章。1906年底，中州学堂又迁至天津旧城内的经司胡同（直隶提学司衙署旧址）。①

《大公报》1906—1907年的相关报道表明，天津中州学堂面向河南籍学生招生，包括中小学，为两等学堂，但河南籍旅津人士子女报考情况并非预想得那样踊跃。②

---

①　参见：《大公报》1999年11月30日《提学迁署》载："直隶提学司署已在河北学会处起建楼房，颇为宏阔，已于日前迁居新署。"《大公报》1906年12月6日《学堂迁徙》载："提学司迁居等情，已志前报。兹悉，日前，中州学堂迁于经司胡同提学司之旧署。"

②　又如《大公报》1907年数篇报道。1月27日《中州学堂招生》载："北洋中州学堂学额缺数尚多，拟续招河南籍贯学生八十名，以十三岁以上二十五岁以下为合格，然须文理通顺、资质灵敏者。闻于月之十五日起报名注册，至明年正月二十五日考试。"2月21日《订期考验》载："经司胡同中州学堂续招新生八十名。凡报名诸生，惟须河南籍贯，订于二十五日考验。"3月30日《分拨班次》载："中州学堂考试续招新生，昨已榜示。计正取凌庆铖等七名、副取刘汉鼎等五名，已于初六日入堂。闻将正取者拨入普通中学班，副取者拨入高等小学班。"4月30日《续招新生》载："天津北洋中州学堂前招正班、预备班，皆有缺额，现拟招添新生，插班授课。凡豫省弟子年龄十岁以下、十二岁以上，身体合格，文理通顺，务于本月内开具年貌三代履历、引保，到堂报名，以便随时考验。"7月23日《招考学生三志》载："中州学堂正班、预备班，刻下添招插班学生，以二十岁至十二岁者为合格，统于七月五日以前报名，再行示期考试。"11月7日《招考新生插班》载："经司胡同中州学堂招考学生四十名插班授课。凡豫省子弟均可收入，即于初十日以前报名，随时考验。"

经以上整理文献所载，不难看出，1906 年 4 月起，沈嘉炎已基本上脱离北洋大学堂，而是以"河南驻津招待员"身份，从事河南旅津人士的学务介绍和就学指导等工作，后又被委任为天津中州学堂总办，遂以中州学堂为通信处。1907 年初，其仍在津代理《豫报》发行等事宜。这也表明，沈嘉炎返豫拓展学务、从事教职，甚至开展革命活动，理应都不早于 1907 年。

图 3　沈嘉炎照片两种。左为沈嘉炎与其子，右为沈嘉炎独照

总之，1906 年，沈嘉炎已另有他就，不再担任北洋大学堂掌书官是可以肯定的。这是因为，北洋大学堂监学官陆鸿文正是在这个时候"兼管中西书馆"的。

（四）监学官陆鸿文、张桐云的行踪

通过梳理沈嘉炎的生平事迹，可以认为，陆鸿文、张桐云均为沈嘉炎的继任者，而且他们都是以监学官身份兼任掌书官的。

已知原监学官桂埴的主业为国文教员，当以教学为主。而陆鸿文、张桐云的身份均为北洋大学堂职员，并无教职所累。由他们相继兼任掌书官，并无不妥。这既是北洋大学堂清末学务管理的一个新变化，也是近代大学图书馆管理的一个新特点。

据前引史料可知，光绪三十一年（1905）正月，桂埴已以国文教员的身份兼任监学官，而陆鸿文就任监学官的时间不晚于 1906 年。陆鸿文很可能是北洋大学堂第二任监学官。惜遍查史料，未能发现陆鸿文的踪迹。已知其去职时间在 1908 年之前。

张桐云是水师学堂毕业生，曾在山东某学堂任职。《大公报》1908 年 4 月 13 日《提学司批示》载："山东职员、水师毕业张桐云禀遵札回津，请派差使。批：俟有相当学堂，再行酌度委派，仰即回籍静候，仍可自行他图。"张桐云是从光绪三十四年

（1908）七月起担任北洋大学堂监学官的，他是经由直隶提学使司委派任职的。

又据《直隶教育统计表图（光绪三十四年报告）·北洋大学堂简明表》记载：张桐云时任北洋大学堂职员，职名为"监学"，籍贯为静海县，履历为曾任"山东试用县丞"。[①]

中华民国成立前后这个特殊时期，北洋大学堂（1912年改称北洋大学校，1913年改称国立北洋大学）监学官一直由张桐云担任。《大公报》1912年10月6日《义赈纪事》可以为证："日昨，官绅救急义赈局收到北洋大学校职教员捐助义赈一百二十八元。兹将姓氏录下：王劭廉捐洋五十元、徐德源五十元、钱俊五元、吴大业三元、赵天麟五元、张玉崑五元、张桐云二元、孙大鹏三元、徐承志二元、宫守鸿三元。"

王劭廉时为教务提调（光绪三十二年四月起任），徐德源时为监督（宣统三年十二月至民国二年二月），钱俊时为斋务提调（民国元年三月起任），吴大业时为庶务提调（民国元年三月至民国三年三月）、徐承志时为会计员（民国元年三月至民国七年十一月）、宫守鸿时为英文文案官（宣统三年九月起任）。赵天麟、张玉崑、孙大鹏均为教员。其中，孙大鹏时为法制史兼国文教员（民国元年四月至民国十二年二月）。[②]

1914年4月，张桐云因"另有他就"而辞职离校。此后行踪未详。其追随山东巡按使蔡儒楷赴鲁任职的可能性较大，有待查实。

（五）1914年改称学监，1920年改称学监主任

《北洋大学校周年概况报告》载："校长蔡儒楷以直隶教育司长兼充，民国三年（1914）二月二十五日升署教育总长，由前直隶民政长委任法律兼理财学教员赵天麟接充校长。前教务提调王劭廉亦于三月四日因约法议员当选，辞职离校。校中经济困难，教务一席未易延聘，暂由校长兼充，以资撙节。庶务提调吴大业升任山西高等检察厅检察官，监学张桐云另有他就，均于四月辞职离校。斋务提调钱俊向充律师，势难兼顾，亦于四月退职离校。五月一日改组，取消教务提调，仍由校长兼充。学长、斋务提调及监学均行取消，以土木工副教员张玉崑兼充学监。洋文文案宫守鸿退职，以王龙光学监兼办洋文文案。"[③]

---

① 参见直隶学务公所编辑：《直隶教育统计表图（光绪三十四年报告）》所附《专门学堂简明表》第43页，宣统元年（1909）六月出版，直隶教育图书局印书处印刷。

② 参见1925年版《国立北洋大学卅周年纪念册》开列的《前任职员录》《前任教员录》。

③ 原载《教育公报》第11册《报告》第1—2页，1915年4月。转引自潘懋元、刘海峰编：《中国近代教育史资料汇编·高等教育》，上海：上海教育出版社，2007年，第417—418页。

以下两种记载，可对此作出诠释。

一是 1925 年版《国立北洋大学卅周年纪念册·前任职员录》载有王龙光、张玉崑的履历，即：学监主任王龙光，直隶天津人，就职年月为"民国三年五月（即 1914 年 5 月）"，离校年月为"民国十三年八月（即 1924 年 8 月）"，备考称："先称学监，九年一月（即 1920 年 1 月）改称学监主任，兼任洋文文案。"学监张玉崑，直隶天津人，就职年月不详，离校年月为"民国九年十二月（即 1920 年 12 月）"，备考称："由土木工副教员兼任。"

二是 1936 年版《国立北洋工学院校友及毕业同学录·历任庶务人员》对张玉崑的履历有所补充，即：张玉崑，别号秀峰，就职年月为"民国三年六月（即 1914 年 6 月）"，现任职务为"本院数学教授"。

关于学监主任的职责，1925 年版《国立北洋大学卅周年纪念册·国立北洋大学校办事总纲》记载明确："本校事务，分由下列各主任商承校长处理之。甲、教务主任；乙、学监主任；丙、庶务主任；丁、斋务主任；戊、图书主任；己、文牍主任。"其中，学监主任的执掌事务包括以下十项：

> 甲、办理各试验并核算宣布试验结果；
>
> 乙、教员及学生每日上堂及下堂事务；
>
> 丙、登记教员与学生请假；
>
> 丁、排定教室及实验室学生位次；
>
> 戊、登记学生入学退学及休学事项；
>
> 己、保管学生证书、愿书及保证书；
>
> 庚、布告教员请假；
>
> 辛、保管学生成绩簿册；
>
> 壬、保管各种试验之试题与试卷：
>
> 癸、管理印刷讲义。[①]

通过以上查摆可知，至少在 1904 年，北洋大学堂已明确设置监学官这一职务，简称监学。1914 年改称学监，1920 年改称学监主任。此职可由教员或文案兼任。

20 世纪 20 年代，学监主任的职责陆续改由教务主任（教务长）或训育主任（训育长）行使，但职官设置有所反复。如 1936 年 3 月 14 日北洋工学院院长李书田颁布

---

① 原载《国立北洋大学卅周年纪念册》，1925 年。转引自《北洋大学—天津大学校史资料选编（一）》，天津：天津大学出版社，1991 年，第 70—71 页。

《本院布告》："本院为严密组织起见，于教务、总务两处之外，仍恢复训育处。将教务处下之训育部、体育部、军训部划入。训育处之下设斋务部、体育部、军训部。业经院务会议通过，并经本学校暂行组织规程修正。除新任训育长，业经公布，修正本院暂行组织规程另文公布外，合行布告周知。此布。"[1] 时任北洋工学院总务长兼训育部主任的徐泽昆辞职[2]，改由张仲苏任训育长。[3]

此后，又有训导长或训导主任之设置（因与本文主题游离，此处不加赘述）。

二、桂埴生平事迹考

首先需要说明的是，桂埴之名常被记载为"桂植"。前引北洋大学史料，已发现这个问题。梳理相关文献可知，清末至民国年间，所载以"桂埴"为主，但载为"桂植"的情形亦不鲜见。而今人著述对此未加判别，导致"桂植"与桂埴之名杂糅。此种情形迄今仍明显存在。

埴，从土，直声，意为细腻的黄黏土，与"植"字的含义明显有异。那么，将桂埴之名载为"桂植"，有没有问题呢？换言之，桂埴是否亦名"桂植"呢？这很值得先搞清楚。此为考证其生平事迹的最大前提。

可以肯定的是，"桂植"为"桂埴"之误。考证路径和判断逻辑有两个：一是桂埴在公文、信札、书法作品上的签名、落款或钤印，均未发现使用过"桂植"；二是桂埴之兄桂坛、桂坫等名字中，均为偏旁为"提土"的字，这个典型的取名特点可为佐证。"桂植"这个写法，最初是因手民误植造成的。

---

① 北洋大学—天津大学校史编辑室编：《北洋大学—天津大学校史资料选编（一）》，天津：天津大学出版社，1991年，第142页。

② 1936年3月版《国立北洋工学院校友及毕业同学录（民国二十四年度）》对徐泽昆的履历有所记载。一是《工科采矿冶金学门丙班毕业生》载："徐泽昆，别号绍裕，江苏宜兴人，民国三年十二月毕业，本院训育部主任。"二是《凡例》载："本录原为前总务长及训育长兼同学总会秘书徐绍裕先生一手主办。"

③ 《大公报》1936年3月6日《北洋学院已实行局部改组 张仲苏任训育长》载："国立北洋工学院上次风波结束后，总务长兼训育部主任徐泽昆异常消极，坚请辞去本兼各职。惟徐氏为北洋民国三年之老毕业生，院长李书田为顾念其身体情形，业允其辞去训育部主任兼职，仍恳挽继续担任总务长职务。该院教务处下之训育部、体育部、军训部，近决定划出，另成立训育处，下设斋务部、体育部、军训部。业聘定张仲苏氏充任训育长，日内即行到院视事。"同日，《益世报》也以《北洋工学院局部改组 教务处缩小范围》为题刊载此消息，并介绍张仲苏简历："张氏曾历任京师学务局局长、直隶教育厅厅长、国立北平大学区普通教育处处长、河北大学校长等重要职务，在教育界服务历数十年之久。此次经李院长敦聘，出任北洋工学院训育长，春风化雨，定与'北洋'学生有莫大进益。"

图 4　桂埴标准像。《星洲日报周年纪念册》1930 年第 15 页《南洋各属中国领事》栏目所载，说明文字为"驻北婆罗洲中国领事桂埴"

图 5　桂埴担任外交官期间的照片三种。图右为《菲律滨华侨教育丛刊》1919 年第 2 期所载"中华驻菲桂总领事东原先生"照片（桂埴身着菲律宾传统服装）。图中为《福州侨务公报》1929 年 5 期所载"北婆罗洲中华民国总领事桂东园先生"照片。图左为上海《良友》1931 年第 64 期所载"驻澳洲总领事桂埴氏近影"

（一）桂埴事迹　记载不一

相关辞书对桂埴的履历有所记载，部分载为"桂植"。现梳理若干（涉及七种），以为比较：

一是 1920 年版《最近官绅履历汇录》载："桂埴，字东原，年四十八岁，广东南海县人，前清增贡生，北洋官报局总编纂、北洋大学教员、江宁学务公所课长、驻英公使馆三等参赞官。"①

按：若以 1920 年这个时限为据，桂埴的年龄或为 47 周岁，生年即 1873 年。而关于"北洋大学教员"这个记载，则混淆了时空概念。"北洋大学堂"这一校名为清末称谓。尚未发现桂埴于 1912 年后仍在北洋大学校或国立北洋大学任教的记载。

二是 1931 年版《当代中国名人录》载："桂植，字东原。年五十九岁。广东南海人。增贡生。历任北洋官报总编辑、天津北洋大学堂史地教员、驻英使署二等参赞官、驻纽丝伦领事、驻斐列滨领事。现任驻北婆罗洲总领事。"②

按：此版《当代中国名人录》所录人物，时间下限为 1931 年 6 月。据此推断，桂埴的年龄应视为 58 周岁，或生于 1873 年。

又按，文中所载的"现任驻北婆罗洲总领事"，非是。驻北婆罗洲总领事馆已于 1929 年降格为领事馆。1930 年，桂埴改任驻澳大利亚总领事。

三是 1981 年版《中国美术家人名辞典》载："桂埴，现代，字东原，广东南海人。南屏弟。工小篆，苍健秀逸，兼而有之。抗战前逝世，年七十余。（《宝凤阁随笔》）。"③

按：此后出版的几种美术类辞典，多以此载为据。如 1990 年版《中华书法篆刻大辞典》④、2007 年版《中国美术家大辞典》⑤。不过，此载对桂埴生卒年的表述较为含混。辞条提及的"南屏"，即指桂坫（字南屏）。可知桂坫为桂埴之兄。桂坫、桂埴昆季，同声相求，关系较为密切。

四是 2001 年版《中华民国史大辞典》载："桂埴（1872—？），字东原，广东南海人。前清贡生，历任北京政府官报局总编辑、北洋大学教员、江宁学务公所课长、驻英国公使参赞。民国成立后，任新西兰领事馆领事、总领事。1917 年任菲律宾总领事。1921 年任驻北婆罗洲总领事。1931 年任驻澳大利亚悉尼总领事馆总领事。"⑥

按：该辞条存在一个明显问题，即："北京政府官报局"与前文提及的"北洋官报局"是完全不同的两个概念。前者所称的北京政府，也称北洋政府（这个时期的《政府官报》通常由国务院印铸局编印发行），而后者则为清末直隶省设置的机构。

① 北京敷文社编：《最近官绅履历汇录（第一集）》，1920 年 7 月，第 113 页。
② 樊荫南编纂：《当代中国名人录》，上海：良友图书印刷公司，1931 年，第 189 页。
③ 俞剑华编：《中国美术家人名辞典》，上海：上海人民美术出版社，1981 年，第 734 页。
④ 李国钧主编：《中华书法篆刻大辞典》，长沙：湖南教育出版社，1990 年，第 426 页。
⑤ 赵禄祥主编：《中国美术家大辞典》下册，北京：北京出版社，2007 年，第 1515 页。
⑥ 张宪文等主编：《中华民国史大辞典》，南京：江苏古籍出版社，2001 年，第 1469—1470 页。

又按:《北洋官报》于 1902 年 12 月 25 日在天津发刊，北洋官报局设在河北狮子林集贤书院旧址，初称直隶官报局。[①]《大公报》1902 年 9 月 26 日《详定直隶官报局暂行试办章程》载其办报宗旨:"官报专以宣德通情、启发民智为要义，登载事实，期于简明易解，力除上下隔阂之弊。"该章程明确了组织架构:"本局自总办以次，分编纂处、翻译处、绘画处、排印处、文案处、收支处，为六股。"该章程又对编纂处的职责进行了明确规定:"编纂处有总纂，有副纂，司撰述、论注、选录、校勘等事，报务是其专责。""副纂所订原稿，必经总纂详加参阅后，统由总办过目盖戳，于设定时刻内发印。排印处不得擅改印样，仍送总纂校阅无讹，始准发售。""报章之体裁，图画之有无，记载之事项及文章之巧拙，探阅者意向之所在，大有关于风气之通塞、报章之销数，准由总纂随时斟酌修改，惟须总办意见之相同。""不准妄参毁誉，致乱听闻。""不准收受私函，致挟恩怨。""所有离经害俗、委谈隐事，无关官报宗旨者，一概屏不载录。""记载各条，必其实有根据，其或偶涉讹误者，应随时声明更正。"据此可知，北洋官报局成立伊始，即有"编纂处总纂"这一职官设置。因此，将桂埴在北洋官报局所任职务记载"总编纂"或"总编辑"，是否为清末语境下的官方称谓，应予存疑。桂埴出任北洋官报局总纂的时间，未见有载。

五是 2007 年版《民国人物大辞典》载:"桂植（1872—?），字东原，广东南海人。清增贡生。历任北洋官报总编辑、省立天津北洋大学堂史地教员、驻英使署二等参赞官。1912 年任驻纽丝伦领事。1917 年 2 月任驻菲律宾领事。1921 年 9 月派署驻北婆罗洲总领事，1929 年 9 月回国。1930 年 10 月派署驻澳大利亚总领事，1931 年 10 月回国。"[②]

按:该词条所载的"省立天津北洋大学堂"，应为俗称。清末报刊又有"天津大学堂""西沽大学堂""河北西沽村武库大学堂"等称谓，均指北洋大学堂。

六是 2012 年版《民国书法篆刻人物辞典》载有桂埴履历，即:"桂埴（1872—1941），广东南海（今佛山市南海区）人。字东原，名桂十。斋名宝凤阁。父桂文灿。工小篆，苍劲秀逸，兼而有之。兄坫。"[③]

按:此处所载的桂埴生卒年最为具体。可知"桂十"亦为桂埴之名，桂文灿为其父。

又按，"斋名宝凤阁"这个记载，应据《宝凤阁随笔》而来。但是，事见《宝凤

———

① 《大公报》1902 年 8 月 14 日《官报总办赴津》载:"总办直隶官报局张巽之太守孝谦，随同袁宫保来京，在福来店暂驻一日，即于初八日早车赴津。"

② 徐友春主编:《民国人物大辞典:增订版本》上册，石家庄:河北人民出版社，2007 年，第 1095 页。

③ 沈传凤、舒华编撰:《民国书法篆刻人物辞典》，上海:上海书画出版社，2012 年，第 316 页。

阁随笔》，既不意味着此书即为桂埴所著，也难以肯定"宝凤阁"为桂埴斋名。《宝凤阁随笔》究竟为何人所著，已见记载分歧明显，有待确证。

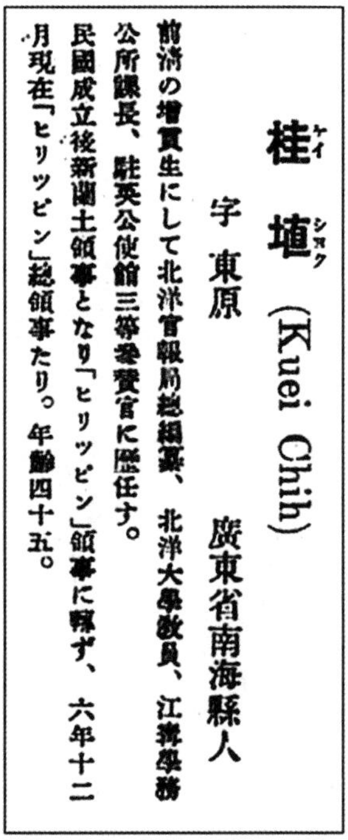

桂埴（ケイ ショク）(Kuei Chih) 廣東省南海縣人

字 東原

前清の増貢生にして北洋官報局総編纂、北洋大學教員、江蘇學務公所課長、駐英公使館三等参賛官に歴任す。民國成立後新嘉坡土領事となり「ヒリッピン」領事に轉ず、六年十二月現在「ヒリッピン」総領事たり。年齢四十五。

图6　日文版《清末民初中国官绅人名录》（田原天南编，人物事迹下限载至1918年春）所载桂埴履历。此处所载的桂埴年龄，或为周岁。据沈云龙主编：《清末民初中国官绅人名录》，近代中国史料丛刊三编第八十辑，台北：文海出版社影印版，1973年，第374页

七是2017年版《中国近代外交官群体的形成（1861—1911）》载："桂埴，广东南海人，增贡生，北洋官报局总编纂、北洋大学教员、江宁学务公所课长。光绪三十三年底，派充驻美三等参赞。宣统元年十二月，调驻英三等参赞。入民国后，任驻菲律宾总领事等职（《外交档案》02-12-014-03-002；田原天南编：《清末民初中国官绅人名录》，台北：文海出版社，1996年，第374页）。"[①]

（二）桂氏家族　南海望族

根据以上相关辞条所载，可对桂埴生平概貌有一个大致了解。桂埴出生于诗书礼仪之家，桂氏家族是广州南海望族之一，不乏考取功名者，出身举人乃至进士者亦多有。

桂埴曾祖父桂鸿（1746—1807）、祖父桂士杞（1791—1855）、堂伯父桂文燿

---

① 李文杰：《中国近代外交官群体的形成（1861—1911）》，北京：生活·读书·新知三联书店，2017年，第496页。

（1807—1854），其父桂文灿（1823—1884），其长兄桂坛（？—1885）、其次兄桂坫（1865—1958）等，不仅长诗文、擅考据、工书法，而且有著述传世，均为见诸史册的广东名人。家庭的熏陶，对桂埴有潜移默化的影响。

桂坛之子桂廷銮于 1901 年中举。[①] 其乡试朱卷之前开列的履历单，是了解桂氏家族概况的重要文献。[②] 以下据这份履历单，结合其他文献，对与桂埴密切相关的父兄等桂氏家族成员予以简要考述。

图 7　桂廷銮 1901 年乡试朱卷开列的家族履历，较为全面。其中包括其胞叔桂埴的简历。图为第 1 页、第 6 页部分。参见以下两种影印本：一是《广东乡试朱卷（光绪辛丑举行庚子恩正两科）》，顾廷龙主编：《清代朱卷集成》第 345 册，台北：成文出版社，1992 年，第 381—414 页；二是《清代科举人物家传资料汇编》第 70 册，北京：学苑出版社，2006 年，第 569—588 页

① 《申报》1901 年 10 月 29 日《照登广东乡试题名录》载，桂廷銮中式举人第 38 名。桂廷銮原名铭勤，字少伟，生于光绪辛巳年（1881）五月二十日，广东广州府南海县民籍，监生出身，世居"省城西土地巷"。据 2011 年《清代文学世家姻亲谱系》载："桂文灿子桂廷銮娶曾瑞清女（广东番禺）"。此载混淆了桂文灿与桂廷銮之间的祖孙关系。徐雁平编著：《清代文学世家姻亲谱系》，南京：凤凰出版社，2011 年，第 378 页。

② 《广东乡试朱卷（光绪辛丑举行庚子恩正两科）》，顾廷龙主编：《清代朱卷集成》第 345 册，台北：成文出版社，1992 年，第 381—414 页。参见《清代科举人物家传资料汇编》第 70 册，北京：学苑出版社，2006 年，第 569—588 页。

1. 桂埴之父桂文灿

桂文灿，字子白、昊庭、皓庭。室名"潜心堂"。精研经学，著述甚丰，被誉为朴学大师[1]。《清史稿》有传。桂文灿于道光二十九年（1849）己酉科中举，拣选知县。咸丰癸丑科、同治壬戌科会试荐卷，大挑二等，选授琼州府乐会县儒学教谕，未赴任。同治元年（1862），进呈所著《南海桂氏经学丛书》。上谕谓："考证笺注，均尚详明……具见潜心研究之功。"光绪十年（1884）二月，签掣湖北郧县知县，[2] 卒于任后，"特旨以潜心经术，讲求实学，足为士林矜式，恩准宣付史馆，列入《儒林传》。"

桂文灿有《经学博采录》传世（广西师范大学出版社2011年版）。关于其生平事迹和家族成员情况，还可参见《先考皓庭府君事略》（桂文灿之子桂埴等撰）[3] 以及1911年刻本《续修南海县志》卷十九《列传（文学）·桂文灿》等文献以及今人著述[4]。

2. 桂埴长兄桂坛

近人陈融所撰《读岭南人诗绝句》载：桂坛为"文灿长子。光绪举人。福建船政教习。早卒。有《晦木轩稿》。"[5] 又据《中国近现代人物名号大辞典》载，桂坫"兄桂坛，字杏帷，室名晦木轩，有《晦木轩稿》一卷，光绪二十三年（1897）刊。"[6]

以下所载涉及桂坛生平较详，即："坛，字周山，一字杏帷，南海县人。卒于光绪十一年（1885）。坛为文灿长子。幼习经学，年十六，以解经拔第一，补县学生。同治十一年（1872），选学海堂专课肄业生。光绪五年（1879），中己卯科举人。五经文进御览。两赴礼闱，不第。后充福建船政教习。光绪十年（1884）冬，赴楚郧，奔父丧，徒步走千里，中途感寒疾。抵家数月卒（据宣统修《南海县志》卷十七）。《菊

---

① 支伟成著：《清代朴学大师列传》上册，上海：泰东图书局，1925年，第286—288页。

② 1884年，桂文灿进呈的履历单载："臣桂文灿，广东广州府南海县人，年五十九岁，中式道光己酉科举人，拣选知县。辛未科大挑二等教职，选授琼州府乐会县训导，尚未到任，因病开缺，病痊来京会试。闻知本科业经截取，就近呈请验看，复奏。奉朱笔圈出：'着以知县用。钦此。'今签掣湖北郧阳府郧县知县缺。敬缮履历，恭呈御览。谨奏。光绪十年二月二十八日。"秦国经主编：《清代官员履历档案全编》第27册，上海：华东师范大学出版社，1997年，第595页。

③ 桂文灿著：《禹贡川泽考》二卷（附《先考皓庭府君事略》一卷），广州：利华印务局，1886年石印本。

④ 参见曾燕闻、仇江撰：《棣萼多才朴学家——清代羊城官宦朴学世家桂氏》，《岭南文史》2002年第2期，第45—46页；谢莹：《桂文灿生平交游及其著述》，《广州文博》第1辑，北京：文物出版社，2007年，第121—133页；柳向春：《桂文灿〈经学博采录〉初探》，赵生群编：《古文献研究集刊》第4辑，南京：凤凰出版社，2012年，第149—172页；冯先思：《抗战期间桂文灿著述刊行记》，《岭南文史》2017年第4期，第43—47页。

⑤ 中山大学中国古文献研究所编：《粤诗人汇传》第4册，广州：岭南美术出版社，2009年，第2078页。

⑥ 陈玉堂：《中国近现代人物名号大辞典（全编增订本）》，杭州：浙江古籍出版社，2005年，第981页。

坡精舍集》选有坛诗一首。坛所著书《晦木轩稿》一卷，存。"①此载以 1911 年刻本《续修南海县志》卷十七《列传（孝义）·桂坛》为据。

《续修南海县志》又载：桂坛"训诲诸弟，友爱出于至性，循循善诱，寒暑无间者十余年"。桂埴等皆得益于桂坛的教导。桂坛"尤重谱牒，敦族谊，尝子身返浙宁，手录族谱以归，重修家谱。"

原来，桂埴的始祖可上溯至明代，初居"慈溪县南门内藕田墩"，后"由慈迁鄞（即鄞县——引者注），住东漕头"。高祖桂应和（字万育）"由湖南游幕粤东，兼业盐笑，卜居省城西土地巷"。民国年间，老宅仍存。《益世报》1919 年 12 月 28 日《桂东原赴京陈情》载，时任驻菲律宾总领事的桂埴，赴京之前，曾"绕道粤寓老城土地巷"探亲。

桂廷銮乡试朱卷履历单对桂坛生平又有补充，即：桂坛中举后，拣选知县。著作有《晦木轩经说》《晦木轩骈文》《周山诗稿》，又辑有《文王大道录》《重修桂氏家谱》。

3. 桂埴次兄桂坫

桂坫为桂文灿次子。②1904 年吏部引见履历单载："桂坫，现年四十岁，系广东南海县人，由廪生中式光绪十七年本省乡试举人。二十年会试中式贡士，殿试三甲，朝考一等，改授翰林院庶吉士。二十一年，散馆一等，授职检讨。二十五年，充国史馆协修官。二十八年，充本衙门撰文、编书处协修，兼充大学堂编书处分纂；七月，充国史馆纂修官；九月，署国史馆总纂；十月，充庚子辛丑恩正并科顺天乡试磨勘官。二十九年四月，充癸卯补行辛丑壬寅恩正并科会试磨勘官；五月，恭应召试经济特科；十二月，六年俸满，经掌院学士以器局开展、局度安详，保送堪胜繁缺知府。本年二月初六日，由吏部带领引见，奉旨：'着以知府分发补用。'"③

可见，桂坫生于 1865 年。1901 年，桂埴投奔在京任职的桂坫，此为桂埴结缘京师大学堂、北洋大学堂之始。桂坫对桂埴的职业生涯的影响最大。

桂坫生平多见诸书画类辞书，如 2007 年版《中国美术家大辞典》等。比较起来，2012 年《民国书法篆刻人物辞典》所载的清晰度较高："桂坫（1865—1958），广东南海（今佛山市南海区）人。字南屏，斋名晋专（一作"砖"）宋瓦室。父桂文灿，

① 麦哲难：《学海堂与晚清岭南学术文化》，广州：广东人民出版社，2018 年，第 554 页。
② 冯先思：《抗战期间桂文灿著述刊行记》，《岭南文史》2017 年第 4 期，第 45 页。
③ 秦国经主编：《清代官员履历档案全编》第 7 册，上海：华东师范大学出版社，1997 年，第 377—378 页。

弟埴。早年就读于广雅书院。清光绪二十年（1894）进士，授官翰林院检讨。曾任浙江严州府知府、国史馆总纂，又主讲于东莞龙溪书院。1915 年任广东通志馆总纂。参与广东多种志书的编撰工作。晚岁定居香港。工诗文，编著有《晋专宋瓦室类稿》《诵清宦诗选》《南海县志》《恩平县志》《西宁县志》《广东通志》等。精书法，工篆隶，得钱南园之圆劲，而稍变其长，有秀挺清雄之誉。"①

4. 桂埴三兄桂坤

桂坤生平事迹在今人著述中并不多见。据桂廷銮乡试朱卷履历单载，桂坤为桂坫之弟，字顺堂，出身国子生，"科试取录阖属天文算学第一名，癸巳甲午科乡试荐卷。著有《勾股算草》十二卷、《古算经补草》八卷、《群经天算释》十卷、《重辑广东图说》六卷"。②

又据 1911 年刻本《续修南海县志》载，桂文灿曾撰《周髀算经考》一卷。可见，桂坤之所以能在数学研究上颇具心得，是因为其父桂文灿对其影响较大。

5. 北洋大学堂总办沈桐与桂氏家族沾亲带故

沈桐于 1882 年中举③。据沈桐乡试朱卷履历单载，沈桐，"字敬甫、凤楼，生于咸丰甲寅年（1854）九月二十六日。广东广州府番禺县优行廪膳生、学海堂专课生、菊坡精舍肄业生。""世居广州府小北门内天平街"。沈氏家族祖籍浙江湖州府德清县。沈桐祖父沈师让（字逊亭，候选同知，游幕留粤），父沈彬（谱名文仁，字梅生，国学生，道光癸卯科堂备，候选通判，赏戴蓝翎，征捻叙功，赏换花翎，以直隶州知州留山东补用，豫捐出力，赏加三品衔），沈彬后为广东巡抚裕宽的幕友（师爷）。沈桐及兄弟共有九人，其中，其兄沈棶为"郡庠生，癸酉科荐卷，议叙五品衔"。④

沈桐有姑母二。其中，大姑"适郡增生桂名文炽"，即嫁给了桂文炽。据桂廷銮乡试朱卷履历单载，桂文灿、桂文炽为亲兄弟关系。桂文炽字海霞、昌山，增贡生，著有《鹿鸣山馆骈体文》《鹿鸣山馆诗稿》。沈桐的二姑"适广西花翎同知、升用知府冒，名廷章"，冒廷章（字芷卿），广州人，是冒鹤亭（字广生）的五叔祖。桂埴与

---

① 文中所载的《南海县志》，应为《续修南海县志》（1911 年刻本），总纂为"浙江保送知府、前国史馆总纂、翰林院检讨兼撰文桂坫"及潘誉徵、何炳堃等三人。
② 1911 年刻本《续修南海县志》则载《勾股算草十二卷》（南海桂坤撰），又载《代数术四卷》（南海桂坤撰）。
③ 《申报》1882 年 10 月 28 日《壬午科广东乡试题名录》载：沈桐，籍贯番禺，中式第 39 名举人。
④ 《广东乡试朱卷（光绪八年壬午科）》，《清代朱卷集成》第 344 册，台北：成文出版社，1992 年，第 245—274 页。

冒鹤亭交友深厚，此为主因。

　　沈桐娶桂氏。桂氏为"乾隆丙午科亚元、安徽泾县知县讳鸿公曾孙女；貤封中宪大夫、江南淮海道讳士杞公孙女；郡增生桂名文炽公长女；道光己丑科翰林、湖广道监察御史、历任江苏常州知府、江南淮海兵备道讳文燿，道光庚子恩科举人讳文焰，道光己酉科副贡讳文烜，道光己酉科举人名文灿公侄女；同治甲子科巨人名坊、光绪己卯科举人名坛堂妹；候选县丞名尧、云南补用通判名垛、国学生名坡胞姊妹。"① 可见，沈桐夫人桂氏是桂坛的堂妹。也应该是桂埴的堂姐。②

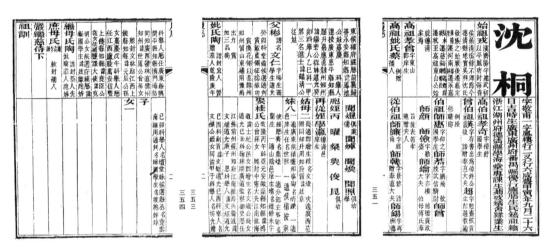

图 8　沈桐于 1882 年参加壬午科广东乡试中举。图为乡试朱卷所载其履历局部（第 1—2 页部分）。参见以下两种影印本：一是《广东乡试朱卷（光绪八年壬午科）》，顾廷龙主编：《清代朱卷集成》第 344 册，台北：成文出版社，1992 年，第 245—274 页；二是《清代科举人物家传资料汇编》第 70 册，北京：学苑出版社，2006 年，第 351—360 页

　　如此说来，桂文炽娶了沈桐的大姑，而沈桐娶了桂文炽的长女。虽然如此联姻已有近亲结婚之实，但两个家族之间形成的亲戚关系（堂亲、表亲）对桂埴的人生轨迹产生的影响还是比较明显的。而且，桂埴的从堂兄弟桂垞（字广文）还是沈桐的早年受业师。总之，沈桐与桂埴这两个家族之间有通家之好。

　　沈桐后于 1904—1905 年担任北洋大学堂总办。桂埴有幸到北洋大学堂任教，即得益于沈桐的举荐。在《大公报》1905 年 3 月 2 日刊载的《北洋大学堂开课国文第一

---

　　①　《清代科举人物家传资料汇编》第 70 册，北京：学苑出版社，2006 年，第 351—360 页。
　　②　据 2011 年《清代文学世家姻亲谱系》载："桂坛子桂文灿娶沈师让女（浙江德清）"。此载存在两个问题：一是明显混淆了桂文灿与桂坛之间的父子关系；二是沈师让之女（即沈桐大姑）嫁给的是桂文炽。徐雁平编著：《清代文学世家姻亲谱系》，南京：凤凰出版社，2011 年，第 377 页。

班教习桂埴演说》一文中，桂埴开篇即称："鄙人承今总办沈之招，谬厕斯席。"如果不是考察桂氏家族和沈氏家族的渊源，很难想象到二人之间还有较近的亲戚关系。

6. 桂埴同辈兄弟的取名特点

据桂廷銮乡试朱卷履历单载，除本生父桂坛、父桂坻及胞叔桂坫、桂坤、桂埴外，桂廷銮又有从堂伯叔15位，名字依次为：壎、墉、垓、培、墿、均、坊、增、坽、城、垠、坪、墧、垲、坮，还有堂伯叔7位，名字依次为：圻、垣、垚、埰、垺（又名坡）、堦、堪。

据此不难发现，桂埴同辈兄弟的名字中，都有一个明显的起名特点，即均从"土"。这也是桂埴之名并非"桂植"的一个重要依据。而且，桂埴祖上的"迁琼"一支中，曾有取名"桂植"者（邑庠生，迁崖州）。桂氏家族为避祖讳，是不可能为桂埴取名为"桂植"的。

另外，桂埴书法作品存世者若干。在已得见的桂埴书法中，落款的姓名中均有"埴"字，且以"东原桂埴"为主。其钤印曾用"臣埴私印"。桂埴担任外交官期间的公牍手迹存世也有不少，已得见者，均为"桂埴"，而非"桂植"。也就是说，桂埴本人既不认可"桂植"这个名字，自己也未曾使用过"桂植"这个名字。

总之，"桂植"这个名字的出现，应该是误植误载导致的，而且这一问题在清末报刊中已出现，后来以讹传讹，因袭至今。另如曹文埴（乾隆年间重臣）之名也与之相类，其被误载为"曹文植"的情形多有。

以下考证，在行文表述中均载为桂埴，但在所引文献中，如原文出现"桂植"者，则暂保持原貌，未予径改。

7. 桂埴亦名"桂十"是何意

在已得见的桂埴书法作品中，桂埴又有钤印"东原桂十""桂十"。这到底该作何解释呢？

光绪二十二年（1896）七月，时在广州广雅书局校书堂任职的篆刻家黄牧甫（1849—1908），刻"《臣埴私印》、《东原桂十》白朱文两面印"。[1] 在此的印边款中，黄牧甫（名士陵）题记曰："东原秀才粗解摹印，而议论甚精，往往中陵病，陵甚得之。刻此以记钦仰。丙申七月，黄士陵。"[2] 可见，桂埴对于篆刻也比较在行。

---

① 萧春源：《黄牧甫年表》，张华庆主编：《中国大书法·百年人物存公论》，上海：上海书画出版社，2013年，第102页。

② 唐存才著：《黄士陵》，上海：上海书店出版社，2007年，第104页。

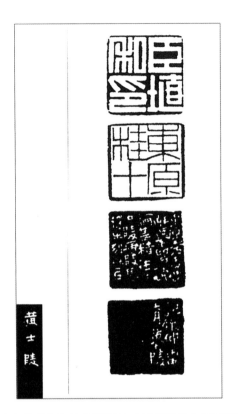

　　图 9　1896 年，黄士陵（字牧甫）为桂埴篆刻的《臣埴私印》《东原桂十》及边款题记。据唐存才著：《黄士陵》，上海：上海书店出版社，2007 年，第 104 页

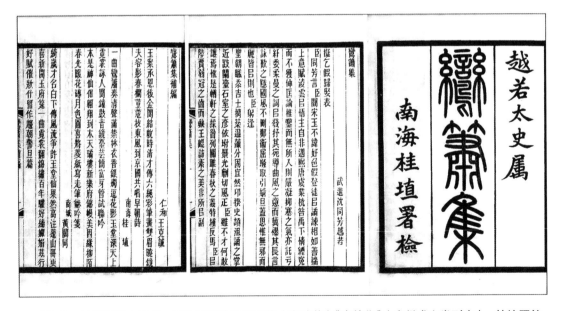

　　图 10　桂埴以诗文见长。图为清末翰林沈同芳（字越若）《鸾箫集》（广州成文堂刊本），桂埴题签。《鸾箫集补编》亦收录桂埴诗作

1930 年，桂埴赴澳洲出任驻澳大利亚总领事前夕，青溪诗社曾在南京雅集，专为桂埴夫妇祝寿。桂坫赋诗二首。其一《寿十弟夫妇六十》云："花甲逢花烛，吾门第二回。东西球策马，南北阮衔盃。七月长生庆，双星远照来。江枫秋未老，赠此当琼瑰（吾家王父奉公入粤，与高王母周太宜人六十双寿）。"其二《送十弟珠海舟中》曰："十年想见复长征，握手临歧两弟兄，老矣欲随浮海去，恰然还作御风行。儿曹有赖书千卷，亲旧无多酒一倾。能得几时闲岁月，菟裘吾愿共君营。"[①]

桂坫称桂埴为"十弟"有何意味呢？难道桂埴在兄弟中"行十"不成？

据桂廷銮乡试朱卷履历单显示，桂廷銮的本生祖为桂文灿，祖考为桂文焕，本生父为桂坛，父为桂坻（国学生出身，1901 年之前已故）。缘何桂廷銮以桂坻为父呢？这大概应理解为桂廷銮过继给了桂坻，因此才有此说。桂坻是桂埴之兄是可以肯定的，但不能肯定桂坻是桂埴胞兄（桂坻或为桂文焕之子）。

而桂廷銮的胞叔依次为桂坫、桂坤、桂埴。另外，桂廷銮胞姑（即桂埴的姊妹）共五位：大姑适广东丰顺丁显荣（丁日昌兄）之子丁惠深（字礽臣）；二姑适广东番禺沈廷墀之子沈锡祺（字卫泉）；三姑适番禺许镕之子许文瀚（字仙舫）；四姑适番禺陈昌浚之子陈庆恒（字少蘉）；五姑适广东南海冯葆廉之子冯思（字俨若）。桂廷銮的五姑是否比桂埴年长，也难以肯定。

桂埴缘何亦名"桂十"，笔者判断，按照辈分、字辈"排男不排女"的旧俗，桂埴大概是在胞兄弟、堂兄弟、从堂兄弟中大排行第十。因此，桂埴遂将"埴"字简化，时以"十"字代之。总之，"桂十"应视为桂埴的字号，桂埴未曾更名为"桂十"。

（三）执教北洋大学堂之前的经历

桂埴任教于北洋大学堂的起始时间不晚于 1904 年底。此前的经历涉及以下几个方面：一是出身于增贡生；二是戊戌变法前后思想进步；三是担任京师大学堂编书局分纂。

1. 被选拔为候选儒学训导

《申报》1893 年 8 月 6 日《粤东试事》载："府考各县文童，业经揭晓。南海案首桂植、番禺案首章瑞元、顺德案首黄兰芳。其余列前茅者，亦皆知名之士，众论翕然称服。按：府宪张太守曾有一场，专试古学。今所取各士，皆湛深古学，若徒能作时文一篇、试帖试一首，文字虽佳，亦抑置之。盖欲各文童知所劝勉，共致力于实学

也。太守悉心培植之意，于此可见一斑。"

按："南海案首桂埴"中的"案首"，即指第一名。据此可知，桂埴参加童生试时，已彰显才华。已知桂埴曾就读于广州广雅书院、广州学海堂，与很多近代广东名士熟稔。

桂廷銮乡试朱卷履历单载有胞叔桂埴的履历，即："埴，字东原，原邑增贡生，光绪丁酉科选拔候选儒学训导。"光绪丁酉科即指 1897 年广东乡试，桂埴与试，惜未中举。后经选拔，幸获"候选儒学训导"，此为桂埴的最初衔名。清代，县设教谕（秩正八品），训导为其佐官，秩从八品。

2. 戊戌变法前后的政治态度

已知 1897 年下半年，桂埴曾向《时务报》捐款。[①]《时务报》是清末维新派的主要刊物，1896 年 8 月 9 日创刊，1898 年 8 月 8 日停刊，以"启发民智，开风气，助变法"为宗旨。从中亦可洞见桂埴的政治倾向。

1899 年，桂埴与胡汉民（衍鸿）、陈协之（融）、徐信符（绍棨）、郑韶觉（洪年）、詹菊人（宪慈）、沈养原（诵清）、张淡庵及叶恭绰兄弟（叶恭绰之兄为叶恭绰），组建萃庐书社于广州双门底黄文裕公祠堂内。此为讲学及发行传播新书报之所。时值戊戌变法失败不久之后，群思变革，遂有"俨然以新人物自命"之说。据此可见，桂埴紧跟时代潮流，思维活跃，积极进取，创新意识较强。

《申报》1900 年 10 月 26 日《匪势渐平》所载内容，颇值得注意。文曰："广州访事友人来函云，惠州土匪倡乱，势甚汹汹，嗣经大宪调兵往剿，大挫凶锋，现均逃入深山，谅釜底游魂，不久定当扫灭矣。闻匪首区姓，系康有为逆党。此次之乱，实康有为及孙文'二逆'主谋。并有粤秀书院监院桂植、羊城书院监院章果，与闻其事。大宪已将桂植拿获收禁。惟章果知风逃避，未撄法网耳。"

按：监院，学官名，亦称院监、学监。掌稽察学生出入、考察学生功课勤惰等事。粤秀书院位于广州越秀山上，后于光绪二十九年（1903）十月改为两广学务处。"粤秀书院监院桂植"是谁？其为本文传主桂埴的可能性较大。这个线索对分析桂埴早年宦迹及政治立场，或许有所帮助。

当然，由于缺乏史料支撑，对此未敢妄加判断。对于发生在粤秀书院的这一历史事件始末，有待深入查考。

---

① 廖梅：《汪康年：从民权论到文化保守主义》，上海：上海古籍出版社，2001 年，第 61 页。

以下关于桂坛之子桂廷銮（桂坫、桂埴之侄）的种种表现，或许可以从一个侧面说明问题：

广东全省绅商等叩禀列为大人爵前。敬禀者。窃维广东地广人稠，良莠杂处，民情本极浮动。每多幸灾乐祸。自康梁、孙文谋逆败露，虽已遁迹海外，其党羽仍多在内地煽惑人心。如历年拿办之"贵为富有票"各逆匪及广东前获正法之史经如，即番禺已故翰林史澄之孙，均系余孽。而在广东，党羽为尤多。少年子弟中，遇有放辟邪侈、罔知利害者，约束稍疏，遂入彀中，全在父兄训诫于平日、管束于随时，冀挽回于万一。

乃有南海线翰林院检讨桂坫，品行素劣。其胞侄桂廷銮曾从游康逆门下。辛丑年本省乡试，适桂坫在籍，为廷銮枪替，遂以官生，获兽其居恒，举动已多悖理，辄自诩为康门弟子，做事非常。其处心积虑，情见乎词，获售后更胆大妄为、无恶不作，向为乡族所鄙、士林不齿。桂坫不但漫无约束，反有心庇护，姑息养奸，难辞其咎。

前年，桂廷銮剪发，改扮西装，出洋潜访康逆，又与孙文交通，深相结纳。其初，人多不知，客春回粤，在籍设立学堂为名，掩人耳目，暗中四处诱人入党，始略露诡谋，人言啧啧，且暗与孙文密函往还。

去夏，被其学堂内学生乘间窥见，类多离奇隐语，辗转密告，群相惊愕失色，深虑祸及。不数日，学生相率散尽，众口哗然。现桂廷銮犹托迹省垣，日伏夜出，身藏枪刀，往来港澳，踪迹诡僻，是其谋为不轨确凿无疑，只以尚未发作，乡族又恐结嫌波累，以致相率缄默，不敢举发。然涓涓不塞，将成江河，治乱所关，良非浅鲜。况广东盗匪、会匪充斥，遍地荆棘，人心思乱，本有岌岌不可终日之势，何堪若辈再为煽惑，其大祸有不旋踵而至者乎？绅商等耳目切近，见闻既确，万不能不为身家计，尤不能不为大局计，与其事机爆发，势必燎原，曷若釜底抽薪，预为遏止。盖子弟之率不谨皆由父兄之教不先。

桂坫是其胞叔，既失训诫，于前已属罪无可逭，现复明知隐忍，尤见有意纵容，且闻族中屡次寄信通知，桂坫仍置不覆。

再四筹思，惟有密禀大人，恩准咨行浙江巡抚，勒令候补知府桂坫赶紧回籍，立将逆侄廷銮捆送有司，锢禁终身，或严究谋逆实情，尽法革办，庶潜消隐患，大局幸甚。如桂坫再敢粉饰诿卸，则是始终庇恶，更难保非同谋，乞赐立予罢斥究惩，密咨粤督严拿桂廷銮严办，并将逆屋查封充公，以杜巨患，而维大局。为此，迫切密禀大人察核，恩准施行，曷胜屏营，待命之至。除禀浙江巡部院外，绅商等同叩。广东全省绅商同叩。[①]

广东绅商的密禀，虽说属于一面之辞，但符合实情之处多有。如据 1901 年桂廷銮乡试朱卷履历单载，在桂廷銮开列的 22 位受业师中，明确记载"前工部主政康夫子有为"。桂廷銮后于 1903 年留学日本期间加入兴中会，1903—1904 年肄业于由孙中山创办的东京革命军事学校（青山军事学校）。桂廷銮等 14 名自费留学生入学时，均填写盟书、当众宣誓。

有记载称"桂廷銮在青山军事学校解散后回国，旋发精神病去世"[②]，非也。1911年刻本《续修南海县志》载：举人、拣选同知桂廷銮为采访之一。

总之，桂氏兄弟及子侄对于康梁及孙中山不仅表示同情，而且予以支持。这在当时是需要很大勇气的。尤其是桂氏家族对此并不避嫌，这在当时也是非常难能可贵的。如此说来，桂埴在一定程度上也应受到革命党的影响，并非子虚乌有。

3. 担任京师大学堂编书局分纂

叶恭绰生于 1881 年，桂埴年长其九周岁，二人素交既久。叶恭绰《遐庵汇稿》收录的《遐庵词》中，有一首小令《望江南》，词曰："中秋好，山寺忆濂泉。绝顶烟岚清到骨，下方楼阁望疑仙。今夕是何年？"注曰："光绪辛丑与桂东原、沈养原宿白云山濂泉寺，玩月至夜午，皆不忍睡。将曙下山，回望寺中，俨似仙山楼阁国也。"桂东原即桂埴，沈养原即沈诵清（亦载为字"养源"）。可见，1901 年中秋节，桂埴仍盘桓在广州一带。

此后不久，桂埴北上来京寻求发展机会。先是投奔其兄桂坫，旧交叶恭绰亦与之寄居一处。《叶遐庵先生年谱》载："光绪廿七年辛丑，秋入京，寓米市胡同南海会馆桂南屏（坫）家。先生在粤，与桂东原（埴）往还甚契。时东原寓南屏所，故先生亦寄居焉。京曹清苦，三人每日菜费仅京钱三千，约当今之二角。"[③]这是一段艰苦的日子，但很快就迎来了转机。

1902 年，张百熙任京师大学堂管学大臣，主持拟定《钦定大学堂章程》。张百熙

①　1906 年《广东绅商为桂坫包庇其侄桂廷銮暗结孙文致徐世昌禀》，林开明等编：《北洋军阀史料·徐世昌卷》（二），天津：天津古籍出版社，1996 年，第 336—339 页。

②　严昌洪、许小青：《癸卯年万岁：1903 年的革命思潮与革命运动》，武汉：华中师范大学出版社，2001 年，第 85 页。

③　俞诚之编：《遐庵汇稿（附年谱）》，沈云龙主编：《近代中国史料丛刊》第 16 辑，台北：文海出版社，1973 年，年谱，第 21 页。

曾于 1897 年出任广东学政，对于罗惇曧（广东顺德人）及桂垣兄弟等广州广雅书院学生的才华，予以赏识。1902 年，京师大学堂编书处（也载为编书局）、译书局相继成立，分别订立章程，以编纂普通教育课本为重点。张百熙遂延揽罗惇曧等北来。

罗惇曧《京师大学堂成立记》载："又设编译书局，以李希圣为编局总纂，王式通、孙宝瑄、罗惇曧、韩朴存、桂垣等副之。严复为译局总办，林纾、严璩、曾宗巩、魏易等副之。"①

不过，罗惇曧此处所载，并非北洋大学堂编书局的最初情形。《申报》1902 年 6 月 29 日《编书各员名单》载："京师大学堂编书章程前已录登于报，兹得本馆在京访事人手函，备录编书各员衔名单，因为之照登于下：总纂张观察鹤龄、李主政希圣，分纂桂太史玷、王主政议通、孙主政宝宣、韩主政璞存、罗主政惇融、蔡主政镇藩、姚主政大荣，正校马舍人濬年，襄校陈舍人毅。"文中所载的"桂太史玷"即翰林院检讨桂玷、"罗主政惇融"即罗惇曧（主政为各部主事的别称）。

光绪二十九年十一月（1903 年 12 月）《京师大学堂教习执事题名录·执事题名》载：京师大学堂帮总办为"姚锡光（石泉），直隶候补道，戊子举人。江苏镇江府丹徒县。上海译书分局总办、前文案提调"。"编书局总纂兼考校处"为李希圣。"编书局舆地总纂兼考校处"为邹代钧。"编书局分纂"时有韩朴存、孙宝瑄、罗惇曧、桂垣、李稷勋等 5 名。其中："罗惇曧（掞东），优贡知县，广东广州府""桂垣（东原），廪生，广东广州府南海县。"②

据《京师大学堂编书处章程》载："分纂各员，应常川驻局编纂，逐日限定功课，不得随意作辍。每日于酉刻，将所纂各条汇交总办处复核增减，再行编定。"桂垣在这个岗位上一展所长，足兹胜任。

以上所载表明，1902—1903 年，京师大学堂编译机构人员有所变化。其中，桂玷已去职。桂垣北来之后，之所以能在京师大学堂立足，显然是得益于桂玷的举贤不避亲。

1903 年，桂玷、罗惇曧均参加经济特科考试（首场为正场，第二场为复试）。《上谕档》载，光绪二十九年闰五月二十一日（1903 年 7 月 15 日），"内阁奉上谕，考试

---

① 原载《庸言》第 1 卷第 13 号，1913 年 6 月出版。转引自陈学恂主编：《中国近代教育史教学参考资料》上册，北京：人民教育出版社，1986 年，第 456 页。

② 潘懋元、刘海峰编：《中国近代教育史资料汇编·高等教育》，上海：上海教育出版社，2007 年，第 19—21 页。其中第 21 页将邹代钧误植为"邹代钧"。

经济特科取列一等之梁士诒等四十八名、二等之桂坫等七十九名，着于本月二十七日（即 7 月 21 日）在保和殿覆试。钦此。"其中，罗惇曧为正场一等第二十九名，桂坫为正场二等第一名。另外，时任北洋大学堂总办的钱镠也参加了经济特科，为正场二等第六十九名。此后的覆［复］试，取列前二十七名（一等九人、二等十八人）其中，钱镠考列二等第六名。《上谕档》又载："六月初十日，引见人员。礼部带领经济特科二十七人……直隶试用道钱镠着以道员仍留原省补用。"①

参加经济特科这个特殊经历，无疑使桂坫、罗惇曧与钱镠的关系拉近了一大步。这也为罗惇曧、桂坫日后加入北洋大学堂教职员之列，埋下了伏笔。

4. 桂坫结缘津门之始

1904 年，桂坫开始结缘津门。天津《大公报》1904 年 4 月 28 日《杂俎》栏目刊载《百字令·赠南海桂十》词一阕（署名孙邝斋）："千金散尽，记当年诗酒，广陵结客。万里波波来直北，喜遇东原桂十。湖海文豪，幽燕大侠，落落无人识。西风匹马，竭来还自谋食。谁见遶柱哀歌，投书起舞，敲碎珊瑚尺。眼底驽骀无一可，莫更评量得失。都市衣冠，江关词赋，合并知何日。疏狂习惯，只应亲近泉石。"②此载并不寻常。这为津人了解桂坫才华，客观上做了铺垫，也打下了基础。

京师大学堂译书局、编书局相继停办后，姚锡光来津任北洋大学堂会办，任职时间为光绪三十年（1904）七月至八月。罗惇曧则任"天津海关道文案"③，又任北洋大学堂监督兼国文教员。这都是桂坫得以来津任职的重要契机，但也不尽然，时任津海关道的唐绍仪（广东香山人）对于桂坫等仕途产生的影响，才是举足轻重的。

1904 年初夏，桂坫与广东顺德人罗惇曧、广东顺德人李建猷、广东新会人陈昭常、广东揭阳人曾习经等，有山海关（渝关、榆关）之行，并同游角山长城（距山海关北约三公里）。此次出关远游，留下《角山倡酬录》组诗。

其中，桂坫赋诗《甲辰四月孤寄渝关，李二伯猷、罗三瘿公至自锦州，将归析津，主余导游角山，登长城绝顶，望辽海，同题壁》曰："地僻疏文网，天空有散人。薜衣山鬼语，古木塞垣春。起陆龙兴汉，当年鹿失秦。乡音正酬答，歌哭太无因。"

《角山倡酬录》又有陈昭常（署山海关道）诗作《甲辰五月与唐榷使游角山、循

①　中国第一历史档案馆编：《光绪朝上谕档》第二十五册（光绪二九年），桂林：广西师范大学出版社，1996 年，第 173—176、186、191—192 页。

②　《大公报》1904 年 4 月 26 日已载此词。因脱漏原稿下半阕两句，故于 4 月 28 日补入重登。

③　许艳青著：《莫伯骥评传》，广州：广东人民出版社，2017 年，第 17 页。

长城，用瘿公题壁韵感赋》一首。"唐榷使"当指津海关道唐绍仪。而罗惇曧又作《角山四望亭记》，记曰："自渝关北出数里，循长城迤逦，至绝顶。溪径缭曲，林木蔚深。临渝之绝胜也……甲辰夏午，始得与香山榷使，连骑山阳，风烟全揽。"[①] 文中提及的"香山榷使"即指唐绍仪无疑。

1904 年夏，唐绍仪确有山海关之行。《大公报》1904 年 7 月 8 日《车站纪事》载："海关道唐观察绍仪、招商局总办周太守长龄，同于前日由北戴河乘火车回津。"可见，唐绍仪此次游山海关（或为公干之余），桂埴等广东籍人士一度陪侍左右。不久之后，唐绍仪去职离津履新[②]，津海关道改由梁敦彦（广东顺德人）补授。[③]

1904 年 12 月，唐绍仪起节赴藏。《大公报》1904 年 12 月 14 日《本埠·筵宴钦使》载："袁宫保于昨午在署设筵恭请唐少川钦使，并有运司陆都转、海关道梁观察、天津道王观察、天津府凌太守及唐钦使之参赞、随员等，并广东籍官员等二十余员坐陪。"可见，当时在津任职的广东籍官员已形成了一股不可小觑的势力。而当时的北洋大学堂教职员中，也不乏粤籍人士，如：总办沈桐、斋务官居贤举都是广东番禺人，西医官萧杞枬为广东香山人。

另外，1904 年，广东三水人梁士诒也曾在天津盘桓良久，并以翰林身份，多次谒见直督袁世凯。此后，梁士诒又向唐绍仪举荐李建猷，函称："诒本因罗道惇融，与之相识（甲辰年曾居津数月），细察其人，实非虚伪一流。"[④]

至少在 1904 年，桂埴已与粤籍旅津人士产生了千丝万缕的联系，彼此照顾、相互提携是不难想见的。总之，桂埴、罗惇曧甫抵津门，稍显从容，无论如何也不是茕茕孑立、举目无亲的面目。

（四）何时担任北洋大学堂国文教员

《大公报》1905 年 3 月 2 日—5 日头版《代论》栏目，分四次连载《北洋大学堂开课国文第一班教习桂埴演说》一文。开场白为："鄙人承今总办沈之招，谬厕斯席，名义则曰历史、地理、文学。其内容之宏富、界限之广漠，实非浅学所敢。谬膺数月

---

① 上海《国粹学报》1906 年第 2 卷第 6 期（总第 18 期），《文篇》，第 8—9 页。

② 《申报》1904 年 9 月 27 日《本馆接奉电音》："八月十七日，内阁抄奉上谕，直隶津海关道唐绍仪着开缺，以三品京堂候补，赏给副都统衔，前往西藏查办事件。钦此。"

③ 《大公报》1904 年 10 月 7 日《电传上谕》载："八月二十七日奉上谕，直隶津海关道着汉黄德道梁敦彦补授。钦此。"

④ 《上唐绍仪荐介李建猷函》（1907 年 7 月 3 日），政协广东省三水县政协文史资料研究委员会编：《北洋政府国务总理梁士诒史料集》，北京：中国文史出版社，1991 年，第 177 页。

来，于报章得读诸君子论著，又皆援古证今，旁参近译，伟词宏著，实有足令鄙人欢迎者。自维谫陋，当此入学之第一日，一切讲义，均未预备。又彼此情谊，素未相接。诸君子肆力专门科学，又复研精国文。英语曰 'Time is Money'[1]，深恐有负诸君子时间，无以答诸君子期望之盛意。敢就吾人现在密切而稍有关系者，略为诸君子一商榷之。"

这篇演说洋洋洒洒四千余言，包括两个部分：一 "言中学之衰"；二 "言中学之必要"。桂埴以 "西学东进，东学渐衰" 的大背景为主题，结合清政府强力推行新政的现实需要，直面北洋大学堂忽视国文教育的强烈反差，而发慨叹之声，呼吁回归正道。全文通过对比中学、西学的优劣，强调重视中学的历史必然性，以期树立文化自信。当时，国学素养被科学素质强力取代的趋势较为明显，而非共融共进。这已成为各地新式学堂普遍存在的问题，令传统知识分子颇感忧虑。此文具有很强的针对性和时代特点，一时间产生了较大影响，经《北洋官报》刊载后，又被《四川学报》等转载。[2]

通过这篇演说，结合其他文献史料，可作出如下判断：

一是桂埴来校即被重用。桂埴受北洋大学堂总办沈桐之邀，担任北洋大学堂国文第一班教员，讲授历史、地理、文学课程，兼任监学官。

二是沈桐离职南下时间。1925 年版《国立北洋大学卅周年纪念册》载：沈桐，光绪三十年（1904）八月二十八日被委任为北洋大学堂会办，九月二日改委总办，离校年月为 "光绪三十一年（1905）正月"。又载：国文教员桂埴的任职年月为 "光绪三十一年（1905）正月"。不过，《大公报》1905 年 3 月 19 日《送别志盛》则载："天津大学堂总办沈观察桐，叠奉南洋大臣（即南洋大臣兼署两江总督周馥）电调，襄办要政。直督袁宫保允借六个月，札派前往江南、湖北调查学务。月之初一日，已交卸学堂事务，南行有日。因于初八日，谐宴辞行。"送行者包括 "国文教习桂君埴" 等（并未提及监学官）。文中所载的 "月之初一日" 即二月初一日（3 月 6 日），二月初八日即 3 月 13 日。可见，沈桐离校之前，桂埴已就任。

三是桂埴来校任职时间。桂埴这篇演说的见报日期为 1905 年 3 月初，文中自谦 "谬膺数月"。这表明，桂埴出任北洋大学堂国文教员的时间，应不晚于 1904 年底。那么，桂埴担任北洋官报局总纂的时间，理应在此之前。有记载表明，京师大学堂编

---

① 汉译文为 "时间就是金钱"。
② 参见《四川学报》1905 年第 4 期、第 5 期。

书局是 1904 年 8 月 23 日停办的。① 据此判断，桂埴大概是这时候辞去京师大学堂编书局分纂一职之后，来津充任北洋官报局总纂的，时间不长，即改任北洋大学堂国文教员。

（五）1905 年抵制美货运动期间的态度和主张

1905 年，全国上下掀起了一场轰轰烈烈的抵制美货运动。这场运动也称"反美华工禁约运动"。原来，1894 年，美国胁迫清政府签订《限禁来美华工保护寓美华人条约》，排斥和虐待华工。1904 年，该条约十年期满；12 月，旅美华侨十余万人联名上书清政府，强烈要求废约。美国当局悍然拒绝，坚持续订新约，蛮横霸道，傲慢无理，激起中国各界民众和海外华人华侨一致反对。1905 年，上海、广州，天津、汉口、长沙、南京等城市纷纷集会抗议，并大力抵制美货。中国留日学生及海外华侨也纷起响应。对于这一反美爱国运动，美国政府和清政府相互勾结，蓄意破坏，但此后新约亦未续订。

天津各界对于抵制美货运动的反应也很激烈。由于北洋大学堂的美国教职员不在少数，加之丁家立当时身兼北洋大学堂、保定直隶高等学堂"总教习"，社会影响很大。因此在北洋大学堂也掀起了很大波澜。作为天津抵制美货运动重要舆论阵地的《大公报》，当时披露了不少涉及北洋大学堂师生的重要信息。《大公报》1905 年 6 月 14 日《本报记者敬告津保两大学堂学生文》载：

> "美人虐禁华工，激动国民公愤，合力挽回，实为我中国不可思议之举动。盖我国民向来精气颓败、血冷脑昏，无论受何等之激刺，而块然莫能少动。不料，因此美虐华工一事，商界学界诸人，竟能一倡百和，同起而筹抵制之方。谓非我国民团体结合力之一大进步哉？惟民气太盛，亦恐有流弊，或致别生枝节。如公认抵制之策，第一为不购美货，为策之最上者。此事可由我国民自为政，毫无国际之关系。其次，则美国人所立之学堂，中国学生一体散学，此亦与国际毫无关碍。而近日天津学界中人，颇有主持合群反抗学堂中之美人者。本记者亦几为舆论所摇，及反复筹思，觉此事大有妨害，万不可兴此风波。说者谓：'美人所立之学堂，中国学生既应散学，今直省学堂林立，以美人丁家立掌教育权，我中国学生何为反容忍之？宜由大学堂学生倡率抵抗'云云。殊不知，此番之抵制美约，民事也，无国际之关系者也。若美人丁家立，则为国家所延聘，我国民若反

---

① 王学珍主编：《北京高等教育纪事：1861年~1949年1月》，北京：中国广播电视出版社，2006年，第34页。

抗之，不但惹起国际之交涉，而其余一切抵制之策，亦将因之而不行。何则民之激烈举动？如于国际有关，势必于外交界有所障碍。既于外交界有所障碍，政府即得而禁阻之。一禁阻，而民心自涣。民心涣，则团体难坚。美人知我国民团体不坚，对于我政府必丝毫不肯让步，而苛禁终莫能削除。故我国民如欲此事之成功，必须审慎将事，始终不使生出国际之问题。总宜令政府利用我民气，以与美人争。不可令我民气横流旁溢，以致反掣政府之肘。望津保两大学堂众学生，熟思审处，幸勿因外界之讽刺，而轻举妄动。本记者为慎重大局起见，聊贡数言，未识诸君以为然否？"

大公报记者撰文建议北洋大学堂等学生有理有利有节，强调客观地对待美国籍教职员，这都是符合实事求是原则的斗争策略。

那么，北洋大学堂学生对此是如何反应的呢？下面先看看《大公报》1905年6月21日所载《天津大学堂学生来函照登》，此文反映了北洋大学堂学生所持的基本态度：

大公报记者鉴：

前贵报所登《告津保两大学学生文》，（后经）《益闻西报》译登之。敝学堂生恐外人或有误会处，因致函《益闻西报》，谓敝堂并无与美国教习为难之意。

今日，《益闻西报》已登此函。惟谓前系从《大公报》译来，应请向《大公报》改正之。然敝堂只能向贵报声明无此意，而不能请贵报改正。何则？所谓学界中人，乃普通之言，非有所专指，顾特告保两学堂者以闻，学界中有人谓，应由大学生倡率此举动，恐'两学堂'为所惑，故豫劝之耳。

敝堂虽并无此意，而学界中或有人曾作此说。否则，非所知，若有一二人作此说，贵记者闻之，而登此文以劝告，则贵记者并未有错误，何改之有？

惟敝堂学生既无此意，则自可向贵报声明，并吾等所欲抵制者，乃美之工党。至于其上等人，则并无丝毫嫌隙，安有与之为难之意？应请贵报将此函登载，庶不至再有误会。

北洋大学堂某学生启①

大公报记者又附以按语，发表声明曰："本记者曾闻有人谈论，颇不满于大学堂之学生，深恐大学堂学生为外间物议所摇动，而卤莽从事，故劝告之，并未言大学堂学生有与美国教习为难之意。特此声明。"

---

① 《大公报》1905年6月22日《来函正误》载："昨接天津大学堂学生函云：昨致贵报函中，《益闻西报》应作《京津时报》。课余仓卒，因有此误，尚乞为改正是幸。某又启。"

通过以上记载不难看出，北洋大学堂学生能够通情达理，既理智又客观，对于安分守己、与政治无涉的美籍教职员，能够实事求是地对待，态度上很克制、很理性，表现得很大度、很得体。当然，这绝不意味着北洋大学堂师生缺乏爱国情怀，丧失斗争精神。

当时，抵制美货运动在天津如火如荼。天津商务总会群情激愤，满怀爱国激情的北洋大学堂莘莘学子也积极参与其中，形成了商学共振的局面。

《大公报》1905 年 6 月 19 日《学界之大会议》载："昨日午后，天津府官立中学堂、私立敬业中学堂邀请各学堂同志，在阆津会馆举行会议。"到会者 623 人（包括学生 504 人）。其中，"大学堂四十三人"。在现场演说者，包括"大学堂马泰钧（韵初）""大学堂叶景莘（叔衡）""大学堂郭文瀚（仰宗）"。当场议定实行办法十条，即：

一、凡我同人，自今日始，一律不购美货；

二、凡我同人，皆须劝勉家庭戚友，一概不购美货，并须晓以不购美货之宗旨；

三、遇美国人，当如常礼之，不可与之为难，我同志并须以此义，晓喻学界以外之人；

四、凡我同人，皆有分任调查之责；

五、宜征取举行各国调查之成迹；

六、未举行各处，谋所以倡导之；

七、华产有足抵美货者，宜调查而振兴之；

八、征四方志士杰作，以助闻见；

九、各学堂公举一二人，择地演说，俾众周知不购美货；

十、同人既知此义，即当力行慎，勿有始无终。

"大学堂郭君仰宗"等在会上的慷慨激昂，振聋发聩，《大公报》1915 年 6 月 20 日又载《学界之大会议续志》，予以记载。

对爱国民众的呐喊，当道充耳不闻，只对美帝国主义卑躬屈膝，一味退让迁就。直督袁世凯则对爱国民众态度强硬，多次谕令严禁，予以打压。《大公报》1905 年 6 月 22 日《袁宫保对于抵制美约问题》载："袁宫保因国民合群抵制美国禁约，风潮甚大，恐于中美两国交际有碍。特于昨早饬巡警总宪及府县，传谕商务总会总办等。大意谓：我国民气如此之盛，已足以令美人知惧。此后，即当压抑风潮，以免成交涉。且此事尽可禀请政府向美国力争，何必私自为此举动云云。商会总办等乃唯唯而退。"

正是在这个斗争形势下，《大公报》1905 年 6 月 24—25 日《论说》栏目，连载了一篇题为《对于不用美货之精神物质研究谈》的政论性文章，文前署名为"南海桂埴来稿"。文曰：

人之精神体魄，与夫物质，皆同赋于天。特凡物之得于天者粗，人之得于天者精。近世哲理大明，知宇宙间，无地无时，无人无物，而非天人互争之境。穷其究竟，而精神之与物质，两者遂各走极端。盖无时无地无人无物；而不显分泾渭焉。

举凡法律上的服从、学问上的研究、商业上的营运、工业上的制造，盖无不视此精神之存亡，广狭以为差。伟大哉此精神，神圣哉此精神，独立哉此精神，自由哉此精神。将果有物焉，不可名，不可道，以是为变者根耶？抑不得离物为言（舍物质，则精神亦将无所附丽）。

而与凡物相终始者也，此非吾今日之所知。第世界愈益文明，则人之恩爱□，此精神涵泳，此精神灌输，此精神交通，此精神欢迎。此精神者，必日益加剧，可断言也。

此精神者，无国界，无种界，无人我界，无一切众生凡物界，无恩亦无怨，无喜亦无怒，无生亦无死。出乎天天，入乎人人，完全独立。犹太、印度之亡，不足以为亡教主、使徒。爱国志士之屠宰虐杀，不足为虐杀。孔子成仁，孟言取义，佛号传证，庄称薪火。东西哲人牺牲物质之欲、体魄之爱，以徇之者，何可胜道？而吾固欲以人间一切法驭之，以吾人瞋痴心遇之乎？

此精神者，国有之而荣，种得之而贵。质而言之，则人之所以日远于禽兽者也，其见于物。得之则珍奇瑰伟，娱心悦意优胜；不得之，则啙窳朽腐，失精丧气劣败。

商业之发达视此，工业之振兴视此。惟此精神之寄于物质者，恒至微极，眇至弱极傀。其著于吾国者，则丝也、茶也、大黄也、瓷器也、磁针也，皆天之独厚于吾国。

一若纵其骄子，使之雄驾五洲，而莫予靳者也。是故，前世纪之交通，彼之人不恤，泛重洋，开兵衅，罱膏血，以求之。求之而得，则殚竭人事仿效之、移植之、改良之、发明之、光大之，至于今遂。

一若天之非独厚于吾人，亦惟是使之贡献于大地，为彼人驱除难者。而吾人精神上之战争，乃悉皆倒败，随数千年专有之物质，而瞠乎若后矣。用是知厚于天者之无益于吾人，而其初之用以自厚者继，乃反用以自毒也（毒之训，厚从中毒声，言草之味厚者，有毒也）。

精神之寄于物质者，其至弱极僅若此。故东西哲人，与夫今日立于大地之文明国，其对于精神上之感情，与夫对于物质上之感情，遂各走极端。盈之、虚之、消之、息之，以生差别，以分泾渭。

其精神之欲望深厚，浓至亦断，不与寄于物质之薄者，同其重轻，必视夫精神之广狭厚薄以为衡。而牺牲完全独立神圣自由之精神，以徇物质之欲者，尤为古今东西哲人之所大戒（养魄者，养魂者，其别之者著矣）。

不幸吾国千年以来，官师失职古圣之精神。其得寄之于物质者，既约指可数。即寄之于吾人者，亦若存若亡（曩者常谓，吾国人多生货，故其精神上之感情最薄弱，非酷辞也，亦无可讳也）。

而所谓神明种族、黄帝子孙，不惜牺牲其完全独立神圣自由之精神，所可寄之身，泛重洋，刷膏血，为奴隶、为牛马，而所得之利益，曾不能与人之精神寄于物质者为其重轻，曾不能与吾国昔日精神之寄于物质者为重轻，取同一之欢迎。尤复今日拘禁，明日苛虐，以损吾人之感情。吾甚不解，昔日之欢迎也，如彼今日之厌恶也。如此爱恶相攻、轻重倒置，而有志之士且至不恤牺牲其精神上之交通，以殉之。此吾之所以悁悁而悲者耳。

精神物质之比较（军械与烟酒为别一问题，故不列）：书籍图画（兼宗教、政治、学术），仪器（天文、算法、医学、工艺），文具（写字机器等），药品，玩具，香水，肥皂，布帛，麦面。

自沪上不用美货之议，与津地青年，亦不免少受其激刺。鄙人以此问题内容甚赜、影响最大，学识既不足以副之，而所欲得而为研究之资料者，又不完全，故不敢谬加评判。日来，所亟亟从事者，惟得此精神与物质之两谈，质之同志，咸表同情。故曰："作始也简，将毕也巨。"[1] 事固有造，因甚微而累，果滋大者。

其关于政治上、法律上，则鄙人愧非专门，况又兼有国际法之性质者乎。然就普通常识，以精神之说通之，则法律者代群，政治之精神者也，专力者。

又，法律之精神，而为法律之援劲（援助）者也（兼民智、民力、民德三者

---

[1]　语出《庄子·内篇·人间世》："其作始也简，其将毕也必巨。"——引者注

而言）。即有甚完全之政治精神，而无法律以代表之为无效。有甚完全之法律，而无实力以执行之，与相副之精神，以楯其后，亦为无效。其法律亦不必为完全（推之兵事要挟，而得之利益皆然），则鄙人所亟欲提议者。

吾人今日之政治精神，其能遂发达之希望乎？其亦有完全法律，"Private low"以代表而执行之乎？其实力、其精神足以相副，以期收得此良善之效果乎？如其有之吾人曷禁欢迎，而馨香尸祝之如其未也，而与之讼直者谁乎？则吾人今日又安得不取此问题下精致的观察，用切实之调查而一解决之，庶不为他动，而盲进乎？南海桂埴附识。

此文较为生涩。桂埴强调精神与物质的关系，看似不无道理，但有点老调重弹，属于老生常谈。在这个"气可鼓而不可泄，士可杀而不可辱"的内外交困时刻，抛出这么一篇过于温和的文章，或许有些不合时宜，与《大公报》的嫉恶如仇、爱憎分明的风格大相径庭。初步判断，此举有可能是管理当局的授意而为，以期缓解北洋大学堂的舆情回应压力。

当时，如果过分强调不疼不痒的"精致的观察"和"切实之调查"，过分依赖国际法的"调和"，而不指望以我为主、主动作为的话，很可能是帮了倒忙、添了乱，甚至助长美国霸权主义的有恃无恐和得寸进尺，起到"亲者痛仇者快"的副作用。殊不知，美帝国主义信奉的是"强权即公理"那套强盗逻辑。而滥用国际法，破坏国际规则，从来都是西方列强的卑鄙伎俩和恶劣行径。

桂埴或许还是太学究气了，缺乏坚持斗争的顽强精神和斗争到底的坚定意志，存在明显的时代局限性。殊不知，"弱国无尊严、弱国无正义、弱国无外交"，落后势必挨打，强大才有尊严，强盛方得平安。否则，湔洗国耻、扬我国威只能是流于空谈的口号，势必成为有名无实的空话。当然，仅靠抵制美货的满腔激愤，对于积贫积弱的清政府来说，要想达到抗御外侮的目的也很难。但是，面对美帝国主义的野蛮暴行和挑衅行为，旗帜鲜明地亮明态度，主动发声亮剑，都是必要的。如果不是坚决反对、强烈谴责、严重抗议，而是忍气吞声、精神涣散，甚至是自我麻痹，则是万万不可取的。

当然，国人的怒火是压抑不住的。这场轰轰烈烈的抵制美货运动促进了中国民众不畏强暴、不堪忍受的民族觉醒。此后，各地舆情汹涌，持续不懈。

而刚离津南下任职的北洋大学堂原总办沈桐，也高举反美旗帜，坚定地为维护中国权益鼓与呼。其在南京的表现，着实可圈可点。

《大公报》1905年7月1日《宁垣会议抵制美约办法》载："宁垣各学堂于十六日集议抵制美禁华工办法。到者极多。十七日午后三时，三江学堂适开教育研究会。各学堂总办及学务处总理诸人，均经入座。当由总核两江学务沈凤楼观察桐倡议，拟将不用美货、力争改约缘由，译成西文，电致驻京美使柔克义君，直接筹商，务求将续约改订，足满华人之意。而后已并无庸电达外、商二部，多此无益事实之一举。在座诸君亦金以为然，遂复通知前日列议学界诸代表，查照办理。各学堂现多用浅说体，作为告谕劳工、妇孺文字，并调查美货商标，附列文后，陆续交至三江学堂，会齐甄定，以便排印分布。"可见，南京学界对于外务部、商部的不作为，已失去了信任和耐心，决定放弃幻想，积极发声。

色厉内荏的美国驻华公使柔克义，以直督袁世凯为代言人，并通过他向清政府施加压力。1905年8月21日，软弱无能的清政府特颁上谕，严令各省，"倘有无知之徒从中煽惑，滋生事端，即行从严查究，以弥隐患"。

由于《大公报》站在时代前沿，积极支持废除虐待华工条约和抵制美货运动，因而被天津当局强令在天津租界之外禁售、禁邮、禁阅。①

这场运动延续至1906年才逐渐消散。"抵制运动在很大程度上受到了更为普遍的对于国家和民族存亡的担忧之情的激励，又进一步受到了广泛的危机感的刺激""把中美冲突置于更为广阔的视野之中"。②这场运动对北洋大学堂的波及是明显的，对广大师生的影响也是深远的。有著述认为，"丁家立尽管与直隶总督袁世凯保持着良好的私人关系，而袁世凯在地方官员中亦旗帜鲜明地压制此次运动。然而，抵制美货的思想动员无疑来自新知识界，丁涉身其中，自然难以幸免。1906年，丁家立被迫辞去北洋大学总教习职务。"③

《大公报》1906年2月19日援引《益闻西报》消息："大学堂总教习丁家立氏，业已辞职。闻袁宫保已嘱丁君挑选优等学生二十名，于回国时，同往美国留学。"《大公报》同年3月27日《游历纪闻》又载："天津大学堂头班学生有三十余名，拟全班随同丁家立君赴美国游学，并有本埠学堂教员十余名，亦拟随往游历。"

经数月筹备，丁家立于6月离津。《大公报》1906年6月7日《恭饯总教回国》：

---

① 参见《大公报》1905年8月18日《苟延残喘之大公报》、8月19日《一息尚存 勉尽天职》等。

② 〔美〕王冠华：《寻求正义：1905—1906年的抵制美货运动》，刘甜甜译，南京：江苏人民出版社，2008年，第160页。

③ 〔美〕谢念林等编译：《丁家立档案》，桂林：广西师范大学出版社，2015年，第216页。

"天津大学堂总教丁嘉立君，南下返国。日昨，学生全体公意，赠以银爵壹对，高约五六英寸许。另为文以宠其行。于昨日十点钟，由总办蔡太守子赓（即蔡儒楷）、教务王大令少荃（即王劭廉），及全堂教员率领全堂学生百余人，肃诣大礼堂。先由教务王君以英语宣表全堂学生敬意，继由班长郭君文瀚捧读诵辞，抑扬尽致，并赞导同学行三拱礼毕，丁君乃以英语表谢忱，并深勉同学以惟学乃真能爱国之理，约一小时。全体百余人肃立无哗，彬彬有礼，爱情浓挚，颇极一时之盛。兹丁君拟今日七钟附轮南下。到时，全堂学生再赴码头走送云。并序文登录报端，以见吾国之爱情不薄耳。"师生对丁家立的崇敬之情发自内心，溢于言表。

《大公报》同日又载《送丁公序》，署名"北洋大学堂全体学生来稿"。文中强调："夫学，强国之元也，学精，则神州之强，可计日。以至公之勉吾侪也，曰惟学是勉吾侪以爱国也。吾侪欲遂爱国之心，固必守公之言，而无渝。"师生对丁家立办学之功的感激之情也溢于言表。由于桂埴与丁家立在教习管理等工作层面接触较多，故有理由相信桂埴也参与了《送丁公序》的起草。

虽然丁家立于 1906 年辞去北洋大学总教习一职，但并不意味着与北洋大学堂师生断绝了往来。丁家立后又返华，在美国驻华公使馆任职，1921 年退休。

叶恭绰后赠联丁家立，题款曰："美丁家立先生旅华廿余年，始总北洋大学教务，成材者甚众。继参赞使事，于国交裨益尤多。兹回归故里，吾国人士咸有惜别之意，况在夙契，宁能恝然。谨集唐人二语。聊志离悰，即希指正。"

以上所载也表明，以郭文瀚等为代表的北洋大学堂学生都能"拎得清"，即参加抵制美货的爱国行动与对待美籍教职员的态度，属于"各事各码"。他们并没有把二者简单化地对立起来。也就是说，对于丁家立为中国教育作出的贡献，大家给予了相当程度的尊重，且在其临行之际依依惜别，而这并不影响他们的爱国热忱。这也从一个侧面反映了北洋大学堂学生的心智成熟。

郭文瀚、马泰钧、叶景莘堪称在抵制美货运动期间表现活跃的北洋大学堂"学生领袖"。他们都是品学兼优的学生，在 1905 年初举办的天津大学堂年终大考中，位居前列。其中：马泰钧为英文头班学生第三名、国文全班学生第五名；叶景莘为国文全班学生第二名；郭文瀚为国文全班学生第十五名。[1]

虽然在天津抵制美货运动中成为"马前卒"，但未发现他们有被"秋后算账"的

---

[1] 《天津大学堂年终大考名单》，《北洋官报》1905 年第 561 册，第 3 页。

记载。而参加抵制美货运动，也未对北洋大学堂广大爱国进步学生此后就读、毕业或赴欧美留学构成实质性的不利影响。如马泰钧、郭文瀚均留美[①]，叶景莘留英[②]，且均学成归来。

（六）1907—1908年任职于江宁学务公所

《申报》1906年7月24日《提学使拟调人员京师》："新简江宁提学使陈子砺学使伯陶，拟俟抵任后，奏调桂君埴、罗君惇融到宁，襄办学务。"

截至1907年初，江宁学务公所"各课人员，均经酌选"。其中也包括桂埴。桂埴在津办妥离职手续南下，最迟当在1907年前后（罗惇曧并未与桂埴同行，后上调邮传部，官至郎中，又任唐山路矿学堂总办）。已知桂埴先任江宁学务公所课员，后逐级晋升，官至图书课课长。

（七）1908—1912年历任驻美、驻英使馆参赞

1908年初，桂埴以江宁学务公所图书课课长身份，改任驻美使馆参赞。这个跨度着实不小。其被举荐的缘由不外乎三个方面：一是北洋大学堂历任督办、总办、会办中曾任外交官者不在少数；二是桂埴与美籍教职员也曾有千丝万缕的关系；三是袁世凯当时兼任外务部尚书，因此，桂埴被选任赴美，也符合逻辑。桂埴的英文名为"Kwei Chih"或"Kuei Chih"。

1907年9月23日，伍廷芳获委充任出使美、墨、秘、古国大臣（简称驻美公使）。光绪三十三年十二月初一日（1908年1月4日），"外务部致出使美国伍大臣电：训导桂埴派署驻美三等参赞官，业于本月初一日奏准，咨札另给。外务部。东。"[③]"伍大臣"即指曾任北洋大学堂总办的伍廷芳。

---

① 马泰钧，安徽合肥人，1906年由北洋大学堂派送赴美留学。曾任"南京财政部盐务署科长"。"郭文瀚"也被载为"郭登瀚"，字号仰宗，山西阳曲人，1907年由北洋大学堂派送赴美留学。1935年前后的住址为"天津英租界五十二号路九福里七号"。参见：1936年版《国立北洋工学院校友及毕业同学录（民国二十四年度）》第57、60页。

② 1936年版《国立北洋工学院校友及毕业同学录（民国二十四年度）·各科系肄业生》载：叶景莘，别号叔衡，时任"南京资源委员会主任秘书"。叶景莘（1881—1986），浙江杭县人，银行家叶景葵三弟。从北洋大学堂毕业后，留学"英国伯明翰大学理科、英国孟切斯达大学（即曼彻斯特大学）商科"，1912年毕业回国。1913年起在北洋政府财政部任职。官至南京国民政府财政部公债司司长、军委会第三厅预算处处长兼厅务处处长。新中国成立后，任全国政协委员。参见：张宪文等主编：《中华民国史大辞典》，南京：江苏古籍出版社，2001年，第553页；刘国铭主编：《中国国民党百年人物全书》上册，北京：团结出版社，2005年，第375页。刘晓琴著：《中国近代留英教育史》，天津：南开大学出版社，2005年，第159页。许睢宁著：《民国时期北京的欧美同学会（1913—1949）》，北京：华文出版社，2014年，第75页。

③ 《政治官报》光绪三十三年十二月初三日第73号"电报奏咨类"第5页。"东"，一日的韵目代日。

《申报》1908 年 1 月 14 日《本埠新闻·官事》："江宁学务公所图书课长桂埴，奉派试署驻美三等参赞官，前日来沪，昨至道署禀见。"文中所称的道署即江南分巡苏松太兵备道（简称上海道、沪道）衙门。官员赴沪乘船出洋之际，拜会沪道，循为常例。但桂埴此次禀见的不是别人，而是新任沪道不久的原津海关道兼北洋大学堂督办梁如浩。①

梁如浩是广东香山人，与桂埴有同乡之谊。梁如浩也曾出任外交官，且与桂埴同在津为官。多重因素叠加，使二人此次在沪谋面显得并不寻常，关系上自是更加亲近了几分。

1908 年 3 月 11 日，伍廷芳率领二等参赞吴寿全、三等参赞颜惠庆、桂埴，二等通译关应麟前往美国白宫，向美国总统西奥多·罗斯福递交国书。

1909 年，秘鲁发生辱华排华事件。由于工党滋事，导致数十家华人商店被焚烧。伍廷芳坚持认为，必须向秘鲁政府力争赔偿，设法保护在秘华人利益。当时，伍廷芳已将"与美国订立公断专约事务"处理完毕，决定前赴秘鲁据理力争。经奏准，宣统元年（1909）四月三十日，伍廷芳率同三等参赞官桂埴、代理三等通译官钱树芬以及一名跟丁，从华盛顿启程，经纽约海口乘船南下。1909 年 8 月，伍廷芳代表清政府与秘鲁签订《中秘条约证明书》（宣统元年七月二日）、《中秘废除苛例证明书》（宣统元年七月三日），秘鲁废除华侨入境必须交 500 英镑人头税等苛例。此次谈判异常艰苦，伍廷芳与之激烈辩论十余次。此次所订约章基本实现了维护国权、保护华侨的初衷。桂埴全程参与其间，堪称伍廷芳得力助手。

1910 年，桂埴又被派往英国。宣统二年二月十二日（1910 年 3 月 22 日），外务部收到驻英大臣李经方咨文《咨呈三等参赞桂埴抵任日期由》，文称："案查三等参赞一缺，前经大部奏派试署美馆三等参赞官桂埴调署。等因在案。现该员业于宣统元年十二月十五日抵任任事。除照章即于是日开支薪俸外，相应将该员抵任日期并履历一份，备文咨呈大部察核备案。"②

宣统三年二月二十八日（1911 年 3 月 28 日），外务部收到驻英大臣刘玉麟咨文《咨送馆员履历清册并三等参赞官桂埴等试署期满应否拟补请核办由》，文称："查奏

① 《大公报》1907 年 5 月 12 日《上谕》："三月二十九日奉上谕，梁如浩着补授直隶津海关道。"《大公报》1907 年 10 月 4 日《上谕》："八月二十六日奉上谕，江苏苏松太道员缺着梁如浩调补。"《申报》1908 年 3 月 2 日《上谕》："外务部右参议着梁如浩补授。钦此。"
② 台北"中央"研究院近代史研究所档案馆档案，馆藏号：02-12-014-03-002。

定增改出使章程，明定出使各员试署奏补之法。嗣后，各馆人员应将履历调齐送部，以凭考核。其现署人员，于试署期满之时，出具考语，随时咨请办理。等因。兹本大臣调齐英馆中试署各缺人员履历，造册送部。查有试署三等参赞、候选训导桂埴，学有根柢，兼习英文……已试署三年期满，应否照章拟补……咨呈钧部，谨请察核办理。"①

图 11　清政府外务部咨文抄件两种（台北"中央"研究院近代史研究所档案馆藏）。图右为 1910 年，驻英大臣李经方关于桂埴抵任日期咨外务部。图左为 1911 年驻英大臣刘玉麟关于桂埴试署期满拟补职官一事咨外务部

（八）1913—1916 年任驻新西兰领事

1913 年 2 月 25 日《外交总长陆徵祥呈大总统谨将续行改派驻外使领各馆人员开单请鉴核备案文并批（附清单）》载："纽丝纶领事派桂埴署理。"②"纽丝纶"即新西兰的早期汉译名之一，又译为"纽斯纶""纽西兰"等。

署理一年之后，桂埴得以实授。《申报》1914 年 5 月 7 日《命令》载："五月四日，大总统命令：外交总长孙宝琦呈请任命：……桂埴为驻纽丝纶总领事……应照准。此令。"查 1914 年 5 月 4 日《大总统令》原文为："桂埴为驻纽丝纶领事"③，而非总领事。此后，驻纽丝纶领事馆并未升格为总领事馆。《申报》所载有误。

如对于 1914 年发生在新西兰首都惠灵顿的一起涉华纠纷，桂埴强化分析研判，很快就形成了调查报告，后又将事发过程详予披露，以《纽丝纶威灵顿同盟罢工与华

---

① 台北"中央"研究院近代史研究所档案馆档案，馆藏号：02-12-015-01-013。
② 《政府公报》1913 年 1 月 28 日，第 292 号第 20 页。
③ 《政府公报》1915 年 5 月 5 日，第 716 号第 6—7 页。

侨交涉始末记》（署"中国领事桂埴来稿"）为题，刊载于在北京出版发行的《中华全国商会联合会会报》。①

图 12　《中华全国商会联合会会报》1914 年第 1 年第 10 期载有《纽丝纶威灵顿同盟罢工与华侨交涉始末记》（中国领事桂埴来稿）

任职两年半之后，桂埴获得晋阶资格。1915 年 10 月 21 日《外交部呈请将驻外领事胡惟贤等照章叙官并批令》载："为呈请将驻外领事照章叙官，具呈仰祈钧鉴事。窃查《文官官秩令》第六条开，系荐任职，由所属长官呈大总统命令行之。又，准政事堂铨叙局咨称：本局前为京外荐、委各职人员叙官，拟请交局复核，经详由国务卿拟准照办，奉大总统批阅。等因。抄录原详咨行到部，所有本埠荐任职各员，前经先后呈奉大总统策令，分别授官。在案。兹查有本部所属……驻纽丝纶领事桂埴……等二十四人，先后经本部呈请大总统任命在案。该员等或由部曹外用或久在外洋供差，大都资劳甚深，历职积资，俱有年所，办理交涉各事，均甚得力，自应呈请叙官，以资策励。除将详细履历咨呈政事堂，交由铨叙局核办外，理合呈候大总统鉴核施行。

---

① 参见北京《中华全国商会联合会会报》1914 年第 10 期，《纪事》栏目，第 1—10 页。

谨呈。批令：'交政事堂，饬铨叙局核叙。此批。'"①

此后不久，袁世凯闹帝制，外交部将桂堉等部分外交官一并列为"中大夫"，以示劝进之意。1915 年 12 月 25 日："国务卿奏，据铨叙局详称，遵核外交部领事各员资格，请分别叙官等语。胡维贤、杨会雯、林桐实、冯祥光、徐善庆、王守善、欧阳庚、施绍常、桂堉、林轼垣、稽镜、许同莘、余蓄佑均授为中大夫。"不过，此举并不意味着这些外交官死心塌地支持恢复帝制这一倒行逆施。

1916 年 10 月 11 日《大总统令》载："桂植……均晋给三等嘉禾章。"②

（九）1917—1920 年任驻菲律宾总领事

虽然桂堉卸职后一度无所事事，但其外交官生涯并未因之受到明显影响。

《申报》1917 年 2 月 23 日《命令》载："二月二十一日，大总统令：外交总长伍廷芳呈，驻斐利滨总领事施绍常，因病恳请辞职。施绍常准免本职。此令。""又令：外交总长伍廷芳呈请任命，桂植为驻斐利滨总领事。应照准。此令。"

"斐利滨"为菲律宾（Philippine）的早期汉译文之一（旧时缺乏必要的译名规范，导致地名、人名的汉译名五花八门，公牍中也经常存现不一致的问题）。据此可知，驻新西兰领事被裁撤后不久，值驻菲律宾总领事因病请辞，桂堉得以补缺，且获升用。

不过，任命日期与莅任时间通常很难划等号。对于外交官来说，既需交接清楚，也需妥定行程，盘桓数月之后才能到岗任事的情形并不罕见。

当时，桂堉在上海。《张元济日记》载，1917 年 3 月 15 日晚，"约张仲仁、桂东原、姬觉弥、鞠思敏、沈冕士、韫石、徐振飞（即徐新六）在小有天晚饭。"③与张元济的交情，也为桂堉此后投身东南亚华人文化振兴埋下了伏笔。

---

①　《政府公报》1915 年 10 月 24 日，第 1243 号第 16—17 页。

②　《政府公报》1916 年 10 月 12 日，第 277 号第 13 页。

③　张元济：《张元济日记》上册，北京：商务印书馆，2018 年，第 185 页。

图 13　1918 年 5 月 5 日出版的《东方杂志》第 15 卷第 5 册载有《马尼剌人欢迎中国总领事桂东原君摄影》。照片中居中者为桂埴（所标号码为 3）及其夫人（所标号码为 4）

图 14　《菲律滨华侨教育丛刊》1919 年第 2 集刊载的"菲律滨南部回酋欢迎桂总领事图"。照片中所标"1"为桂埴。摄于 1918 年 11 月 9 日

图 15 《菲律滨华侨教育丛刊》1919 年第 2 集刊载的"菲律滨革命首领与桂总领事摄影"。图右一为桂埴夫人詹浣蘋、右三为桂埴

旅菲华人华侨较多，中菲关系较为密切。桂埴赴马尼拉就任驻菲总领事后，注重维护华人团结、发挥华侨作用，主动倡办、积极参与社会活动，促进中菲交流，广泛凝聚共识，既增进了相互理解与信任，也深化了双边互利合作。桂埴还努力为中国各界赴菲人士提供组织保障，接待能力和接待水平都有明显提高。

桂埴担任驻菲律宾总领事累计三年半，保持了较高的外交活跃度（如其一举一动经常见诸报端），充分展现了外交才华。现筛选史载明确且影响较大者，例举如下：

1. 支持举办"南洋中国全国教育成绩品展览会"

《申报》1917 年 11 月 2 日《南洋中国全国教育成绩品展览会缘起》载："南洋群岛华侨教育事业，萌芽于前清末叶，屈指十余年矣。虽日见发达，而孤悬海外，与祖国声气不通。既乏相当监督机关为之指导，又无良好之模范以供参考。同人等有鉴于此，特创办全国教育成绩品展览会于吉隆坡，赖以考察祖国教育之趋向及现在之状况，俾得知所适从，且与本地侨界教育成绩品同时陈列，藉收相观而善之功。惟兹事体大，非少数人所能为力，尚望国内外热心教育诸君从事提创，庶几，赛品源源而来，他日收效皆出诸君之赐感激者，当在千万人也。伏希垂鉴为幸。赞成人：新嘉坡总领事胡惟贤、槟榔屿领事戴培元、仰光领事贾文燕、爪哇领事欧阳琛、婆罗洲总领事谢天保、泗水领事唐才质、巴东领事余佑蕃、棉兰领事张步青、斐律滨总领事桂植。"

此后制订了《南洋中国全国教育成绩品展览会简章》，以"南洋雪兰莪吉隆坡苏丹街中国学校"为会场，后于 1918 年 2 月 25 日至 27 日成功举办。

图 16 《教育杂志》1918 年第 10 卷第 3 期刊载的《斐律宾中国领事桂东原君与华侨中学生二百余人之摄影》照片（图上方标"×"左下方为桂埴）

2. 关于李佳白赴菲引起的风波

1918 年 2 月 20 日，北洋政府外交部向驻斐总领事桂埴发出公函："北京英文晚报主笔李佳白，与德奥关系甚深，由部函商美使，放逐出境。现闻已来斐埠，切勿与其往返，免招疑心。"

当时，正值第一次世界大战后期，中国已于 1917 年 8 月 14 日对德奥宣战，正打算与德奥断交。而美国传教士李佳白反对中美陷入"一战"旋涡，因与德奥为代表的同盟国打得火热。如果李佳白跑到菲律宾活动，很容易酿成敏感的外交事件。这对桂埴的外交能力是个考验

1918 年 2 月 25 日，北洋政府外交部再函桂埴，详明原委："美人李佳白在华有年，素好议论。于中德将行绝交之际，在北京开设《英文晚报》，所有该报社论，多出自李佳白之手笔，信口雌黄，不一而足。英美各国，以该报与德人显有联属关系，屡有烦言，遂经京畿警备总司令谕令停版，旋复印刷传单，分送京外各处，发表于中美等国不利益之意见，情节更为可恶。始由本部函商美使，将其放逐出境。现准美使面称：

闻李佳白现在斐埠，竟由驻斐中国总领事留住领馆之内，极为优遇。如果属实，虽系小事，究有不合。等语前来。查此事，业经本部于本月二十日电达在案。相应将应将此案往来文件及问答抄送查照可也。"外交部向桂墆交了底，并要求桂墆注重掌握外交尺度，并无不妥。

1918 年 4 月 29 日，外交部收到桂墆以复函形式的汇报：

查李佳白来斐，系住在客店，日日有报章刊登。留住领馆一节，自系传闻失实。此次美使芮恩［施］及参赞毕麟来岷，业经会晤数次，得以表明其讹误。彼等亦深致歉忱。昨，美使于回华之先，并亲来领署道歉。领事亦亲往走送，谈至中夜，极为惬洽。

又，美使此来，似系纯属游观风景，然亦似奉有若干训条，饬查斐岛情形者。因近来斐岛日人势力极为膨胀。自限制华工之例，适用于斐岛以后，其结果反至奖励日人，以日人得有自行限制权。故也。目前，一若无法足以制止之斐督，曾面为言："近来，斐岛日民，几不下于吾侨民数。"领事当其时答以"吾国安分守法之民不得来，而强毅有野心者，乃得取而代之，甚为斐岛惜"。彼亦殊为首肯。

窃谓：我国若能提议自行限制，似正合时机。因美有工党抵制，而斐则无之。况目前斐岛需工甚急。斐商会因农工缺乏，业经提议招募华工多次，徒以碍于美例，难得善法。虽有人以合同招工之法提议，然其中不免弊端丛生。是以毫无结果。

领事自抵斐以还，出巡各埠无虑百十处，所至均有日人足迹，而尤以邻近中国海一带为甚。可见，日人在斐岛之蓄意，野心甚大也。

美使将返华之前一日，斐总商会开饯别大会，并请其演述中斐及东方经济状况。斐督及本埠有名人等均与，约百余人。其演说云："斐岛目前可容民数，四五倍于今。"是彼之意，亦不以限制华人为然也。领事亦略有演说，其于中美睦谊、中斐关系及彼此交通之需要，惟不赞成合同招工之议而已。兹将西报所记开会及演说情形，附呈。统乞察鉴。

据此可知，当时，菲律宾受美国殖民统治，内外政策均仰承鼻息，难以自主。桂墆敏锐地观察到日本在菲律宾包藏祸心。日本的举动固然侵害华工权益，但这还在其次。尤以日本向菲律宾大量输送侨民，对中国海构成潜在威胁，堪为大患。桂墆这个报告，洞察大势，战略价值很高。

3. 1918 年通过领事官资格审查

外交部对于驻外领事官的资格审查和能力评价始于 1915 年，直到 1918 年才纳入正轨。

《外交官领事官资格审查委员会委员长陈篆呈大总统报明审查合格领事冯祥光等二十六员请准注册文（附单）》载："为呈报事。窃查《外交官领事官资格审查规则》暨《外交官领事官资格审查规则施行细则》，先后于民国四年九月三十日及五年二月二十五日公布。嗣经奉令特派前外交次长曹汝霖兼充外交官领事官资格审查委员会委员长，并由外交部遴选四人，呈准派充委员，组织成立，嗣曹前次长升任。六年四月，奉令派前外交次长高而谦兼充委员长，继续办理。旋因病呈准免职。本年五月，奉令以篆兼充委员长，遵即接续进行。查本会自成立以后，所有审查事项，先从驻外各馆人员着手办理。当经通行各馆，调取馆员履历，并由各该馆长官出具切实考语，送会审查。据各馆陆续送会履历，或因邮递延迟未能一律到齐。前经本会一面分行各馆催令迅速办理，一面先就送到领事各员履历，按照规则开会审查。篆就职后，将领事各员接续审查完竣。兹将先后已经审查认为合格者二十六员，先行呈报大总统核准，交国务院铨叙局注册，以符定章。除将合格各员履历咨呈国务院转发铨叙局外，理合缮具清单，呈候大总统鉴核施行。谨呈。七年七月十二日，已奉指令。"[①]

此次经审查合格的驻外领事共计 26 名。其中包括"驻斐利滨总领事桂埴""驻纽丝纶领事林轼垣"。[②]

4. 参加寰球中国学生会

寰球中国学生会设在上海，既是留学中介机构，也是进步团体。《申报》1918 年 10 月 9 日《本埠新闻·学生会之赞助会员》载："寰球中国学生会第八次征求大会一切情形，迭志前报。近闻，昨日，又得前农商总长张季直先生署名为永久会员，南市商会会长顾声一君亦署名为永久会员。现在共计已有永久会员三十人。该会定章付会费二十五元者，当推为赞助会员，兹已有赞助会员一百三十人。"桂埴为其中之一。此后，在拓宽中菲教育交流合作渠道上，寰球中国学生会发挥过作用。

5. 提供国际律师会议情报

1918 年 9 月，桂埴向北洋政府报告称，菲律宾将于 1919 年 1 月召开法律研究会，

---

① 《政府公报》第 889 号第 13—14 页，1918 年 7 月 16 日。

② 同上。

并邀请中国派员参会。组织"东方律师会"是此次会议的主要目的，以期"联络东方各国感情，交换法律智识"。司法部遂派大理院推事胡诒谷抵菲与会。与会者一致赞同组织成立"东方律师会"，胡诒谷还被推选为名誉会员。

1919 年 6 月，菲律宾大理院推事默尔肯告知桂埴，原来，1920 年 4 月将在日本东京组织"东洋国际辩护士协会"，即国际律师公会（International Bar Association），日本律师公会总干事陌荻伊麦函称，凡是"东方律师会"会员，均应列席此次会议。此前，中国律师界人士也已接到日方商请中国派代表参会的邀请函。桂埴遂向北洋政府报告此事，并提出建议。当时正值"巴黎和会"，这个信息较为敏感，对中国外交智慧也是个考验。

司法部认为，"此项律师大会系为联络东方各国感情，交换法律智识起见。菲律宾发起于前，日本接踵于后。我国既经加入斯会，此后，应行提议及赓续进行事宜。"

北京律师公会经过研究认为，中国在"巴黎和会"（时称"万国和平会"）上，已有收回领事裁判权的希望。因此，中国亟待整顿司法，而"律师为司法制度之一，自未可轻易看过"。同时，"国会对于各种未颁布之法律均须议决施行，人民生活对于法律之中则有密切关系"。遂有"发起全国律师联合会，讨论一切"之呼声。[①]各地律师公会代表齐聚北京推选赴日参会代表时，经商讨认为，"我国代表前往，自必用全国之律师公会名义，方为得体。"[②]此后，即着手筹备成立全国律师公会联合会。

6. 参与组织第四届远东运动会

《申报》1919 年 3 月 31 日《命令》："三月二十五日，大总统令：桂植晋给二等嘉禾章。此令。"桂埴获得嘉奖，除了对海外华人华侨事务尽心竭力之外，也应有参与筹备第四届远东运动会之功。

第四届远东运动会（也称菲律宾远东运动会）于 1919 年 5 月 12 日在菲律宾首都马尼拉开幕，涉及此次运动会的史料丰富，不再赘述。在筹备过程中，桂埴充分发挥组织协调能力，为中国代表团顺利完成参赛任务提供了很大便利。运动会赛事举办期间，繁杂琐碎。桂埴耐心协调，不遗余力。

---

① 《北京发起全国律师联合会》，《申报》1919 年 4 月 14 日。

② 《全国律师代表开会记》，《申报》1919 年 10 月 12 日。

图 17 《东方杂志》1919 年第 16 卷第 9 期所载。上图为"菲列滨远东运动会行给奖礼摄影"（台上左 5 为桂埴），颁奖者即"中国总领事桂东原君之侄女公子"。下图为中国参赛运动员和教练员合影

7. 积极交涉华侨事务

《益世报》1919 年 12 月 28 日《桂东原赴京陈情》载："小吕宋总领事官桂东原（番禺人），近因该埠华侨条约交涉事，特行亲赴北京面陈情形。日昨，绕道粤寓老城土地巷，已决勾留数天，即赴港，取道北上。"

"小吕宋"虽然是对马尼拉的称谓，但有时亦指菲律宾或吕宋岛。"小吕宋总领事"即指驻菲律宾总领事。桂埴特地大老远地返回外交部，可见华侨事务无小事。

此后，桂埴还协调解决因中菲通婚导致的国籍问题。《申报》1920 年 12 月 22 日《关于华侨之消息》载："斐岛华侨之国籍问题，桂植电云：查斐岛华人，多娶在地土人。按照美国法，妻为美国人，在美国有一定之住址，居住十年以上者，即为美国人。我国侨民因此而丧失国籍者，年在千人以上。查该国籍法与我国籍法大有冲突。依我国籍法第五条之规定为中国人，妻为中国人。拟令旅斐华侨，此后婚姻须赴领馆报告注册。如娶土妇，即须由其本夫事前呈请，随同归化，以免争执。除先行试办

外，合电奉闻。桂埴叩。删。"①

8. 接待苏皖考察教育团

《申报》1919 年 11 月 11 日《苏皖考察教育团抵菲消息》载：

> "本届苏省所派赴菲律滨考察教育之王企华、钱伯钧、陈芭生、费瑛庵等四君，及皖省所派之赵纶士、史浩然、丁曼澄、陈觉民、陈唐卿等五君，于十月中旬在沪齐集，由寰球学生会料理出发事宜。至十八号，乘俄国皇后号放洋等情，已志前报。昨日，寰球中国学生会接菲岛消息，谓该团已于十月二十四号抵菲……桂总领事于昨晚（二十四）在领事馆开会欢迎。二十五日晨，复亲自导赴中西学堂，参观一切，并嘱该堂教员颜、蓝、于诸君，带往拜候。菲教育会长陈君迎来，因未能通晓闽省方言，午后，总领事复偕馆员杜定友君，偕同诸君前赴政府办公厅。先见副督伊打君，因该副督乃兼为公治训导部长也。伊君大表欢迎之意。所问答教育行政诸问题，桂总领事亲为传译……"

迎来送往是外交官的常态化工作。桂埴不仅善于交际，而且注重待人接物，既诚恳又周全，结交了很多海内外友人。这为桂埴在外交战线上打开工作局面提供了很多帮助。

9. 促进菲律宾教育发展

袁振英《自传》载："一九一九年，与中国驻菲列滨总领事桂埴（东原），到小吕宋（岷尼拉）办学和办报，又组织全菲华人总工党，出版《平民日报》，攻击资本家，被控于美帝政府（当时统治于美帝，名义上也没有独立），因而返国。"②

桂埴对菲律宾教育事业发展作出过多方面的努力。1918 年，桂埴应《菲律宾华侨教育丛刊》总编辑颜文初之约，为即将出版的《菲律宾华侨教育丛刊》第 2 集撰写序言（署"南海桂埴谨序"）。文曰：

> 蒙初抵是邦，得聆前教育局某公演述之言，曰：教育者，不过政府执行一种政策而已。窃心焉溯之，某公从事久，盖有见于近世政治家以教育扰民，施于有政，彬彬有序，而又微憾其绳墨方圆，栲栳杞柳，未尝不撄斯民之心，而使之范我驰驱也。故发为此消极之言，虽然某公其亦不达矣。
>
> 夫斯世岂有极善良之政府，即亦自无最健全之政策。君子关于德与礼之递嬗，而叹今日法治之国，与尚德为治者，如凿枘之不相容，固其所也。
>
> 昔西班牙君主斐腊第二，谕利嘉实备曰：卿之此行，其第一义，则朕心实愿

---

① "删"，即十五日的韵目代日。

② 中共东莞市委党史研究室编：《袁振英研究史料》，北京：中共党史出版社，2014 年，第 379 页。

推广天主之高义妙道于此，吕宋无教之民而已。噫！有此为其后盾，曾几何时，而"支那南海"之三千岛屿，遂郡县于西，几四百年，而末由自拔。

夫鄙人非敢持"教育万能论"，而谓：其将出以夺宗教之席也。惟是迄今二十［世］纪昌明之会，东西达人政家，莫不心喻，默许教育之权能，实具一种无尚之魔力。其潜移默化，以佐佑民，而一其志。整其俗，与十九［世］纪前之宗教大同。今而知言教育而沾沾焉，于瀹智愈愚之真无当也。夫彼之收效于统一宗教。曩者，既如彼矣。其能否于二十［世］纪借径于教育，更演一移国易种之惨剧，诚哉其在不可知之数矣。

鄙人自去国十余年，所历数十国，得以省识其国种之废兴、文物之成毁，未尝不以知其所以致此者之有由然也。

今者，鼓吹学战、提倡国文之声浪，既日接于耳鼓。而其事实亦且日逐于眼帘。彼十字军争圣陵之役，安知其不于吾身亲见之哉。吾国古昔圣贤人，夫亦知收族以敬宗，敬宗而劝学，故能收合神州百数十民族，而成为一伟大之国民，亘四千年车书文轨，声及南暨，旁被东瀛，使之同化，而不自知。

往者，西友某君，尝为言，吾国同化力之伟大，以平和之侵袭，足以灭人国、亡人种，与西国大同，予亦无异难也。独惜后世，专君陋儒，张皇补苴，袭皮亡质，尸以淫祀。而宗教之典几亡，定为制科，而教育之道，亦几乎息，遂使我神州四万万之民族，处此二十世纪教学相竞之时代，一若无宗教、无教育，几不足以自存，而与天下相见。是则吾人今日所食之果，而瘏口者也。

夫于人何尤抑，鄙人尤有进者，教育之本在精神，而形式亦不容不备。试就吾人所居之土言之，美人入居垂二十年矣，文艺之发皇，几于一息千里，固有识者所同认也。惟至今日得受教育之儿童，仅为百与四十之比例。

又，鄙人身历欧、美、澳洲等处，凡聚居及三四千人之市，则必有一出版物，若非每日一次，亦必每星期二三次。觇国者，有以审其民智之程度焉。夫移风易俗，使天下回心向道，固非旦夕所能为也。况计学之理，供求相剂，且必也有求斯有供。以视斐道巨镇，其不同，又何如哉？

蒙尝推原其故，由前之说，不外物质生事之关系。他日长进，亦正自非难由后之说，则言庞语杂几，无统一之方。其能收效与否，尚在不可知之数耳。盖文字之系于国种者，固如是其久且大也。

《教育丛刊》诸子，于教育之道，所得甚深，乃犹问序于予。蒙取而读之，见其条理井然，然资料宏富，惊喜过望，不欲作寻常语，以贻是编之玷，乃书其十年来所阅历有得者，而与诸君子一商榷之，以为当事诸君子劳。

夫以吾国同种族、同祈向、同言语、同风俗之民，得所藉手锲而不舍，顾桑榆之收，旦夕间事，匪异人任，固未可自馁也。读者诸君倘亦有感于斯言，则鄙人有以祝是篇之日有发达也。[①]

这篇序言是桂埴教学生涯、学务管理、外交官实践相结合的集中反映，体现了其对中国优秀传统文化的自信和服膺，具有较强的思想性、针对性和指导性。

桂埴支持菲律宾教育界的主流声音。如翻译《菲律宾大学法科教授麻鹿琴君演说词》（文前署"桂东原"，文末《译者案》署"南海桂埴识"），提炼出"大学院成绩在助国家精神上之独立""道德、经济、社会、学术之独立与政治独立相辅相行"等观点。[②]

桂埴在《译者案》中还道明翻译这篇万言训词的原委，并就新闻事业与教育事业的关系进行引申性诠释：

菲岛自推翻西人专制而后，归美人保护，垂二十年。其宗教、学术、政治、工艺、商业、卫生之进步，一日千里。近者，且有美政府允其完全自治之举，几于举国若狂、翘首以待。而仍有多数衣租食税、保有巨产以及大工商业之资本家，不愿有此改革，而以扰乱和平为惧者，政局中人除党派有牵涉者外，大概保持中立之地位。鄙人为与国事务之官，属于商业性质，更无喧言之必要。

日者，本京大学毕业行授证书，典礼到者万人，鄙人亦与其列。法学教授麻鹿琴君，为高等法院推事，曾著有《菲律宾政治》一书，极受各界欢迎。其学识亦为时重。该校公推其致训词，洋洋万言。各报汇登，颇有异同。

鄙人与麻君至交，特向其索得原稿，即为译汉，盖以其语之切实，不特足资菲律宾之观感，即吾国之热心政治者，亦当稍加留意。庶几急进之士，不至与老成持重者过生冲突。

至篇中所述新闻事业一节，鄙人尝本己身所经历者，为麻君详言之原。鄙人居外，几二十年，员地四隅，皆有车辙马足。弱小如纽丝纶，大约二千人之都市，即有一出版物。否则，亦每星期一二次。盖既侈言民政，而无言论机关，无异于专制之朝，无论旨文告之颁布。此必要之事也。

---

① 《菲律宾华侨教育丛刊》第2集，1919年2月1日编印，菲律宾小吕宋（即马尼拉）出版，第22—23页。
② 《教育杂志》1919年第11卷第6号《讲演》栏目第1—12页，上海商务印书馆印行。

桂埴支持菲律宾校园开展体育运动。如 1917 年 11 月，小吕宋中西学校学生游艺部篮球队竞技获胜，"驻菲中华桂总领事及教育会见赠银杯"。大家高高兴兴地摄影留念。[①]

桂埴还支持调查菲律宾教育进展。1920 年，福建教育当局委任王琼为菲律宾华侨教育考察专员后，特致函"驻菲桂总领事"，请予方便。函称："敬启者。案查菲律宾华侨教育，比年以来，颇有进步，自应派员调查，以资参考。兹查有甲种商业学校毕业生王琼，在该处学校充任教员有年，对于华侨教育状况甚为熟悉。除令委该员认真考察、随时报告外，相应函达贵总领事查照。"[②]

图 18　上海《广益杂志》1920 年第 9 期刊载的桂埴驾驶飞艇照片。《申报》1919 年 12 月 7 日、1920 年 7 月 20 日相继刊载此照片，画面和说明文基本相同

（十）提前祝贺五十寿诞　披露重要历史线索

1919 年，桂埴在任驻菲律宾总领事期间，值其夫人詹浣蘋五十寿诞。桂埴虽然小

两岁，但也打算一并祝寿。此举虽然有些牵强附会，但却披露了一些涉及桂埴早年在北洋大学堂任教的轶事，很有研究意义。

上海《广益杂志》第 10 期《文苑》栏目，以桂埴《五十初度自寿》联为首，即："仆本恨人，记从学古入官，便复青山旧约；卿如爱我，但愿昨非今是，无忘锦瑟年华。"后附亲朋好友贺诗、寿言，如：陈文祝《东原先生暨淑配詹夫人五十双寿志庆》；丁介《东原十兄德配詹夫人五秩双庆，介幼与东原同学通谱，并同补博士弟子员，詹夫人又余妇之姑也，交挚谊亲，敢献诗以祝》；吴锡河《东原先生暨淑配詹夫人五十双寿志庆》；陈庆佑《吾舅今年已五十》；陈宗狮（华侨）《东原领事桂先生五秩志庆》等。①

侯鸿鉴（无锡人）在赠诗中有言："中华民国八年八月十五日，为吾华驻菲律滨总领事桂东原先生暨德配詹夫人五秩双庆之辰，并为铭新公子偕吴女士行嘉礼之期。海内外亲知故旧，无不驰书赠物，相祝贺。序文、诗词、联语等，彬彬璘璘，堂室盈满，甚盛事也。""东原先生以文学政治之才，出任外交要职者十余年，驻菲三载。凡有关国际上之交涉，无不据理力争。如：杖击税关之吏，足愧媚外者流；周巡各埠，提倡侨民组织团体之坚。荦荦大端，为一般普通外交官吏所难能。夫人亦长于社交，雅善词令。公子习飞机，著声欧美。女士娴书礼，淑媛也。"

此载表明，年近五旬的桂埴，已实现了事业有成、人际和谐、家庭美满、子女成家立业的生活目标，达到了人生佳境，令人艳羡。

桂埴至交罗惇曧（字掞东）以《调寄金缕曲》为贺，并撰《东原十兄暨德配詹夫人五十寿言》，道明此次祝寿原委，行文质直古雅，且不失诙谐：

岁己未（即 1919 年——引者注），东原方为菲利滨总领事，驰书告余曰："吾妇今年五十矣。岛之侨民欲藉吾妇寿日，为吾寿。吾与君同岁四十八耳，未足称寿也。然侨民乐吾和易，并厚爱吾，寿吾意甚殷，不忍怫也。计知吾莫君，若乞君一言，以信于侨民。"

余曰：异哉！东原事必矫俗，乃徇俗为称寿，意藉博夫人欢也。夫人才气踔厉，东原恒敬让之，常戏语西人曰："公等夫妇，礼容甚备，然一反目，即分离。吾夫妇三十年，岁恒诟谇，旋挚爱如初，吾国道德之效也。"吾交东原亦三十年矣，笃爱如兄弟。吾妇与夫人犹姒娌也，为同居析津时，每遇其龃龉，恒巽言和

① 《广益杂志》月刊于 1919 年 5 月在沪创刊，第 10 期的出刊日期未见有载，或为 1920 年。

解之，遥宿并欢笑。东原当丐余为联。余戏书俚谚曰："有粥吃粥，有饭吃饭；嫁狗随狗，嫁鸡随鸡。"夫人喻其恉，亦大笑也。

东原秉家学，为经生，为文古藻，篆体逼李阳冰。当戊戌变法前，士气锢塞。东原独标新，为俗诟厉。常夫妇并骑驰，或挽手游城市，见者哗笑。东原自若也。

乙巳、丙午，吾在北洋大学，招东原同授讲，抉秦汉诸子之奥窔，以新理发挥之，生徒多悦服。病译本之不便，乃发愤同习，旁行文字。吾数月而辍，东原锲而不舍。至今与欧美人士剧谈，所至能演说。唐少川（即唐绍仪——引者注）谓，学究改肄泰西文字，能深造者，东原一人而已。

东原尝佐学务金陵，旋参赞英美使事。自纽丝纶领事，移飞猎滨（即菲律宾——引者注）。在外国几二十年，所至交其贤达士大夫，学日益进，持论日益精。纽丝纶与飞猎滨之侨民，亲之颂之。自海外归者，无异词。

君之姊，适冯者□，女甥为吾言：君在海外，夫妇诟谇或甚烈，不逾时，挽手出门矣，亦如吾同居析津时也。

东原勤于事。而吾懒作书，恒数年，不通问。顾彼此琐屑皆详知。吾知东原之自寿，与东原之寿，其夫人必不知吾言之质直而详尽。逾两年，吾亦五十矣。吾知吾之自寿，必不若东原之寿言也。

以上寿诗寿言，传递出不少重要的历史信息。尤其是罗惇曧披露了桂埴当年在北洋大学堂任教时的一些重要细节。

1. 北洋大学堂是培养桂埴成为外交官的摇篮

根据罗惇曧的记述，"乙巳（1905）、丙午（1906），吾在北洋大学，招东原同授讲。"可见，桂埴是继罗惇曧之后到北洋大学堂任教的。

检1925年版《国立北洋大学卅周年纪念册》，在《前任职员录》《前任教员录》中，都提及罗惇曧，即：北洋大学堂监督罗惇曧，籍贯为广东顺德，就职年月、离校年月均未载明。罗惇曧还兼充北洋大学堂国文教员，就职年月为"光绪三十年十月"。1936年版《国立北洋工学院校友及毕业同学录（民国二十四年度）·前任教职员录》也两度提及罗惇曧，在《历任国文教员》中载为"罗惇曧"，但在《历任监督》中却载为"罗敦融"。

罗惇曧担任北洋大学堂监督这个史实，可在《大公报》中得到印证。《大公报》1905年3月19日《送别志盛》载：北洋大学堂总办沈桐，因赴江南、湖北调查学务，而交卸学堂事务。二月初八日，师生为之送行。其中就包括"监督罗君惇曧""国文教习桂君埴"。

《申报》1905 年 8 月 26 日《北洋选派学生随考查政治大臣出洋留学（北京）》所载的"该学堂监督罗敦融大令"即指北洋大学堂监督罗惇曧。笔者判断，罗敦融、罗惇融、罗敦曧、罗懬曧等记载均为误植所致，而非其本名。《大公报》还曾载为"罗憳曧"（"憳"为"惇"的异体字）。

图 19　罗惇曧之父罗家劭于同治四年（1865）考取进士，钦点翰林院庶吉士（胞兄罗家勤为前科进士出身）。《会试同年齿录（同治乙丑科）》载有罗家劭履历。可见，罗惇曧为罗家劭次子，而名字中均带有"惇"字，是罗惇曧同辈人的取名特点

《大公报》1906 年 2 月 26 日《本埠·改派监督》载："大学堂提调罗君揆东，现派为客籍学堂监督。"此处所载的"大学堂提调"即指北洋大学堂监督。3 月 16 日《委办稽查》又载："客籍学堂监督罗大令敦曧，现奉袁宫保札委'保工局稽查'差使，刻已上院谢委。"可见，1906 年初，罗惇曧已从北洋大学堂离任。

罗惇曧曾任北洋大学堂监督兼国文教员，桂埴曾任北洋大学堂监学官兼国文教员，二人可谓相得益彰。二人担任国文教习期间，擅长以新理服人（这与二人同在京师大学堂编译新学书籍有很大关系）。教学之余，鉴于教科书的译本有失准确，二人曾发愿学习英文，还主动改变汉字书写习惯，由竖写改为横写。桂埴研习英文，沉迷其间，坚持不懈，颇有心得，遂成安身立命之本。这是其后来成长为外交官的重要前提。

2. 罗惇曧披露桂埴生年

根据罗惇曧的记述，1919 年，其与桂埴"同岁四十八"，也即 47 周岁。据此推算，二人均生于 1872 年。

这个考察和判断的研究意义很大。这是因为，关于罗惇曧的生年，长期以来莫衷一是。如有著述称，罗惇曧"广东顺德人，长于北京。生于清光绪六年（1880），卒于民国十三年（1924），年四十五岁。一说生于 1872 年。"[①]

又如 2006 年版《曾习经先生年谱》载："是年（一八八五年，光绪十一年乙酉），番禺罗惇曧（瘿公）生。后诗名与先生并称'近代岭南四家'。（《清代人物生卒年表》）。按：罗瘿公生年，《顺德县志》作同治十二年（1872）；《中国俗文学辞典》及《中国京剧史》作光绪六年（1880）；而据《民国人物碑传集》，则作光绪十一年（1885）。《清代人物生卒年表》也依此说，本谱仍之。"[②] 可见，《曾习经先生年谱》编者已敏锐地发现了罗惇曧生年并存多说的问题，但并未展开考证。

以下两种著述，均推断罗惇曧的生年为 1872 年。

一是冯珊珊撰《罗瘿公生卒日期考》认为："推断罗瘿公的准确生年，最佳证据，当属《国风报》第一年第十五号《文苑》所录罗瘿公《戊申除夕》诗。全诗如下：'三十七年随例去，光阴留得一分残。莽惊急鼓凋英气，尚借幽花殿岁寒。罷黜一官孤注尽，艰难八口腐儒酸。余生幸托风波外，莫怨仙山路折盘。'首联'光阴留得一分残'，与题目中'除夕'二字相照应。当此之际，旧的一年去而未尽，新的一年来而未至。诗人洞达世事而远避官场，寄迹梨园而从容自适，虽居穷困潦倒之境，却怀无怨无悔之心。37 年除旧迎新、岁月更替，诗人只说'随例'。'随例'而去的自然包括残缺几尽的戊申年。由此推算，诗人人生中一去不返的第一年恰是清同治十一年，即罗瘿公生于 1872 年（壬申年）。又一力证见于《程砚秋日记》所收罗瘿公病中与其子宗良的合影。该合影右侧罗瘿公手书'甲子□月病起摄影，儿子宗良侍'，左侧书'玉霜簃主人存念'、'瘿公年五十三'，均系手写竖排小字。自 1872 年至 1924（甲子）年正

---

① 谭卓垣等撰，徐雁、谭华军译补：《清代藏书楼发展史·续补藏书纪事诗传》，沈阳：辽宁人民出版社，1988 年，第 307 页。

② 孙淑彦：《曾习经先生年谱》，北京：中国文史出版社，2006 年，第 58—59 页。

是53年，与合影所题'五十三岁'相吻合，此再度验证罗瘿公生于1872年。"①

此文考证的方向正确，但第一个证据显系推断，恐非"最佳证据"。第二个证据堪为力证，检2010年版《程砚秋日记》第59页所载此合影照片，可知罗惇曧题字为"甲子正月"，但也有孤证之嫌。

二是2015年版《民国人物小传》第6册所载罗惇曧生年，亦采1872年说，仍据推导而来："十三年九月二十三日，惇曧病逝北京，终年五十有三〔一八七二至一九二四；惇曧生年，据吴天任《何翻高先生年谱》民国十三年：'罗瘿公卒，年五十三'推算而得。大陆杂志社《中国近代学人象传》第一辑之《罗惇曧传》、传记文学出版社《民国人物小传》第一册之《罗惇曧小传》，作生于一八八五年，均因沿用台湾商务印书馆《中国人名大辞典》续编民国之部'罗惇曧：民前廿七（引索：即光绪十一年，一八八五年）—民国十三。四十岁'而误。顺作更正如上〕。"②

此文中所载的"《何翻高先生年谱》"，应为《何翽高先生年谱》之误。吴天任编著的此年谱，书名为《清何翽高先生国炎年谱》（台北商务印书馆1981年版《新编中国名人年谱集成》第60辑），此人即何藻翔（1865—1930），广东顺德人，进士出身，与罗惇曧、桂埴均有交往。不过，仅据此年谱所言，显然难以成为确证。因此，2018年版《一菊集—词学管窥》仍持谨慎态度，即载为"罗瘿公（?—1924）"，并出注曰："关于罗瘿公生年，目前主要有三说：1880年、1872年、1871年，在未有确切资料和翔实考证的情况下，暂且存疑。"③

经征引以上述作，不难看出，关于罗惇曧生年，仍有可考空间。而罗惇曧于1919年为桂埴撰写寿言时自称的"吾与君同岁四十八耳"一语，很值得引起高度重视。经参酌其他多种文献史料所载，足资佐证，堪为其生于1872年的"最佳证据"之一。总之，关于罗惇曧、桂埴生年的种种疑问，今后可休矣。

3. 罗惇曧与桂埴多年未通音讯

罗惇曧曾赋诗《喜桂十东原至自海外》："欣然闯户一臞儒，欢笑临筵妇子俱。残雪骤因情话暖，七年宁恝尺书无。故人后死留今日，长物平添有短须。世变等闲庸足述，尊空市近莫愁沽。"④虽然因忙于生计而颠沛流离，一别七年，不得音问，但老友

① 冯珊珊：《罗瘿公主卒日期考》，《五邑大学学报（社会科学版）》2012年第14卷第1期，第52—54页。
② 刘绍唐主编：《民国人物小传》第6册，上海：三联书店，2015年，第460页。
③ 周茜：《清文化遗民与京剧》，《一菊集——词学管窥》，上海：上海书店出版社，2018年，第230页。
④ 《东方杂志》1917年3月1日第14卷第3号，《文苑》第125页。参见罗惇曧：《瘿庵诗集》，1928年仿宋排印本。

重逢，自然勾起如烟往事。

而罗惇曧平日与其他友人唱和时，也难免引发对桂埴的思念之情。如《大公报》1917 年 8 月 21 日《文艺丛录·诗录》栏目载《瘿公过访奉呈一首并怀东原》诗一首（署名义门）："陋室能来长者车，寂寥羁旅意何如？安心欲访无生法，用世惟求相斫书。莺燕老君评玉雪，马牛嘶我在襟裾。南天桂十如通问，拟傍桃榔赋卜居。"

悲喜自适、洒脱超然的心境，更能折射出身处积贫积弱旧中国的外交官为争取中华民族权益，是何等的艰难困苦。

4. 关于桂埴之妻詹浣蘋

詹浣蘋，广东番禺人，生于 1870 年，是知书达理的大家闺秀。根据罗惇曧的记述，1898 年之前已适桂埴。

1897 年夏，桂埴曾以侄婿的身份，为撰《清故詹桐君先生墓志》，并书丹、篆额。詹其晋（1831—1897），字昼堂，号桐君，以孝义名闻乡里。詹氏家族原籍江西，詹其晋的曾祖一辈始迁番禺。詹浣蘋是其侄女。墓志铭中有"埴则坿为婚姻六年"一语，可知桂埴娶詹浣蘋为妻的时间不晚于 1891 年。

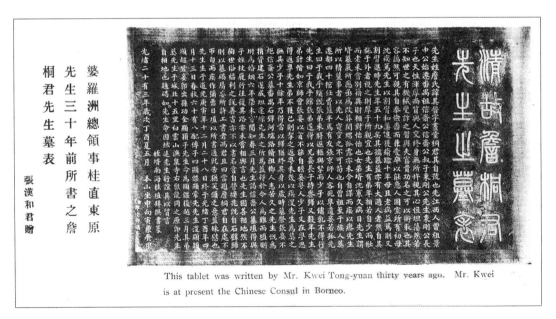

图 20　《新嘉坡画报》1929 年第 29 期第 24 页刊载的"婆罗洲总领事桂直东原先生三十年前所书之詹桐君先生墓表"。"桂直东原"即桂埴（字东原）

此后，夫妻二人举案齐眉，共同进步。詹浣蘋堪称桂埴教育事业、外交事业上的贤内助。桂埴任教于北洋大学堂时，詹浣蘋亦随之旅津。检《大公报》可知，詹浣蘋曾考取北洋女子师范学堂。《大公报》1906年6月5日《北洋女子师范生揭晓》载："北洋考取女子师范刻已发榜，兹将名次照录"，包括如正取八人、次取十五人、备取十人，詹浣蘋为备取第四名。《大公报》1906年9月16—18日《中国妇人会经募旧金山赈款第四次清单》载："本会发愿，代募金山赈款，于本年四月内即已刊布捐册，交由同人经手代募。"其中经由天津代募者，包括"詹浣蘋，五元"。

《申报》1919年12月7日载有一张题为《桂领事夫人及其侄女朱季新女士》的照片（原载1919年9月14日菲律宾《晨报》）。说明文称："桂总领事夫人暨侄女朱季新女士，即广东富商朱碧东之第五女公子，将不日在岷埠（即马尼拉——引者注）演剧助赈。桂夫人于戏剧一道，素有研究。前月，在本埠广东粮食救济会，粉墨登场，观者莫不称绝。朱女士亦善于歌曲，素在港研究中文。今特从桂夫人之请来岷游玩，并乘机演剧，以饷侨胞。"詹浣蘋侄女缘何姓朱？详情有待查考。

图21　上海《广益杂志》1920年第9期所载的桂埴夫人詹浣蘋及其侄女朱季新照片。《申报》1919年12月7日亦载此照片

5.关于桂埴之子桂铭新

桂铭新是桂埴长子，成年后赴美求学。1920 年 11 月 6 日，参加在美国举办的自动模型飞机（航模）比赛，并获头奖。此为中国航空模型运动史上的重要一笔。2007 年版《中国航空史》称，桂铭新为"中国最早的航模运动员"。[1]

《航空》1921 年第 2 期载文对此大加赞赏：

"我汉族之聪明竟敢，不独亚于他族。时且超越之。此凡留心考察者，均作是言。夸张云乎哉？亦自有其明证在已。不观乎欧美大学及专门学中之中国留学生乎？每岁毕业考试，均多名列第一，高出白族群辈。而往往为白人所妒忌。惟不敢湮没其功，亦遂称赞不置。今试举一事，甚足为我汉族光者，以告国人，俾公策勉，是吾之愿也。自有航空以来，自动之模型飞机之构造，亦日新月异。航空界又极力鼓励之。盖模型飞机非玩品可比。其功用固足以普及航空。而其构造亦非易事。从来钩心斗角、孜孜致力于此者，比比皆是。去冬十一月留日，美国伊匝喀[2]航空协会举行自动模型飞机赛会，从各方面观察，惟我国留学生、粤人桂铭新君所制之模型飞机优点最多。该飞机之飞行高度为 1310 英尺，在空中停留 68 秒钟有余。因居第一。其列第二者，为拉森氏所制之模型飞机。其飞行高度仅及 410 英尺，在空中停留之时间亦只为 44 秒。较之桂君所制，瞠乎其后。近闻，桂君已被选为模型飞机研究会会长。斯诚我族莫大之光荣。所望桂君从兹更加努力，勿失其已得之地位及盛名，犹盼国中少年，亦急起直追，效法桂君，斯不负记者代为播扬之心矣。"[3]

桂铭新实为可塑之才。《工程》1929 年第 5 卷第 4 号载有桂铭新所撰的英文论文《中国未来电力工业探讨》（即"A discussion of Future Electric Industry in China"）。

---

[1]　刘亚洲、姚峻主编：《中国航空史》第 2 版，长沙，湖南科学技术出版社，2007 年，第 955 页。

[2]　即"Ithaca"，旧译又有"伊色加""绮色佳"等，今译伊萨卡，美国纽约州汤普金斯县首府。

[3]　冯启镠：《桂铭新自动模型飞机之特色》，北京航空月报编纂所编辑：《航空》（航空月报周年纪念增刊）1921 年第 2 期，第 56—57 页。

（其一）影摄婚结子公女次之君微节吴门澳与新铭子公之君植桂事领总国中滨律菲

图 22　上海《妇女杂志》1919 年第 5 卷第 10 期刊载的《菲律滨中国总领事桂植君之公子铭新与澳门吴节微君之次女公子结婚摄影》照片两种

桂君所製型模飞机之一种

著明型模飞机造家铭新君

图 23　北京《航空》杂志 1921 年第 2 期刊载的桂铭新照片及其研制的模型飞机

6. 关于桂埴之子桂名扬

桂埴、詹浣蘋夫妇至少养育 8 个孩子。其中，第八子桂名扬（原名桂铭扬）是粤剧表演艺术家。

《广东省志》载：桂名扬（1909—1958），"广东省南海县捕属（今属广州市荔湾区）人。祖籍浙江省慈溪县（今慈溪市），迁居南海已五代。父亲桂东原，叔父桂南屏，都是清末的经学家。"①此载桂埴家族身世基本可靠，但是到桂名扬这一代，桂氏家族迁居广州府南海县已延续六代。②

又据《新编粤曲大全》载："桂名扬喜爱粤剧，在桂东原看来，这第八子真是个'书香门第'不肖子。桂名扬并没有被封建礼教吓唬住，毅然脱离封建家庭，投师学戏。"③

此载不尽然。桂埴夫妇不仅走南闯北，而且周游列国，眼界、视野都很开阔，思维模式绝非僵化守旧，应该不至于竭力反对桂名扬从艺，与桂名扬也不大可能水火不容。

1935 年前后，桂名扬及其夫人韩兰素已驰名沪、港、粤，被誉为"粤剧名优"。《申报》1936 年 6 月 26、27 日还以大幅广告介绍韩兰素，称"韩女士容貌秀丽，艺术高超，不特为舞台红伶，而且是电影明星"，又称之为"花衫泰斗"。桂名扬擅长表演，形成了求新求变的鲜明个性，既有"金牌小武"之誉，又以"桂派"著称。桂名扬在粤剧艺术上成就斐然，应该是桂埴夫妇采取开放式教育的成果。

■桂名扬

图 24　桂埴第八子桂名扬是粤剧表演艺术家

（十一）香港中学短暂任教　外部交部游刃有余

《申报》1920 年 9 月 10 日《命令》："九月八日，大总统令。署外交总长颜惠庆呈，

———

①《广东省志》编纂委员会编：《广东省志（1979—2000（32）·人物卷）》，北京：方志出版社，2014 年，第 620 页。

②桂名扬的堂兄桂廷銮（原名铭勤）乡试朱卷履历单载，太高祖桂应和（"应"字辈）因游幕粤东而迁居"省城西土地巷"，后经高祖（单字，水字旁）、曾祖（"士"字辈）、祖（"文"字辈）、父（单字，土堆旁）。至"铭"字辈，共六代。

③邱桂莹编：《新编粤曲大全》，广西南宁地区青年粤剧团，2001 年，第 550 页。

驻斐列滨总领事桂埴因病恳请辞职。应照准。此令。"

桂埴辞去驻菲律宾总领事一职后，有过一段在香港子褒学校任教的短暂经历。"香港早期之书塾遍布于香港岛、九龙及新界各地区。香港岛以中区及西区为多，九龙以油麻地为多，而新界各区各乡，则以其村姓族之祠堂式书塾为多。早期各书塾中，以陈子褒书塾为最负时誉，成为当时书塾的表表者。许多热心教育之人士，每多以其为模范，仿效其法，而设书塾，教育香港侨胞子弟，造益非鲜。""一九一八年，陈子褒由澳门迁校香港，设子褒学塾于坚道三十一号，后来又设女校于般含道二十五号。男女学生人数有二三百人，是当时本港最具规模的学塾。观一九二一年出版的《十年子褒学校年报》，则子褒学塾已改称为子褒学校了。""一九二二年七月四日，子褒六十一岁，在香港般含道校舍内逝世。哲人其萎，随后，学校也告停办。"①

1921 年版《十年子褒学校年报》载有男教员 14 名，其中："桂南屏，南海县，授说文、经学、篆字、国语。""桂君植，南海县，授算学、国语。""桂师晦，教授国语。"② 书中开列的"桂君植"即桂埴。桂师晦是桂坫（字南屏）之子。

1921 年 3 月 11 日《外交部令第 45 号》载："前驻斐利滨总领事桂埴回部办事。此令。署外交总长颜惠庆。"③

此后，桂埴相继在外交部、交通部任职，游走于官场之间。《申报》1926 年 10 月 10 日《政府与华侨》（署名颜文初）载："我国历来设官，病在敷衍了事，不实事求是，并不在该机关自身范围之广狭。菲岛为美属地，所设教育局中，办事员数十人，在办事时间，皆各事其事，无一闲坐者。民十年春，予与诸同志来北京考察教育。所谓教育部衙署，呈一种萧条现象。桂总领事（植）卸职后，在外交部办事，并供职交通部。每日导予等游观。予等心颇不安，恐妨其部务。桂君笑曰：北京非外洋可比，各部司员无事可办，只以周旋于部长之间，为了事。"④

桂埴之所以能够转而到交通部任职（也应与文牍类秘书相关），据判断，应该是经旧友叶恭绰（1920—1922 年任交通总长）举荐的。虽然桂埴深谙官场之道，但沉

---

① 方美贤著：《香港早期教育发展史》，香港：中国学社，1975 年，第 185—186 页。
② 转引王齐乐：《香港中文教育发展史》，香港：波文书局，1983 年，第 214—215 页。
③ 《政府公报》1921 年 3 月 14 日第 1816 号，第 10 页。
④ 颜文初（1882—1942），名芸枢，是菲律宾华侨教育家、社会活动家、抗日烈士，1918—1942 年任菲律宾中西学校校长。曾任菲律宾《公理报》记者，编辑《华侨教育丛刊》《教育月报》《教育周报》等刊物。桂埴担任驻菲律宾总领事后，二人交谊甚厚。参见晋江市档案局（馆）编：《图说晋江侨批》，北京：九州出版社，2016 年，第 122 页。

浸在大机关里的钩心头角、闪转腾挪氛围之中，绝非桂埴的志向。

（十二）1921—1929 年任驻北波罗洲总领事

1921 年 9 月 19 日《外交部令（第 217 号）》载："驻北波罗洲总领事派桂埴署理。此令。"[①]"北波罗洲"也即"北婆罗洲"，均为马来西亚沙巴州的早期汉译名。此地当时也是英属殖民地。

转年，桂埴获得实授。《申报》1922 年 4 月 7 日《命令》："四月五日，大总统令。外交总长颜惠庆呈请任命：……桂植为驻北婆罗洲总领事……均照准。此令。"《政府公报》4 月 6 日、《大公报》4 月 6 日亦载此令，但均载为"驻北波罗洲总领事"。

桂埴获任新职后，由于抽不出身，并未马上就任。原来，他正在参与由叶恭绰主持的太平洋问题讨论会活动，负责起草中国政府参加太平洋会议（1921 年 11 月 12 日至 1922 年 2 月 6 日在美国华盛顿举行）相关文件。

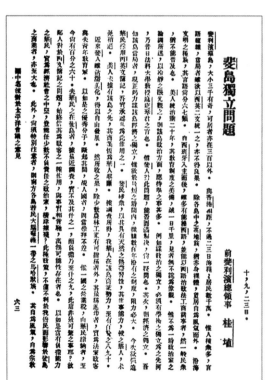
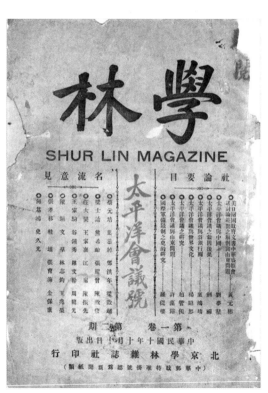

图 25　1921 年 10 月 10 日出版的第 1 卷第 2 期《学林》杂志，为《太平洋会议号》。所载的《菲岛独立问题》一文，署名"前菲利滨总领事桂埴"

---

① 《外交公报》第 2004 号第 9 页，1921 年 9 月 22 日。

太平洋问题讨论会成立于 1921 年 8 月 1 日，以"讨论太平洋问题及此次太平洋会议我国应取之态度、应提之提案、应执之手段"为宗旨。[①]

《申报》1921 年 10 月 4 日《北京太平洋团体开会记》载：

> "昨日（一日）午后二时，仍假石驸马大街铁路协会开第八次常会，总干事叶恭绰主席，报告本会一周间经过情形毕，当即讨论对于美国试拟之议题范围我国应如何答复案。俞诚之、白坚、漆运钧、吕瑞庭、梁家义、张国辉等相继发言，讨论颇久。对于西伯利亚问题与中东铁路问题，发挥颇为详尽。讨论结果当将各项意见付诸表决：（甲）耶泊岛问题，主张复文中不必提及，惟请外交当局对于海底电线之处分问题须加以注意。（乙）西伯利亚问题，我国对于西伯利亚问题并无成见，但为尊重领土主权起见，主张会议席上如议及该项问题时，须容纳有管辖西伯利亚领土主权者之意见。（丙）中国问题：（1）优待铁路运费问题，先请外交当局致电驻美公使，询问美政府所指铁路究属何部分，请其明白表示；（2）凡可以扰乱远东和平之各问题，均可随时自由提出；（3）关于中东铁路问题，不必列入；（4）主权行政权及领土完整范围之下，实行门户开放、工商业发达均等主义。以上各项，均经表决通过。当即推举黄元彬、桂植、梁家义三君，根据以上诸项，起草向外部表示意旨。"

桂埴在任期间，大力支持南洋中华团体史志编纂处、南洋书画社的组建和发展，为中华优秀传统文化在东南亚华人圈的振兴，颇多助力。

一是为南洋中华团体史志编纂处鼓与呼。原来，早在 1918 年，吉隆坡华侨郭锦芳等就发起编纂《南洋中华团体史志》，经一番努力，搜集到大量史料（包括 3000 多份调查报告）。1926 年 2 月，郭锦芳等倡办南洋中华团体史志编纂处，会址设在"吉隆坡双沟勿诗律 257 号"。其宗旨为"宣扬功绩，鼓励将来，联络海内外中华团体，实行改良社会为就国方针"。桂埴等千余人均签名赞成（驻英公使颜惠庆海带头签名表示支持）。在《南洋中华团体史志编纂处附则》中，载有桂埴等外交官签名的介绍信，这为郭锦芳等调查南洋各商埠社团实情，提供了很大便利。该编纂处为扩大影响力，还聘请中国政府派驻南洋各地的外交官为总裁，桂埴等热情参与。[②] 由于桂埴与出版家张元济有旧交，遂热情牵线，促成张元济受聘担任南洋中华团体史志编纂处名誉总裁，张元济欣然同意为南洋中华团体史志的出版撰写序言。此举成就了一段

---

① 《讨论太平洋问题之新团体》，《申报》1921 年 8 月 2 日。

② 柳和城：《书里书外：张元济与现代中国出版》，上海：上海交通大学出版社，2017 年，第 597 页。

史志佳话。

图26　桂埴善于发挥书法优势，打开外交工作局面，也与华侨华人建立了深厚友谊。图右为1928年出版的《菲律宾苏洛华侨当仁学校刊》所载桂埴题词"当仁校刊"。图中为《新嘉坡画报》1929年第29期所载桂埴为侨商企业马玉山糖果饼干总公司题写的贺联。图左为《福州侨务公报》1929年5期所载桂埴题词"党国远猷"

二是南洋书画社的积极倡办者。1929年，吉隆坡华侨欧阳雪峰（广东顺德人）等书画界人士，"痛斯文之将丧，感国粹之云亡，爰结翰墨之缘，特倡书画社"。华侨黎卓如（广东新会人）也认为："南洋群岛，去国万里，榛芜在望，教育初兴，文化未遍。前无宿耆遗传，后无图籍参考，久受外化所沾染，未闻国艺之奥妙。使不大声疾呼，努力提倡，势必于他人同化，断送于不知不觉中矣。"

1929年12月，欧阳雪峰、黎卓如等以吉隆坡南洋书画社名义，组织编印社刊《书画缶音》，并发布《拟发起南洋书画社小启》，文曰："我国之书家画家，代有传人，无体不备，有美悉臻。殆所谓国于天地，必有与立者乎。惟是世风不古，人事靡常，风会所趋，本根渐拨。近者，美雨欧风，东渐西被，讲时务者，动醉心于物质文明，尽弃其学而学焉，趋花样于时，弃文化于千古，良可慨也。岂知学尚维新，则化学电光虽当研究，若信而好古，则书画金石，忍令沉沦。民国肇造以来，政体虽变，国粹未泯。际此人心浮动，知时居之已非，而手泽留贻，幸流风之未艾。嗟嗟。师儒耆宿，半慨凋零。末俗文风，日趋荒陋。纵有方闻之士、后起之英，欲捄藻而摘华，思骋妍而抽秘。然茫茫未寻夫堕绪，耿耿难贯乎元精。尚有典型，安知学习。欲传先哲之精蕴，以为后学之津梁，则我南洋书画社之设，夫岂贸然。且夫乐群敬业，每重订盟，名士骚人，不忘结社。所以提鹓挈鹭，南园开坛坫之先。"

此文名曰小启，实则《书画缶音》的序言，通篇文才飞扬，令人荡气回肠，堪称佳作。此文署名者也包括桂埴（署名桂东原）。

南洋书画社的创办宗旨包括以下几个方面，即：谋求振兴和保存中华艺术、提倡正确的审美观、研究国外美术，熔中西艺术精华于一炉。1929 年 10 月 2 日，南洋书画社经雪兰莪参政司批准成立，社址位于"吉隆坡荷嘛路六号"。10 月 6 日举办成立仪式，入社者百余人。桂埴是 14 名发起人之一，并以总领事身份广为招徕。桂埴也可能是南洋书画社的名誉社员。①

桂埴在任期间，对于北婆罗洲的社会形势也颇多了解。翻译过《英属北婆罗洲最近报告书》（署"桂东原译"）。②

1929 年 9 月 3 日《外交部部令（部字第 763 号）》载："驻北婆罗洲总领事桂埴着回部。此令。外交部长王正廷。"③

桂埴此次去职，与北婆罗洲总领事馆降格为领事馆有直接关系。1929 年 9 月 3 日《外交部部令（部字第 762 号）》载："驻北婆罗洲总领事馆改为领事馆。此令。外交部长王正廷。"④

这表明，桂埴此次调离并非个人原因。桂埴先被调回外交部，再被委任新职，以为名副其实，既符合逻辑，也是指日可待的。

---

① 欧阳雪峰编辑：《书画缶音》，吉隆坡南洋书画社，1929 年 12 月。参见谢光辉：《新加坡、马来西亚华文书法百年史》，广州：暨南大学出版社，2013 年，第 8—10 页。该书误载桂埴之名为"婆罗洲前任领事桂值"。

② 桂埴东原译：《英属北婆罗洲最近报告书》，《南洋研究》第 3 卷第 6 期，第 57—65 页，1931 年 6 月 15 日出版，国立暨南大学南洋美洲文化事业部刊行。

③ 《外交部公报》第 2 卷第 5 号第 4—5 页，1929 年 9 月。

④ 《外交部公报》第 2 卷第 5 号第 4 页，1929 年 9 月。

图 27　1929 年 12 月，吉隆坡南洋书画社出版的社刊《书画缶音》，载有社址和成立仪式照片

（十三）迻译清畅　译林高手

前文已及，桂埴作为领事官，出于外交工作层面，曾翻译过不少反映驻在地政情民意的文章，以为官方决策参考。

不过，桂埴也翻译过一些文学作品。其中最值得一提的就是翻译过美国 19 世纪浪漫主义诗人朗费罗（1807—1882）创作的著名诗作——*A Psalm of Life*（多译为《人生颂》或《人生礼赞》)。《人生颂》是在世界文坛熠熠生辉的一首经典抒情诗,以威妥玛、董恂的中译本影响最大。又有黄杲炘《生之颂》、黄新渠《生命的礼赞》、黄一宁《人生颂》等中译本备受推崇。这首诗历来是学者津津乐道的研究素材。不过,桂埴的中译本迄今尚未发现有被研究者引用的情形,很值得研究。

桂埴的中译本见载于1924年出版的上海《英语周刊》,为中英文对照,题目译为《生命曲(或题人生二字)》(署"桂埴东原译")。译文为旧体诗风格:

人生若梦幻,梦者性灵若身死,事物曷由得其似,感慨此悲歌,掩耳每不喜。

有生含至性,此生本真挚,全归丘垄间,未是立命地,身从尘土来,还从尘土去,语出自有因,不为性灵造。

生有定命亦有程,不关愁苦与娱乐,吾曹努力且猛进,庶乎日日异今昨。(自注:或作"不关娱乐与愁苦,庶几日日业增旧"。"业不增旧"见陶靖节诗。)

知也本无涯,流光复如驶,悬旌若播鼗(自注:或作"挝暮鼓"),统如振聋聩,待到孤坟上,壮心犹未已。

大宙营垒广而漠,有如军人幕天宿,会当酣战逞豪雄,莫令被驱如哑畜。

悦我心者,未来之乐虽乐,不可恃。弃我去者,往事埋之如既死,我生令作当世事,心在此身帝临汝(自注:"临"或作"鉴")。

嘉言懿行契前修,能使吾生日高尚,一朝撒手归去时,身后遗踪资仿仰。

万缘人海本茫茫,指顾风飘迷多往,倘有覆舟失路人,见迹犹当生冀望。(自注:或作"穷途见迹生期望")

勖哉勉旃起而行,乐天委运此心知。夫惟务成与孟晋,习为劳生而待时。[①]

关于翻译这首诗的缘由和旨趣,桂埴在致《英语周刊》编者"由厪"的信函中,表达得比较清楚。《英语周刊》亦将原函照录于译诗之后:

由厪先生大鉴:

久仰盛德,兼诵宏著,徒以草草劳人,长羁荒岛,未得亲承謦咳,然无日不与海内外莘莘学子,同心尸祝也。比者贵刊诸作,美不胜收,使廿年以前,鄙人初习英文时得此,其成就必十倍于当日,而劳工之节省无论矣。

弟少习为诗,自是吾国学人积习。中年乃自修英文英语,虽不敢谓深有所

---

①　桂埴东原译:《生命曲(或题人生二字)》,《英语周刊》1924年第431期,第455—456页。

得。然二十年来未间断也。至于英诗中译，颇蓄志愿，虽摘植索途，久复弃去。然甚不解吾国近日潮流，乃有以语体入诗之动机也。夫诗非语体，无古今中外一也（即西文是否均语体，尚是疑问）。

前辈如辜汤生、严侯官两先生，允足示范来学。严于诗学，较深于辜，然为之绝少，以志别有在也。然散见于《天演论·玄宰》有《秘机》一首，允称元著超超，盖参于直译与意译之间者也。西人译吾国事皆如是。近年，贵刊所发表者，若隐士吟诸作，亦如是。

弟初读英文时，得读郑法路《生命曲》一首，颇知彼族之进步，固不尽由于教宗形下二者。此曲对于我国老庄哲理及陶靖节、李太白之洁身自放，可云对症发药。数年来，恒思迻译，以飨吾国学人。去年，仅仅成诵，复忽忽因事弃去。今者事简地瘠，长日无事，乃复忆，录出之。继思，不如就正于大方家，如蒙惠赐，削登贵刊，以谂学人，庶亦年来拟与吾道商榷之志愿也。至于吾人穷而后工之逻辑，一涉豪气，即落下乘。

今译极力保存原意，虽仍不得不以陶、李为基，而勉励避去所构成之意境，故虽语涉陈腐，亦不畏朋友责言，君当能谅此苦心也。陶诗如人生似幻化，终当归空无（Oblivion），此为西俗之所不喜。"百年归丘垄，用此空名道""吾生梦幻间，何事绁尘羁""虽留身后名，一生亦枯槁""庄生之'吾生也有涯，而知也无涯'"，均洁身自好一派人生观之代表。故今译万不能取合国学诗人心理。此无如何者也。匆上。顺颂著祺。

弟桂埴顿首

这封信披露的一些细节，如研习英文及翻译心得等，都是桂埴生平中不可或缺的组成部分。

《英语周刊》编者"由厪"即周之栋（字由厪），籍贯为浙江吴兴县（今湖州市）。藏书家、编辑家周之彦（字越然）之兄。周由厪早年擅长英文小说翻译，1917 年起连载于上海《小说新报》。1918 年在《英文杂志》连载研究英语语音学的文章。周由厪先任上海商务印书馆函授学社英文科营业长，1919 年又任《英语周刊》编辑主任。后编纂《英语语音学纲要》，1922 年由商务印书馆出版。商务印书馆还相继出版其所著《英文论说文范》（1924—1928 年，已出版三集，且屡获再版），均为可面向高中生的教科书。1926 年任私立上海大学英文学系代理主任兼教授。上海湖社主要成员，擅长书画，1927 年任湖州旅沪公学校长。1946 年任上海中华工商专科学校英文教员。

周由廑堪称英文翻译界的翘楚。其在按语中，对桂埴进行了热情洋溢的介绍，持论公允，即："今得桂君东原按我国诗律，译成古体九首，远道寄赠，应亟登载，以与读者共读之。桂君，广东南海人，现为'Borneo'领事。公务之余，犹能精研诗理，亲操译政，非所谓'仕而优则学'者乎？桂君著述甚多，据鄙人所知者，有《斐猎滨教育与中国之关系》（见《教育杂志》）、《中国长年考》（见《民立报》）、《伍秩庸星使秘鲁驱除苛例案》（见《外交报》）、《中国为一妻制国》（见《时报》）。"[1]

可见，截至 1924 年，桂埴的翻译成果已较为可观。其翻译的《中国长年考》，即伍朝枢的英文著述《中国长年考证》，其中"长年"应为长寿之意。伍朝枢是伍廷芳之子，广东新会人，生于天津。其在外交部任职多年，官至外交部部长（1927—1928），与桂埴是老朋友。《民立报》因揭露袁世凯为刺杀宋教仁的元凶，而于 1913 年 9 月 4 日被查封。据此判断，《中国长年考》成文和翻译时间应在中华民国成立前后。

（十四）1930—1932 年任驻澳大利亚总领事

1929 年，桂埴奉令回外交部。此后，却迟迟未见新的委任命令发表。检《外交部公报》可知，直到 1930 年，桂埴才获任外交部秘书。1930 年 6 月 19 日《外交部部令（令字第 339 号）》载："派桂埴代理本部秘书。此令。外交部长王正廷。"[2]

100 天后，桂埴改任驻澳大利亚总领事。1930 年 10 月 3 日《外交部部令（令字第 453 号）》载："派桂植署澳大利亚总领事。此令。外交部长王正廷。"[3] 可见，《外交部公报》也存在将桂埴之名误植为"桂植"的情形。虽然桂埴所任此职暂为署理（通常一年以后再行实授），但也算是名至实归了。

1. "驻雪梨总领事"称谓是否得当

关于桂埴出任澳大利亚总领事这个史实，今人记载语焉不详。如《中华民国驻澳大利亚总领事（1912—1941 年）》载："桂植，任命时间为 1930 年，离任时间不详。"[4] 而《中华民国国民政府军政职官人物志》却载：桂埴为"驻雪梨总领事馆总领事"，1931 年在任，去职时间未及。[5]

检当年文献可知，民国年间的报刊书籍常把驻澳大利亚总领事记载为"驻雪梨总领事"。如《申报》1930 年 12 月 4 日《本埠新闻·时人行踪录》："外交部新任澳洲

---

① 《英语周刊》1924 年第 431 期，第 455 页。

② 《外交部公报》第 3 卷第 2 号 19 页，1930 年 6 月。

③ 《外交部公报》第 3 卷第 6 号 12—13 页，1930 年 10 月。

④ 冯小洋主编：《澳大利亚华人年鉴（2013）》，悉尼：澳大利亚华人年鉴出版社，2014 年，第 363 页。

⑤ 刘国铭主编：《中华民国国民政府军政职官人物志》，北京：春秋出版社，1989 年，第 689 页。

雪梨总领事桂植及随习领事黄伯仁，昨由中国旅行社代办客位，定今晨乘'杰菲逊总统号'赴港，再转船到雪梨莅新。"

原来，"雪梨"即悉尼（Sydney）的早期常用汉译名。澳大利亚总领事馆原设于墨尔本（旧译"美尔钵""美尔本"等）。后迁址悉尼。相关著述多称其迁址时间为1928 年[①]，但此非实情（1928 年可能是动议时间），准确的迁址时间应为 1929 年夏秋之交。1929 年 9 月 5 日《外交部部令（部字第 774 号）》载："驻澳大利亚总领事馆应移设雪梨。此令。外交部长王正廷。"[②]

当时又有消息称，"驻雪梨总领事"为新设置的职位。如《大公报》1930 年 1 月11 日《添设驻外领馆》载："外部讯，该部即将增设印度、雪梨、支加哥三总领事馆。"此载并非道听途说。实际情形是，"驻雪梨总领事"确已设立，只是将官称改成了驻澳大利亚总领事而已。

1930 年 6 月 5 日，外交部部长王正廷呈行政院，请求将墨尔本领事馆纳入南京国民政府的视野。文曰："上年，呈准增设驻外领馆案单内，列有英属雪梨领馆一所。嗣因雪梨为澳洲首都、华侨商业中心，爰将原驻美尔钵之总领事馆，移置雪梨，仍沿用驻澳洲领事馆名称。而美尔钵遂改为领馆。"虽然"前次核准增设驻外领馆原案所无"，但可"归入整理驻外领馆案内，另文声明"。[③]

这表明，新设立的驻澳大利亚总领事馆从墨尔本迁至悉尼后，又改设驻墨尔本领事馆。但是，由于未能及时向行政院报请批准增设手续，导致驻墨尔本领事馆的身份陷入尴尬，加之其与驻澳大利亚总领事馆之间的职责分工未能明晰，也随之出现了新的问题。

外交部部长王正廷呈请履行增设手续的同时，也向驻墨尔本领事馆下发《训令（训字第 544 号）》："为令遵事。案据驻澳大利亚总领馆呈称，驻美尔钵领馆不明权限，往往径向澳政府接洽一切等情。该总领馆所呈各节，如果属实，殊为不合。查该领馆管辖区域，业经本部明令规定，并分别令遵在案。该馆管辖区域，自应仍以澳洲之维多利亚一省为限。凡关系管辖区域内一切侨民案件，该馆仅得向驻在地政府交涉。合亟再令遵照。此令。中华民国十九年六月四日。外交部长王正廷。"[④]

---

①　参见粟明鲜编：《民国粤人赴澳留学档案汇编·中山卷》，广州：广东人民出版社，2016 年，第 250 页。

②　《外交部公报》第 2 卷第 5 号第 8—9 页，1929 年 9 月。

③　《呈复设置清津、美尔钵两领馆缘由》，《外交部公报》第 3 卷第 3 期第 33—34 页，1930 年 9 月。

④　《训令驻美尔钵领馆·关于该馆管辖区内一切侨民案件仅得向驻在地政府交涉仰即遵照由》，《外交部公报》第 3 卷第 3 期第 35—36 页，1930 年 9 月。

据此可知，驻澳大利亚总领事馆与驻墨尔本领事馆之间应无隶属关系。又据1931年3月25日《修订驻外各使领馆公费表》开列：中国政府驻外各使领馆共计78个（包括国际联合会全权代表办事处1个、大使馆1个、公使馆22个、总领事馆22个、领事馆28个、副领事馆4个），均经"改订公费"。其中，驻澳大利亚总领事馆经费为800元，驻墨尔本领事馆经费为600元。[①]可见，驻澳大利亚总领事馆的规模较大、事务较繁。

由于制度设计有欠完善，导致驻墨尔本领事馆职员感到低人一等，很有些不服气。其仍以老大自居，与驻澳大利亚总领事馆难以和谐共事。如是，不得不由外交部长出面调停，并提出明确要求。

总之，驻澳大利亚总领事馆（亦称"驻澳洲总领事馆""驻澳总领事馆"）与"驻雪梨总领事馆"是一回事，只是叫法不同。另外，也未出现过驻澳大利亚总领事与"驻雪梨总领事"并存的情形。1932年，外交部又将驻澳大利亚总领事改称"驻雪梨总领事"，此为后话。

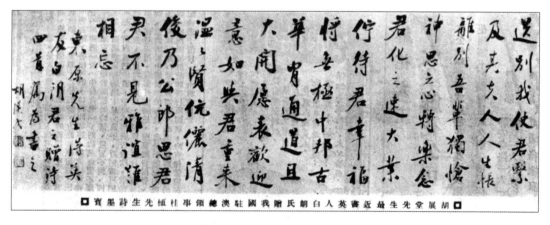

图28　1930年12月15日出版的《上海画报》第656期第3版所载《胡展堂先生最近书英人白朗氏赠我国驻澳总领事桂植先生诗墨宝》（附《白朗氏赠诗原迹及原文》）。胡展堂即胡汉民（1879—1936），广东番禺人，早年与桂埴同在广州学海堂就读

2. 青溪诗社雅集　赋诗祝寿饯行

桂埴被委以重任之际，正值其与夫人詹浣蘋"六秩双寿"。詹浣蘋答谢诗《廿年海外，花甲俦周，顷又有雪梨之役，青溪诗钟社同人置酒，用王右丞〈送李判官赴江东〉诗，分韵为寿，瑶章锦字，充满箧笥，惠过百朋矣，拈得文字，赋此感谢》表

---

① 《外交部部令（第71号）》，《外交部公报》第3卷第11号第21—27页，1931年3月。

明，这是由南京青溪诗钟社隆重组织的一次禊集活动，诗友设饯公宴，分韵赋诗以贺，即"庚午九月桂东原夫妇赴澳洲并六十大寿分韵"。庚午九月即 1930 年 10 月。

再据苪怡（黄福颐）《齐天乐·庚午重阳前五日，青溪社同人公饯桂君东原之任雪梨，兼祝伉俪六十双寿，即席分韵得"道"字》可知，此次雅集的具体时间为 1930 年重阳节的前五日，即 10 月 25 日。

青溪诗钟社也称青溪诗社，1930 年成立于江苏南京，既承稊园诗社之规制，也有复兴明代南京青溪诗社之雅意。

由广东南海人关赓麟（时任铁道部参事等职）倡立，东南才俊云集，成员有 77 人之多，包括："湖南湘潭翁廉、江苏常熟宗之潢、江西九江徐宝泰、江苏江都于志昂、浙江杭县吴用威、四川宜宾陈新佐、福建长乐陈伯达、湖南桂阳陈毓英、安徽寿县孙澄方、广东南海关赓麟、四川绵竹曹经沅、江苏常熟宗威、广东桂林徐培、江苏淮阴徐钟令、江西南昌胡奂、湖南长沙黎承福、四川宜宾陈新燮、湖南桂阳陈毓华、陈肇经、广东南海关霁、江苏丹阳颜省、福建闽侯高赞鼎、广东顺德罗惇暖（应为罗惇㬊——引者注）、江西武宁杨赫坤、湖南湘乡张元群、江苏铜山张祖训、江苏铜山张祖铭、湖南岳阳王第祺、湖南长沙张焘、云南昆明王灿、福建闽侯黄孝平、广东高要梁寒操、江苏长洲彭清鹏、四川筠连曾学孔、江苏常熟杨圻、安徽桐城光晟、安徽灵璧张问轩、江苏铜山张祖袭、江西分宜张占鳌、江苏无锡王汝昌、广西王钵、江西宜黄黄福颐、福建闽侯黄孝绰、广东番禺商衍鎏、江西新建程学恂、福建闽侯曾克端、湖南衡阳刘蘧蔚、湖南汉寿游洪范、安徽怀宁谌斐、广东南海李之毅、河北大兴杜福堃、贵州遵义蹇先絮、江苏江宁夏仁虎、河南开封顾承曾、广东南海桂埴、四川江北戴正诚、广东惠阳廖恩焘、江苏如皋冒广生、湖北黄安刘远驹、浙江吴兴林鹍翔、广东番禺詹浣蘋、福建闽侯李宣倜、江西九江闵孝同、湖南浏阳赵守昕、浙江吴兴沈祖德、河南开封顾绍曾、江西新建蔡可权、河南开封靳志、湖南武陵廖维勋、江苏丹阳贺俞、湖南浏阳郑晟礼、湖南长沙郑兆松、江苏太仓陆增炜"等。[1]

青溪诗社实为民国年间规模宏大的诗词唱和群体。后由关赓麟编辑出版《青溪诗社诗钞》《青溪诗社百集外课》。

桂埴、詹浣蘋夫妇均为青溪诗社成员。据琴风的诗作《东原先生、浣苹夫人有澳洲之行，诗社同人设饯敝寓，并补祝六秩双寿，赋诗分韵得"春"字》可知，该社的

---

① 袁志成：《晚清民国词人结社与词风演变》，长沙：湖南师范大学出版社，2015 年，第 249 页。

此次雅集，设在位于南京萨家湾的琴风家中。查关赓麟书斋名"琴风馆"，其夫人张祖铭（字织云），著《琴风馆诗钞》。琴风即张祖铭的笔名。①

相关诗词，见载于南京《铁路协会月刊》1930年第2卷第10期《文苑》栏目《诗录·词录》，共计15首之多。②

其中，郑洪年在《东原十丈奉使澳洲饯别有歌》诗中，有"广雅堂前菊坡舍，读书何止通五车"一句，表明桂埴早年曾在位于广州的广雅书院菊坡精舍就读。梁鼎芬、曾习经、罗惇曧、黄节等均曾在此就读，并称"岭南近代四家"。而罗惇曧曾与桂埴同时任教于北洋大学堂，交谊甚厚。

颖人（关赓麟）《庚午九月公饯桂东原夫妇澳洲之行并补祝今岁六十寿，以王右丞〈送李判官赴江东〉诗，分得"盖"字》诗中，称桂埴"书体创三绝，下笔得李蔡"，并誉詹夫人"室有能文妇，酬唱盛萧籁。"③

另如：铜士（翁廉）《公讌桂东原赴澳洲雪梨，分韵得"化"字》、均默（梁寒操）《东原先生将之澳洲，亲友醵资作饯，分韵赋诗得"珠"字》、陈肇经《寿东原世丈暨詹夫人六十，得"封"字韵》、则文（池汉功）《饯桂东原伉俪赴新金山雪梨，分韵得"身"字》、季鸿（张焘）《饯桂十东原及浣苹夫人之澳洲，且为作生日，分韵得"方"字》、履川（曾克耑）《送东原先生使澳》、允白（游洪范）《桂十东原生日，同人置酒为寿，且饯奉使澳洲之行》等即兴诗词，也各具情怀。

尤其是仲云（靳志）雅兴颇高、情真意切，诗一首、词二阕，即：《大酺·用梦窗韵，青溪诗社公饯桂十，用王右丞〈送李判官赴江东〉诗，分韵拈得"璧"字》；《贺新郎·用稼轩韵》（寿桂十东原暨德配詹夫人六十，即送别赴澳洲雪梨）、《无闷·用王碧山韵》（再祝桂十东原六十双寿并饯别）。④

唐朝诗人王维《送李判官赴江东诗》原诗是这样的："闻道皇华使，方随皂盖臣。

---

① 琴风曾赋诗《余居秣陵萨家湾，距城西诸冈里许。暇日，与颖人及石嗣家兄、保生姨甥，徒步徐行，循清凉古道而南，时夕阳红抹，暑气未收，但见山势陂陀，池沼匝布，华竹联延而障望，槐松蒙密而碍人，遂登清凉山，烦暑皆消，如隔尘世，岩壑之美，近在城市。是日也，虽行近卅里，而不觉疲汗之苦，因濡笔以记斯游》一首。《铁路协会月刊》1930年9月第2卷第9期，第75—76页。诗题中提及的"石嗣家兄"，即张祖袭（字石嗣），亦为青溪诗社成员。南京国民政府铁道部当时也设在萨家湾。

② 《铁路协会月刊》1930年11月，第54—57页。

③ 此诗诗题亦载为《庚午九月公饯桂东原夫妇澳洲之行并补祝今岁六十寿，以王摩诘送李判官赴江东诗，分韵得"盖"字》（颖人）。《铁路月刊·津浦线》1931年第1卷第6期，《诗录》栏目，第253—254页。

④ 此次雅集的诗词作品，参见关赓麟编《青溪诗社诗钞》第1辑，中国仿古书局，1936年6月1日，收录于南江涛选编：《清末民国旧体诗词结社文献汇编》第12册，北京：国家图书馆出版社，2013年。

封章通左语，冠冕化文身。树色分扬子，潮声满富春。遥知辨璧吏，恩到泣珠人。"
以此表达惜别之情，意味深长，彰显的是文人幽怀雅趣。

3. 顶住压力赴澳　应对排华挑战

虽然祝贺声声不绝于耳，但驻澳总领事这个差事，并非一块香饽饽。首要的问题
就是华侨在澳洲备受歧视，不堪忍受。澳大利亚当时也是英属殖民地。澳当局顽固推
行"白澳政策"，限制、排斥有色人种，对于中国政府和华侨华人也是态度强硬、蛮
横无理，缺乏起码的尊重，很是不得人心。桂埴履新之前，报章对此已不乏披露，但
相关交涉却成效不彰。

如《申报》1930 年 5 月 3 日《抗议入境华侨盖指印》载："路透社一日雪梨电。
澳洲雪梨中国总领事致文澳洲联邦政府，请停止华侨入境须盖指印之办法，谓：中
国民众请求中政府，对于由澳来华之侨民加以同样待遇，故此办法殊使中政府为难
云。中国总领事又谓，搜查华侨之办法，并不适用于他国人民，此种歧视待遇，应请
限制，纵有少数华侨未经允许而入澳境，似宜宽恕。中国领署将□行严密注册法。再
华，侨妻孥不许入境一层，殊与道德风化有碍，似宜变通办理，凡华侨年老离澳者，
其所遗额数可以少年亲属补之。"

又如《申报》1930 年 9 月 4 日《澳洲歧视华侨 驻雪梨总领事要求公平待遇》载：

"路透社二日康白拉电。澳洲雪梨中国总领事，曾于五月一日牒致澳政府，
请停止华人入境盖指印之手续。谓此种手续，甚使国民政府为难。因国人要求以
同样待遇施诸由澳入华之人也。中国总领事又谓，澳当道搜查华侨，以防被取缔
之华侨入境。此种举动并不加诸他国人民，似此独施于华人之搜查权，应予限
制。中国总领事根据风化理由，反对澳当道禁止华侨妻孥入境。中国总领事又建
议年老华侨之返国者，得以其少年戚属来澳继其事。澳首相史寇林，现已答复，
除考虑暂准华侨妻孥入境外，余事不能依允。澳相称，搜查权以确有理由，信可
搜获潜入澳境之被取缔外侨时为限，此权亦适用于他国人民。又称，盖指印不以
华侨为限，亦不适用于上等华人，或定居人民，或过路行客。澳相声明，此问题
与澳洲侨民政策有密切关系，绝无凌辱华人之意。"

再如《申报》1930 年 9 月 17 日《澳洲限制华侨交涉（南京）》载："驻澳洲总领
宋发祥电呈外部，澳洲限制华侨入境案，屡经交涉，仍无圆满结果，仅关于指印一
项，澳方稍有让步。嗣后，凡有身分之华商及回国而曾有回澳执照者，均一概免除。"

《申报》提及的"澳洲雪梨中国总领事"，即指驻澳大利亚总领事宋发祥。宋发祥

曾两度被任命为驻澳大利亚总领事。一是《申报》1928年12月9日《首都纪闻》载："南京外部，任宋发祥为澳大利亚总领事。"二是《申报》1930年1月5日《明令发表驻外使领人员（南京）》载："国民政府四日令。行政院长谭延闿呈，据外交部长王正廷呈请任命：……宋发祥为驻澳大利亚总领事。"

宋发祥的继任者就是桂埴。《申报》1930年9月21日《外部更调驻澳领事》载："南京外部令，调驻澳大利亚总领事宋发祥回部任用，以李明炎升署驻澳大利亚总领事馆领事，代理馆务。"

澳当局苛待华侨，导致外交形势日趋复杂，桂埴势必面临很大挑战，压力一定不小。好在桂埴外交经验丰富，外交手段运用纯熟。在任期间，折冲樽俎，措置有方，应对得当，及时防范和化解外交风险，并未掀起更大的风波，在改善华侨待遇上还有所作为。

1931年10月7日《外交部部令（第380号）》载："署驻澳大利亚总领事桂埴着回部。此令。政务次长、代理部务李锦纶。"两天后的10月9日，《外交部部令（第382号）》载："驻澳大利亚总领事官领事陈维屏着加总领事衔。"[1]

（十五）晚年隐世无争　风采不减当年

1. 从外交部退休　入股民营资本

桂埴缘何被召回外交部，而不是被直接免职呢？或许可以理解为，桂埴仍有外交部代理秘书的职务。也就是说，桂埴干满一年的"署驻澳大利亚总领事"并非本职，而是兼职。

1932年6月14日《外交部部令（第357号）》载："驻澳大利亚总领事馆应改称驻雪黎总领事馆。此令。""雪黎"即"雪梨"的另一写法。1932年6月27日《外交部部令（第387号）》载："陈维屏着升署驻雪梨总领事，支荐任二级俸。此令"[2]此后出版的《中国外交年鉴》中，均载为"驻雪梨总领事"。[3]

桂埴在任一年期间，注重调查研究。如《澳洲华侨教育之概况》（1932年3月31日编）、《澳联邦及各省议会组织之异同》（1932年2月29日编）、《最近七年澳洲小麦生产情形》（1932年2月29日编）等，均以"驻澳大利亚总领事馆"名义，刊载于

① 《外交部公报》第4卷第6号第4—5页，1931年10月。
② 《外交部公报》第5卷第2号第13—14页，1932年6月。
③ 参见中国外交年鉴社编：《中国外交年鉴》下册，上海：世界书局，1935年，第130页。

南京国民政府《外交部公报》。[1]虽然桂埴此前已回国，但这些研究课题的确定和实施，均与桂埴有关。总之，1932 年，桂埴已年满 60 周岁，应该是顺利退休了。[2]

粤籍人士黄漪磋以经营电影业、印刷业见长，其创办的"联华影业制片印刷有限公司"驰名于沪、港。约于 1932 年，又创办"中国图书印刷公司"，附属于"联艺影片公司"，桂埴为股东之一。

当时，上海影视小报《开麦拉》刊载的一篇题为《拉拢股东 亡羊补牢 急起直追——黄漪磋之所谓挣扎图存 创办中国图书印刷公司》披露了内情："当黄漪磋初入'联华'，炙手可热的当儿，硬把印刷这种事业和联华影业混合在一起。本来，罗明佑是极端反对的，无奈招牌已经给黄漪磋弄好了，逼不得已，只把印刷这件事丢在脑后，搁置不提。后来，黄漪磋背叛了'联华'，一程跑到香港去。他第一步计划，在'香港大道中四号'，挂着'联艺影片公司'的新招牌。同时，也创设一个公司，叫做'中国图书印刷公司'，附属在'联艺公司'之内，额定资本三十万元，分作三万股，每股十元。他自己去唱独角戏，少不免要做筹备主任，无奈没有人相信他。那里招得到这么多的资本，他于是拉着桂东原、赖际熙、叶恭绰、区大典……一般'老顽固'来维持场面，满望快达目的。他的招股宣言书劈头第一句便说：'二十世纪中国，一挣扎图存之时代也''为亡羊补牢计，急起直追'。推他的用意，因亡了联华罗明佑这条'老杨羚'，不得不向别处拉多几条回来补充补充。这大概是所谓挣扎图存之计划罢了，但是他的目的是否已经达到，这可非我所知了。"[3]

姑且不论这篇消息的倾向性，仅就其"联艺影片公司"和"中国图书印刷公司"来说，其新招的股东中，确有不少是社会知名度很高的"老顽固"。这对别人或许还好说，但给桂埴扣上这么一顶帽子，八成会让桂埴感到委屈。因为像桂埴这样乐于接受新事物、倡导新观念的外交官，在真正的"老顽固"看来，早已离经叛道了吧。

---

[1]　《外交部公报》第 5 卷第 2 号第 89—91、107—109 页，1932 年 6 月。

[2]　1927 年 9 月 9 日，南京国民政府公布的《管理恤金条例》载："在职十年以上，勤劳卓著，年逾六十，自请退职。"

[3]　上海《开麦拉》1932 年第 115 期，第 1 页。"开麦拉"即照相机的英文"camera"的音译。

"联艺影片公司"创办于上海[①]，筹办时间不晚于1929年，初设于上海宝山路[②]，改设于香港是后来的事。1932年，该公司被中国第一有声影片有限公司接办。[③]

与桂埴同为该公司股东的赖际熙（广东增城人）、叶恭绰（广东番禺人）、区大典（广东南海县人），均为粤籍人士，且很可能也在上海置有居所。

其中，叶恭绰与桂埴夫妇是老朋友，晚年重逢沪江，欣喜之余，也不免勾起怀旧情绪。叶恭绰赋诗《东原十丈重晤海上，以卅年前拙作赠诗见示，已忘之久矣，感旧伤怀，复将远别率占二律奉赠，兼呈浣蘋夫人。病中漫与，苦不能工，聊以述臆云尔》二首。其一："风轮一霎卅年过，照影凭谁记故河。饮水味应忘冷暖，观空心岂着平坡。云浮朗月沉无滓，海阔回澜静不波。莫笑东方浑玩世，十洲随地足行窝。"其二："童蒙香草堕烟埃，断烂犹承掇拾来。一饭壶浆宁得忘，五陵裘马讵相猜。虚舟未事惊无极，病树翻期赦不才。更羡还乡情味好，刘樊双影越王台。"[④]按：此处所载的"十丈"为尊称，此处有"十兄"之意。"海上"即指上海。

另外，北洋政府时期的旧交通系首领梁士诒（号燕孙）卒于1933年（籍贯为广东三水）。《三水梁燕孙（士诒）先生哀挽录》载有桂埴所撰的挽联，即："五更枕畔，四部洲中，苦语忆生平，剩水残山心未了；卅载交亲，十年契阔，旧游记京洛，抚今追昔感无穷。"梁士诒生于1869年，年长桂埴三周岁，二人为凤好旧交。桂埴的此番感慨，也反映出其晚年心境。

2.解任南归故园　晚年逍遥羊城

桂埴卸任后，闲居广州，与冒鹤亭、叶恭绰等旧友交游。《冒鹤亭先生年谱》载，1932年的农历五月间，冒鹤亭偕桂埴、桂师晦叔侄[⑤]等，同游越秀山，又与桂坫、桂

---

① "联艺影片公司1931年由查瑞龙创办于上海，借用月明彩业公司摄影场拍摄故事片《太极镖》后歇业。"张骏祥、程季华主编：《中国电影大辞典》，上海：上海辞书出版社，1995年，第565页。查瑞龙实为武侠片《太极镖》男主角。

② 《申报》1930年9月3日《上海市场·剧场消息》载："联艺影片公司宣称。本公司筹备已将年余。一切进行，均已妥善。兹定于本月五日，开摄戏剧家李昌鉴君所编之武侠机关冒险巨片《太极镖》。该剧情节离奇曲折，完全以实力武艺，打破神怪法术之虚伪。李君编此剧本，费年半之心血，修改七八次之多。加之经大力士查瑞龙君及久负盛名之电影明星赛珍女士等主演，真所谓珠联璧合，开国产片子新纪元。现本公司办公地点，暂定'闸北宝山路义品里二百四十五号'。"

③ 参见：《申报》1932年7月10日《组织大规模影片公司》。《申报》1932年7月16日《广告·中国第一有声影片有限公司（美国注册）》又载："接办联艺影片公司，而承继其所有一切产业，如摄影机影片以及其与艺员所订合同等"。

④ 刘景山等编：《退庵汇稿（民国三十五年增订本）》，《近代中国史料丛刊第八十七辑》，台北：文海出版社，1973年，第66页。

⑤ 桂师晦，桂坫之子，1933—1934年任广东电政管理局局长。

埴兄弟等同游光孝寺，还与桂埴、罗翼群（字逸尘）等，赴二头沙，拜访叶恭绰。叶恭绰当时寄居于画家高奇峰之宅（名曰天风楼）。大家重逢故里，相见甚欢，诗兴大发，感慨万端。[①]

　　桂埴卸任后，无官一身轻，可以安享晚年了。由于学识渊博，见多识广，满腹经纶，见解独特，他也闲不住，经常受邀去演讲。有一次，他来到岭南大学讲学，"想表明自己是旧学出身，精于国粹，特意穿了长袍马褂。不成想，这些大学生深受新思想熏陶，对这身打扮不以为然"。桂埴满怀兴致地"走上讲坛，发现学生都不注意他。他意识到是这身古装使他不受学生重视，如果任这种气氛继续下去，他的演讲就砸了。于是，他一开口讲话，便做惊人之语：'我是一只老夜壶，可是，这只老夜壶也曾经用花露水洒过的。'"[②] 学生们哄笑之余，对这位精干的老先生兴致大增。

　　桂埴信手拈来的这句话，很有咂摸滋味。"老夜壶"表明他是旧学出身，是个"老学究"，而"用花露水洒过"，表明他接受过新文化的洗礼、新理念的熏染，绝不是僵化的"掉书袋"、陈旧的"故纸堆"。桂埴对自己的调侃，好似相声中的"现挂"，既化解了场面的尴尬，又一下子吸引了受众注意力，其对场面的驾驭能力着实了得，无疑是见过大世面的大格局。的确，对于这位既有深厚国学功底又有资深外交官风范的一代名士，学生们哪敢等闲视之呢？

　　晚年的桂埴依旧机敏洒脱，妙语连珠和神采飞扬，一如当年站在北洋大学堂讲台上的意气风发、滔滔不绝和满堂生辉。

---

①　冒怀苏编著：《冒鹤亭先生年谱》，上海：学林出版社，1998 年，第 309—312 页。

②　阿兰编：《幽默》，成都：四川科学技术出版社，1995 年，第 81 页。文中均载为"桂植"。

北洋大学抗战期间发展西北西南教育实录

王　杰[*]

北洋大学创建于 1895 年，为近代中国建立的第一所现代性质的大学，生于忧患，长于危难，是一所国难当头有担当、艰苦卓绝有作为的大学。1894 年甲午战败后，北洋大学肩负"兴学强国"的历史使命，为中国现代大学开山；1900 年庚子之变后，它在战火中重生，推动中国社会转型，探索工业救国之路；1911 年辛亥革命后，它教学、科研相长，跻身世界一流大学行列；1937 年"七七事变"后，它西迁入陕，且在西北、西南建立了多所学校，为中华文明的传承和国家人才的培养做出了卓越贡献。

一、抗日救亡的校园

1937 年 7 月下旬，日军开始攻打天津，"北洋与其他学术及水利机关合办之中国第一水工实验所，首先被暴日天津驻军轰炸"。[①] 这时的北洋大学由于专办工程专业，从 1928 年改称"国立北洋工学院"。学校位于由北平入天津的必经之路，日军侵华，学院首当其冲，被日寇侵占为兵营，校园被破坏，仪器设备损失惨重。据北洋大学档案记载，除事先抢运出寄存于英租界兴华公司的二百箱资料、仪器和实验药品外，其余图书、设施均被破坏，一些地质标本和珍贵仪器被日军劫往东京。[②] 日军的侵略破坏了北洋工学院正常的办学与发展，造成了无法弥补的损失。

由于日军侵华，原本平静安宁的教育圣地北洋工学院，正常的教学秩序被打乱，

* 王杰，毕业于南开大学历史系近现代史专业，现任天津大学教授、天津大学大学文化与校史研究所所长。

① 李书田：《抗战前期与胜利后之北洋》，左森、胡如光编：《回忆北洋大学》，天津：天津大学出版社，1989 年，第 139 页。

② 钟惠生、张务滋等：《为北洋工学院复校建议数点》，北洋大学—天津大学校史编辑室编：《北洋大学—天津大学校史资料选编（一）》，天津：天津大学出版社，1991 年，第 419 页。

教育殿堂变成了抗日救亡的校园；原本是被培养为国家建设栋梁的北洋学子，不能再专心学习，一介书生转变为抗日救亡的斗士。北洋工学院所在地天津，东邻东三省，西接北京，是日军活动的频繁地区，也是抗日斗争的热点地区。1931年9月18日，日军悍然发动了对我国东北的侵略战争。消息传到北洋大学，师生们面对国家危难，再也无法平静读书，全院师生义愤填膺地投入到抗日救亡活动之中。机械系教授、教务长、代理院长王季绪率先行动，通电全国，呼吁国民党政府出兵抗日，并毅然绝食，以示对日军侵华的抗议。此举在当时抗日爱国运动中造成巨大影响，天津和全国各大报纸都发表了消息或社论，各界爱国人士纷纷致函致电，表示支持王院长和北洋师生的爱国行动。不久，天津学生组织成立了抗日救国会，北洋工学院、法商学院、南开大学等院校学生分别负责该会的总务、宣传、文书等工作。北洋学生自治会根据同学要求，召开全校师生大会，通过了赴南京请愿的决议。11月7日晨，同学们在操场上集合出发。请愿的队伍直奔天津北站，并很快登上了去浦口的火车。这是因为得到了当时任北洋工学院土木工程系主任、兼任天津北宁铁路局副局长的张润田教授的热心帮助。后来，张教授因爱国抗日被日军逮捕，光荣殉国。在南下的路上，学生代表们克服了许多困难，终于在南京市国民党部礼堂见到了时任三军总司令的蒋介石，并当面向蒋介石提出了抗日救国的要求。①

其实，早在"九·一八"之前，时任国民政府陆海空军副总司令的张学良就曾莅临北洋大学。1928年"皇姑屯事件"后，面对日军在我国东北不断扩张的野心，张学良不屈服于日军的压力，毅然在东北"易帜"，服从国民政府，出任国民政府陆海空军副总司令。1930年12月13日，张学良莅临北洋大学，参观了校园，并向师生们讲话。

1931年1月出版的《北洋周刊》刊登了张学良的戎装照和《张副总司令在北洋训话》的内容，"现在国家统一建设开始，处处需要人才。但是，就国内普遍的情形观察，每每感到人才缺乏。然而，同时又看见许多失业的青年，其原因就是青年人多不能得到良好的教育。所谓良好的教育，就是学问道德要并重。至于有道德没有学问，固然不能胜任，若是单有学问没有道德，也是不会持久的。青年人不愁无事做，只要学问道德均有根底，无论在何时，均为人所器重。贵院为培植人才的最高学府，现实在中央及各地服务的北洋同学很多，可以证明北洋的精神是学问道德并重的。希望诸

---

① 北洋大学—天津大学校史编辑室编：《北洋大学—天津大学校史》，天津：天津大学出版社，1990年，第222—223页。

君力学不要忘了敦品，将来学成到社会服务必然可以成功。"① 当时，张学良的讲话还是鼓励学生们学业有成，服务社会。

1931 年底，东北沦陷。面对国家危亡，学生们无法平静读书。在天津，由北洋、南开、法商等大学和汇文、扶轮等中学组成了"抗日救国请愿团"，于 1932 年 3 月初赴北平请愿。北洋大学代表是李颂琛、张绍衡，其中李颂琛是代表团预定发言人。3 月 3 日，代表团受到了张学良的接见。对此事，《北洋周刊》作了详细报道："三月三日上午十一点，全体代表十七人赴顺承王府。恰张学良从绥靖公署开完军事会回来，在门口看见我们。于是无甚周折即会见。张全副戎装进客室，手持一构造极复杂的摄影机，精神与来北洋演讲时仿佛……首由预定发言人李颂琛说明来意……张未假思索即与答复。略谓——'我张学良是怎么样的人，可由过去的历史证明之。我的立场始终是抵抗日本人的。东省的祸是由我惹起来的，因为我兢兢业业的抵抗日本的侵略。'"他表示，过去是抵抗的，今后还要抵抗下去。代表团返津后，向北洋师生传达了张学良的接见经过和讲话，大大地鼓舞了师生的抗日热情。②

同学们以各种形式开展抗日救亡活动，北洋工学院成为了抗日爱国的校园。如支持马占山抗日武装斗争，支援十九路军淞沪抗战、二十九路军喜峰口抗战和冯玉祥抗日同盟军的察北抗战，抵制日货，开展反对日寇武装走私的斗争，等等。同学们还自己捐资，组织演出队到农村去，动员民众参加抗日。学生们组织了"北洋大学民众新报社"，出版发行《民众新报》，专门刊登有关动员民众抗日的报道。1937 年 4 月 17 日出版的《民众新报》第二期报道了"北洋学生旅行剧团"下乡演出的情况。"我们规定了这样的路线：天津大稍直口、杨柳青、炒米店、郭家庄、王兰庄"，选的剧有《塞外的狂涛》《死亡线上》《警号》等。③ 在杨柳青演出，观看的民众有五百多人，"'混蛋，你敢违背帝国官员的命令？'当民众听到这两句话，紧张的面孔上，马上表现出愤怒的神气，握紧着拳头，恨不得跑上台去揍那个鬼子两下。当日本兵向拿着炸弹的中国工人跪地作揖求饶时，那真是大快人心，台下观众掌声不绝于耳"④"今天的观众之多在千人以上，剧演完了观众都不愿意走，我们在台上高声齐唱'打回老

---

① 国立北洋大学周刊出版委员会：《张副总司令在北洋训话》，《北洋周刊》，1931 年。

② 参见国立北洋大学周刊出版委员会：《本校代表李颂琛、张绍衡参加津市学生抗日救国会请愿出兵东北收复失地之经过报告书》，《北洋周刊》1932 年第 37 期。李义丹、王杰主编：《文化记忆》，天津：天津大学出版社，2011 年，第 79—80 页。

③ 参见《筹备经过》，《民众新报》1937 年第 2 号，第 3 页。

④ 建宏：《演剧旅行六日记》，《民众新报》1937 年第 2 号，第 4 页。

家去'。"① "以旅行演剧深入农村，去做唤醒民众的工作，在救亡运动中恐怕还是一个创举吧……我敢告诉亲爱的同胞们，这些地方的大多数人民，已经流传着'打回老家去''九月十八那一天'的歌声"。②

一些北洋学子则投笔从戎，浴血疆场，为抗日救国献出了宝贵的生命。如革命烈士李恒林、于奇、张佩怀、马克昌、马耀南、黄诚等。马耀南曾担任八路军山东纵队第三支队司令员，在反扫荡中牺牲，为了纪念他，中共清河区党委将长山县改为耀南县。黄诚曾担任新四军政治部秘书处长，牺牲后，陈毅为其题挽诗："松冈明月魂如在，记取铁窗仍多情，临难铮铮风骨好，皖山不负夜台行。"他们是北洋学子的楷模，是中华民族的骄傲。③

二、西北办学综述

1937 年 7 月 7 日，日本侵略军在卢沟桥向中国军队挑衅，发动了全面侵华战争，7 月 30 日天津沦陷。日寇占领天津之前，北洋工学院院长李书田感到华北面临威胁，曾计划在西安购地建校，以备应急之用，但国民党当局不予批准。日寇占领天津后，侵占学院为兵营，北洋师生有校难归，无书可教，无书可读，流离失所。国难当头，学校被毁，北洋工学院和平津其他院校的爱国学者提出"教育为民族复兴之基本"的口号，各校纷纷提出内迁的要求。在此情况下，教育当局匆忙商议华北高校内迁事宜，准备在长沙和西安设立西南和西北两所临时大学。

1937 年 9 月 10 日，教育部发布第 16696 号令，"以北平大学、北平师范大学、北洋工学院和北平研究所等院校为基干，设立西安临时大学"。校务主持"由常务会议商决，系共同负责之合议制度"。筹备委员会下设秘书、教务、总务三处。全校设立文理、法商、教育、工、农、医六个学院，共二十三个系。在津的师生设法通过日租界，经百般盘查进入法租界或英租界，然后乘英国客、货轮离开天津，经大沽口入渤海，抵达山东的龙口或青岛，上岸后奔往西安。④

由于学校正值暑期，许多师生分散在各地，只能自行设法到达西安。因此许多师

---

① 定才：《从出发到归来》，《民众新报》1937 年第 2 号，第 8 页。
② 定才：《工作效果的评价》，《民众新报》1937 年第 2 号，第 14—15 页。
③ 李义丹、王杰主编：《文化记忆》，天津：天津大学出版社，2011 年，第 79 页。
④ 同上书，第 83—84 页。李义丹主编：《天津大学（北洋大学）校史简编》，天津：天津大学出版社，2002 年，第 39—40 页。

生几经周折来到临大时，囊中已经一贫如洗，至于图书资料绝少带出，仪器设备更谈不上。一时校址难于寻找，西安临时大学只能分在三个地方，分别称第一院、第二院、第三院。第一院在城隍庙后街 4 号，为校本部；第二院在小南门外东北大学（即今西北大学校址），为工学院和数学系、物理系、化学系、体育系；第三院在北大街通济坊，为法商学院、农学院、医学院和教育系、生物系、地理系。学校教舍分散、狭小，没有图书馆、体育场，教学条件十分简陋。医学院学生被安置在第三院进行教学，教师则分散居住在西安城内各处。

临大筹备伊始，教育部规定三校学生自愿前往西安临大报到，开学日期为 1937 年 11 月 1 日，11 月 15 日正式上课，学校规定 1938 年 1 月 10 日为学生到校的最后期限。为不影响教学计划完成，将该学期延至 1938 年 2 月底。西安临大是临时联合性质的大学，开学之初，既发给国立西安临时大学的校徽，同时又发给三校各自的校徽。

临大工学院是六大学院之一，由北洋工学院和北平大学工学院联合组成。工学院下设土木工程系、矿冶工程系、机械工程系、电机工程系、化学工程系、纺织工程系，系主任由北洋工学院教授和北平大学工学院教授分别担任。北洋工学院办学历史长，科系设置较完备，师资力量雄厚，办学经验丰富，因此由李书田兼任临大工学院院长。

临大工学院成立伊始，李书田就主张按北洋"实事求是""严谨治学"的校风办学，工学院大部分北洋师生又能身体力行，使北洋传统得以继承传扬。工学院很快开课，新生入学后，即教唱北洋校歌。1938 年 3 月，山西临汾失陷，陕西门户潼关告急，政府命令西安临大向南迁往汉中。3 月 16 日开始迁校，按迁校行军办法，工学院为第二中队，下分五个区队，有学生和带队教师、服务员工共五百余人。区队下每班为一分队，是最基本的活动单位。出发前学校按人配发干粮，乃陕西特产"大锅盔"和咸菜。乘火车到宝鸡后，步行五百余里，翻山越岭到达褒城。由于在汉中找房设校遇到困难，工学院师生在褒城待命近一个月。4 月 10 日，经校务委员会会议决定，将全校分置三县六处，即城固县、南郑县、勉县，工学院设在距城固县城南四十里的古路坝。[①]

1938 年 4 月 3 日，学校师生南迁后尚未安顿下来，教育部令国立西安临时大学改名为国立西北联合大学。5 月 2 日，国立西北联合大学正式开学，当日举行隆重的开

---

① 李义丹、王杰主编：《文化记忆》，天津：天津大学出版社，2011 年，第 84—85 页。

学典礼。西北联大仍设六个学院，二十三个系。[①]

工学院根据教育部《国立西北联合大学工学院与国立东北大学工学院及私立焦作工学院合并改组为国立西北工学院办法》组成。《办法》规定：（一）经费支出：一、以西北联大原有北洋工学院及平大工学院实际支出经费为国立西北工学院之经费；二、焦作工学院本部补助经费为国立西北工学院设备及迁移费；三、中英庚款会补助西北联大工学院设备费为国立西北工学院设备费；四、国立东北大学工学院职教员学生并入国立西北工学院。（二）国立西北工学院设土木工程、矿业工程、机械工程、电机工程、化学工程、纺织工程六系。1938年8月，西北工学院获教育部批准在城固县古路坝独立建院，史称古路坝西北工学院。[②]

1938年8月，刚刚落地古路坝的西北工学院就组织筹办"甘肃省立秦安初级实用职业学校"。《甘肃省立秦安初级实用职业学校概况》中记载"于二十七年（1938年）国立西北工学院脱离西北联大而独立，筹备主任李书田先生鉴于西北工业之应竭力发展，乃建议教育部筹设工院附属高级职业学校于天水，以造就中级技术干部人才"，"当时的国民政府教育部则令甘肃省教育厅与西北工学院协同办理创设学校。为避免日机轰炸，校址择设秦安，定名为'甘肃省立秦安初级实用职业学校'，以马士韩等三人负责筹办，一九三九年八月派西北工学院教授崔玉田为第一任校长，一九三九年十月正式开学。从一九三九年成立到一九四九年秦安解放，学校共招收八届二十班学生，曾分初级三年制机械、染织、毛纺、制革科，高级机械科，五年一贯制机、应化、纺织科，总共毕业学生250人。"[③]

1942年12月，行政院决定，将原浙江英士大学工学院划出，独立建成国立北洋工学院，校址于泰顺百丈口镇，史称泰顺北洋工学院。

1944年春，经教育部批准，在西安建立一所工科院校称为"北洋工学院西京分院"。其后，李书田又在贵州西康建立西康技艺专科学校。抗日战争期间，北洋工学院不仅没有被战火摧毁，而且在西北、西南播下了教育救亡的火种，如红军长征一般，所到之处点燃星火，点燃民族复兴的希望。

---

① 李义丹、王杰主编：《文化记忆》，天津：天津大学出版社，2011年，第84—85页。

② 北洋大学—天津大学校史编辑室编：《北洋大学—天津大学校史资料选编（一）》，天津：天津大学出版社，1991年，第359页。

③ 秦安初级实用职业学校：《甘肃省立秦安初级实用职业学校概况》，内部资料，1942年。

三、西安临大时期的北洋工学院

西安临时大学是临时联合性质的大学，西迁各校无论在名义或实质上均独立存在。西安临时大学于 1937 年 11 月 15 日举办开学典礼，开始上课。当时共有学生 1472 人，其中 311 人为在西安两次招收录之新生，余皆为三校院原有学生或他校旧生转学而来。全校分设文理、法商、教育、工、农、医六大学院，共二十三个系。其中医学院不分系，有学生 86 人。临大不设校长，专设常委及各院院长。常委为徐诵明（北平大学校长）、李蒸（北平师范大学校长）、李书田（北洋工学院院长）、陈剑（教育部派员，原中央大学教务长）、童冠贤（教育部派员，秘书主任）。文理学院院长刘拓，法商学院院长徐诵明（兼代），教育学院院长李建勋，农学院院长周建侯，工学院院长李书田（兼），医学院院长吴祥凤。

西安临时大学的成立，标志着我国西北地区首个国立综合大学的建立，国家在西北地区的高等教育布局从此奠基。

1937 年 7 月底，北洋工学院被日军侵占，师生艰难转移西北，组建西安临时大学。

1937 年考入北洋工学院，建国后担任北京航空航天大学教授的马恩春曾撰文回忆道：

"我是 1937 年入学的学生，对于这一段北洋工学院的历史亲身经历，虽时隔 50 年尚记忆犹新。1937 年 7 月 7 日日寇发动卢沟桥事变，平津岌岌可危。南京教育部令天津北洋工学院、北平大学及北平师范大学在西安组成国立西安临时大学。陆路交通断绝，一般平津学生都历尽千辛万苦，通过日军百般搜查捕讯，才得以到达当时的安全地带天津法租界及英租界。然后乘英国客货轮离开天津经大沽口入渤海，抵达山东的龙口或青岛，上岸急奔西安……原三校在西安均无分校，无奈只得借当时已二迁其校的东北大学的部分校舍而开学。在东北大学校门左边悬挂着东北大学校牌，右边悬挂着国立西安临时大学的校牌"。[①]

由于当时全国处于全民抗战的形势，整个教学工作处于一种战时状态。当局规定的教学思想是："凡所教学训遵之方，悉宜针对国难时艰，积极设施，以厉行非常时期之救亡教育。"教学内容基本上与西迁前一样，只是增设了以抗日为中心的军事、政治、救护技术等课训练。

---

① 马恩春：《抗日战争初期的北洋工学院回忆片断》，左森、胡如光编：《回忆北洋大学》，天津：天津大学出版社，1989 年，第 89 页。

工学院在此期间因有东北大学礼堂可供使用，除正常授课外，每周均邀请校内外专家学者结合抗战内容举行学术报告。在开学后的短短一个半月的时间内，就举行报告会 4 次。陕西省水利局局长、著名水利专家李仪祉讲"抗战力量"，华北水利委员会工程队队长徐宝溥讲"在北战场办理军事工程之经过"，航空委员会第十三科科长顾校书讲"防空工程"，陕西省建设厅厅长雷宝华讲"求学态度与抗战时期应有之修养和准备"。此外，工学院土木系也组织过几次学术性报告会。请本校地质教授张伯声讲"西北地质"，土木系教授刘德润讲"土壤力学"，黄河水利委员会导渭工程处总工程师刘钟瑞讲"导渭工程"。工学院上下抗战激情高昂，学习氛围浓厚。[1]

据 1938 年 2 月统计，西安临大工学院有学生 386 人，其中北洋三十八年班、三十九年班学生有二百余人。

四、南迁汉中成立西北联合大学工学院

1938 年 3 月，山西临汾失陷，陕西门户潼关告急，国民政府命令西安临大向南迁往汉中。3 月 16 日开始迁校，学生编为一个大队，三个中队（每个中队 400—500 人），若干区队（教职员为一个独立区队），以军事拉练的方式开始行军，沿途开展社会调查、抗日宣传等活动。临大工学院为第二中队，下分五个区队，有学生和带队教师、服务员工共五百余人。区队下每班为一分队，是最基本的活动单位。

出发前学校按人配发干粮，乃陕西特产"大锅盔"和咸菜。锅盔又叫锅盔馍、干馍，是陕西省关中地区以及甘肃省武威地区城乡居民喜食的地方传统风味面食小吃。锅盔相传来自先秦军队行军打仗时，士兵怕吃饭而耽误时间，就把面团放进头盔里，把头盔放到火中去烤，而烙成了饼，晒干后可长时间存放不易腐烂变坏，可做干粮方便携带。陕西人做锅盔，将面和硬（硬到用手都揉不动），借助木杠子，用力压，压成圆饼以后，放在铁锅里，用火慢慢烙烤，好的锅盔外脆内酥，又大又厚又圆，很像一个锅盖。当时学校采购锅盔 8676 斤，咸菜三千余斤，整个西安城内的锅盔被抢购一空。锅盔和咸菜就成为师生在南迁路上的主食，按每人每日一斤锅盔、一块咸菜配给。

工学院师生将必须随身携带的衣物行李由学校雇用大车装运随行，其余文具书籍等则交给学校，由学校派专人直接运到目的地。师生先乘汽车到西安站上火车。车厢

---

① 北洋大学—天津大学校史编辑室编：《北洋大学—天津大学校史（第一卷）1895 年 10 月—1949 年 1 月》，天津：天津大学出版社，1990 年，第 237—238 页。

是闷罐货车，每车内有电灯一盏，灯光昏暗，连对面人的面孔也看不清。工学院的师生是吃过晚饭后上车，天明时即到达宝鸡，继续行军到宝鸡南面十五里的益门镇。当时益门镇仅有数十家农户。为与第一中队保持距离，工学院师生在此停留一周，然后沿川陕公路去汉中。

从宝鸡到汉中有五百余里，沿途需要涉渭河、过大散关、越秦岭、经褒城到汉中。从宝鸡到褒城，陕人称为"穷八站"，这一带人烟稀少，土地贫瘠。而秦岭更是一道难以跨越的"天险"。

秦岭山脉是中国南北方的重要地理分界，巍峨挺拔，高峻险陡。远在商周，秦岭山间已出现沟通南北的栈道，栈道大多是在羊肠小道的基础上因水而成，沿着河谷前进，分布于河谷近侧的道路。周秦汉唐的千余年间，秦岭驿道作为长安联结南方诸省的战略通道，在政治、军事、经济诸方面发挥过重要作用。

工学院师生沿着秦岭驿道徒步而行，每天少则三四十里，多则七八十里，途中不仅要面对地势的险恶，还要随时提防土匪的袭扰。每日三餐，早餐出发前是稀粥和馒头，中午是自带的干粮，到达宿营地后可吃一顿干饭及汤菜。偶遇运输及粮米困难，也向沿途的居民零星凑集或向其借用锅灶自行炊做。

由于在汉中找房设校遇到困难，工学院最后设在距城固县城南40里的古路坝。1938年4月3日，学校师生南迁后尚未安顿下来，教育部令国立西安临时大学改名为国立西北联合大学。5月2日，国立西北联合大学正式开学，举行开学典礼。联大本部设在城固县城内考院和文庙。在考院的大影壁上白底黑字写着"国立西北联合大学"八个字。在考院入门的门楼里高悬着国立北洋工学院、国立北平大学与国立北平师范大学三校校牌。西北联大以"公诚勤朴"为校训，"公"指天下为公，"诚"指不诚无物，"勤"指勤奋敬业，"朴"指质朴务实。西北联大沿袭西安临大旧制，仍为临时性的联合大学，联大不设校长，校内一切重大事项由校常务委员会议决。

西北联大在汉中9年，先后分立出5所学校，即国立西北大学、国立西北师范学院（今北京师范大学、西北师范大学）、国立西北工学院（今天津大学、西北工业大学、中国矿业大学、东北大学、河南理工大学）、国立西北农学院（今西北农林科技大学）、西北医学院（原西安医科大学，后并入西安交通大学），培养了九千余名学生，为中国西北奠定了文、史、哲、经、法、社、数、理、化、生、天、地、工、农、医的学科体系和教育体系，为西北高等教育的发展打下了坚实的基础。西北联大存在的时间虽然很短，但西北联大及其衍生出的高校为中国的抗战事业以及维系中华民族的文脉和高等教育基础做出了卓越贡献。

五、古路坝与西北工学院

1938 年 7 月 27 日，教育部发出"汉教字第 6074 号训令"，令北洋工学院、北平大学工学院、东北大学工学院和私立焦作工学院合组西北工学院，规定院系编制设土木工程、矿冶工程、机械工程、电机工程、化学工程、纺织工程六系，原有各学院各系分别并入上列六系。规定四所学院原有教职人员，由西北工学院尽量聘用，学生完全并入西北工学院。

原定校址在岷县或天水寻觅。令李书田为国立西北工学院筹备主任，负责筹建工作。1938 年 8 月，西北工学院筹备委员会在城固县组成，李书田、胡庶化、张北海、张贻惠、王文华、张清涟、雷宝华等为委员，8 月 18 日筹委员取得汉中地方支持，决定将学院设在城固县古路坝意大利天主教堂内。学校先借用教堂东北部之女院和老汉院为校舍，教堂墙外空地为体育场，教堂后将其两百余间房屋全部无偿借用。在教堂附近加紧施工，新建教职员住宅 25 所，学生宿舍 70 间，食堂一处，添凿水井一眼。

10 月 3 日，开始在重庆、成都、西安等地招收新生。

古路坝天主教堂位于城固县城南十二公里董家营古路坝村，始建于 1888 年，是当时西北五省最大的天主教堂之一。教堂由荷兰人设计，我国优秀工匠施工修建，整个建筑群设计独特，构思巧妙，用料考究，建造工艺高超，具有很高的观赏性，现存有主教公馆。抗日战争爆发后，西方传教士纷纷回国，平津等地高校迁入汉中，因古路坝天主教堂空闲，西北工学院将校址选在此处，办学达八年之久，共培养了一千三百余名学生，这些学生大多成为国家和国防建设的杰出人才。琅琅的读书声替代了往日的诵经声，这里成为唤醒民众、启迪智慧、追求真理、兴学救国的圣地。古路坝与成都华西坝、重庆沙坪坝并称为抗战时期全国著名的中国文化"三大坝"，在中国文化教育史上留下了光辉的一页。西北工学院的学生经常开玩笑地说中国大学有"三坝"。成都的华西坝，有华西大学、齐鲁大学等几所高校，条件相对好一点，虽然经常断电缺粮，但还可以叫做"天堂"；重庆沙坪坝，有中央大学、交大等校，生活环境相对清苦，叫"人间"；古路坝，在汉中城固，是交通、生活、学习条件最差的，在大山沟里面，就叫做"地狱"。

1938 年 8 月，东北大学工学院由四川三台、焦作工学院由甘肃天水陆续搬迁到古路坝。

新组建的西北工学院与临大、联大时期的工学院不同。临大、联大工学院虽名称统一，但各校仍同时挂原各校的校牌，戴原各校的校徽，无论形式和内容都保持着各自的独立性。西北工学院是由四校合组而成，集中了四校的优势，焦作工学院和东北大学工学院的图书设备为西北工学院提供了教学基础条件，北洋工学院和北平大学工学院的优秀师资队伍和办学经验成为西北工学院人才培养的重要基础。同时，北洋"实事求是""严谨治学"的优良校训校风，对西北工学院办学风格的形成产生了重大影响。北洋精神也以另一种形式继续得以传承和发展。四校的融合不是形式上的联合，而是以新的办学实体出现在我国西北，成为抗战时期国家培养高等工程技术人才的重要基地。西北工学院于1938年11月12日举行开学典礼，12月12日正式上课。

西北工学院筹建之初，按照教育部批准设六个系，后在筹备中又呈报教育部增设两个系，共设有八个系。即土木工程系、电机工程系、化学工程系、纺织工程系、机械工程系、矿冶工程系、水利工程系、航空工程系。西北工学院在西北各校中是实力最强的，有教授22人，讲师、助教22人。工学院师资力量雄厚，教授中不乏中外著名专家学者，如：水利工程专家李仪祉教授，留学德国柏林皇家工程大学土木工程学系；造纸专家萧连波教授，留学美国威斯康星大学、伊利诺伊大学造纸专业；土木工程专家周宗莲教授，留学英国孟都斯特大学，获工学博士学位；采矿冶金专家魏寿昆，留学德国柏林工科大学材料工艺科学系化学专业；机械工程专家潘承孝教授，留学美国康奈尔大学机械系。工学院的22名教授中，没有留学经历的不过一二人。学生440人，约占联大学生总数的三分之一。

1938年8月至1939年1月，原北洋工学院院长李书田担任西北工学院筹备委员会主任，并主持院务工作。李书田事业心强，办事认真，勤恳工作，在其他各校领导人的配合下，使筹备工作进展迅速，仅用3个月时间就使筹备工作就绪，开学上课。

李书田在执掌西北工学院期间，依然本着"严谨治学"的精神办学。

首先是制定了严格的教师管理制度，规定："教师任职前，学院要对待聘教师进行资格考核，考核合格者，方可与学校签订聘约。第一次试聘聘期一年，第二次试聘聘期一年，两次试聘合格后，再聘为每期两年。聘期内教员如违反聘约，可以解聘。"虽在抗战的特殊时期，教师聘任也没有终身制、铁饭碗，以严格的考核保证师资质量。

其次是严格学生考试制度，新合组的西北工学院制定了"结束联大工学院、东大工学院、焦作工学院37年度学生成绩办法"，规定学年末两门功课不及格补考，补考不及格留级，三门不及格退学，等等。在当时动荡的局势和刚刚建院的情况下，这些规定可以说是相当严格的。

由于战乱影响，并入西北工学院的各校原有师生程度、教学水平不尽相同，而李书田不考虑这些特殊情况，急于强求一致，又不能很好地处理各校的门户之见，终致西北工学院内部矛盾爆发。1938年底，因李书田提出并强行按北洋工学院的标准考核全院教师和学生，引起其他院校学生不满，导致"驱李事件"发生。12月30日凌晨，三十多名学生手持木棍把李书田轰出院门，李书田只得到二里外的左家湾暂避。原北洋学生事前一无所知，当得知情况后，又引起原北洋工学院学生与其他院校学生之间的冲突，致使一些学生受伤，双方情绪对立，难以调解。1939年1月，李书田去重庆教育部报告事件经过，未再返校。1939年2月，李书田辞去筹委会主任一职，经行政院批准，派往四川西康另建新校。院务工作由赖琏代理。为避免北洋学生和其他学生再发生冲突，赖琏征求北洋学生意见，北洋学生提出在城固县另设校址上课，不回古路坝，毕业时发北洋工学院文凭。赖琏表示同意，并于城固县城西北的龙头寺、七星寺设分院，安置原北洋工学院学生上课。为便于授课，原北洋工学院教授亦迁往附近的高家村暂住。

1937年7月，教育部正式任命赖琏为西北工学院院长。赖琏，出生于1900年，福建永定人。1919年毕业于雅礼大学预科，同年7月赴美留学，入伊利诺伊大学学习机械工程。1925年后进入美国康奈尔大学研究院学习。曾任西北工学院院长，国民政府教育部常务次长。

赖琏担任西北工学院院长达六年之久。他不仅以土木、水利、矿冶、机械、航空、电机、化工、纺织八系为骨干，成立了水利、化工、矿冶、纺织、电工、机械、土木等工程学会和边疆问题研究会，1942年还增设工业管理学系，学院内学术空气日渐浓厚。同时还招收大学先修班学生两个班。由于学系和班数增加，学校校舍紧张，故在七星寺扩建学生宿舍五十余间，工厂十余间，教室8间，礼堂1座及洗漱室、厨房等等，专供一年级新生和先修班学生使用，并在七星寺正式成立了西北工学院分院。1943年10月，赖琏辞去院长职务，推荐潘承孝接任院长。

潘承孝，生于1897年，江苏苏州人。1915年考入唐山路矿学校机械系，1922年留学美国，先后就读于康奈尔大学、威斯康星大学研究生院，获机械工程硕士学位。1927年回国后，先后在沈阳冯庸大学、东北大学、北平大学工学院机械系任教，1943

年 12 月担任西北工学院院长。中华人民共和国成立后，曾任天津大学教授、教务长，河北工学院院长，是中国汽车和内燃机专家，中国内燃机和汽车工程教育的奠基人之一。潘承孝为人谦虚谨慎，工作认真负责，处事公正，治学严谨。他继任院长之后，正是抗战胜利前最困难的时期，办学经费紧缺，师生生活困苦，他全力以赴维持校务，得到师生爱戴。

古路坝建校条件虽属简陋，但几经颠沛流离的师生，总算有了立足之地，可以进行教学，也算苦中有乐，乐在其中了。

西北工学院的师生为古路坝这块宁静的土地带来了盎然的生机，教师用心讲学，学生专心苦读。图书阅览馆由于地方狭小，从早到晚都是人满为患。晚间自习时，一个大教室，顶多两盏汽灯，晚饭后就有同学抢先进入教室，占灯下座位，晚来的同学只能依次后坐，有些则自己举着蜡烛以补光线的不足。每晚自修到煤气灯将要熄灭时，同学们还迟迟不肯离去。刚刚黎明，即有同学散布于山坡或树林中开始晨读。

在七星寺就读的北洋学生人人自奋，潜心苦读。早起学习的，学生俗称"开早车"；深夜学习的，学生俗称"开夜车"。那时没有电灯，都是点蜡烛和煤油灯，由于"开夜车"和"开早车"的人都衔接起来了，所以教室里的灯一直亮着，夜里从远处看，点点滴滴的灯光长夜不熄，当地人称其为"坝上长夜、七星灯火"，在那穷乡僻壤，成为一景。

北洋学生把在七星寺学习叫"过鬼门关"，因为当时学校对学生要求非常严格，每年都有近一半的学生留级或补考。2010 年荣获国家最高科学技术奖的中国工程院院士师昌绪和 1983 年担任清华大学校长的中国科学院院士高景德住在同一个宿舍。

师昌绪，生于 1918 年，河北徐水人。1941 年考入国立西北工学院矿冶系，1949 年在美国密苏里大学矿冶学院获硕士学位，1950 年受聘麻省理工学院冶金系从事科研工作。1955 年回国从事高温合金及合金钢的研究与开发工作，是中国著名的金属学及材料科学家、两院院士。2010 年荣获国家最高科学技术奖。

高景德，生于 1922 年，陕西佳县人。1941 年保送进西北工学院电机系，1947 年在北京大学工学院电机系任助教、讲师，1956 年获苏联列宁格勒加里宁工学院技术科学博士学位，是中国电机工程专家、教育家、中国科学院院士，曾担任清华大学校长。师昌绪是"开夜车"的，吃了晚饭就去教室看书学习，一直到夜里两三点钟回宿舍。而高景德习惯于"开早车"，凌晨两点就起床去教室学习。所以师昌绪回到宿舍时，高景德已经出去学习了。两个人几个星期、几个月都见不着一面。

生活虽然极其艰苦，但西北工学院的学风极盛，一批又一批的学生凭着坚强的毅力、刻苦的精神和报效祖国的热情，圆满完成了繁重的学业，成为祖国建设的栋梁。当时，西北工学院的学生考取公费留学生的人数，连续多年是全国各个大学最多的。

在此期间，刻苦读书是学生生活的主旋律。但是，课余的生活也是丰富多彩的。当时学生建立了许多社团，有省市同学会、国剧社、合唱团、口琴社、文讨社、话剧团等；开展了许多活动，如讲演会、座谈会、小组讨论会；还组织球类比赛、越野比赛、爬山比赛，举办太极拳研究班等。学生们还组织了学生劳动服务队，开展植树、副业生产；为当地民众服务，办民众阅览室、民众夜校、民众诊所及开展壁报宣传。古路坝既无电影院也无剧院，每逢校庆和节日，学生组织的国剧社、话剧团，就在教堂大院的戏台上演出节目，师生同乐。

由于物价飞涨，学院成立了公利互助社，办理生产消费合作之事，所售各种物品多为日常生活必需品，以定量分配给各社员，并限期购买。学院发起节约活动，订立"节约启事"，全院上下形成艰苦俭朴之风。

古路坝距离县城几十里，条件十分艰苦。院址是一天主教堂，教室是泥房子，门窗年久失修，夏天下雨教室里就成了烂泥潭，冬天冻得手上都长冻疮。分院七星寺条件更差。没有电，点的是蜡烛和小煤油灯。饿肚子是经常的事，还要时常冒着日寇飞机轰炸的危险。就是在这样的条件下，教师严谨治学，学生发奋苦读，成为一所飞机炸不倒、艰苦难不倒的抗战大学。

六、泰顺北洋工学院

北洋大学历史悠久，在海内外声誉颇高，抗战爆发后西迁入陕，合组西北工学院。海内外校友反响很大，非常关注北洋大学复校问题。1941 年 10 月，中国工程师学会及各专门工程学会在贵阳举办联合年会，各学会中北洋毕业生众多，于是形成了北洋校友云集贵阳的盛况。鉴于过去多次向教育部呼吁恢复北洋大学均无成效，借此次相聚之机，就复校事宜进行了专门商议。

1941 年 10 月 23 日下午 7 时，由北洋同学会贵阳分会出面，在交通银行贵阳分行二楼，欢宴各工程学术团体联合年会各地北洋校友，并召开临时大会，商讨复名北洋大学之事。参加者有茅以升、项任澜、曹诚克、徐世大、程志颐、孙越崎、陈立夫、叶秀峰、李书田、魏寿昆、李荣梦等 33 人。全体与会校友一致主张从速复校。会议研究了四项议案，包括：第一，恢复国立北洋工学院案，决议请校友在本届各工程学术团体联合年会拟具提案，建议政府增设工学院，广植工程人才，以应需要，请政府用北洋工学院名。第二，筹设私立北洋工学院，由全国北洋校友共同筹办。第三，恢复国立北洋工学院工科研究所矿冶工程部，请曹诚克校友起草建议政府设于经济部矿冶研究所内。第四，为保证北洋工学院生源筹设北洋中学。

10月26日，在贵阳交通银行二楼举行了私立北洋工学院筹备委员会成立会及第一次会议，参加人有程志颐、叶秀峰、孙越崎、茅以升、徐宗涑、李书田等人，孙越崎为主席，主持会议。会议就学院设立地点、经费筹集等事宜进行商议。组织基金筹集委员会，推选曾养甫为主任委员，孙越崎为副主任委员。拟向多地募集办学款项，同时成立董事会并呈报教育部，计划于1942年10月2日北洋大学建校47周年纪念日开学。随后，向各地发送了"私立北洋工学院筹备委员会募集基金捐启"。响应总会号召，各地校友会随之陆续建立，募捐活动也进展很快。先后成立了贵阳分会、湖南分会、滇缅公路分会、四川分会、江西分会、黔桂铁路分会、陕西分会等。还按年级成立了班会，如二十七年班班会、二十八年班班会、二十九年班班会、三十年班班会等，并纷纷向总会发出要求复校函。复校活动搞得轰轰烈烈。李书田随后辞去贵州农工学院院长一职，专心着手筹建私立北洋工学院。

贵阳会议后，校友们积极着手筹建私立北洋工学院。北洋工学院隶属国立，筹建私立北洋工学院使教育部甚感难堪。1942年12月，行政院第606次会议决定，将原浙江省立英士大学升格为国立英士大学，将英士大学工学院划出，独立为国立北洋工学院，陈荩民任代理工学院院长。

陈荩民，生于1895年，原名陈宏勋，浙江天台人。1916年，入北京高等师范学校（北京师范大学前身）数理部学习。1918年加入北京大学、北京高师等进步学生组织的国民杂志社，任评议员，参加反帝反封建的爱国活动。1921年，赴法国里昂中法大学学习。1925年毕业，获理学硕士学位。1939年，任英士大学教授兼教务长，后任北洋工学院院长。抗日战争胜利后，任北洋大学教授兼理学院院长，并兼北平部主任，积极支持学生爱国民主运动。中华人民共和国建立后，一度主持北洋大学校务工作。他长期从事高等数学教学及高等教育工作，撰写了大量数学专著、教材及科普读物，对中国教育及科学事业做出了可贵贡献。

由于战争的影响，英士大学于1942年5月刚从浙东丽水迁到浙闽交界的山区小镇——泰顺县司前镇。北洋工学院成立后，因小镇容纳不下两所学校，北洋工学院便迁往泰顺百丈口镇。

百丈口镇比泰顺更为闭塞，交通极为不便，全镇人口只有几百人，仅有两三家卖油盐和杂货的小店。办学条件非常简陋，生活条件也十分艰苦。曾经在泰顺学习过的吴恒安撰文回忆道："当时，复校后的北洋工学院位于浙闽边界的泰顺县百丈口镇。泰顺是浙南的一个偏僻小县，而百丈口又是这个偏僻小县的一个小镇"；"学校位于百丈口镇对面的山坡上，与百丈口镇隔河相望，中间有一座用竹子和木桩搭起来的人行便桥"；"在校舍方面，教室是土墙、木架、草顶搭起来的简陋土房，教室地面是天然土地，没有水泥地面，也没有砌砖铺面，虽然有窗框，但没有玻璃，一遇斜风雨，教室里水流遍地，泥泞难以下脚。另外不知从哪里买来了几座装稻谷用的大谷仓，作为一部分学生的宿舍，我记得我就和另外七八个同学在一个大谷仓的通铺上睡了两年。由于谷仓里光线太暗，除了睡眠外，我们是很少进谷仓的。白天上课，温习功课和晚自习都在低矮的土墙教室中。偏僻的山村当然没有电灯，带玻璃灯罩的煤油灯对于穷学生来说也成了奢侈品，于是在粗陶瓷的小碟中放上豆油，加上一个灯芯，这样简陋的'灯'就成了我们学生晚自习必不可少的伴侣了"。①

对于当时的艰苦情况，北洋工学院院长陈荩民的报告中是这样表述的："案查本学院前于卅三年（1944）七月间奉均部午豪电，以敌寇蠢动指示应变注意事项五点，并准拨应变经费六十万元，旋又奉午齐电通知电匪应变费内扣汇水实扑五十九万六千八百十五元九角八分。各等因当经向龙泉中央银行持该项应变费领会转款存储在案。嗣因泰顺县境发现大刀匪，且有趋向本院所在地百丈口之势，本院为防万一，计当将重要文卷、账册、图书、仪器等装箱，疏散员生，行李、书籍设法船运下游，以策安全。事后总计搬运费什费及添置木箱、工料费等共支国币一万六千五百二十五元。又于本年六月间，闽北敌寇溃窜浙边，势甚汹涌。百丈地处山区，难得确实情报，一时谣言纷起。本院为安定员生及地方人心起见，经临时组织侦查敌人动向之情报队，分出向泰顺县城与闽属福鼎一带沿途设站侦查，一面添备装置用具做紧急时疏散财务之准备，共支旅费、什费及用具费等计国币三万两千三百二十二元五角。又查本院有工场用机件多种，寄存丽水、云和两处，因恐时局随时演变难免遭受损失，经即后派员提运，计共支旅运费六万九千五百五十五元。又购置其他应变用文件装置用具等共计四千八百元。以上总共国币二十万三千二百零

---

① 吴恒安：《泰顺北洋生活片断》，左森、胡如光编：《回忆北洋大学》，天津：天津大学出版社，1989年，第76—77页。

二元五角。即系在奉拨应变费项下动支。兹因本院奉令归并，除将结余应变费国币四十七万三千六百十三元四角二分专案移交国立英士大学接收外，理合编具应变费收支对照表三份，备文呈送仰祈。鉴核备案谨呈教育部。计呈送应变费收支对照表三份。国立北洋工学院院长陈荩民。民国三十四年（1945）八月二十日。"[①]

1943年夏，北洋工学院开始招收新生，招生消息登在报上，慕名报考者极为踊跃，参加考试者达一千多人。学校当时仅设土木工程系、机电工程系和化学工程系，限于名额共录到新生120人。这是全面抗战爆发后以北洋工学院名义所招的第一班学生，也是北洋大学复校后1947年暑假离校的第一班毕业生。11月1日开始新生入学，训练一周后上课。教师向学生讲述北洋以往的辉煌历史，并组织新生学唱北洋校歌。1943年，正式成立国立北洋工学院机电工程学会，有会员178人，每人发放通讯录一本，学会会徽一枚。至1945年夏以前，共有学生421人，教师40人。

在百丈口建校条件非常简陋，没有图书馆和实验设备，师资也不全。学校建了一些简易校舍，教室是土墙、木架、草顶的土房，窗上无玻璃，一遇到刮风下雨室内遍地是水，地面泥泞不堪，难以下脚。1944年左右，从省交通处调来一台旧汽车的发动机，成为学校仅有的一台设备。

泰顺北洋工学院自建立以后，几受惊扰，不仅受到土匪袭扰，还遇到驻温州、窜入浙南的日寇的威胁。1944年6月，教育部突然来电，严令北洋工学院并归英士大学。全校师生组成护校委员会，坚决请求教育部收回成命，并向校友呼吁支援。后来虽然被迫迁往英士大学新校址——永嘉，但北洋工学院声明是借读一年。直至抗日战争胜利、北洋大学在天津复校后，泰顺北洋工学院的师生分批赶往天津，回到母校的怀抱。

七、李书田与北洋工学院西京学院

1932年，李书田出任北洋工学院院长，掌校期间始终坚持"重质不重量，贵精不贵多，宁缺毋滥"的原则，形成了北洋严谨治学的风尚。就读于北洋大学，任职于北洋大学，培养了李书田深厚的爱校情结。

"七七事变"之前，李书田未雨绸缪，在1936年就提出了迁校的建议，并且亲自

---

① 国史馆教育部档：《国立北洋工学院呈文》。

到西安查看校址。"廿五年（1936）冬，因华北情形危急，经亲自赴陕勘定西京分院院址"，只是因为教育部一再拖延和"七七事变"的爆发，才造成学校匆忙西迁。

"廿六年（1937）八、九月，因津沽业已沦陷，北洋遭受有史以来之第二次大灾难，亦我国首创之大学横遭帝国主义铁蹄践踏之第二次。于是北洋奉令迁陕，与北平大学及北平师范大学，合组国立西安临时大学。喘息未定，因抗战需要，即着手从事工程学术之推广，对于改进西安飞机场，增辟陕西公路，多所协助。复派员生调查汉水流域沙金蕴藏，期稍裨益国计。三校合作精神，较之其他联合校院，有过之无不及。廿七年春，西安临时大学因战事迁往城固，嗣奉令改为国立西北联合大学。七月底，忽又奉令由西北联大工学院与东北大学工学院，及私立焦作工学院，合并改组为国立西北工学院。书田奉命主持筹备事宜。爰自九月间积极筹备，北洋原有水利工程，及航空工程两组，均请准教部扩充为系，合组四院员生为土木、水利、矿冶、机械、航空、电机、化工、纺织等八系。并于工科研究所之外，另正式成立工程学术推广部，从事测绘南郑城区，测量设计改进五门堰水利，及调查风、徽两县矿产。至十二月中旬以后，四院员生齐集城固古路坝，开学上课，完成一件不得已之举措。嗣虽发生波折，终由北洋员生之为国忍耐牺牲，得以奠立西北工程教育之基础。故自廿六年（1937）九月，以迄廿八年（1939）春间，是为北洋工学院不得已而脱胎换骨，为国牺牲，奠定西北工程教育之基础时期。"[①] 这是李书田所撰写的《北洋大学过去之五十三年》一文中的记载。

李书田称西北办学是"奠定西北工程教育之基础时期"，实事求是。这一时期有以下几点值得关注：

第一，西迁后的变动情况。先是由北洋工学院和北平大学、北平师范大学合组国立西安临时大学，也就是说北洋工学院是西安临时大学的核心组成部分。今天，参加"西北联大联盟"的高校有二十几所之多，究其根源为北洋工学院、北平大学、北平师范大学这三所高校。西安临大虽然存在的时间短暂，但是"三校合作精神，较之其他联合校院，有过之无不及"。三校组成的西安临时大学不是一盘散沙，而是精诚合作。1938 年春，因日军进逼风陵渡，西安受到战火威胁，"西安临时大学因战事迁往城固，嗣奉令改为国立西北联合大学"。城固在陕西汉中，过秦岭、穿褒斜道，艰难险阻，但是相对安全，又为鱼米之乡，可以保证粮食供应，保证了基本办学条件；"七

---

① 李书田：《北洋大学过去之五十三年》，左森、胡如光编：《回忆北洋大学》，天津：天津大学出版社，1989年，第 151—152 页。

月底，忽又奉令由西北联大工学院与东北大学工学院，及私立焦作工学院，合并改组为国立西北工学院"，汉中城固为山区，因联合大学的各学院分散在各地办学，交通不便，独立办学有利于各自的维系和运转，故而各学院独立，工学院在城固县的古路坝，称为"西北工学院"，因此李书田讲"北洋工学院不得已而脱胎换骨，为国牺牲，奠定西北工程教育之基础时期"。为了抗战的大局，北洋工学院放弃了自己的校名，但是没有放弃自己的办学特色，仍然坚持实事求是，严谨治学。

第二，西北办学的贡献。西北办学三校结合，科系得以充实，不仅有八个科系，其后还成立了管理工程系。这里是我国航空、工程管理之开端。此外，在李书田的努力和北洋大学校友的支持下，在泰顺、西京、贵州、天水分别开办了北洋工学院及其附属学校，可以说是将教育之火在西北、西南点燃。

第三，坚持教育与服务社会需要相结合，运用工程学科的长项为建设抗战工业和服务地方需要发挥作用，勘测矿产、修复机场、开发水利，在奠定西北工程教育的同时，为西北工业的建设打基础。

综上所述，可以理解到抗战西迁办学中，师生员工不是消极地躲避战事，而是以艰苦卓绝的精神、坚韧不拔的意志、艰苦奋斗的作风，积极做出高等学校的抗战贡献。"廿八年（1939）春，全国校友以北洋母校有四十余年之历史，有优良灿烂之成绩，不宜听其中断，询谋佥同，共图复校，风声所播，高唱入云；但教部仍有困难，未果。历廿八年以迄卅年（1941），书田偕北洋一部教职员，即建立国立西康技艺专科学校于西昌，继汉武帝置越巂郡以后，首于斯地奠立农、工、医高教机关之基础，复继叶秀峰同学之后，筹备完成国立贵州农工学院于贵筑之花溪，开以后贵州大学之先河。然在西北员生，以及各地校友，复校思潮，仍与日俱增，卒成一发不可复遏之势。此自廿八年春以迄三十年十月下旬，是为北洋校友忍痛酝酿复校时期。卅年十月下旬，中国工程师学会及各专门工程学会，举行联合年会于贵阳，各地校友到者极众，爰即举行北洋校友临时大会，一致主张复校，情况热烈，以达极点；然教部仍不无困难。书田提议，先私立复校，募款办学，当经通过，推定筹委曾养甫、孙越崎两同学，分任正副主委，书田被推为筹委兼总干事，并推定书田及茅前院长分任私立北洋工学院正副院长，嗣即着手进行。至卅一年（1942）夏，书田摆脱贵州农工学院院长职务，专事私立北洋工学院之筹备，茅副院长随时协助极殷。及至行将招生，国立议起，是年九月，在渝筹委集议，决定吁请国立，书田乃由筑赴渝，专为北洋之独立恢复分向行政院及教育部接洽。及至卅二年（1943）三月下旬，教育部始提请行政院会议通过，浙江省立英士大学改为国立英士大学，其中工学院划出独立，仍照旧设置土木、电机、应化三系，并以北洋校友捐款补助该院，定名为国立北洋工学院。至抗战以后，学生仍赴天津北洋大学，设备仍留还英士大学，恢复其工学院。当时因政府不准增加预算单位，而在不得已之情形下，使北洋得以复校，应为全国校友所共谅也。此自卅年十月下旬，以迄卅二年三月下旬，是为北洋校友积极恢复北洋工学院时期。"①

1941 年至 1943 年，被李书田称为"北洋校友积极恢复北洋工学院时期"。这里讲了两件事：

第一，李书田在离开西北之后做了什么事。1939 年元月，西北工学院爆发了"驱李风潮"，原因是李书田考教师、考学生的做法引起了除北洋以外的其他三校师生的不满。据当时在西工学习的马恩春回忆，当时三校"一群学生手持木棍把李书田从办公楼院前的左角门轰出"。马恩春分析其原因："筹备组长李书田不顾其他院校的历史情况及考试制度和章程，硬性以北洋工学院的考试规章作为西北工学院的规章"，"用心虽是治学严谨，但在情理上伤害了其他院校的领导，更重要的是激怒了其他院校的学生，这是这次学潮的导火索，也是最根本的原因"。②"驱李风潮"后，李书田离开西工，先是到四川省凉山州西昌市泸山创建了国立西康技艺专科学校，是今天西昌学院的前身之一；后到贵州筹建国立贵州农工学院，是今天贵州大学的前身之一。

第二，以李书田为核心开展了北洋大学的复校活动，并且取得了成功。通过英士大学工学院的独立，设置北洋工学院，地址在浙江泰顺，称为泰顺北洋工学院，进而为恢复北洋大学奠定了基础。李书田确实是北洋大学复校的功臣。他在北洋大学读书，在北洋大学任职，对北洋大学有着刻骨铭心的爱。这种感恩、报恩的反哺之心、赤子之情是北洋学子的榜样。

"卅二年（1943）二月。书田奉国民政府特派为黄河水利委员会副委员长，五月初，抵西安住所。公余之暇，复忆及廿五年承陕省府邵主席力子准予拨赠北洋之西京分院院址百三十亩。因念承赠之时，北洋曾予筹办分院，蒋鼎文主陕时，复承力予保护校产。更以秦岭以北，陕、甘、宁、青、新、绥六省，广大地区，尚无其他工学院。建设西北，首重交通，次推水利，陇海、宝天两路，西北

① 李书田：《北洋大学过去之五十三年》，左森、胡如光编：《回忆北洋大学》，天津：天津大学出版社，1989年，第 152—153 页。

② 马恩春：《抗日战争初期的北洋工学院回忆片断》，左森、胡如光编：《回忆北洋大学》，天津：天津大学出版社，1989 年，第 91 页。

公路，及黄委会与陕水利局，皆近在咫尺，实习观摩，俱各称便。西安为西北首府，迄无任何国立高教机关，省府有意开办之水专，前以预算困难未果。北洋即承赠拨校址，义当及早办学。虽既已复校泰顺，西安仍宜添设分院。爰于卅三年（1944）春，正式请准教育部筹创分院。至同年九月，教育部实行增加训练技术人才，遂起始拨发经费，正式筹创分院，允先招考两班。十月底，首次招生，西安一地报考者千余人，只收录百零八名，仍本北洋过去重质不重量，'实事求是'之精神，选拔优秀培植真才。经昼夜筹备，于十二月中旬正式上课。复请准分置土木工程及水利工程两学系。教授皆为硕学鸿儒。师生奋力，免放各种例假，专事教学，至卅四年（1945）七月底，充分完成一学年课业。并自卅三年秋，一面辟地设校，建筑校舍围墙大门。至卅四年夏，规模设备，俱已粗具，各界纷以建筑材料、图书、机械、奖学金等相捐赠。卅四年度，北洋西京分院各项经费，及招生系别班次亦先后于同年五月底及六月初悉经教育部核定。不意教育部突于六月六日（即工程师节日），电令北洋西京分院归并西北工学院，同时泰顺北洋工学院，亦奉令归并英士大学。陕、浙、渝，三地校友师生，遂同起护校。然无论如何，卅三年至卅四年，将永为北洋筹创西京分院之不可磨减时期。"[①]

这一段文字讲述了建立北洋工学院西京分院的情况，也说明了李书田之于北洋大学是爱校，之于教育是爱国。看了李书田被驱赶出西北工学院，有人会认为李书田不识大体、不顾大局；看了李书田为恢复北洋大学而奔走，有人会认为李书田仅为一校之私；当你再看到李书田在四川、贵州、天水和西安建立一所所学校，还能够对李书田有上述狭隘的评价吗？西京分院是李书田爱国的典型事例。抗战期间，陕西是唯一没有地面战事的省，建设西北是抗战大局之需要。正是出于这样的考虑，李书田未雨绸缪，在抗战爆发之前，考察西北选址办学；在西北工学院坚持严谨治学培养有用之才；"西安为西北首府"，为"建设西安"，建立北洋工学院西京分院，为陕、甘、宁、青、新、绥六省提供人才。

李书田着眼西北的发展建设，为培养人才做成员谋划。1938 年在天水开办了"甘肃省立秦安初级实用职业学校"。1942 年印刷的《秦安工业学校办学始末》是这样记载的："于（民国）二十七年（1938），国立西北工学院脱离西北联大而独立，筹备主任李书田先生鉴于西北工业应竭力发展，乃建议教育部筹设工院附设高级职业学校于

① 李书田：《北洋大学过去之五十三年》，左森、胡如光编：《回忆北洋大学》，天津：天津大学出版社，1989年，第 153 页。

天水，以造就中级技术干部人才。教育部爰有试办初级实用纺织学校之计划，乃分别训令甘肃省教育厅及西北工学院协同创设本校。"

1938 年，为了发展西北工业，李书田建议在甘肃天水筹设该院附设高级职业学校，当时的国民政府教育部则令甘肃省教育厅与西北工学院协同办理创设学校。为避免日机轰炸，校址择设秦安，定名为"甘肃省立秦安初级实用职业学校"，以马士韩等三人负责筹办，1939 年 8 月派西北工学院教授崔玉田为第一任校长，1939 年 10 月正式开学。

从 1939 年成立到 1949 年，学校共招收八届二十班学生，曾分初级三年制机械、染织、毛纺、制革科，高级机械科，五年一贯制机、应化、纺织科，总共毕业学生250 人。

1949 年秦安解放，学校仍有机、纺、应化三科，14 个班，有学生 217 人，教职员工 31 人。

1950 年 4 月，奉令与"天水私立新阳初级农校"合并，计划迁往天水，遂改名为"甘肃省立天水高级工农职业学校"，随后增添农业两班学生，共计有学生 286 人，教职员工精简为 28 人；1950 年 9 月因校址暂难迁移，又改校名为"甘肃省立秦安高级工农职业学校"。

1951 年 1 月，改校名为"甘肃省立秦安高级工农业职业学校"，学校设有三年制高级机械科，五年制机、纺、应化、农艺、林牧等科，20 个班，到 1952 年暑假学生毕业后，还有学生 503 人，教职员工 48 人。

1952 年暑假招生后，共有在校生 23 班 824 人，教职员工 70 人。1952 年 10 月实行分工领导，将农艺、林牧合并为农业班由甘肃省农业厅领导，有学生 6 班共 179人，教职员工 14 人。工科由省工业厅领导，有学生 17 班共 645 人，教职员工 56 人。1952 年 12 月改校名为"甘肃省秦安工业学校"。

1953 年 6 月，学校领导关系由甘肃省工业厅调整为中央人民政府第一机械工业部。当年毕业工科学生 37 人；8 月间农科调整到兰州农校及秦安中学；10 月间先后调整到兰州工校学生（化工科）9 人；咸阳机校学生 180 人，咸阳纺校学生 25 人。至此在校学生为 7 班 360 人，教职员工 50 人。

1954 年暑假，有教职员工 45 人。学生 329 人参加了升级考试，其中 144 人升入咸阳机校，136 人转入哈尔滨电器技工学校学习；另有因病休学 5 人，因病或其他原因退学及就业 44 人。至此学校即告结束。[①]

　　1939 年 1 月西康建省，李书田奉命赴康考察文化建设。他提议建立西康技艺专科学校，为大西南培养人才。9 月 13 日，国民政府核准建校，即聘李书田为校长。西康技艺专科学校作为综合性多学科的高等专科学校，在我国尚属首创。其师资力量之雄厚，当时实为国内普通高校所罕见，又继承了北洋"实事求是"和"学以致用，从严务实"的办学精神，故在社会上享有"小北洋"之称谓。今日的贵州大学以西康技艺专科学校为其前身。

　　一所工程类实用型学校其后发展成为若干所学校，在西北大地盛开教育之花。纵观李书田抗战期间的办学表现，他的行为是站在国家安危的大局高度，秉承北洋大学"兴学强国"传统的一位爱国教育家的行为。李书田践行了北洋大学的文化精神：兴学强国、爱国奉献，实事求是、严谨治学，培养具有家国情怀的科学技术人才。李书田处于国家安危的大动荡年代，能够坚守北洋大学的文化精神，难能可贵，值得后人尊崇。

八、中共西大地下党组织及革命活动

　　1939 年 8 月西北联大迁校城固县，至 1946 年 6 月西北联大迁离城固的七年左右时间里，西北联大党的地下组织在坚决贯彻党的抗日民族统一战线的策略、抗日救国方面，在坚持革命、宣传马列主义理论和共产主义理想方面，在反对国民党顽固派反共逆流和向革命根据地输送干部方面，做了大量的工作，进行了艰苦卓绝的斗争。

　　1939 年 8 月，西北联大迁校汉中城固县，各学院分散办学，由于外设的西北工学院、西北师范学院党员人数少，且师院的不少课程都与西大合班授课，因此党的组织建制为同设一个中共党支部。和党支部直接发生领导关系的是陕南学委，其负责人多是西北联大党组织的负责人。1939 年 9 月以前，西北联大党支部先后由中共汉中工委、汉中地委领导，以后又划归省委直接领导，加强党对高校知识分子的工作。

　　这一时期，正值抗日战争进入相持阶段，党支部总的任务是贯彻党的抗日民族统一战线的政策，和"坚持抗战，反对投降；坚持团结、反对分裂；坚持进步，反对倒退"的方针，并结合全校的实际情况开展工作。这一阶段，党的组织有了较大的发

---

　　① 秦安初级实用职业学校：《甘肃省立秦安初级实用职业学校概况》，内部资料，1942 年。

展，党员达到一百多人。

1941 年初至 1942 年 6 月。在全国反共逆流中，中共西大地下党组织在"荫蔽精干"方针指导下，改变活动方式，进行革命气节教育，应付白色恐怖，有组织地向解放区和其他地区输送和转移革命力量，继续坚持斗争，使损失减少到最小的程度。

1941 年，国民党当局制造了震惊中外的"皖南事变"，在全国发起第二次反共高潮，国民党反动政府到处抓人，全校笼罩着一片白色恐怖的气氛，职业特务和反动党团特务学生四处盯梢，因此党的活动方式也更加荫蔽。为了适应荫蔽，便于党的秘密活动，根据省委"支部组织不得超过 10 人，党员多的学校，设平行支部"的精神，[①] 在组织上决定将原支部划小，分为西大、西工、西师三个支部。西大由白诗甫、桂奕仙任正副书记，师院由孙济负责，西工由桂奕仙组织筹建。总的由陕南学委张文昴负责与省委联系。

这一时期，党员积极组织"笃行学社""星社"等进步社团和同乡会等合法组织开展活动，出版《笃行学报》和《经济学报》等刊物，倡导学术研究之风，宣传抗日，反对独裁统治。同时，还举办座谈会、诗歌朗诵会等活动，增强与各类同学的交往和友谊，团结一切可以团结的群众，做了大量的工作。因此，当 1944 年 3 月 23 日，国民党汉中警备司令部和校内反动党团勾结，对全校地下党员、进步学生进行搜捕时，虽然王升堂、周玉海两名党员同时被捕，但由于全校学生的声援和营救，特别是"笃行学社"等进步社团的斗争，敌人终未得逞，审讯得不到任何确切的证据，不得不通过学校当局"保释"放人。

在白色恐怖的形势下，中共地下党积极贯彻"荫蔽精干"的政策，改变党和党领导下的读书会的活动方式。这一阶段读书会的活动普遍在次数上由多变少，规模上由大变小，形式上由半公开逐步转入秘密状态。学习的方式多以个人自学传阅资料为主，后期不但壁报不出刊了，集体活动也减少了，并且要经常提防反动党团特务分子混入读书会。但是，不少地下党员和进步同学利用同乡同学关系，仍在继续联系坚持开展活动。

1944 年夏至 1946 年春，由于抗日战争的胜利和 1946 年"旧政协"的召开，国民党统治区民主运动出现了新的高潮，全校学生社团组织又如雨后春笋般地发展起来。除"笃行学社"和"星社"外，还有"西北风学社""春秋学社""三三壁报社""新

---

① 《陕西省委关于国民党区内学生工作的通知》，1940 年。

世纪学社"，以及采用秘密方式进行活动的"北方学社""真理卫队"等。这些进步社团的成员一般都是品学兼优的学生，领导骨干都是渴望民主、追求真理的青年，有的领导骨干就是中共地下党员。这些进步社团的共同点是：一方面通过阅读进步书刊和马列主义著作，提高思想理论水平；另一方面通过出刊物、墙报，宣传进步思想，抨击反动势力。此外，进步社团还经常举办有关时事、学术、文艺等内容的纪念会或讨论会，在全校有很大的影响。有的社团会员多达二百余人。特别是秘密读书会"北方学社"的影响更大。该社保存着"一二·九"运动后由北平革命学生带来的马列、毛泽东同志的著作和其他进步书刊。这些书刊，都是过去中共地下党领导的读书会一届一届留传下来的。在书刊的扉页上，有的留下了赠送者的名字和珍贵"留言"，有的还记述着该书所有者已遭捕捉或牺牲的事迹。学社通过组织关系把这些书刊像"传家宝"一样在同学中留传下来，用秘密方式在进步同学中传阅。这些在白色恐怖下秘密建立的红色思想阵地，对于提高同学的政治觉悟、开展民主运动，起了巨大的作用。

1945 年暑假期间，抗日战争胜利的消息传到西北，为庆祝胜利，各学会和社团纷纷举行庆祝活动。1945 年底，在昆明的西南联大等校爆发了反内战、争民主的"一二·一"学生运动，斗争中师生死伤多人。消息传来，全校进步师生大为震惊，对受害的学生充满了同情，随后城固也举行了学生"反内战、争民主"大游行。

1946 年 3 月 7 日，"国立西北大学学生自治会"成立，发出了《告各界人士书》，宣称：西大同学"不甘困羁于奴性的自瞒、自昏，绝不作残渣病菌，为了民主，为了最低限度的做人权利，我们愿意奋斗到底"，并提出："我们要求有组织的学习，我们要对现实作高度而深刻的认识，我们要发扬民主的力量，为了和平、民主、自由与幸福，我们不肯永远落伍，我们不愿作时代的尾巴！"会上还通过了会章。鉴于校方拒不承认自治会的合法地位，自治会决定从即日起宣布全校罢课，并自动废除了训导处的"壁报审查制度"。于次日，即 3 月 8 日国际妇女节当天，女同学贴出了"三八特刊"，"笃行学社"和自治会都临时赶制大型联合壁报。3 月 9 日，自治会主编的《自治会星期刊》亦问世，四个小时内便销售了六百多份。同时，自治会又举行了全校性的文艺晚会，呈现出西北大学从未有过的活泼、民主的新气象。[1]

西北办学八年期间，在艰难困苦中培养了大批向往光明、立志报国的青年学子，他们有的投笔从戎，甚至捐躯报国，有的学业有成，成为民族栋梁。抗战时期，地处

---

① 西北大学校史编写组：《西北大学校史》，西安：西北大学出版社，1987 年，第 144 页。

城固县的西北工学院不仅培养了一千多名国家急需的科技人才，而且培养了众多新中国国家建设的领军人物。如著名金属学及材料科学家，两院院士，国家最高科学技术奖获得者师昌绪；电子学家，教育家，中科院院士，中国微波通信与光纤通信的开拓者之一叶培大；中科院院士，天津大学校长，国家内燃机燃烧学重点实验室主任，教授史绍熙；中科院院士，中科院上海冶金研究所研究员，1999 年国家"两弹一星"功勋奖章获得者吴自良；中科院院士，中国科学院技术科学部副主任，清华大学校长、教授高景德；物理冶金学家，我国核燃料事业的主要奠基者之一，中科院院士，核工业部核燃料局总工程师张沛霖；中科院院士，国家科学基金委员会材料及工程科学部主任，清华大学材料研究所所长，教授李恒德；农业工程学家，拖拉机专家，教育家，中国工程院院士陈秉聪；等等。

北洋大学开中国矿冶学科之先河

何德骞[*]

19世纪60至70年代，洋务运动以"求强""求富"为口号，企图达到"师夷长技以制夷"的目的，大量引进西方科学技术、机器设备和军事装备。

与此同时，修铁路、开矿山、办新学、通邮电几成救国图存第一要务。洋务运动的不断深入发展，激发了洋务派有识之士的求新图变思维。

时任津海关道的盛宣怀是洋务派中具有极高远见卓识的维新派官僚。他认为："自强首在储才，储才必先办学"。1895年他向清政府呈递《拟设天津中西学堂章程禀》奏折，得到光绪皇帝核准，同年10月2日在直隶总督王文韶的监督下，天津西学学堂正式成立，次年易名为北洋大学堂。该学堂是中国第一所现代性质的大学。从此开启了近代工程学科，并为中国近代工程教育作出了巨大贡献，培养了最早的杰出工程学科人才。

天津北洋大学堂初建时为了循序渐进，分为头等学堂和二等学堂。该校教学尽采西法。除法科外，土木工程、采矿冶金、机械工程为该校主要科系。其中采矿冶金学科是北洋大学堂最早的工程学科。

天津北洋大学堂的建立，标志着中国从此开启了近代工程教育之路，易名国立北洋大学后，北洋大学即成为全国新式教育的中心。

北洋大学的办学思想、培养方式、系科布局、办学成就近百年来，世人有口皆碑。北洋大学不仅在中国近代教育发展史上发挥了无与伦比的重要作用，为中国近代工程教育奠基，而且向社会各界输送了不可胜计的优秀人才，其中不乏国内外顶级工程学专家，且不少学术大咖在不同历史阶段都是"领头雁"，着人先鞭。

* 何德骞，历史学硕士，历年从事美术设计，教学以及中国近代史教学和研究，天津市历史学会（艺术史）会员，天津大学"北洋与近代中国"外聘研究员。

北洋大学的近代工程教育中，除土木水利工程早已声誉素著外，最值得一提的就是采矿冶金学科。

北洋大学（西学学堂）自建立以来，到 20 世纪 30 年代，历经 16 次易名改称。期间，多次科系调整，而采矿冶金学科无论经历怎么变动，也依然存在，20 世纪 30 年代甚至成为全国领军学科。

笔者在旧存《北洋工程月刊》发现采矿冶金历届毕业生中，发现不仅个个都是业界精英、学科带头人，而且有的从政后"处尊居显，声名煊赫"，这是全国各名牌大学所鲜见的。

以下拟先简介采矿冶金学科历年毕业的杰出人物，然后重点推出由该学科组建的全国首个中国矿冶工程学会以及全国矿展会在北洋工学院展出的重大意义，最后以曹诚克教授的全国采矿冶金学科调查图表来说明北洋大学在全国矿冶工程学科具有名副其实的领军地位。

北洋大学矿冶学科卓荦为杰的代表人物有：

1. 王宠佑，字佑臣，原籍广东东莞，1875 年生于香港，天津北洋西学学堂建立后首届被录取的矿冶工程学门学生，1899 年他以优等生获得了北洋大学最早的工科毕业证书。1901 年，赴美留学，先后在加州大学伯克利分校、哥伦比亚大学学习采矿工程，并获得硕士学位，成为美国矿冶学会会员。

返国后，历任广东实业司司长，长沙华昌炼锑厂总工程师，汉冶萍公司大冶铁矿之矿长，太平洋会议之谘议。1929 年为接收鲁案矿务分会委员会委员长、六河沟煤矿公司顾问，1930 年调任实业部汉口商品检验局副局长，次年擢升局长，1931 年实业部拨正，1937 年任"中央"研究院评议员。

其著《锑矿概论》和《煤矿概论》在学术界颇有影响，《中国矿产在世界上之地位》论据充分极有前瞻性。

王宠佑一生对我国之矿冶工程贡献良多。

2. 李晋（组绅），1880 年生人，浙江宁波人，民初北洋大学校矿冶学科毕业，历任扬子铁厂厂长，后被张伯苓聘为南开大学矿科主任，1926 年南开大学矿科停办，他与同仁动议组织中国矿冶工程学会，1929 年特任为黄河水利委员会委员，1930 年调任全国账务委员会委员。20 世纪 30 年代他是中国矿冶工程学会主要组织者之一，他在《矿冶事业之回溯与希望》一文中说道："近随多数专家，从事学习研究，又组织矿冶工程学会，以谋矿冶学术之进步；联络国业诸子组织中华民国矿业联合会，以谋矿冶国人之团结"。[①] 由此可见他是该学会的最积极的组织者。

3. 曾养甫，原名宪洁，1898 年生人，广东平远人，1923 年在国立北洋大学毕业，后赴美留学深造，入匹兹堡大学研究院，获矿冶工程师学位。后从政，历任中央和地方军以要职，官至交通部部长，因督修筑滇缅国际公路，学者称其为"中国土木水利（交通）建设之父"。1945 年任国民政府立法院委员。中国矿冶工程学会肇建，以其声望显赫，20 世纪 30 年代被推举为会长，1945 年为名誉会长。

4. 陈立夫，1900 年生人，名祖燕，字立夫，浙江吴兴（今湖州）人，1923 年在国立北洋大学矿科毕业，赴美留学获匹斯堡大学矿冶工程硕士。返国后放弃实业救国理想，加入国民党，历任国民政府中枢要职，官至国民政府委员、立法院副院长、教育部长。1926 年中国矿冶工程学会成立，他被推荐为该会会长。

5. 王正黼，字子文，号儒冠，浙江奉化人，1890 年毕业于北洋大学堂矿冶系，1912 年获美国哥伦比亚大学硕士学位，返国后，1917 年任辽宁本溪湖煤铁公司总工程师兼制铁部长，1921 年任东北矿务局总理兼总工程师，创立并且扩建了阜新、八道壕等煤矿，还兴建了八道沟发电厂。1931 年任实业部矿业司司长，1932 年组建冀北金矿公司，后又创办北京门头沟平兴煤矿。1945 年资助燕京大学创办工学院，为国内著名采矿学之专家。

6. 魏寿崑，又名寿昆，1907 年生人，直隶天津县人。1923 年以优异成绩考入国立北洋大学矿冶系，1929 年获本校矿冶工程工学士学位，毕业后出任辽宁海城大岭滑石矿助理工程师。1930 年返校任矿冶系助教，同年公费考取留学，就读于德国柏林大学工艺科系化学专业。1932 年转入德累斯顿工业大学，1935 年论文答辩通过获工学博士学位之后，继续在德国亚琛工业大学钢铁冶金研究所进修，返国后历任北洋工学院矿冶系教授，西北联合大学矿冶系主任，重庆矿冶研究所代理所长，北洋大学冶金系主任，天津大学副教务长，直至成为中国科学院资深院士。

7. 曹诚克，字胜之，安徽绩溪人，胡适表兄。1915 年在上海南洋路矿学校学习。1922 在美国惠新康斯煤矿任职，1923 年在美国矿业研究所以及钢铁公司任研究员。1925 年返国任山东矿业学校教授，1926 年任天津南开大学矿科教授，1929 年任北平天津矿业公司工程师兼总务处长。

1933 年参与组织中国矿业工程学会，初为业务干事，不久被选为该会理事。曹诚克在

---

① 李晋：《矿冶事业之回溯与希望》，《北洋理工季刊》1934 年第 2 期，第 37—65 页。

1934 年是李书田院长的重要助手，曾在矿冶工程系剑公（矿冶系先进程觉民先生）奖学基金会保管委员会担任委员。1936 年任北洋工学院教授，1938 年任浙江矿业调查队总干事，1939 年任南湖大学教授，1948 年任武汉大学教授、工学院院长。新中国成立后因与中统关系密切而接受社会主义教育，服从改造。其档案系原件抄录，是极为少见之档案旧材料。

8. 谭延畴，字寿田，河北吴桥人，历任北洋大学、北京大学矿冶业教授，著名矿冶工程专家。

9. 孙越崎，1893 年出生，原名毓麒，浙江绍兴人，1913 年在上海复旦公学，1916 年考入国立北洋大学矿冶科，为早期矿冶科学生，毕业后到美国斯坦福大学、哥伦比亚大学深造，并先后到英、法、德和苏联考察矿业工程。返国后任国防设计委员会委员兼矿业主任，历年在陕北、四川、甘肃考查矿藏资源，并任要职。1942 年中国工程师学会第十一届年会授予他金质奖章。1948 年国民政府任命他为东北资源委员会委员长（正部级）。

北洋大学除本校毕业的矿冶专家教授以外，尚有许多著名矿冶教授任教，由于篇幅所限不多赘述。惟其中有一位外聘矿冶系专家应做简单介绍，其人是何杰。1934 年何杰在北洋工学院任教务主任兼矿冶系主任教授，他的学生佼佼者甚多，本文从略。

北洋大学培养出的矿冶人才众多如：靳树梁，赵天从，谌小岑，冯景兰，邓曰谟，马龙翔，孙云铸，刘树人等，本文因篇幅所限亦不再逐一介绍。但须提及一位解放后颇受国家重视德高望重的矿冶工程名宿孙越崎先生。

总之北洋大学矿冶学科人才辈出，名师巨匠果多矣，有的甚至是国士无双。

20 世纪 30 年代，北洋工学院矿冶工程经历了一段最辉煌的阶段，那时全国的矿冶专业，北洋工学院独领风骚。无论哪所大学的工程学都以北洋工学院为标杆。1926 年至 1934 年中国矿系工程学会的中坚分子多系北洋大学矿冶学科同仁。尤其 1934 年全国矿业展览会选在北洋工学院，更加说明北洋工学院矿冶学科已经成为全国瞩目的工程教育的中心。

首先，中国矿冶工程学会的领导阶层几乎都是北洋大学历年毕业的矿冶学科楷模。

1933 年至 1935 年中国矿冶工程学会副会长为王宠佑、李晋、曾养甫、陈立夫、王正黼，理事为曹诚克等教授。中国矿冶工程学会是中国早期学术团体，曾对中国矿冶工程的学术研究起过很大作用，它的建立和北洋工学院的助推不无关系。从中不难看出北洋大学不仅是该学会的核心，而且基本控制了该学会的学术走向。简而言之，如果没有北洋大学的参与，该学会是建立不起来的。

矿冶工程学会发起人李晋（组绅）在《矿冶事业之回溯与希望》中说："又组织中国矿冶工程学会，以谋矿冶学术之进步，联络同业诸子，组织中华民国矿业联合会，以谋矿业同业之团结。"[1] 这是李晋先生创会之初衷，事实也是这样，如果没有李晋先生奔走动员，没有曹诚克先生积极联络，该学会不会在 20 世纪 20 年代成立。再有矿冶工程学会成立后，为了进一步把研究学术和工程教育结合，借以充实扩大中国矿冶工程学会在全国的影响，北洋工学院李书田院长首倡在学会内再设立一个国内矿冶工程教育研究委员会，此举得到焦作工学院院长张文涛先生的赞同，复经矿冶工程学会议决同意，并拟聘请各校采矿冶金系主任教授为常务委员，全会以北洋工学院为通讯地，负责组织、出刊、召集学术研讨会以及日常工作。

李书田院长的倡议所以能顺利通过并且付诸行动，当然和北洋工学院的社会声望有着直接关系。曹诚克说："今北洋矿冶工程学系在国内矿冶工程教育界其历史、设备、毕业人数，以及教授人数，皆可首屈一指。"[2] 更加说明北洋工学院在 20 世纪 30 年代即已成为全国同类学科的龙头老大了。

1934 年秋季，国民政府实业部，教育部委托北洋工学院会同实业部地质调查所、中华民国矿业联合会共同在天津（北洋工学院）举办全国矿冶地质展览会，与此同时中国矿冶工程学会召开第四届年会。李书田院长满意地表示："教育、实业两部发起召集全国矿冶地质联合展览会……法良意美，嘉惠于矿冶界者良多也"。[3]

7 月 9 日至 11 日矿冶学会第四届年会在北洋工学院西沽礼堂召开，王宠佑、严庄、顾琅、朱谦、胡博渊等学者和矿政官员莅会，朱庭祜主持会议。70 多名会员参加了开幕式。河北省政府主席、天津市市长等 30 多位来宾与会祝贺。会议发表十余篇论文。

1934 年举办全国矿冶学会年会的同时，天津市西沽国立北洋工学院举办的全国矿冶地质展览会可以说给足了北洋工学院的面子。虽说只是一个矿冶地质展览，但却提升了北洋工学院在全国同类院校的地位，扩大了该学院的社会影响，所以李书田院长撰文《矿展会的意义及其与北洋工学院之关系》。文章认为，这个展览会"于设立矿科最久之国立北洋工学院而公开展览之，更于开会期间聚全国矿冶地质专家于一堂而研究之，讨论之，此种空前之创举，果有何种意义耶？"然后再以矿展会缘起有云："……展览地点定于国立北洋工学院者，良以华北矿业较盛，且北洋设有国内办理最

①　李晋：《矿冶事业之回溯与希望》，《北洋理工季刊》1934 年第 2 期，第 37—65 页。
②　曹诚克：《国内矿冶工程教育现状下几个问题》，《北洋理工季刊》1935 年第 4 期，第 67 页。
③　李书田：《矿展会的意义及其与北洋工学院之关系》，《北洋理工季刊》1934 年第 2 期，第 33—60 页。

久，造就最广之採［采］矿专科、专门人才，观摩较便……"由此说明"是其与本院关系，已得其大略矣"。[1]

李书田院长颇为自信地说："兹再具体言之，本院矿科之设迄今已具十九年之历史，毕业出校者，已有三百余人，吾人诚一翻阅毕业生服务调查表，则在矿冶及地质界任职，卓然有所表现者，实所在皆是。"[2]

恰如其言，1935 年北洋工学院为毕业学生介绍职业，组建了职业介绍委员会，委员七人，其中负责矿冶学科毕业生介绍职业的是矿冶工程学系主任曹诚克。

矿冶工程学科毕业人数在北洋大学仅次土木工程系，1920 年即达 200 多人。

抗战前，据资料统计：

> 矿冶工程学系毕业 31 班，共 310 人：各级行政机关 25 人（国民政府委员 1 人，省政府委员 3 人，省建设厅 2 人，其他各机关重要职员 15 人，建设委员会重要职员 2 人，县长 1 人）；大学教授 14 人，大学助教 5 人，大学职员 4 人，中等学校教职员 33 人，矿业冶炼工程单位任职者 106 人，其中任矿师或工程师者 76 人，矿冶技师 2 人，冶炼工程 6 人任矿总经理、总办或局长者 22 人，其他皆在铁路，市政，水利等单位任职……，（均为荐任[3]职以上）。

综观矿冶系的毕业生还可以发现一个问题就是，转业从政而位至显宦者也是任何学科无法企及的。1949 年前，矿冶系学科学生中，曾养甫任交通部长，陈立夫任教育部长，王宠佑任立法院委员，孙越崎任东北资源委员会委员长（正部级），均为特任职。

为什么北洋大学出现这么多杰出人才？这和北洋大学（工学院）严谨治学，对学生学习严格要求，在培育人才上讲求实际，要求学生作风朴实、勤学苦读的优良传统校风是有直接关系的。据收藏晋学会《京津廿十校介绍特号》以"北洋学生素以手不释卷著"介绍学生情况，并说教学"多半采用注入及启发两种方法，学习期间有测试，补考，留级，不及格者"亦不乏人"功课除汉文外"俱用英文直接教授"，课本和参考书大多外文书籍。

1935 年北洋工学院矿冶学科系主任教授曹诚克在其著文《国内矿冶工程教育现状下几个问题》中以实例说明该院矿冶学科的学习现状以及严谨治学的校风。他以学

---

[1]　李书田：《矿展会的意义及其与北洋工学院之关系》，《北洋理工季刊》1934 年第 2 期，第 33—60 页。
[2]　同上。
[3]　编者注：国民政府荐任以上为高等文职。荐任：相当副局，正处；简任：相当正省，副部；特任：相当部长以上最高官员。

分、课时、授课内容把北洋工学院，焦作工学院，唐山工程学院三个学院同一专业列表对比，说明北洋工学院教学制度、学习方法，说明北洋工学院严谨治学，不仅课时多，考试也相当严格。他说："北洋向有功课太重名，除同济外，即现有之土木等别系钟点，亦为全国各校冠，而以方诸其本身之矿冶工程学系，则又瞠乎后矣。[①]

他承认"北洋功课之重，考试之严，青年求学者之视北洋为畏途"。但此学风"不自今日始，而于今为烈，北洋学生之因此不得不埋头苦干，及全无任何娱乐，亦不自今日始，而于今尤甚。"他对其他同类院校的看法不以是非而论，而以实际情况作答："一生当来语，谓人家俱称北洋学生为牛，言其终日受鞭策，只知工作，全无休息之谓，此语真哭笑不得，不知是褒是贬。"[②]言语之间说明北洋工学院学风严谨，学生刻苦求学已是常态。

20 世纪 30 年代矿冶系工程部对研究生实行奖学金制度，对分开入学"考验平均成绩在八十分以上者"均可申请领奖学金，时限为二年。稍后成为常设机构。1935 年9 月 24 日《益世报》称："招矿冶工程公费生代课士□先生奖助学术委员会招收矿冶工程公费生四名亦经录取入校。"北洋工学院不仅期考严厉，同时注重学生工程学科实践，不少矿冶系学生均由校方联系，寒暑假到与专业相关矿厂实习。1936 年 9 月25 日，美国哥伦比亚大学矿学院院长瑞德博士应北洋工学院邀请在西沽校址为学生演讲《古代之矿物用途》《矿物与近代生活》《中国矿产问题》。由此可见矿冶工程系在当时，无论在教学内容、课时、学分以及聘请外教诸多方面都具有绝对优势。

从北洋大学到北洋工学院，矿冶工程教育近四十年始完成采矿和冶金得合并，而教授从外籍到国人也经历数十年的转换。最初采矿教授是英国人古威廉先生，冶金教授为美国人施博理先生，到 1935 年北洋工学院矿冶工程学科尽由国人执教，其"设备、毕业人数以及教授人数"在国内皆可首屈一指。

曹诚克教授在《国内矿冶工程教育现状下几个问题》对于"究应办普通性之教育乎，抑应有地方性或特殊性之教育乎，抑分别设立、兼行并乎？"，就开宗明义举例说明："北洋似为普遍性，其目的似为养成一般矿冶普通人才；焦作似为地方性，其目的似为养成一般煤产采矿人才；唐山似为特殊性，其目的似为养成一般铁路用矿冶人才。其他大多有地方倾向。"因为教学的目的不同，所以在课程设置、学时、学分比重也各有不同，以下用表格说明。

---

① 曹诚克：《国内矿冶工程教育现状下几个问题》，《北洋理工季刊》1935 年第 4 期，第 84 页。
② 同上。

附录 [①]：

表一　国内各校采矿冶金系基本课程一览

课程科目	北洋工学院矿冶工程学系		焦作工学院采矿冶金系		唐山工程学院采冶系		湖南大学矿冶工程系		广西大学采矿系		备考
	小时	学分	小时	学分	小时	学分	小时	学分	小时	学分	
国文	4	3	—	—	4	4	—	—	×	×	焦作有选修应用文
英文	14	12	4	4	9	9	×	×	×	×	湖南另有德文
算学	10	10	8	8	9	9	×	×	×	×	
物理	8	8	8	8	8	8	×	×	×	×	
物理实验	6	3	6	3	4	2	×	×	×	×	
化学	6	6	8	8	6	6	×	×	×	×	
化学实验	6	3	6	3	6	3	×	×	×	×	
定性分析	2	2	1	1	1	1	×	×	×	×	
定性实验	6	3	6	3	6	3	×	×	×	×	
定量分析	3	3	2	2	1	1	×	×	×	×	
定量实验	12	6	12	6	6	3	×	×	×	×	
工业化学	1	1	—	—	—	—	×	×	—	—	焦作有选修工业分析
工业实验	6	3	—	—	—	—	×	×	—	—	
矿石分析	—	—	—	—	3	1.5	—	—	—	—	焦作有选修冶金分析
工程图画	6	3	6	3	3	1.0	—	—	×	×	
机械制图	6	3	—	—	6	3	×	×	—	—	唐山为机械及地形制图焦作为选修
几何画法	—	—	6	3	4	2	×	×	×	×	焦作为投影画
工厂实习	3	1.5	—	—	8	4	—	—	×	×	

---

① 曹诚克：《国内矿冶工程教育现状下几个问题》，《北洋理工季刊》1935 年第 4 期，第 70、71、74、81 页。

课程科目	北洋工学院矿冶工程学系		焦作工学院采矿冶金系		唐山工程学院采冶系		湖南大学矿冶工程系		广西大学采矿系		备考
	小时	学分	小时	学分	小时	学分	小时	学分	小时	学分	
平面测量	4	4	4	4	4	4	×	×	×	×	
平面实习	6	3	6	5	8	4	—	—	×	×	
铁路测量	—	—	—	—	—	—	—	—	×	×	
应用力学	5	5	6	6	6	6	×	×	×	×	广西为图解力学
材料力学	5	5	3	3	5	5	—	—	×	×	
水力学	3	3	—	—	4	4	×	×	×	×	
水力学实习	—	—	—	—	2	1	—	—	—	—	
热机关学	6	6	4	4	4	4	×	×	×	×	唐山、广西俱为机械工程湖南称热动机学焦作以动力厂计划
热机关实习	3	1.5	3	1.5	1	.5	?	?	?	?	
电机工程	4	4	6	6	4	4	×	×	×	×	
电机实习	3	1.5	3	1.5	2	1	?	?	?	?	
构造理论	—	—	—	—	2	2	—	—	—	—	
钢管混凝土	—	—	—	—	3	3	—	—	—	—	
石工基础	—	—	—	—	3	3	—	—	—	—	
材料实验	—	—	—	—	2	1	—	—	—	—	
铁路工程	—	—	—	—	—	—	×	×	—	—	
工业经济	2	2	—	—	3	3	×	×	×	×	唐山为经济学湖南为工业经济及管理焦作选修矿业经济
事业组织及管理	2	2	—	—	—	—	×	×	—	—	
工业簿记	—	—	—	—	—	—	×	×	—	—	焦作有矿业簿记
共计	141	106.5	108	81.0	137	106.5	?	?	?	?	

表二　北洋等三校采矿冶金系课程异同表

课程科目	北洋工学院矿冶工程学院	焦作工学院采矿冶金系	唐山工程学院采冶系	备考	课程科目	北洋工学院矿冶工程学院	焦作工学院采矿冶金系	唐山工程学院采冶系	备考
英文	×	×	×		水力学	×	—	×	
算学	×	×	×		工程经济	×	—	×	
物理及实验	×	×	×		矿床学	×	—	×	
化学及实验	×	×	×		非层次矿床采矿法	×	—	×	
定性分析及实验	×	×	×		矿山机械	×	—	×	
定量分析及实验	×	×	×		金图学及实验	×	—	×	
工程图画	×	×	×		冶炼设计	×	—	×	以上十项仅北洋与唐山共有
测量及实习	×	×	×		经济地质	×	×	—	
应用力学	×	×	×		矿山测量	×	×	—	
材料力学	×	×	×		洗煤学	×	×	—	以上三项仅北洋焦作共有
热机关学及实习	×	×	×		画法几何	—	×	×	
电机工程及实习	×	×	×		矿山测量实验	—	×	×	以上二项仅焦作与唐山共有
自然地质学	×	×	×		工业化学及实验	×	—	—	以上共计十五项皆仅两校共有
地史学	×	×	×		事业组织及管理	×	—	—	
矿物及实习	×	×	×		矿山法规	×	—	—	以上三项四目为北洋独有
岩石及实习	×	×	×		矿产簿记	—	×	—	

续表

课程科目	北洋工学院矿冶工程学院	焦作工学院采矿冶金系	唐山工程学院采冶系	备考	课程科目	北洋工学院矿冶工程学院	焦作工学院采矿冶金系	唐山工程学院采冶系	备考
采矿工程	×	×	×		矿业经济	—	×	—	以上二项为焦作所独有
层次矿床采矿法	×	×	×		矿石分析	—	—	×	
矿山计划	×	×	×		水力学实习	—	—	×	
选矿及实验	×	×	×		构造理论	—	—	×	
试金及实习	×	×	×		钢管混凝土	—	—	×	
普通金属冶金	×	×	×		材料试验	—	—	×	
钢铁冶金	×	×	×		石矿基础	—	—	×	
论文	×	×	×	以上二十四项计三十六目三校共有	矿山估价	—	—	×	
国文	×	—	×		冶金原理	—	—	×	
机械制图	×	—	×		冶金计算	—	—	×	
工厂实习	×	——	×		冶金实习	—	—	+	以上十项为唐山独有以上共计十五项十六目皆仅一校独有

表三　北洋焦作唐山三院采矿冶金系修业时间学分比较表（一）

学年及学期	北洋工学院矿冶工程学系		焦作工学院采矿冶金系		唐山工程学院采冶系	
	小时	学分	小时	学分	小时	学分
第一学年上学期	33	26	31	23.5	33	27
第一学年下学期	33	26	31	23.5	33	27
第二学年上学期	32	24	26	21.5	32	21.5
第二学年下学期	29	23.5	28	23.5	28	21.0

学年及学期	北洋工学院矿冶工程学系		焦作工学院采矿冶金系		唐山工程学院采冶系	
	小时	学分	小时	学分	小时	学分
第三学年上学期	29	23.5	24	19.5	27	23.0
第三学年下学期	26	22	27	21.0	31	23.5
第四学年上学期	29	23	25	17.5	32	19.5
第四学年下学期	24	20.5	14	11.0	23	17.0
四年总计	235	188.5	208	162.0	229	179.5

表四　北洋焦作唐山三院采矿冶金系修业时间学分比较表（二）

学年及学期	北洋工学院矿冶工程学系		焦作工学院采矿冶金系		唐山工程学院采冶系		备考
	小时	学分	小时	学分	小时	学分	
第一学年上学期	33	26.0	31	23.5	33	27.0	
第一学年下学期	33	26.0	31	23.5	33	27.0	
第二学年上学期	32	24.0	26	21.5	32	21.5	
第二学年下学期	29	23.5	28	23.5	28	21.0	
暑假	—	—	—	—	三星期	3.0	矿山测量实习
第三学年上学期	29	23.5	26*	21.5*	27	23.0	焦作自第三年起每学期另选修二学分共计八学分
第三学年下学期	26	22	29*	23.0*	31	23.5	
暑假	三星期	30	*	*	三星期	3.0	北洋举行矿冶厂实习唐山为地质调查旅行焦作有勤读学主路矿实习但非全体必需
第四学年上学期	29	23.0	27*	19.5	22	19.5	
春假	二星期	20	一星期（？）	1.0	三星期	3.0	北洋举行地质考察焦作为地质实习唐山有矿厂调查旅行未规定何时举行矿置此处
第四学年下学期	24	20.5	16*	13.0	23	17.0	
总计	235	193.5	216	171	229	188.5	
	五星期		一星期（？）		九星期		

互济与超越：论盛宣怀办学与实业的关联

欧七斤*

盛宣怀终其一生最主要、最突出的事业是创办经营各类洋务企业，其他诸如政治、外交、教育、慈善等活动均以实业为基轴而拓展延伸。诚如陈夔龙撰《愚斋存稿·序》称："盖公毕生尽瘁于轮、电、路、矿，旁及学堂、银行、商约、义赈诸大端。晚清所名新政，自练兵外，公莫不尸位之。"[1] 然后者诸端与实业形成一种相互依存、互为表里的紧密联系，而且各项事业之间也存在环环相扣、互为因果的联动关系。就教育活动而言，早在1870年代投身洋务实业活动的初始阶段，盛宣怀即以经办洋务企业的切身体验，萌发了创办新式教育培植专才的强烈愿望与基本设想，成为他创开各类技术学堂的直接动因。及至1880年以后正式从事新式教育之后，盛宣怀所设学堂与实业活动之间呈现出密切互动的关系，并能随着情势和观念的更新变化，实现超越性的突破，克服自身矛盾，适时调整，开创出近代教育史上的新天地。

一、互为表里的实业与办学

1880年10月，盛宣怀禀请李鸿章设立天津电报学堂时即称"学堂与本局相为表里"[2]。此后总结办理学堂与发展实业的经验时又坚定地说："实业与人才相表里，非此不足以致富强"。[3] 陈三立也称盛宣怀办理各项实业时"学堂、译馆、银行与四者（路

---

* 欧七斤，上海交通大学党史校史研究室副主任、研究员。

[1] 《愚斋存稿》"卷首"，第2页。

[2] 盛宣怀：《详定电报招股大略章程二十条》（光绪六年九月1880年10月），转引自夏东元：《盛宣怀年谱长编》，（上册），上海：上海交通大学出版社，2004年，第114页。

[3] 盛宣怀：《在钟天纬〈轮船电报二事应如何剔弊方能持久论〉上的批词》，《格致课艺全编》，第2卷，第8页。

电邮轮）相表里，备世之急，接踵建立”①。确如所言，盛宣怀所办学堂与实业之间形成互为表里、相互推进的良性互促关系，是一对紧密相扣的链接。具体析来，这种互为表里的关系主要体现为以下几个方面。

第一，盛宣怀所办学堂因所营洋务实业需要新型人才而设立，是洋务企业附设部门，由主办企业提供办学经费，注重学以致用，直接针对该企业所需而培植切近适用的专门人才，这里学堂是表，实业是里。盛宣怀创办经营的电报、矿务、铁路、轮船等洋务企业，无疑都是以近代科学技术和管理知识为基础，客观上需要与之相应的新式人才，那些专攻四书五经的士子学究们是无法胜任的，必须创办相关新式学堂为这些洋务企业培养新式人才。盛宣怀随时随地创设各种实业学堂十余所，皆因所营企业急需新式人才而设。1880 年盛宣怀筹备架设开通天津至上海的电报线路时，考虑到电报一旦敷设成功，即需要大量收发电报及维修电线的技术人才，遂禀准李鸿章在天津电报局内设立天津电报学堂，“雇佣洋人教习中国学生，自行经营，庶几权自我操，持久不弊”。②经费起初由军饷支出，后由电报局供给。此后随着电报线路与业务不断延伸扩展，盛宣怀又在上海、苏州、兰州等地建立电报学堂，专为培养电报收发、测量等技术人才。同时随着经营范围扩展至轮船、铁路、铁厂等领域，盛宣怀先后主办了轮船招商局驾驶学堂、卢汉铁路学堂、汉阳铁厂钢铁冶炼学堂等，均附属于相应企业，由企业提供办学经费、设施设备等，专为主办企业培植所需人才，是洋务企业内部的组成部分或附属单位。洋务企业一则因急需新式人才的内在要求而自办学堂，二则在客观上实业创办学堂时也存诸多便利条件。1897 年 2 月，汉阳铁厂总办郑观应在建议盛宣怀开办铁厂冶炼学堂的说帖中说：

> 拟就局厂之机器可即事以指授，选子弟之聪颖者分门别类而教之，庶几事半功倍，不致受制于人。……即在厂之左近设一学堂考选生徒入堂肄业，即以厂中所用工目充当教习，既可躬亲目睹，又省教习修资。行见数年后汉厂成材济济，无藉外募，即各处局厂亦可随时调用，愈推愈广，向之事事听命于人者，一旦皆返求诸己。一时之所费有限，此后之获益无穷也。③

---

① 陈三立：《皇清诰授光禄大夫太子少保邮传大臣盛公墓志铭》，盛宣怀：《愚斋存稿》卷首，思补楼 1939 年藏版。

② 《光绪六年八月十二日直隶总督李鸿章片》（1880 年 9 月 16 日），中国史学会主编：《洋务运动》（六），上海：上海人民出版社、上海书店出版社，1961 年，第 336 页。

③ 郑观应：《拟设钢铁冶炼学堂说帖》（光绪二十三年正月十八日，1897 年 2 月 19 日），夏东元：《盛宣怀年谱长编》（下册），上海：上海交通大学出版社，2004 年，第 563 页。

盛宣怀同意所请，称赞汉阳铁厂办学堂未"正大文章"，于是很快办成了。郑观应所说铁厂办学在校舍设施、教习人选、学生实习等方面优势，在其他企业办学过程中也同样具备，诸多可操作性的便利因素，使洋务企业对于自办学堂育才更具有积极性，使得实业兴学易成风气。

第二，盛宣怀所办学堂为主办企业提供必要的人才资源，逐渐改变依赖外国技术人员的状况，既维护了人事自主权，又大大节约了人力成本，有力地推动着实业发展，这里实业是表，学堂是里。比如各地电报学堂的相继设立，为电报事业及时培养出大批发报、测量架线及维修等中低级技术人员，逐步改变了电报业务初创时期技术全部依赖洋员的局面。1881 年 10 月，盛宣怀在苏州、上海督造电报线路时，"亲见优学生本领与下手洋匠无殊"；同时，天津电报学堂总办朱其诏向盛宣怀汇报说："昨遽然派学生去，与洋匠无二，又省又好，即紫竹林一道及关署德律风电报，皆学堂优生为之，洋人翕然不以为非，官局省钱不少。"[①]遂决定以天津电报学堂优等生代替外国技术人员，认为"少用一洋匠，可省银二千四百两，既求保我自主之权，尤冀节我常年之费"[②]。可见，自我培养人才一则有利主权，不因电报通讯事关军情政事等机密信息，受制于外人；二则可以节约一大笔费用，减少电报经营的成本。他在总结办理电报事业的成功经验时说："独筹百万巨款，练习千百人才，成斯创举，西人莫不服输。"[③]至 1894 年，天津、上海等各地电报学堂共培养 1111 人（含在堂生），"内计津堂出身者二百二十三人，沪堂出身者五百八十人，各堂及投效出身者三百八十人"。[④]其中在各电报局服务者 721 人，含电报官局 272 人，电报商局 449 人，其余 390 人改就他业，基本实现了盛宣怀"练习千百人才"的设学愿望，使得电报事业发展所需人才特别是中低层技术人员能够实现自我培养。通观盛宣怀与近代工业史，近代电报事业是盛宣怀经营时间最久、办理最有成效的实业之一，究其成功的原因，大力创办电报学堂自育人才应是一个重要因素。

如果说电报事业与电报学堂是互为表里关系的正面说明，那么轮船招商局创设学

---

① 朱其诏：《致盛宣怀函》（约光绪八年，1882 年），王尔敏、吴伦霓霞合编：《盛宣怀实业朋僚函稿》上册，香港：香港中文大学，1997 年，第 344 页。

② 盛宣怀：《上李鸿章禀》（光绪七年九月二十七日，1881 年 11 月 18 日），王尔敏、吴伦霓霞合编：《盛宣怀实业函电稿》上册，第 202 页。

③ 《盛宣怀拟节略》（光绪十一年六月，1885 年 7 月），王尔敏、吴伦霓霞合编：《盛宣怀实业函电稿》上册，第 224 页。

④ 谢家福：《致盛宣怀函》（光绪二十年六月十三日，1894 年 7 月 15 日），盛档：105613。

堂的曲折历程则为我们提供了反向例证。招商局成立于 1873 年，是盛宣怀最早参与筹办、经营的民用企业。成立当年，盛宣怀即主张仿行福州船政局附设船政学堂之法自设学堂育才，然因故未能设立。后因盛宣怀兼办矿务、电报业务，以及招商局人事纠葛等原因，附设学堂长期搁置。直到 1885 年盛宣怀受命任招商局督办独揽该局大权后，再次重议筹设驾驶学堂，聘徐建寅主其事，仍未成。迟迟未设学堂致使招商局几乎仰赖高薪所雇洋员，成本极高，成为一项极其沉重的负担。1889 年 12 月，盛宣怀在给李鸿章禀文中说：

> 局用之最巨者，莫如用洋人与用煤两宗。查船主大车大副人等以次递降，每船用洋人六七名，其薪水每月自二百数十元至数十元不等，通计职局轮船二十七号，约发洋人薪工银每年不下三十余万两。窃思借助于彼族，不如求材于内地。自福建创立水师学堂，广招学生，教以驾驶之法，迄今南北洋兵轮不用洋人，亦复行驶江海，甚少闻偾事。[①]

盛宣怀遂呈请由招商局出资开设轮船驾驶学堂，培养自己的驾驶管轮人才，徐图代替洋员，以节成本而增效率。禀准后，招商局于 1892 年正式设立驾驶学堂，着手如福州船政学堂、电报学堂那样培养自身所需技术人员。

第三，实业部门得益于人才实现自我培养而增益增效，进一步资助支持发展学堂，用人多取自学堂；学堂获得更多资助，主办者盛宣怀则不断总结办理经验，扩大办学规模，提升办学品质，以便培植出人数更多、品量更高的技术人员，两者之间遂形成相互推进的互促关系。又以电报局与电报学堂为例，天津电报学堂原为临时短期性质，专为津沪间电线培养技术人员，候该线路满员后即行裁撤。然电报实业迅猛发展，逐渐推延至全国大江南北，急迫需求大量技术人才；又因电报学堂所出人才基本能够胜任职责。因此，天津电报学堂不仅未按计划停办，成为常设性学堂，而且规模上予以扩充，又在上海、兰州、苏州等处新设电报学堂，经费均由各所属电报局按期如数拨发，且逐年增加。电报业务的日益发展进步对人才层次提出更高需求，推动电报学堂提升办学层次。天津、上海电报学堂开始以培养收发电报的报务员为主，后因电报业务需求，盛宣怀倡议培养测量、水线布置等技术人员。1882 年 2 月，盛宣怀在给李鸿章的禀文中申述提高办学层次理由时称：

> 但期学生实力讲求测量远近，试验电力，修理机器，修理水线各项功夫，庶

---

① 盛宣怀：《上李鸿章禀帖》（光绪十五年十一月，1889 年 12 月），夏东元：《盛宣怀年谱长编》（上册），上海：上海交通大学出版社，2004 年，第 321 页。

可一年之后，渐撤洋匠，以节经费。应由电报学堂选择聪颖大学生八名，责成洋教习专教测验之法，并由机器局选拔聪颖大学生三名，移送职局交与大北公司，学习修理电报机器之法，另由职局选派聪颖学生数名，交与大北公司，学习修理水线之法。务使一年之后，群才毕集。倘学生仅知打报之法，恐洋匠永远难以裁撤，仍负宪台造就人才之原意。[①]

由于培养目标与层次的提升，电报学堂相应增设测量塾，增加课程内容，又提高学生入学要求，招考生时若学生"洋文太浅不必来，至少须二三年"[②]，倾向从上海中西书院、广方言馆及香港等地招收已习英文数年、稍具西学基础的学生。在教学上，重视实习，强调教学和实践相结合，以期培养出基础知识扎实、专业技能娴熟的技术人员。由此，盛宣怀所营电报业务与学堂之间形成一种良性循环相互推促的关系，从中也不难看出近代工业与近代教育是在相互依存与促进过程中同步产生，共同发展。

由于实业与学堂之间的紧密联系，且实业办学育才比较便捷、快速，又能切合自身企业所急需，经费来源、人才培养能够形成一种稳定平衡的自我供求关系，因而盛宣怀长期对创办技术学堂情有独钟，竭力举办。即使甲午战争后，他已将从事教育活动重心转向普通教育，对技术实业教育的弊端也多有体认，却因实业发展临时所需而仍继续创办卢汉铁路学堂、铁路法文速成学堂等技术性学堂。

二、实业进步与学堂发展的困顿

尽管盛宣怀的实业与办学活动之间总体上存在着互为表里的互促效应关系，特别是在学堂初设时期，两者能够和谐相促。但随着盛宣怀所经营实业的规模与领域的不断扩大，两者间逐渐显现了步调不一致乃至矛盾的一面，貌合神离，渐行渐远。尤其随着盛宣怀政治地位与思想观念的变化，实业与学堂间的矛盾愈加突显，其主要表现如下：

第一，在培养目标上，学堂不能与实业发展所需与时俱进。盛宣怀创开某种新式实业如电报、轮船、铁路时，因其均为我国历来所未习，不得已高薪聘请外国技术与

---

① 盛宣怀：《上李鸿章禀帖》（光绪八年一月，1882年2月），夏东元：《盛宣怀年谱长编》（上册），上海：上海交通大学出版社，2004年，第147页。

② 朱其诏：《致盛宣怀函》（年份不详），王尔敏、吴伦霓霞合编：《盛宣怀实业朋僚函稿》上册，香港：香港中文大学，1997年，第324页。

管理人员主持其事，同时或此后于实业内部附设专门学堂，自我培植技术人员，以徐图代替外籍人员。设学之初，学堂因所办实业急需大量普通技术人员，培养目标定在初级、中级技术人员的养成。这些学堂采用西方教育制度，以近代科技教育为内容，采用班级授课制，分班列等，有学制年限要求，且设立实习制度，注重理论与实践紧密结合，基本能够培养出掌握某种专门技艺的普通学员，满足实业部门的一时之需。

但当中低层技术人员额满，实业部门需进一步降低人力成本，实业需材的重点转向了中高层技术人员，以求代替高新聘任的外国技术人员。尽管所办学堂也曾作出调整，相应增设较高层次的专业，提高学生入学门槛，来提升办学层次，但是终因各种条件限制，培养目标难以实现根本性转移，造就不出高层次技术人员，甚至中等层次人才也为数偏少。1890 年因电报业务拓展需要，盛宣怀要求电报局所属各电报学堂"共需派出头班学生五十二人，二班学生一百七十四人，三四班学生三百八十三人共六百九人"。上海电报学堂总办谢家福查核各堂后复称，电报学生缺额一百余人，其中"实少头班二十人，二班八十人，"三四班学生满额。[①] 所谓头班、二班学生，也只具备中等层次技术人员的水平。盛宣怀对此难以满意，函告谢家福说：

> 弟想目前优生嫌太少，而小学生嫌多。各局俱愿退还小学生，拟俟芳伯来烟面商，准其抽回数十名如同生饭，再行煮熟。故五十六之额，以后小学生宜减额为妥。[②]

因实业所办学堂所造就的人才层次偏低，电报局等实业部门的核心技术仍然依赖于外人，自我育才以图替代的愿望难以实现。1888 年钟天纬曾函告盛宣怀说：

> 画电线图一事，观博怡生所绘甚为精细，惟洋人薪水颇丰，如每月三百金，月绘两图，则每图已费百余金，合七图统计即不下千金。然为进呈计，原所不惜，但如各处均送分图而慨请洋人绘图，未免费时伤财，而公事转多延缓。[③]

实业学堂难以培植高层次技术人才有着多方面的原因，简而言之，大致是办学目标定位原本较低，所有教学活动均以此为中心开展，形成定势后事实上难以实现根本性调整。还有教学设施条件有限，师资水平不高等因素，等等。除自身因素外，当时全国新学未开，生源数量不足，所招学生西文西学水平普遍不高，成为难以深造的一个主要原因。此点诚如天津电报学堂总办朱其诏函告盛宣怀说："承饬招学生十名，无

① 谢家福：《上盛宣怀禀》（光绪十六年八月十五日，1890 年 9 月 28 日），盛档：068088-1。
② 盛宣怀：《致谢家福函》（光绪十七年七月二十四日，1891 年 8 月 28 日），盛档：058076-2。
③ 钟天纬：《致盛宣怀函》（光绪十四年七月初五日，1888 年 8 月 12 日），盛档：000435。

一名可入头班者，电匠材固不必想，即领班生亦造不到，不知高昌庙制造局广方言馆内尚有头班好学生否？"又曾电告盛说："承招学生名册已到，洋文无一好者，均读电匠之材，又大失所望。闷闷。"[①]当时合格生源短缺致难以深造的状况可见一斑。

第二，在人才质量上，学堂所出人才综合素养不高，使实业部门难以提高管理效益。实业学堂不仅难以造就出高层次技术人员，即使培养出的中低层人才，素质低劣，不能奉公守法者颇有人在，常为实业部门所诟病，甚至被外人称作"报匪"。1886 年 10 月 24 日，上海电报总局专就电报生普遍存在违章背法行为发布劝谕文，文中罗列依据各局举报或访闻的劣行如下：

> 诸生中竟有轮值上班托病不到者，借电闲谈迟误公事者，积压电信累及下班者，发完去报不接来报者，在局嬉戏机上怒骂者，诡称断线不即收发者，捏称亲病告假离局者，留念推诿奉调不行者。……尤其甚者，每于退班离局之后，三五成群，招摇游荡，酗酒滋事，硬欠强赊，聚赌吸烟，引诱妇女，权作一时挥霍，不顾合室饥寒。薪水到手即完，衣服付之典质，盈门缩道，欠账不还，被人称报匪。告假即以脱逃，此实无赖之尤。尔等所以不齿，局中所共愤者也。[②]

尽管盛宣怀及各电报局对犯规报生予以相应惩戒甚至革职辞退，然终因所造甚浅，习气较深，难以改变总体素质偏低的状况。十余年后，电报局总办经元善向盛宣怀抱怨说局中任事的电报生学识不高，品行平庸。他说：

> 所谓学成者，不过一自邻以下之西人耳。即班中杰出，现在电局为公最赏识诸位，除能依叩传述堪任舌人外，其余买椟还珠，比比皆是。所学西学亦步亦趋者，起居服御之浪费，月得一二百金薪水尚觉支绌，从公办事疏懒，谓西例每日只做事几点钟……得不偿失，咎将谁归。[③]

第三，从办学范围来看，所设学堂滞后于盛宣怀实业领域不断扩大。自 1870 年代初开始投身洋务至甲午战争前的二十余年里，盛宣怀所经营洋务企业领域相对集中。电报、轮船是他经营时间最长、办理也最有成效的两大企业；又曾于 1870 年代后期经营过煤铁矿务的开采活动，成效不佳；1893 年后开始接办被焚后的上海机器织布局，为时不长，同期，他在电报局下设有电报学堂，于招商局下短暂设立驾驶学堂，又在烟台筹设矿务学堂。总体来说此阶段能够创办经营某种实业，即相应设立

---

① 朱其诏：《致盛宣怀电》（光绪八年三月，1882 年 4 月），盛档：061058-11。

② 《电报学堂劝谕文》（光绪十二年九月二十七日，1886 年 10 月 24 日），盛档：068395。

③ 经元善：《致盛宣怀函》（光绪二十四年闰三月十七日，1898 年 5 月 7 日），盛档：044278。

技术学堂自育人才。甲午战争之后，盛宣怀的政治经济地位逐渐上升，至 1900 年前，除轮船、电报、纺织之外，他又全面或基本控制了铁厂、铁路、矿务、银行等关系到国计民生的大型企业，乃至 1899 年 6 月经元善给郑观应等人信中说盛宣怀"一只手捞十六颗夜明珠"，一人独揽轮船、电报、铁政、铁路、银行、煤矿、纺织诸大政。实业领域的快速拓展，同样急迫需要设立相关学堂培植专才。尽管盛宣怀曾设立汉阳铁厂学堂、卢汉铁路学堂，分别为铁厂、铁路培植人才，但囿于缺乏经费、生源、教习等因素，又考虑到实业附设学堂难以造就出品学兼优的高深人才，他在矿务、轮船、纺织、银行等诸多领域并未专设学堂，他的实业教育计划显然已经滞后于实业领域的不断扩展。

然而，盛宣怀实业王国的拓展扩大，使他对于人才特别高级技术与管理人才产生了更加迫切的需求，由此在经办各项实业时不断发出乏才之叹。1887 年 2 月 2 日，张荫恒在日记中写道："得盛杏荪书，言织局不难于集资，难于得人。"[①] 同年 8 月 26 日，盛宣怀致新任出使俄德大臣洪钧函感叹人才实在难得：

> 及拜奉手谕，独以荐人为苦，竟至豪情顿减。此等胆味，职道尝之久矣。轮船、电报两局，纷纷荐引，无日无之；逮一试用，绝非所长。初虑人才拥挤，卒至有乏才之叹。无他，取才不问其所学耳。西人事事从学堂中磨练而出，各归一辙，不致紊杂。[②]

及至甲午后经营领域增扩，盛宣怀愈感人才奇缺。1896 年 9 月致函友人说："环顾四方，人才甚竭，而此路（指办卢汉铁路）之人才尤竭。或知洋务而不明中国政体，或易为洋人所欺，或任事锐而鲜阅历，或敢为欺谩但图包揽而不能践言，皆不足任此事。"[③] 次年 2 月电告刘坤一办铁路有"三难"："在泰西为易事，中国则有三难：一无款，必资洋债；一无料，必购洋货；一无人，必募洋匠。"[④]

阵阵乏才之叹，显示了盛宣怀对于各类新式实业人才的渴求，从一个侧面体现了他已不满于实业附设学堂难造真才的现状，预示着他将采取新高度、新起点来筹划育

---

① 张荫恒：《三洲日记》（光绪十三年正月初十日，1887 年 2 月 2 日），中国史学会主编：《洋务运动》（八），上海：上海人民出版社，1961 年，第 279 页。

② 盛宣怀：《致洪钧函》（光绪十三年七月初八日 1887 年 8 月 26 日），王尔敏、吴伦霓霞合编：《盛宣怀实业函电稿》上册，香港：香港中文大学，1993 年，第 62 页。

③ 盛宣怀：《致黄建笁函》（光绪二十二年七月，1896 年 9 月），夏东元：《盛宣怀年谱长编》（下册），上海：上海交通大学出版社，1961 年，第 529 页。

④ 盛宣怀：《致刘坤一电》（光绪二十三年正月初五日，1897 年 2 月 6 日），夏东元：《盛宣怀年谱长编》（下册），第 561 页。

才行动，将学堂与实业间从渐行渐远重新转变为互为表里的关系，切实解决发展实业中严重缺乏人才的困顿。

三、盛宣怀的协调与突破

筹设烟台矿务学堂是盛宣怀突破实业与教育不能协调发展的最初尝试。盛宣怀自1888 年起在烟台精心筹办矿务学堂，意在突破所办电报学堂培养一般技术人才的局限，与各行省所在督抚联合办学，提高办学层次，计划招收读过西文西学已有八年至十年的学生三十名，专攻矿务学三年，培植能够独立从事勘查开采的矿务工程师，自行开采办理煤铁铜银等矿业，以利国计民生。惜因生源不足、经费难筹等各种因素，筹备四年终未能正式办成，然为盛宣怀筹谋在实业与教育之间实现更大突破积累了经验教训。

1895 年，盛宣怀顺应图存救亡的时代潮流，吸纳众家所长，反思数十年洋务技术教育的经验得失，为自身实业的发展与扩展迫切需材有一个根本性解决，提出了见远识深的捐设新式学堂规划，筹议由自己所管轮船局、电报局等出资，在南北各捐建大学堂一所，全国各地捐立小学堂 23 所。随即盛宣怀在天津首建北洋大学堂，次年又于上海创设南洋公学，并资助成立中小学堂，逐步实施捐设新式学堂规划。以下重在从盛宣怀突破实业发展与教育滞后间矛盾的角度，来解读该规划制订与实施的重要意义，以便于对盛宣怀能够率先创开近代教育风气多一个视角的理解。

首先，突破实业教育难以提升办学层次的瓶颈，培植精通西方科技、法政的高层次专业人才。针对实业学堂造就不出的实业所需高级技术专才的困顿，该规划筹备设立北洋大学堂、南洋大学堂两所，即随后分别在天津、上海开设的北洋大学堂、南洋公学，两者都定位为培养高级专门人才的大学堂。北洋大学堂头等学堂由已学习四年普通学科的二等学堂升入，学制四年，可分门肄业矿务、机器、电学等专门学科，也可全面攻读高等普通学科，以造就学问精深的工程技术、法律人才。头等学堂学生毕业后，"准给考单挑选出堂。或派赴外洋，分途历练；或酌量委派洋务职事。此外国所谓大学堂也。"[1] 南洋公学上院，"即头等学堂"，学制亦四年，"视西国专门学校，肄

---

[1] 盛宣怀:《拟设天津中西学堂章程禀》（光绪二十一年八月初一日，1895 年 9 月 19 日），[清] 麦仲华辑:《皇朝经世文新编》第 6 册，《学校》（上），上海：上海译书局，光绪戊戌年（1898 年）版，第 25 页。

习政治、经济、法律诸科"，"其在公学始终卒业者，则以专学政治家之学为断。"① 表明南洋公学旨在培养政治、外交、法律等方面的高级人才。在实际办学过程中，北洋、南洋两学堂也始终以培育高级专门人才为目标，于 20 世纪初年前后相继正式办成高等性质的知名学府。

其次，突破生源长期奇缺的现状，自建初等、中等学堂培养生源。捐设新式学堂规划筹划在全国各地建立小学堂 23 所，学制两年，卒业后升入北洋、南洋两大学堂分别内设的二等学堂、中院，肆业四年后再升入北洋大学堂头等学堂、南洋公学上院，小学堂、中学堂以学习中西文普通知识为主，以为继续深造专门奠定扎实的基础知识。如此则解决了长期以来实业学堂拟提升办学层次而生源不足的弊端，使头等学堂、上院获得了稳固合格的学生来源而易于造成，也实际推动了小学、中学、大学相互衔接的近代学校制度在我国初步建立起来。

再次，突破部门办学局限，为整个实业体系及国家社会作育人才。民国学者周思真论及洋务实业教育及其走向时说："大抵当时是创办某种实业，即设立某种学堂，完全根据实际的人才需要，和后来的只办学校，梦想振兴实业者大不相同。"② 此说大致可以说明盛宣怀从实业教育到普通教育的转型过程。甲午之前，盛宣怀创开一种实业，即在实业之下附属专门学堂，专门养成该实业系统所需的技术人才。如所办电报学堂附属电报局，专为电报局培植所需人才，具有很强的自给性与封闭性，易于走向画地为牢，浅尝辄止的境地。从捐设全国新学规划及其实施情况来看，则基本突破了实业部门办学的诸多局限。规划所设大、小学堂并不专属某一实业机关，而是为自身所有实业领域造就各种技术与管理人员。这从北洋大学堂分科设置便可看出，该学堂头等学堂侧重科技工程，所设专业有五：工程、电学、矿务学、机器、律例，其中电学科显然可以为电报局提供人才，矿物学科，机器学科分别为矿务、轮船、铁路、织布等部门提供专才，工程、律例则可为各洋务实业广泛提供技术与管理人才。南洋公学上院以法政学科为主，主要则为清末即将来临的政治革新提供新型行政外交人才，另有理财、商务科则可提供盛宣怀所需的从事银行、商业贸易方面的人才。由此，多个实业部门大体上可从学堂中获取所需要的人才，且程度较高，有利于切实解决整体上人才短缺的问题。

---

① 盛宣怀：《筹集商捐开办南洋公学折》（光绪二十四年四月二十四日，1898 年 6 月 12 日），《愚斋存稿》第 2 卷，第 23 页。

② 周思真：《中国教育及教育思想史讲话》，上海：世界书局，1943 年印行，第 168 页。

此设计意在为实业系统育才的同时，更多地着眼于为国家社会广泛培育精通"西政"的人才，实现了教育仅服务于自身实业系统到为国家社会作育人才的超越，拟从办理正规系统教育来培植科技、法政等各类高端人才，从根本上振兴实业，改良政治。诚如盛宣怀提及轮电两局捐设学堂之用意时所说：

> 两局捐办南北洋两公学，一则专教政学，一则兼教艺学，商政之交际，机器制造之精微，十年之内必有才者，上备国家之任使，下为两局所取资。然商学无本，则商战不易折冲，驾驶乏材行船必借异族，此两学堂者又两局有志未逮之事。况电报线路日长，电（报）学堂成就尚隘，博学深造，资费方繁，此船电两局之不容已于推广者。[1]

当中所指为轮电两局取用人才之需，当不仅限于两局而是整个实业系统，这从两学堂所设专业便可明鉴。

最后，突破办学经费的单一供给关系，将实业供款兴学育才推至更高层面。实业部门附设学堂时，全部经费由该实业部门提供，属内部性常年支出经费，学堂也因经费关系专为该实业部门培养特需的技术人才。而捐设新式学堂规划中各式大小学堂经费全部出自轮船局、电报局、金矿局三家实业，以赢利较为丰厚的轮电两局为多，此后办理过程中，北洋、南洋两学堂经费绝大多数来自轮电两局的常年供款。但所办学堂并不专为上述三局培植专才，而是为全部实业部门及国家社会共育人才，如此，办学经费则突破了一种实业只为所属实业学堂供款的单一供给关系。

经费突破是盛宣怀能够将制订、实施捐学计划的基础条件与保障，是至为关键性的因素，这个过程也比较艰难复杂，是盛宣怀权衡各种利弊做了种种努力后实现的。甲午战争后，轮船、电报两局业绩较好，年有结余，1896年轮船局全年实存公积118.68万两。[2]盛宣怀是两局督办，也是两局中最大的股东，在两局中可谓有权又有势，对于支配盈余项有最有力的发言权。然而，两局属官督商办企业，毕竟不是他盛宣怀个人的企业，需要获得上至主管政府大员，下至各大管理层、股商的同意。当时，效益较好的两局被财政空虚的清政府视为兴办各种事业的"钱袋子"之一。如不能合理解释盈余经费的使用，势必将被政府提用。与其拿出盈余"报销朝廷"，不如自己分享，或者兴办文教事业或慈善事业。这成为盛宣怀果断捐设新学的一个客观推

---

① 盛宣怀：《遵查轮电两局款目酌定报效银数并陈办理艰难情形折》（光绪二十五年七月，1899年8月），《愚斋存稿》第3卷，第10页。

② 盛宣怀：《照录第二十三届办理轮船招商局情形节略》，《申报》1897年4月8日。

动因素。而两局多数管理层、股商从自身利益出发，主张以结余款项扩大规模或者增加分红额度，不同意提用盈余款办他事。1894 年 4 月，轮船招商局总办郑观应函告盛宣怀：

> 昨抵汉口，有股东云："我局公积之款甚巨，应如太古公司岁添二千数百吨之船，不应移款兼营别业。"等语。观应亦曾早与我督办谈及，承示本局宗旨，宜用敛字诀，拟开银行为我局将来转输地步。虽是挽回利权之策，然擅拨局款兼办银行，不会商股东，只求直督批准，于商律不合。盖商律凡公司营业，必须开股东会，从多数取决方可施行。若使大权操自直督，无庸商诸股东，日后直督换人，所委总办假公济私者流，害不堪设想。故何沃生律师著书详论官督商办之公司私弊极多，因承末爱，不得不直言，尚祈我督办细思之。①

作为招商局管理层主要人物，郑观应借部分股东之口表示反对"移款兼营别业"之意，奉劝盛宣怀要恪守商办原则行事，不应擅自拨用局款。电报局总办经元善也曾对人说盛宣怀独断移用该局结余办理银行、学堂诸业，且"绝不商量不通一声"，众商虽畏势不敢言，实抱怨尤深。②

面对随时而来的政府索款，针对两局内部不愿提款他用的意见，盛宣怀利用自己所掌握的财权、官势，出于维护实业持久发展的基本需要，竭力劝服两局管理者与股商，提用两局盈余二成作为"报效"国家，奏准作为办理学堂费用，为国家、为自身企业培植新式专才。为此，盛宣怀曾公开劝告轮船局各股东说：

> 合肥相国三十年经营仅留此区区一二端，吾侪宜就此根基，于已成者守之，未成者扩之，以底于富强……中国欲兴商务必从学堂始。士夫幼攻举业，不明度算无论矣。商贾利析锱铢，而于进出口货互市大局，罕能窥其奥秘，故与西商角智，力辄不竞。因于北洋设大学堂，商局已岁捐二万两。本年又奏设南洋公学及达成馆，商局又岁捐六万两。每年以所得水脚二百二三十万计之抽捐，已属不赀，较之外洋进项捐已逾倍蓰。华商历蒙国家保护之力无以复加，而今日所以报国家者亦不遗余力矣。凡此银行认股、公学输捐，皆所谓未成者扩之，实不得已之公义也。③

---

① 郑观应：《致盛宣怀函》（光绪二十年二月十九日，1894 年 4 月 5 日），夏东元编：《郑观应集》（下册），上海：上海人民出版社，1982 年，第 818—819 页。

② 经元善：《致郑观应函》（光绪二十五年五月初三日 1899 年 6 月 10 日），夏东元编：《盛宣怀年谱长编》（下册），上海：上海交通大学出版社，2004 年，第 645 页。

③ 盛宣怀：《照录第二十三届办理轮船招商局情形节略》，《申报》1897 年 4 月 8 日。

　　也就是说，捐办学堂育才之举，一则是报效国家保护招商局发展的形式，实质上也含有应付抵制政府索款的意图；二则也是更好地与外商竞争实现拓展实力的根本之图，也应与银行一样，属于招商局"未成者扩之"的应办事业。此后，盛宣怀禀准或奏准由轮电两局捐款办理北洋大学堂、南洋公学，成为制度化的经费来源，部分缓解了朝野筹议提用两局盈余款项的舆论，也借奏准制度暂时压住了两局内部不愿移款办学的怨言，为盛宣怀实现实业与教育持久并行发展，实现从实业教育到普通教育提供了物质保障。当时外人报纸盛赞盛宣怀的教育规划时说："看到聪明的官员盛道台为他的能力和财富找到了如此无害的出路——作为一个大学校的丰富的基金，令人振奋。我们衷心地希望阁下将日益把热情和注意力集中于此类工作。"[1]

　　至此，盛宣怀从协调与突破办学经费入手，将学堂与实业间从渐行渐远重新转入为互为表里的运转轨道，提升了办学品质与人才培养层次，并将实业、育才同其政治地位变化紧密联系起来，从而实际推动了我国近代教育的转型与进步。从中也不难看出盛宣怀具有对新式教育的敏锐洞察力和付诸实施的能力，也可以看出近代工业的深入发展对于教育现代化带来的直接促进作用。在寻求协调与突破途径的过程中，盛宣怀的教育活动与思想不断得以提升，教育层次从从事技术教育如电报学堂、铁路学堂，提升到了办理正规普通教育，如北洋大学堂、南洋公学，专业方向实现了从早期单纯的技术培训向技术、外交、行政、法律、经营管理等多专业方向的转化，人才培养目标从为自己的专门实业领域培养人才上升到为整个实业系统及国家社会培育人才。

---

　　① 《北华捷报》1895年11月1日，转引自费维恺：《中国早期工业化——盛宣怀（1844—1916）和官督商办企业》，北京：中国社会科学出版社，1990年，第98页。

北洋大学初创之探骥

——兼谈盛宣怀教育思想之端倪

张金声[*]

一

清光绪二十一年八月十四日，即 1895 年 10 月 2 日，光绪帝批复直隶总督王文韶所奏《津海关道盛宣怀倡捐集资创办西学学堂请饬立案折》，并下所司所知之。

盛宣怀（1844 年 11 月 4 日—1916 年 4 月 27 日），字杏荪，晚年自号止叟。江苏省常州府武进县（今常州市）人。著名的政治家、企业家和慈善家，被誉为"中国实业之父""中国商父""中国高等教育之父"。

为筹建愚庵图书馆筹划购书，盛氏在日本给其好友赵凤昌的信中写道：

> 近日常赴公园各图书馆博览群籍，华洋今古，无所不有。慨于吾国数千年名哲精英，沦落于外人之手，一去不返，尤非金融货产可比。公襟怀夐远，若到此一览，当无不喟然长叹也。

> 弟前因上海各国聚处，可以持久不变，特建图书馆一所以便士林。闻南中旧家藏书迫于乱离，倾筐而出，若能趁此时广为搜罗，未始不可为东南保全国粹。公谅有同心，兹先措上日金二万圆，交妥便带沪，到日即请查收，代为留意收买。俟奉覆翰，再当设法统筹，节无用为有用，总共拟以四万元为度。专购未见之书，从容分办，不必亟亟。他日馆成归国时，必当与公面商布置。盖治国之

---

* 张金声，天津文化地理研究中心研究员，主要从事天津地方史的研究与整理。

本，在正人心。

　　昔年南洋公学学生，必欲以国文为根柢。目下判经离道，似须仍从根本上着力。人心一正，则安内攘外，无事不可为矣。质之高明，不以为迂否？[①]

　　赵凤昌（1856—1938），字竹君，号惜阴。武进县城（今常州市）人。光绪十年（1884），任两广总督张之洞幕中侍从。不久，因办事机灵、勤快，被张氏赏识，拨充总文案参与机要。光绪十五年（1889），随张氏到武昌，继擢总文案。

　　清光绪十五年七月，张氏甫任湖广总督，决定将原准备在广东兴建的炼铁厂迁至湖北。适逢盛宣怀以事谒张氏，言及炼钢之事，张氏提到尚无铁矿，盛氏当即表示愿将原在大冶购得之铁山矿交给张氏开办。年底，盛氏又和张氏面谈开办铁矿事宜，并提出四条有益建议，为张出谋划策。张之洞遂兴建汉阳钢铁厂，开办大冶铁矿。大冶铁矿于是成为中国历史上第一座用机器开采的大型矿山。

　　张氏与盛氏的洽谈并成功，赵氏功莫大焉。二人从此订交，盛氏视赵氏为知音，故许多难办之事愿与之一吐为快，并听取赵氏的意见。

　　从此信中可知，盛氏有志于文化教育事业，这与其创办北洋大学是一脉相承的。

　　盛氏所处的时代，正值西方的教育思想和学校体制逐步传入中国，为我国近代教育改革奠定了基础。同时，大量的西方教育图书也传入中国，如《德国学校论略》《西学考略》等，对多国学校教育制度作了较为全面的介绍，并将西方的教育制度、教学管理体制、教学内容等教育模式展现国人面前。盛氏作为洋务派人士，对于西方教育思想及制度的输入，虽有关注，但如何在当时的体制下办好新式教育，一直苦苦思考着。

　　清光绪十八年（1892），盛氏任直隶津海关道兼直隶津海关监督。

　　甲午战争中与日作战的北洋水师及淮军，皆归李鸿章调遣，故而战略谋划、军队调派、后勤供济，绝大部分在天津进行。

　　甲午战争失败，继而签订《马关条约》，传统自给自足的自然经济分崩离析，在西方列强炮火中产生的洋务运动也难挽狂飙，中国陷入民穷财尽、国库空虚之中，培养新型人才以图富国兴邦成为迫在眉睫的选择。

　　然而，盛氏毕竟是以经营实业为主的，如何将旧式的书院教育模式改变为近代教育的西式学堂，盛氏此时应不得其要领，而他的弟子陈骧提出创立新式学堂。

---

　　① 国家图书馆善本部编：《赵凤昌藏札》（第5册），北京：国家图书馆出版社，2009年，第38页。

陈骧原名步，字子腾，号石麟。咸丰乙卯年（1855）九月二十二日生。直隶天津人。出自杨香吟、李铁梅、吴汝纶、盛宣怀门下，光绪十五年中举，光绪二十四年（1898）戊戌科二甲进士，散馆授编修。光绪三十四年（1908）任贵州提学使，次年署贵州布政使。

陈氏刻苦好学，天资聪敏，加之留心时局，其在北洋当差期间，多有新政建议。

陈骧《致鹿茸贤侄阁下函》中写道：

> 设立书院一事，数日前谒盛杏翁（盛宣怀），据云库帑支绌异常，筹款甚艰，惟拟于现在书院添格致课，以课西学，开风气可也。答云：仅开考课，终属空谈，似不如延教育学专门，方为实用。杏翁又云：拟立小学堂，取十数岁童生，自中学《四书》《左传》《书经》读起，分课洋文洋语及公示约章等类。因命鄙人取《四书》白文注浅说，以便童蒙；并命鄙人充汉教习，鄙人当即遵命谢出。唯《四书》浅注，尚未动笔，学堂亦未知何时创立耳。稍暇即拟动笔。再谒杏翁商谈如何办法也。①

陈氏此信是写给沈恩嘉的。

沈恩嘉，字鹿苹。直隶天津府人。官军机章京几二十年，一度揆领章京，熟悉清廷典章制度。性敏练，慷慨敢任事。

陈、沈二氏同乡且有世谊。沈氏官职不高，却与上层关系密切。甲午战中其极力主战，战后痛定思痛，主张改革。

从陈氏致沈氏信中，可以窥见其不满足于盛氏所要创立的小学堂，其欲通过与沈氏沟通，并希望得到他的帮助。

陈氏此信，只是提出"惟拟于现在书院添格致课，以课西学，开风气可也"的书院。此后不久，陈氏又致函沈氏：

> 时事多艰，尚望格外珍摄，以肩重任。吾津诸前辈，可与谈时务者甚罕。复安望为国家设一富强之计，桑梓所仰望者，惟有阁下一人，所冀早日得君一为振兴耳。
>
> 前闻外洋《新报》有言：俄国借东三省之地修造铁路，直至营口，未知确否？果尔则其祸更将甚于日本。窃以今日竭力自强，已落人后，而犹幸地大物博，人才众多，果能实事求是，经营十五年，尚可争衡于西国。第一变通学校以

---

① 转引自孔祥吉：《甲午战争后的民族危机与北洋大学的创成》，《澳门理工学报（人文社会科学版）》，2016年第 1 期，第 178 页。

育人材，务使学其所用，用其所学，专立教育部总持其事，不使固执浅陋之地方官阻挠之。则学堂六年，足可办理利国利民之事。学至十年，足可自出新义，争胜泰西。但非圣君贤相，毅然改图，虽有草茅一手一足之烈，终无补于时局。

鄙人前拟请建书院，禀稿缮清后，由钟君鹤笙转呈盛杏翁观察。观察深以为然，而微与钟君意见不同。钟君以考课优奖，借开翰詹科道之风气，意在挽回积弊，收效稍速。

鄙人及诸同仁之意，在实事求是，可言即可行，收效较迟，故斟酌两端，莫衷一是。兹将钟君前向合肥（李鸿章）所上禀稿，合肥未答，及敝同仁公拟禀稿，一并呈阅，尚祈一决，以定从违。[①]

由是信可以看出，陈氏与钟君所拟创办新式学堂条文，为后来北洋大学堂章程的雏形。盛氏所陈与钟君稍有不同，且大体是赞同的，上禀李鸿章后并未得到其回复，故而陈氏求教沈氏，并希望他能出谋划谋，以期尽快成立西式学堂。

考李鸿章未回复，盖事出有因。一是甲午战争令李鸿章焦头烂额，前途未卜；二是十数年前，其与曾国藩送留美幼童，中途而返，其回国后就业成为大事，大多人只好来到北洋。若开办西式学堂，恐非李氏力所能及？在此不做过多推测，历史就是历史。

在此信中，也可见到陈氏提出的"实事求是"的办学方针，这应是北洋大学校训的滥觞吧。

信中提及的钟君，即钟天纬（1840—1900），字鹤笙，上海金山亭林镇人。清同治十一年（1872）入上海广方言馆攻读英语，为该校第一期学生，光绪元年（1875），应徐建寅之邀，赴山东机器局翻译馆任职。光绪五年（1879），受清政府出使德国大臣李凤苞邀请游历欧洲各国，考察政治、文化和经济状况，比较西方文化与中国政俗之短长。光绪七年（1881）回国，受聘于江南制造局翻译馆，除与英国人罗亨利、傅兰雅合译《西国近事类编》《工程致富》《英美水师表》《铸钱说略》《考工纪要》等书外，根据游历考察所得，撰写《格致说》《格致之学中西异同论》《西学古今辩》《中西学术源流论》等篇，专门探讨中西文化的差异和优劣。光绪十三年（1887），应盛宣怀之邀赴山东烟台，分析上海轮船、电报两局之利弊，颇得重视。

钟氏同情民间疾苦，主张减免税租，倡议修筑铁路，呼吁收回民族工商权利。在

---

① 转引自孔祥吉：《甲午战争后的民族危机与北洋大学的创成》，《澳门理工学报（人文社会科学版）》，2016年第1期，第179页。

政治上赞成改良，与变法维新的康有为、梁启超、谭嗣同等交往甚密，并为汪康年主办的《时务报》撰稿。光绪十九年（1893），在上海格致书院创设兴学会，并募集经费在高昌乡开设"棠荫""董威""湖海""平安"等四所新式小学，自编教材 12 册，名为《读书乐》。后又重入上海江南制造局翻译馆，专心著译。

在比较文化方面，他研究较早、研究范围较广，有很多新颖中肯之见，对广义文化中的哲学、科技、风俗、教育乃至民族习性等都进行了比较考察，对中国传统文化中的弊端进行了揭露和批评，同时肯定中国古代文明在世界发展史上的地位。他的《中西格致形而上与形而下之别》《中西民好静与好动之分》《中西学术传统重道轻艺与轻道重艺之殊》等文中的观点，对"五四"新文化运动有很大影响。此外，他警惕列强的侵略野心，为加强国防出谋划策，除大量译作外，还著有《刖足集》《格致课存》《随轺载笔》《佐幕刍言》《时事刍议》《扪虱录》等书。光绪二十六年（1900）七月，因中风去世。

紧接着，陈氏话锋一转，写道：

敝稿计分六门，政治为立国之本，故以为首。商务为富民之本，民富斯国富，故次之。格致为致富强之实功，又次之。明格致而后能制造，故又次之。而政治、商务、格致、制造，有非图不明者，故又次以测绘，以上各事皆取人之长，救吾之短，上海所译各书，未能详尽，故译书为要。中国既与泰西交涉，必须知己知彼，而后操纵可以由我，故译报又次之。以上六门，各有细目，原拟每目各系一说，以卧病十余日，仅拟数条附呈。

查阅数日前，闻盛观察创立洋酒公司，禀王制军（王文韶）入奏，准予卅年专利。此风一开，庶中国制造可以踊跃。数日晤院房友人云：王制军公事认真，才具较逊合肥，而待人谦和，不似合肥专喜谰谄面谀之辈。以此卜之，将来认真收罗人才，未始非北洋之福。藩司陈君（陈宝箴），闻候补友人云：人甚方正，微与合肥不洽，倘能久畀以权，直省吏治必可蒸蒸日上。

月前友人金巨卿由关外来津销差，云：前在关外以西医治受伤兵弁，各营之弊，一在不能战，一在不战。李光九以五营之众，阵亡殆尽。而大弊又在兵数不实，所统卅营者，至多不过二十营之数，其余可类推。

刻下虽已平安，而练兵断不可缓。天津武备学堂，颇有人才。广东水陆师学堂，亦有人才。去冬闻河东刘春圃之侄，由广东学堂来津，现为汉纳根约去，代为操兵。闻刘君之学在汉纳根以上。缘汉纳根所能者，德国之老操，刘君所能者，德国之新操也。

各路统兵大员，似宜访用此等人才，以收实效。

又闻无稽之谈，云：张湘帅（张之洞，亦称香帅）硬捐安徽诸富绅以造铁路，但此事不必有，而此论则甚快。当此时艰孔亟必不肯轻出资财，以利公家。当轴者非用霸术，如湘帅，亦断难集事。

窃意直省磁州、河南武安，连境铁矿，煤田亦富，绵亘不绝。如仿张湘帅之说，集资开矿，制造枪炮铁路，三年必当获效，十年则北洋可以自强。直省富户不少，惜无湘帅耳。

闻湘帅今春约英人李提摩太咨访时事，甚蒙优待。李提摩太创立广学会，湘帅又助五百金。在湘帅所费无多，而不分畛域，实事求是，其获益非迂腐诸公所可及。

兹寄上李提摩太辑《七国新学备要》一册，以备披览。阅之可见外国之强，并非无本。我若欲图自强，似宜瘵相沿之弊，无用之学，廓而清之。略仿各国造士之法，各省遍立学校，分途录用，人有专长，国无废事，庶为国家万年有道之基也……

初六日 灯下 [1]

信中所言陈君即陈宝箴。由陈氏上信的下半段可以得知，其设想的六门课程，皆于当时西学所设学科相类，应是其与钟氏共同所为。考其二人生平及信中所言，课目所设钟氏应占主导。

信有月旦人物，中肯之言的同时，亦给沈氏鼓与呼。其所言之事，沈氏在军机处任章京，能不知乎？亦可见其用心之良苦。

信中所言金巨卿，名大廷。上海虹口人。留美幼童。归国后于天津从事医务，曾任武备学堂医官、医学堂监督。1900 年，八国联军入侵天津时，其因救护伤员，遭流弹身亡。

李光九即李光久，李光久（1845—1900），字恒亨，号健斋，清湖南湘乡四十三都人。为湘军悍将李续宾之次子，承袭三等男爵。早年参加镇压太平天国和捻军活动，为江南候补道。光绪二十年（1894）秋天随帮办军务、湖南巡抚吴大澂北上援辽抗日，驻守牛庄、海城之间。次年 2 月中旬至 3 月，率老湘军五营与黑龙江将军依克

---

① 转引自孔祥吉：《甲午战争后的民族危机与北洋大学的创成》，《澳门理工学报（人文社会科学版）》，2016 年第 1 期，第 179—180 页。

唐阿等部会攻盘踞海城日军，于唐王山，亮甲山、海城西北与敌激战。3月4日敌军第二路侵占牛庄时，他率部攻入牛庄，与敌巷战，将士伤亡过半，他与魏光焘仅以身免。1899年调补苏松太道，嗣调江海关道，不久晋升浙江按察使，奉命通领浙江省马步三十六营驻防宁波，以防御意大利海军侵扰。著有《誓师要言》，编《李忠武公遗书》。

陈氏在信中不厌其烦道出旧事，意在人才难得的同时，又道出"实事求是"的重要性。

其用张之洞对待李提摩太之事，寄希望其所倡议的新式学堂，要不分畛域，不拘一格，广揽人才，方能成就一番大事。其所寄之书，意在"无用之学，廓而清之"，中国庶可有图强之希望。

是信未署年月，只有"初六日"。然而信中提及"盛观察创立洋酒公司，禀请王制军入奏"等，查《德宗景皇帝实录》中光绪二十一年五月十七日载"署直隶总督王文韶奏，现拟招商试办酿酒公司，以收利权，并请准其专利及暂免税厘，下所司议"。由此判断此信写于光绪二十一年闰五月初六日，即1895年6月28日。另一旁证是陈宝箴时在直隶布政使任上。

是函中，陈氏提出北洋西学堂所设的科目与现在的科系大体相似。如：政治门即研习西方国家的构成与政治学；译书门则与现在外语系颇有类同之处；商务则相当于现在的商学院。其余三门则属于现在理工科大学的相应科系。

由此可知，陈氏提出的科目设想，是要将北洋西学堂办成一所综合性的大学。

我们常说，北洋大学堂是中国第一所现代大学，从其筹划之初，就已经奠定了基础。

由是信也可以看出，盛氏请王文韶上奏折成立北洋大学堂，应是接受陈、钟二氏之设想，二氏首倡之功，不应被历史忘记。

鸦片战争对天津的冲击不甚明显，可第二次鸦片战争，天津首当其冲，一批有识之士，苦苦思考如何改变现状，洋务运动的兴起，使人似乎看到前途，然而甲午战争，中国一败涂地，有识之士，痛心疾首，痛定思痛之后，他们认识到教育与人才的重要性，故而天津出现诸如陈骧这样的有识之士，绝非偶然。

创立北洋大学堂得到朝廷的批准后，津海关道盛宣怀兼任北洋大学堂督办。经过一段时间校舍及师资力量的筹备后，北洋大学堂很快就步入了正轨。

二

陈宝箴于直隶布政使任上，颇留心人才的网罗。他对陈骧阂通的见识颇为赏识。

陈宝箴（1831 年—1900 年 7 月 22 日），谱名观善，字相真，号右铭，出生于江西九江，晚年自号四觉老人。

陈氏先后任兵部侍郎、直隶布政使、湖南巡抚等职，被光绪帝称为"新政重臣"的改革者，系清末著名维新派骨干，地方督抚中唯一倾向维新变法的实权派风云人物。光绪二十六年六月二十六日（1900 年 7 月 22 日）病逝，享年 70 岁。

在汪康年收藏的信札中，有邹代钧的两封致信，分别提到陈骧。其一：

> 湘省现设制造局，系集商股购办。敝局化矿之人，至今未得佳者，前已托鹤笙招陈石麟孝廉来湘（已允来，尚未到）。后因求贤馆席需人，右帅以陈明化学，格致兼通算，即以陈主求贤馆席，而局中仍是无人。祈公商之陈次亮、容纯甫并博访通人，代谋一专精化矿者。如得其人，即恳械示，即往返械商薪水若平也。[①]

信中清楚指出陈氏之所长。邹代钧写此信时，陈宝箴已于直隶布政使调任湖南巡抚。

邹代钧（1854—1908），字甄伯，又字沅帆，湖南新化人。诸生。自少时即精研舆地之学。光绪间随使欧洲，历充会典馆纂修、编书局总纂。曾参加上海强学会，又助湖南巡抚陈宝箴推行新政。精地理学，对东南沿海及西北地区考索尤详。创立舆地学会，主修《湖南全省地图》。有《西征纪程》《蒙古地记》《中俄界记》《日本地记》《五洲疆域汇编》等。

戊戌正月，邹氏又有一函致汪康年，云：

> 现在湘省已将求贤书院全改为格致化学堂，已聘天津陈石麟孝廉为山长（戊子举，贵同年也）。甚好，当可渐开风气（学生五十名），今年矿事稍有收效，便当设一大方言馆，可教数百余人者，专习西文，俟三五年后，择其成者，资送出洋，分门投学，方有把握。义宁父子（引注：陈宝箴、陈三立）之意专注于此，鄙人亦甚以为然，日夜赞助之者也。且在申开化学堂，聘外国人为师，甚好。惟学生不通语言，又太累赘。窃谓刻下开学堂，当先以西文为主，西文既通，然后分门就学，自属容易；不通西文，所得不过一知半解。就书院改设冀开

---

① 上海图书馆编：《汪康年师友书札》（第三册），上海：上海古籍出版社，1987 年，第 2693—2696 页。

风气则可，若特开不讲西文之西学堂，似可不必。君以为然否？惟刻下化矿尚是需人，陈石麟虽能化，然已为山长，不能专注此矣。

正月十二日 [①]

由上述两信中，可以看出，陈骧在陈宝箴心中的位置。陈氏在湖南长格致化学堂，"渐开风气"，信中也指出学生不通西文带来的诸多不便等。正当陈氏在湖南欲展宏图之际，由于戊戌政变发生后，湖南的一切新政均被废止，其并未能实现其推动湖南改革的抱负。

戊戌政变后，陈氏考中进士，改翰林院庶吉士。光绪二十九年四月散馆，授翰林院编修。光绪三十四年，署贵州提学使。宣统元年，署贵州布政使，颇有政声。

三

北洋大学堂的横空出世，并非一蹴而就，而是有深刻历史背景的。鸦片战争后，中国逐步沦为半殖民地半封建社会。社会风气急剧下降，有操守、有卓见的士大夫，苦苦追求经世致用，如洋务运动的开展，虽如火如荼，但庞大的北洋舰队，被日本战败，令人扼腕。而《马关条约》的签订，使中国的经济更是雪上加霜。

同时，洋务派为了巩固和加强自身的地位进而对经济、文化教育方面进行一系列改良。他们试图通过学习西方科学技术创办和发展邮电、工矿、冶炼、铁路等事业来挽救民族危亡。

作为洋务派人物，盛宣怀在各个领域，都有建树。李鸿章对盛氏有评："办大事，做大官。"盛氏正是沿着这条路子，并在李鸿章的培养下，走完人生道路的。盛氏一生所做事业，大多是开先河的。在"西学东渐"思潮的影响下，特别是在甲午战争后，他强烈意识到中国社会的变革不能仅仅停留在经济领域，中国要走上自强之路，还必须对教育和人才的培养模式进行根本性的改变。

盛氏在创建北洋大学堂的奏折中言："自强之道，以作育人才为本；求才之道，尤宜以设立学堂为先。……日本维新以来，援照西法，广开学堂书院，不特陆军海军将弁皆取材于学堂；即今之外部出使诸员，亦皆取材于律例科矣；制造枪炮开矿造路诸工，亦皆取材于机器工程科地学化学科矣。仅十余年，灿然大备。中国智能之士，何

---

① 上海图书馆编：《汪康年师友书札》（第三册），上海：上海古籍出版社，1987 年，第 2704—2711 页。

地蔑有，但选将才于侪人广众之中，拔使才于诗文帖括之内。至于制造工艺皆取材于不通文理不解测算之匠徒，而欲与各国絜长较短，断乎不能"，[①] 并提出了北洋大学堂章程。

盛氏促成地方和中央政府摈除陋见，毅然创建西式学堂，光绪皇帝降旨照准。新式学堂如何培养人才？盛氏提出"参用西制，兴学树人"。北洋大学堂创立后，盛宣怀效仿欧美大学学制，把学堂分为头等和二等，分别设四个班。这里的"二等"同于现在中学性质，是我国第一所中学，"头等学堂"则属现在大学本科性质，学堂初设工程、矿务、机械和律例四个学门，并且还制定学生毕业后出国留学的计划。

北洋大学堂创建之时正值国库空虚，学堂常年经费需五万五千两银，而国家无力支付。于是，盛氏自筹经费，由津海关道掌控的电报局、招商局等筹款支用。

盛氏在北洋大学堂，订下两条规则：一是"不许躐等"，他为此解释到：过去学习西学的学生成绩不显著的原因，是学无次序，浅尝辄止，本大学堂的学员要做到循序渐进，不许中途他骛，直至完成学业；二是"不容紊乱"，在北洋大学堂头等学堂里，有五类专门课程，规定各门除了学习专业理论知识外，其中工程学"专教演习工程机器"，还要学习测绘测量、开洞挖地、桥梁房顶等实践课程；电学要学习电房演试、电报电话等实践性课程；矿务则学习矿务房演试等。总之，是要学以致用。

盛氏这些观点的形成，源于他汲取过去同文馆只学外语，而用途不广的教训，也是自己在办实业中不断提高认识的结果。当他的津海关道继任者李少东请求将 60 名学生改学法语、日语和德语时，他果断地拒绝了。

盛氏根据学堂的实际情况，及时调整、开设不同的学科课程。1897 年北洋铁路学堂并入北洋大学堂后，又增设铁路一科。学校章程亦随之更改课：第一年，几何学，三角勾股学，格物学，笔绘图，各国史鉴，做英文论，翻译英文等；第四年，金石学，地学，禽兽学，万国公法，理财富国学，做英文论，翻译英文等，而在文科为主兼及理财的南洋公学，亦开设相应的课程。在"中学为体，西学为用"的教育指导思想下，把中西方课程相互结合，使之有的放矢。

1896 年春，盛宣怀禀明两江总督刘坤一："如津学之制而损益之，设立南洋公学"，并提出"学堂基地由臣捐购之"，常年经费则由他经营的轮电两局，岁捐十万两。南洋公学初分立四院：师范院、外院、中院、上院，到 1899 年又开办特班。南

---

① 盛宣怀:《拟设天津中西学堂章程禀》，北洋大学—天津大学校史编辑室编:《北洋大学—天津大学校史资料选编（一）》，天津：天津大学出版社，1991 年，第 3—4 页。

洋公学成为我国教育史上最早兼师范、小学、中学、大学的完整教育体制的学校。南洋公学的师范教育能够形成完整的体系，是因为盛氏在办学实践中，认识到人才与教育发展关系，于是把师范教育摆在优先发展的位置上。他认为师范教育乃是整个国民教育中发展的基础和质量保证。后来南洋公学各学堂的教师大多来自于师范班留校的毕业生。北洋大学后来增设师范科，亦是沿袭了盛氏的这一办学理念。

诸学堂在管理上也参照欧美，配备各级管理人员，责权分明。比如，任命伍廷芳和蔡绍基分别为天津中西学堂头等学堂和二等学堂的总办，任命丁家立为学堂的总教习，各司其职。在南洋公学，其教习人员名额及其职责都有严格的规定。

盛氏为督促学生学习，设立了考试淘汰制，即月有稽，季有试，年终有大考、学生未卒业之日，均不应学堂外各项考试。如《南洋公学章程》规定每年暑假进行周年大考，由江海关道亲临监考。同时，各学堂同时还设立奖学金和处罚制度。此制度在北洋大学及南洋公学中，得到很好的贯彻。

光绪二十三年十二月十七日（1898 年 1 月 9 日）《国闻报》刊有《人才蔚起》一文，介绍北洋大学考试的情况：

> 本月十六、八、九日，为年终大考。北洋大臣仁和（引注：王文韶，杭州仁和人，故以仁和代其名讳）尚书，特派侯官严又陵（引注：严复）观察到堂考试。
>
> 严观察少时已见重名臣，又至欧州（洲）游学多年，以中国之通儒，证欧西之绝诣，地球之于此二学皆观其深见，实罕其人。此次考试头等学堂，一一讨论，指示周详，与他员之勉强敷衍者大不相同，题为"书汉书游侠传后"。本堂诸生，本皆一时之选，经王观察（引注：王修植）培养于先，又有严观察之面加鼓舞，成才远到，为效可知。
>
> 我国之学堂，若皆如此，支那岂尚不至见鄙于白人乎？

由是则消息，可见北洋大学的考试之严格，同时又希望全国之学堂应以北洋大学为标杆，自强自立。

盛氏创办近代化的教育模式，并在指导思想、学制设置、内容、原则、管理方式等进行的大量改革与创新，开启现代教育的先河，功莫大焉，郑观应称赞盛氏所为"乃东半球未有之事，其非常不朽之功业也"。诚哉斯言，但亦不应忘却陈骧、钟天纬等有识之士的出谋划策及积极辅佐。

盛宣怀与中葡广澳铁路合同

——"葡商伯多禄"考略

金国平 *

一、香港开埠：澳门面"危"寻"机"

对澳门而言，香港开埠不啻致命一击。[①]一个英国殖民地在珠江口的出现形成了对澳门的政治威胁和商业竞争。两地虽都由欧洲人管理，但从本质上而论，殊不相同。香港系有条约之割让地，而澳门为有条约规定之"永租管理"地。因此，葡萄牙从来不具有对澳门的主权。受制于上述法律地位，葡萄牙人从未想过要在澳门进行大规模的基础性投资，更不用说在澳门之外了。1898 年，英国获取了广九铁路的承办权，葡萄牙也跃跃欲试。1902 年 2 月，葡萄牙驻华公使白朗谷（José Azevedo Castello-Branco）遂借中葡增改商约之机，将广澳铁路列为条款之一。其意除"推展澳界"之外，还有抗衡香港的意图。作为老牌海外殖民帝国的葡萄牙，毕竟已无法与新兴和工业革命后的英国相匹敌。澳门面临着空前的危机，但正是从这场"危"中，也可能找到一线自救的"机"。常言道："要想富，先修路"。葡萄牙人把澳门生存与发展的全部希望均寄托于铁路修筑，因此产生了兴建广澳铁路的构想，来抗衡英国势力向珠江口以西粤南和粤西地区的扩张，以保住珠江口以西的"半壁江山"。为此，中葡双方进行了接触和谈判。1902 年 9 月，中葡双方商议组建"中葡广澳公司"（后称"广澳铁路有限公司"或"商办广澳铁路有限公司"）。目的是共同斥资兴建广澳

铁路。之后，双方又于上海反复磋商。督办铁路大臣盛宣怀[1]与白朗谷于 1904 年 11 月 11 日签订了《中葡广澳铁路合同》，[2]并上奏光绪帝及慈禧太后。

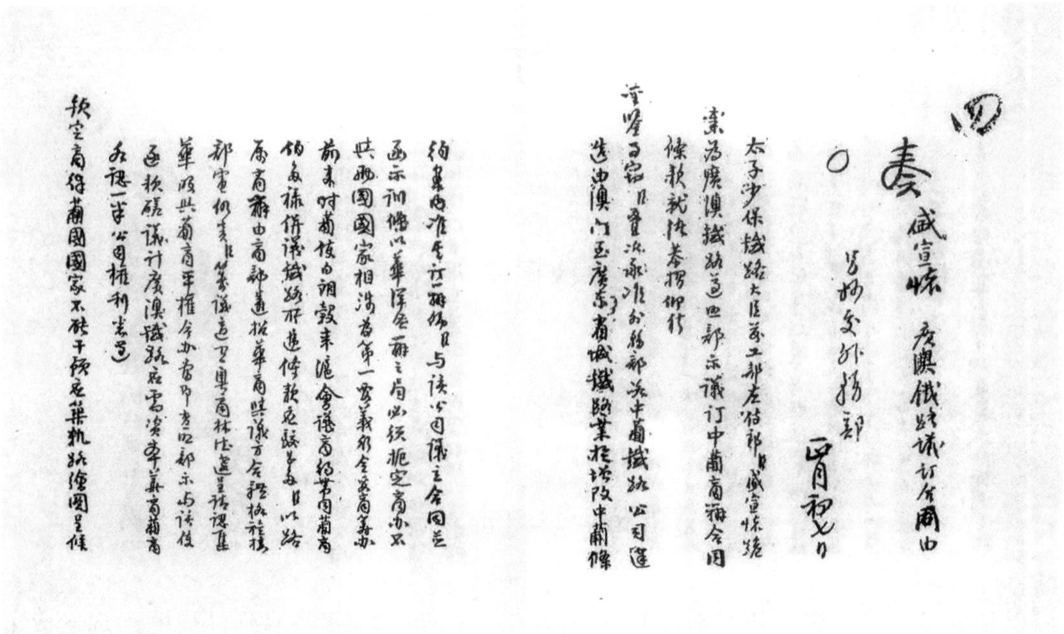

图 1　铁路大臣盛宣怀奏折《广澳铁路议定中葡商办合同条款》（光绪三十年十二月十五日）部分

（来源：中国第一历史档案馆编：《明清宫藏中西商贸档案》第 8 册，北京：中国档案出版社，2010 年，第 4851 页）

光绪三十一年（1905）正月初七得朱批"钦此"。该路的建筑委交华商林德远、葡商伯多禄合资承办。林遂于受委承办后次年，即"凑足本款二百万元"，而伯多禄则筹款无着。由于葡商日久集股未成，盛宣怀乃照会葡使废约，改归华商独办，并声明"将来路线只达近澳之前山，不入澳门租界"。旋因林去世，改由粤绅唐绍业等接替。唐在当时收回路权的潮流激荡下，多次同伯多禄交涉废约，至 1907 年底，伯多禄才被迫"缮立退办凭据"，听由华商自办。光绪三十四年（1908 年 8 月），葡萄牙代理公使柏德罗（Martinho de Brederode）始正式照会清廷外务部，同意将前立合同注销。至此，酝酿历时 4 年之久的广澳铁路从未破一寸之土，更不消说开建广澳铁路了。

---

[1]　盛宣怀（1844—1916），江苏武进（今常州）人，字杏荪，又字幼勖。晚清实业家和政治家。

[2]　关于这个问题，比较新的研究有：赵利峰：《广澳铁路问题初探》，程国赋主编《历史文献与传统文化》，第 8 辑，南昌：江西教育出版社，2001 年，第 64—79 页；凌鸿勋：《盛宣怀与中国铁路》，易惠莉、陈吉龙主编，常州市政协文史委员会盛宣怀研究会编：《20 世纪盛宣怀研究》，南京：江苏古籍出版社，2002 年，第 354—387 页。李永胜《清末中外修订商约交涉研究》，天津：南开大学出版社，2005 年，第 74—113 页。

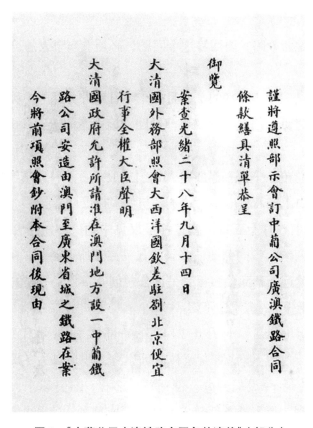

图 2 《中葡公司广澳铁路合同条款清单》(部分)

（来源：中国第一历史档案馆编《明清宫藏中西商贸档案》(第 8 册），光绪元年起宣统三年止，北京：中国档案出版社，2010 年，第四八五六页 ）

二、"葡商伯多禄"

盛宣怀和白朗谷为代表各自政府酝酿、谈判和在合同上签字者。具体经办人，葡商方面是伯多禄；粤商方面先是林德远，后由唐绍业继之。关于伯多禄的参与铁路计划之事迹，无论在澳门学研究范围之内，还是在盛宣怀研究的范畴内，迄今为止，均未见到比较深入的研究。本文专就"葡商伯多禄"做一略考，以正方家。

（一）"葡商"之名起

"葡商伯多禄"见于近期著作，如《帝国主义与中国铁路 1847—1949》将"Pedro"称为"葡商伯多禄"。[1]《中国铁路发展史 1876—1949》也将"Pedro"称为"葡商伯多

---

① 密汝成：《帝国主义与中国铁路 1847—1949》，北京：经济管理出版社，2007 年，第 110 页。

禄"。①

伯多禄的身份是商人吗？要回答这个问题，必须看当事人的记载。

（1）盛宣怀

1. 盛宣怀在光绪三十年（1904）四月二十一日致外务部电中称："葡白使带同澳门新设铁路总会公举之总董伯多禄来议粤澳铁路，请由澳门造至佛山或三水为止，并在香山、顺德、新会、三水四县地方，筑造枝路，已照函示训条与议。尤要者，既扼定商办，彼派葡商为总董。华商一半股份，约须集股二百万，而寓澳华商，向归西洋保护，必欲入澳股之内。华商自应举一总董，与伯多禄议订合同。"②

2. 光绪三十年十二月十五日，盛宣怀呈议订中葡广澳铁路合同折称："……时葡使白朗谷来沪会议商约，带同葡商伯多录并议铁路，所递条款，应驳甚多。俟奉旨批准，再饬由华商林德远、葡商伯多禄，另订公司创办章程，呈候酌核，再行开办。"③

（2）外务部

光绪二十一年（1895）七月十四日外务部致葡萄牙代理公使阿梅达（G. d'Almeida）照会称："据广澳铁路商董林德远禀称，职道自去冬旋籍，承委办广澳铁路，今春又奉宪饬，催令设局开办。惟葡董伯多禄，数月以来，推诿多方，杳无动静。现究应如何办理，请咨外务部转催葡使，责成葡董从速开办，庶免延误等因。咨达前来，查广澳铁路，业经华董林德远集成股本二百万元，自应及时开办，俾免压搁成本，致多亏累。相应照会贵大臣转饬葡董伯多禄，按照合同办法，会同华葡董林德远，速即开办，以期早日竣工，彼此均有裨益。"④

（3）唐绍业等

光绪三十三年（1907）十月广澳铁路股东唐绍业等致邮传部禀称："窃查广澳铁路，经外务部于光绪二十八年奏准，由华葡商人设立公司合办。光绪三十年由督办铁路大臣盛与葡国驻京公使，订立合同，载明由中董林德远与葡董伯多禄创办，并札委

① 金士宣、徐文述：《中国铁路发展史 1876—1949》，北京：中国铁道出版社，1986 年，第 185 页。

② 盛宣怀：《愚斋存稿》，卷 64，页 30，收录于宓汝成编：《近代中国铁路史资料》（中），《近代中国史料丛刊续编》第 40 辑，台北：文海出版社，1977 年，第 723 页。

③ 盛宣怀：《愚斋存稿》，卷 10，页 33—34，收录于宓汝成编：《近代中国铁路史资料》（中），《近代中国史料丛刊续编》第 40 辑，第 724 页。

④ 《清外务部档案》，收录于宓汝成编：《近代中国铁路史资料》（中），《近代中国史料丛刊续编》第 40 辑，第 725 页。

林德远与伯多禄将公司创办合同章程会商各在案。"①

（4）张振勋

"督办闽粤农工路矿张振勋咨外部华商自办广澳铁路

拟订章程请奏明立案文（附清折）

督办闽粤农工路矿大臣张振勋，为咨呈事。

案查，广澳铁路原订中、葡两商合办。虽立有合同，久未能集股开办。迨林德远故后，经职商林炳华等继承其志，商诸葡商伯多禄，据称，不愿办理，中国地界让与华商自办等语。"②

我们看到，伯多禄的名号繁多，有"总董""葡商"和"葡董"。从文件来分析，"葡商伯多禄"确是时称。尽管为当时称呼，却与其实际身份不符。他从事过许多职业，唯独没有经过商，因此，虽有文献记载，可以"葡商伯多禄"相称，可谓名不副实。

"葡商"和"葡董"，相对"华商"和"华董"而言。

"总董"为当时一大公司管理层中的第三级，如下引文所示：

"谨将改归华商自办广澳铁路章程开具清折呈请鉴核……第二条，推督理。此铁路工程浩大，用人、行事，一切须赖有声望素孚之人主持督理，始能保顾大局。今凭众议公推张太仆弼士为督办，诸务悉听其规画，凡事应与之确商。其认股多数之股友，俟奉大部批准承办之后，查明实在公正，或举为总理、协理、总董、董事各执事，届时再当公议，商请督办，分咨立案，以专责成而一事权。"③

（二）伯多禄其人

伯多禄为葡萄牙文"Pedro"之音译，此乃一极其普通的葡萄牙人名。这位伯多禄的全名是"Pedro Nolasco da Silva"。1842年6月6日在澳出世，1912年10月12日卒于澳门，享年70。

① 《清外务部档案》，收录于宓汝成编：《近代中国铁路史资料》（中），《近代中国史料丛刊续编》第40辑，台北：文海出版社，1977年，第727页。

② 王彦威，王亮辑录；李育民，刘利民，李传斌，伍成泉点校整理：《清季外交史料》第7册，长沙：湖南师范大学出版社，2015年，第3712页。

③ 同上书，第3712—3713页。

图 3　伯多禄（Pedro Nolasco da Silva，1842—1912）

其家族为澳门"土生"望门。伯多禄精通汉语。早年求学于圣若瑟修院，[①] 后入翻译署担任翻译，累至署长。此人在中葡关系史上曾为一重要"幕僚"。早年在《中葡友好通商条约》尚未最后拍板时，他曾于 1887 年以翻译身份陪同葡萄牙特命全权公使罗纱（Tomás de Sousa Rosa）入京谈判换文事宜，1909 年曾任香港澳门勘界会议葡方代表团"翻译官"。曾在数所学堂执掌教鞭，因此，澳门曾有过两所以其名字命名的学校：伯多禄小学（Escola Primária Oficial Pedro Nolasco da Silva）和伯多禄商业学校（Escola Comercial Pedro Nolasco）。[②] 其著述甚丰且主编数份报刊。作为值理，在仁慈堂史簿留名。1903 年起，获选先后担任市政厅（时称"议事公局"）副主席及主席之职。

他还担任过一个职务，叫宣布员。对此，有文献称："前头等翻译官伯多禄·施利华为宣布员。"[③]

刘铸伯在《自治须知》第九章"宣布员（司理人，又名议务书记）及司库人应办之事宜摘要论"中解释"宣布员"说："凡应此职者，均须任劳任怨，始终弗懈，如其人品学兼优，文字条畅，热心公益，不收薪金，视公事如己事者，上也。"[④]

刘铸伯还指出："公司之主席、副主席暨宣布员，多由政府委派聘用。"[⑤]

---

① 关于此修院，可见叶农：《欧风遗踪——澳门圣若瑟修院与教堂》，澳门：澳门文化局，2019 年。

② 研究此人的专著，可见 P.e Manuel Teixeira, *Pedro Nolasco da Silva*, Macau:Imprensa Nacional，1942；安文哲著，陈震宇译：《澳门葡籍教育家》，香港：三联书店（香港）有限公司，澳门：澳门基金会，2013 年。

③ 林广志：《澳门之魂》，广州：广东人民出版社，2017 年，第 520 页。

④ 刘中国、余俊杰编：《刘铸伯文集》，广州：花城出版社，2017 年，第 91 页。

⑤ 同上书，第 85 页。

他在《自治须知》第二章"议员、局绅、董事、总理、值理等统论"中进一步叙述说："凡办地方上公益善举，坐局及开设公司生意，必由同仁坊众或股友，立董事、局绅等，以维持事务银两。而董事、值理，又自行推举一位为首，名曰主席，又一位为副主席，以备主席不暇，副主席代行其事。又一位为司理。司理者，于公益善举中，有一名义务书记员，或宣布员。义务云者，系指其代记事，理文件，不受（辛）薪金之谓也。宣布云者，系指其代于议事时朗诵各议案，使众人周知之谓也。"①

澳门有一马路名为"卑度路街"，其葡语名称为"Rua de Pedro Nolasco"。这位"卑度路"与"伯多禄"实为一人。1942年4月22日，应其后人之请，市政厅决议将医院街（俗称白马行）易名为"伯多禄局长街"，以资纪念这位生于斯长于斯卒于斯、政绩斐然的"议事公局局长"。

三、尾语

伯多禄一生从事过多种职业，担任过不同职务，如口笔翻译、公务员、市政厅副主席和主席、教育家、作家、记者和协会负责人等，唯一从未涉足的是商界，因此，"葡商伯多禄"一名是一个在不明其实际身份的情况下的误解和误称。希望本文能清本溯源，还这个历史人物以其本来面目。

伯多禄是以澳门市政厅主席的身份参与了中葡广澳铁路合同的谈判、签订和初期的执行。

盛宣怀因签订中葡广澳铁路合同，与葡萄牙和澳门发生了接触与交往。这是盛宣怀研究中一个不为人多垂关注，却不可忽视的方面。

---

① 刘中国、余俊杰编：《刘铸伯文集》，广州：花城出版社，2017年，第85页。

北洋教习饶伯森在华事略

张世轶*

对饶伯森其人的记述，散见于国内少量零散的文献记录中，尚未见到相对完整的记述。其在天津期间曾兼任北洋大学堂的教习，这段短暂的历史更是鲜为人知，且未留下更多的描述。本文力求通过对中、英文原始材料进行比照研读，发覆抉微一些相关的历史事件，辨析商榷一些现有观点和提法，以勾勒复原饶伯森其人的经历和贡献。

饶伯森①（Clarence Hovey Robertson，1871—1960），美国人，1871年11月出生于美国爱荷华州斯克兰顿（Scranton, Iowa）。1890年，入南达科他州的农业学院，1893年8月毕业，获得理学学士学位（B.Sc. degree）；随后进入普渡大学（Purdue University）学习机械工程，于1895年获得机械工程学士学位（B.ME degree），并留任教职担任实验工程系助理，后于1897年获得该校机械工程硕士学位。②

1902年，饶伯森从普渡大学辞职，来到中国，他的体育思想和科学意识的传播生涯也随之开启。在此后近30年的个人演说和科学讲演中，他的足迹涉及南京、北京、天津、上海等各主要城市，他也旅及西伯利亚等地，在一定程度上推动了科学思想与科学实践在当地的深入传播，引发了相对广泛的社会反响。饶伯森于1917年赴西伯利亚，1919年回到美国，1925—1927年，数次返华。1926年，饶伯森因在中国的出色表现及取得的成绩被母校普渡大学授予荣誉理学博士学位，在1931年回到美

* 张世轶，1980年11月出生，天津人，南开大学历史学博士，天津大学大学文化与校史研究所副所长，副研究馆员，从事近代教育史等领域研究。

① Clarence Hovey Robertson，中译名多见饶伯森，又译罗伯逊、饶博森、饶柏森等。

② 关于饶伯森求学的经历，参见1900 Debris, Debris Yearbooks of Purdue University vol. 12, 1900, p.31,Purdue University Archives and Special Collections, Purdue University Libraries. https://earchives.lib.purdue.edu/digital/collection/debris/id/10992/rec/13, 访问日期2021年2月9日。

国，在这段旅居生涯中，饶伯森勤于实践，更多地关注传播西洋体育和进行巡回科普演讲，在青年会全国组织中成立讲演部，同时业余热衷于发明创造，曾在当时的南开学校、北洋大学堂任教，或兼授课程，或担任教职。饶伯森 1943 年再次回到普渡大学任物理学教授，75 岁时被普渡大学授予"最佳教师"称号，曾为 Tau Beta Pi 荣誉工程师联谊会成员，Sigma Xi 荣誉科学联谊会会员。1960 年 5 月 11 日，在美国印第安纳州安德森（Anderson）辞世。[①]

——

饶伯森在中国的生涯始于 1902 年 11 月。[②] 在穆德博士（Dr. Mott）的邀请下，饶伯森辞去在普渡大学的机械工程教学与实验工作，于 11 月 15 日—12 月 14 日，携妻子（Robertson，Edith Margaret Salisbbury Christianson）从美国旧金山来到中国上海。1903 年 1 月 1 日到达南京，随后除少量外出到其他城市演讲和开会外，饶伯森主要在南京度过，偏重研习中文，直至 1905 年 4 月离开。1905 年 4 月 25 日，饶伯森到达天津，开始担任基督教青年会在天津分支[③]的干事，推动西洋体育的传播。[④] 1910 年，离津赴上海，任全国青年会总干事。[⑤]

饶伯森在津期间，曾到多家学堂推广西洋体育，也曾在北洋大学堂任职教习。在

① 关于饶伯森生平的详细信息，参见 Clarence H. Robertson papers, Purdue University Archives and Special Collections, Purdue University Libraries.https://archives.lib.purdue.edu/repositories/2/resources/1010, 访问日期 2021 年 2 月 9 日。

② The Work of C.H. Robertson, Box 94, Folder 16, 1926, YMCA of the USA. International Division, Kautz Family YMCA Archives, University of Minnesota Libraries, https://umedia.lib.umn.edu/item/p16022coll360:11340/p16022coll360:11319?child_index=6&query=&sidebar_page=3, 访问日期 2014 年 5 月 5 日。

③ 在天津成立的基督教青年会创办于 1895 年，是青年会组织在中国的第一个分支机构。

④ Robertson, Clarence H., *Report of C. H. Robertson , Nanking (Nanjing)*, 1903, University of Minnesota Libraries, Kautz Family YMCA Archives.https://umedia.lib.umn.edu/item/p16022coll358:9446/p16022coll358:9444?child_index=1&query=&sidebar_page=1, 访问日期 2014 年 5 月 5 日。Robertson, Clarence H., *Annual Report for year ending Sept. 30th, 1904, C. H. Robertson, Nanking, China*, 1904, University of Minnesota Libraries, Kautz Family YMCA Archives.https://umedia.lib.umn.edu/item/p16022coll358:7264/p16022coll358:7255?child_index=10&query=&sidebar_page=4, 访问日期 2014 年 5 月 5 日。Robertson, Clarence H., *Report of C. H. Robertson , Tientsin (Tianjin)*, 1905, University of Minnesota Libraries, Kautz Family YMCA Archives. https://umedia.lib.umn.edu/item/p16022coll358:1015, 访问日期 2014 年 5 月 5 日。

⑤ Robertson, Clarence H., *Report of C. H. Robertson, Literati Secretary, Tientsin (Tianjin)*, 1910, University of Minnesota Libraries, Kautz Family YMCA Archives., https://umedia.lib.umn.edu/item/p16022coll358:7811, 访问日期 2014 年 5 月 5 日。Robertson, Clarence H., *Report of C. H. Robertson, National Secretary, China, Shanghai (Shanghai)*, 1911, University of Minnesota Libraries, Kautz Family YMCA Archives.https://umedia.lib.umn.edu/item/p16022coll358:10305, 访问日期 2021 年 2 月 23 日。

北洋大学堂初创时期在校任教的教师名录中，可见零落的记录英文教习薛颂勋、美籍学者崔伯、饶伯森，[①] 记录中的"崔伯"为 Percy. B. Tripp，"饶伯森"即 C. H. Robertson，二人均为基督教青年会成员。比较遗憾的是，对于当时二人兼任教习的时间，并未有记载。

饶伯森和崔伯如何成为北洋大学堂早期的英文教习，目前尚未有明确的记载，很可能源于北洋大学堂对于教学安排的一次重要调整，即"北洋大学堂专用英语"。北洋大学堂自创立起延聘外籍教习使用外语讲授课程，除国文课程外，最主要的教学语言为英文，同时兼用法语和德语授课，并单独设有法语和德语课程。此外，学堂也曾在 1903 年应当时的外交需要，附设过法文班和俄文班各一班。[②]

四年后的 1907 年，学堂调整了教学语言，"专用英语"，辞去法、德等外籍教师，同时需要补充英美籍教师，对此当年的《申报》有所记载：

> "北洋大学堂专用英语。天津北洋大学堂向有英文、法文、德文教习教授矿学法律工程各专门，兹闻当事之意。以同一科目而教授者分为各国语言，殊觉散漫，拟将法德两国教习辞去再请英美教师两人，以承其乏，译《大阪朝日新闻》"。[③]

由此推断，饶伯森等人很有可能在这个机缘下成为学堂的英文教习，补充了学堂所需的英语教学师资。而饶伯森等人作为学堂英语教学的承袭者，所作出的努力和实践，也在一定程度上沿袭并保障了学堂创建以来的英语教学传统。

二

饶伯森任教北洋大学堂之时，学堂督办为津海关蔡绍基，监督为直隶候补知府蔡儒楷，由王劭廉任教务提调。身为北洋大学堂的英文教习，饶伯森等人在讲授英语课程的同时，也兼任体育教习，推行西洋体育。比对目前国内和国外现存的资料，这一点是可以确定的。

根据 1908 年面世的《北洋大学堂现行一览》(*Third Catalogue of The Peiyang*

---

① 《前任教员录》，载《北洋大学三十周年纪念册》，1925 年，非正式出版物，转引自北洋大学天津大学校史编辑室：《北洋大学—天津大学校史（一）》，天津：天津大学出版社，1990 年，第 35 页。

② 北洋大学天津大学校史编辑室：《北洋大学—天津大学校史（一）》，天津：天津大学出版社，1990 第 52 页。

③ 《北洋大学堂专用英语》，《申报》1907 年 4 月 19 日，第 11 版。

University）中的记录：饶伯森任英文兼体育教员，美国工学士；崔伯任英文兼理财学教员，美国文学士。[①] 该文对其他细节并未记载，但纵览饶伯森历年的工作报告，可以对这段经历形成相对明确的描述。

饶伯森在天津的体育传播工作，始于参与并开展体育活动会，继而延伸到对各类学堂的体育指导。饶伯森首次提到关于西洋体育的内容是在 1905 年给基督教青年会总会的汇报中。关于今后规划的部分提到，希望介绍一些体育课程的特点（features of gymnasium work）。[②] 由此，开启了饶伯森在津对西洋体育运动的宣传和推广工作。1907 年 5 月以后，饶伯森开始具体负责天津基督教青年会中与教育和体育相关的工作，并在 1908 年取得了长足的进展。1908 年一年，已经有 5 位青年会成员进入包括北洋大学堂（The Imperial of Peiyang University）在内的 6 所学堂介绍和指导体育。根据当时的工作报告记载，在北洋大学堂的体育介绍传播工作，应学堂负责人的要求，始于 1908 年年中，由 P. B. Tripp 承担，实际的工作为每周四个小时。随后，饶伯森也在北洋大学堂教授课程，所教授的学生为大学堂法科学生。平日下午除周三外均有课程安排：周一下午 1 点 15 分到 5 点止，涉及旅游和英文课程内容；周二下午 1 点 15 分到 7 点止，安排英文和体育内容，周四下午 1 点 15 分到 4 点，讲授英文课程；周五整个下午均在学堂。饶伯森也在多个场合以田径运动的原则、图解美国大学生活、图解天津的教育为主题进行讲演。[③] 到 1909 年，饶伯森等人依然教授北洋大学堂体育等课程。

饶伯森积极传播西洋体育，在一定程度上改变了更多的国人对体育的传统认知，激发了对体育领域的理解和追求。在饶伯森给基督教青年会总部的工作报告中，提到 1908 年这一年的特色之一是以下面文字为口号的一次活动的开幕式。原文如下：

" When will China win a place at the Olympic Games?" This is followed with, "When will China be able to send a winning team?" and then, "When will China be able to invite the Alternate Olympic Games to come to China?"

———————————

①　Third Catalogue of The Peiyang University 光绪三十四年，北洋大学堂现行一览，1908，第 9–10 页。

②　Robertson, Clarence H., *Report of C. H. Robertson , Tientsin (Tianjin),*" 1905, University of Minnesota Libraries, Kautz Family YMCA Archives. https://umedia.lib.umn.edu/item/p16022coll358:1015, 访问日期 2014 年 5 月 5 日。

③　Robertson, Clarence H., *Report of C. H. Robertson, Tientsin (Tianjin)*, 1907, University of Minnesota Libraries, Kautz Family YMCA Archives. https://umedia.lib.umn.edu/item/p16022coll358:1015, 访问日期 2021 年 2 月 23 日。Robertson, Clarence H., *Report of C. H. Robertson, Associate Secretary, Tientsin (Tianjin)*, 1908, University of Minnesota Libraries, Kautz Family YMCA Archives., https://umedia.lib.umn.edu/item/p16022coll358:7236, 访问日期 2021 年 2 月 23 日。

粗略翻译如下："中国什么时候能在奥运会上赢得一席之地？"紧接着是"中国什么时候能派出一支冠军队？"然后，"中国什么时候可以举办奥运会？"这些问题在多次的公开会议上提出，也被官员和教育家们多次提出，现在已经开始在省内广泛传播。[1] 应该说，这也是目前可见的对"奥运三问"最早的文字记载，他的报告提及，这三个问题出现在一次活动的开幕式，但遗憾的是，报告对"三问"的提出者并未有明确记录。在此后的年度报告中，饶伯森记录下的"三问"在表述上开始出现了细微的变化，但主要内容未有变化。在迄今可见的饶伯森在津工作年度报告中，他对后来国人关注的"奥运三问"的提出者始终未有明确提及和记录。

在饶伯森等人的积极探索下，传播西洋体育成为基督教青年会展开思想传播过程中的一种辅助性探索，鉴于西洋体育自身具有相对广泛的可参与性和相对便捷的实践性，短时间内不仅使青年会在天津的工作打开了局面，也促使青年会逐步成为在中国传播西洋体育的重要场所。

之所以选择在体育领域进行工作探索，并不是偶然而为之，而是基于饶伯森本人的独特经历，很大程度上与其个人的背景有密切关系。在大学学习和工作期间，他酷爱体育，1895 年曾担任普渡大学橄榄球队、篮球队和田径队的队长，同年获得印第安纳州篮球队冠军。由于其担任田径队、橄榄球队的队长，众望所归地担任了学校田径协会主席，并在毕业前担任了 1895 届的主席。[2] 可以说他在体育上的热情和成绩众所皆知，"Big Robbie"的别号因此为人所熟知。即使是篮球运动在普渡大学起步较晚，但依然不妨碍饶伯森作为队长带领队员在一年内取得两场重要比赛的胜利。[3] 根据《近代人物》中的说法："饶伯森博士体格强健，擅长运动。在学校里面的时候，历任田径队、足球队、队长。并且夺到许多锦标。"[4] 他将对体育一贯热爱带到了中国，带到了他所暂居的城市，带到了他在基督教青年会的工作和事业中，无意间开启了青年会在中国事业的新面貌。

---

① Robertson, Clarence H., *Report of C. H. Robertson, Associate Secretary, Tientsin (Tianjin)*, 1908, University of Minnesota Libraries, Kautz Family YMCA Archives., https://umedia.lib.umn.edu/item/p16022coll358:7236, 访问日期 2021 年 2 月 23 日。

② 1895 Debris, Debris Yearbooks of Purdue University, vol.7, 1895, p.92, Purdue University Archives and Special Collections, Purdue University Libraries, https://archives.lib.purdue.edu/repositories/2/resources/101, 访问日期 2021 年 2 月 19 日。

③ Topping, Robert W., *Century and Beyond :The History of Purdue University*, West Lafayette: Purdue University Press, Archives and Special Collections, 1988, p.142.

④ 明灯报社编：《近代人物》，上海广学会，1933 年，第 72 页。

对饶伯森在此领域的贡献，学者们持肯定态度，甚至有观点认为"体育"一词的说法也来自于饶伯森，认为在 1904 年以前，我国学堂使用的课程名称为"体操科"，清朝政府批准执行《奏定学堂章程》中规定各级各类学校都要开设"体操科"。正是饶伯森 1904 年在北京、天津各家学校宣传西洋体育时，才开始出现"体育"一词。[①]这种观点体现了对饶伯森在推进西洋体育中投入的努力和贡献的首肯。1904 至 1908 年间，天津基督教青年会干事饶伯森等数人曾先后到津京多所学校推介篮球游戏和田径项目，促使"各项体育活动鹊起"[②]，甚至"对我国体育教育理论产生了较大影响"[③]。值得肯定的是，饶伯森在传播体育领域投入了很大的精力，或亲身或带领同人投入到多家学堂的课程教学中，很大程度上推动了天津各学堂体育的发展。

然而，若从体育在中国的开端这个角度讲，前文引述的观点还是值得商榷的。由于天津作为近代中西文化交汇地，西洋体育的形式最早在津出现可以追溯到 19 世纪中期，而将体育作为一种教育的手段和课程也并非始于基督教青年会或是饶伯森等人，而是在天津基督教青年会 1895 年 12 月成立之前，清代津海关道盛宣怀于当年 10 月建立起来的北洋大学堂。学堂自创建就开启了体育领域的教育和教学实践。

天津基督教青年会是西式体育传播的重要场所，是西式体育得以在天津首开局面，甚至在中国传播的一种途径和基础。[④]正如天津基督教青年会是西式体育在中国传布的途径和基础一样，在开中国近代教育之先的城市天津所建立的各类学校，更是西式体育得以传播发展的途径和重要基础。这种作用更早地体现于中国第一所现代公立大学——北洋大学堂。[⑤]这所最早的中国官办大学开设了中国最早的大学体育课程。来自美国的教育家丁家立（C.D.Tenney）担任北洋大学堂总教习，创设了学校的体育课程，当时课程名为 Physical Training（身体锻炼），课程内容包括体操和兵操，为学

①　参见席占田、王广明主编：《体育与健康》，郑州：河南科学技术出版社，2011 年，第 1 页。曹湘君：《体育概论》，北京：北京体育学院出版社，1988 年，第 25 页。彭劲松：《当代体育与生活》，长沙：湖南科学技术出版社，2005 年，第 272 页。持同样意见的另见：潘静安、杜凤翠主编：《高等学校体育与健康教程》，苏州：苏州大学出版社，2002 年，第 2 页；许书琦，张爱华主编：《普通高校体育课教程》，北京：中国科学技术出版社，2004 年，第 1 页。

②　王培等编著：《百年中国奥运之路》，北京：华文出版社，2008 年，第 10 页。

③　吴峰山：《体育教育学》，太原：山西人民出版社，2008 年，第 9 页。

④　张世轶：《天津传统体育与西式体育的竞争与嬗变》，《科学发展·协同创新·共筑梦想——天津市社会科学界第十届学术年会优秀论文集（下）》，2014 年 12 月。

⑤　张世轶：《早期西式体育在近代天津的传播——以北洋大学为中心的讨论》，《北洋大学与天津》（第一辑），天津：天津大学出版社，2017 年，第 174—182 页。

堂每日的必修课。① 北洋大学堂的体育课程在很大程度上将中式兵操和西式体育结合，进行身体锻炼并推广，在天津开西洋体育教育之先风。

在西式体育历经课程设置，逐渐得到学堂和学人认同的基础上，1897 年，北洋大学堂举办了以赛跑为主要项目的运动会，用半演半赛的形式展现西式体育中"奔跃之法"，引发了强烈的社会反响。当时的新闻媒体将这种新鲜的事物详加描述，传播给世人。《国闻报》向世人详细报道了学堂的比赛项目②，《萃报》则以"大学堂赛跑"为题刊载全国③。此后，1899 年北洋大学堂联合在津的学堂组织了全国最早的大学联合运动会。在此期间于北洋大学堂求学的学子在体育领域也多有建树，比如北洋早期校友、中国奥运之父、中国第一位国际奥委会委员王正廷，他在回忆录中不仅回顾了北洋大学体育课程给他个人成长带来的变化，也描述了对周围同学产生的积极影响。

正是源于北洋大学堂最早的体育课程，使大学堂成为了近代中国体育人才培养的重要场所。源于北洋大学堂等学堂早期的体育课程、体育教学和体育赛事的蓬勃发展，奠定了国人对西式体育的认同基础，为西式体育在天津奠定了传播的基础和条件，为饶伯森及其同人能够成为学堂体育教习，有可能在天津的各类学校包括大学和中学内兼授课程，顺利传播西洋体育形式，并在事业上达到鼎盛提供了契合点和可能性。在这种意义上讲，饶伯森等人在开启自身西洋体育传播事业的同时，也是传承北洋大学堂体育课程和体育教育传统的实践者。

三

开启科学思想和意识的传播，是饶伯森在中国事业的又一大特色。进入 20 世纪，青年会在推崇"福音布道"的实践过程中，探索尝试借助一些非宗教而具有世俗性的社会交往方式，比如前文提到的推行西洋体育，进而力求深入到社会各个领域和各个阶层。而具有世俗性的科学讲演是又一种重要方式，成为"实践社会福音的努力与尝试"，以便能够吸引中国知识分子阶层及更多人群的关注。在青年会看来，"宗教与科学之间并不矛盾"，相反，不相悖的宗教和科学可以"齐头并进，甚至互相促进"。

---

① Charles Daniel Tenney, *Plan of Tientsin University*，天津大学档案馆馆藏。
② 《国闻报》1897 年 11 月 29 日。
③ 《萃报》1897 年 12 月 19 日。

饶伯森也是基督教青年会早期聘请的科学讲演者。大学与毕业后的饶伯森继续在普渡大学任职，从事了近 7 年的科学实验与研究工作。1896 年起在机械工程学院（School of mechanical engineering）担任工程实验室学生助理。[1] 1898 年起饶伯森开始担任学院工程实验室教员（instructor），并在同年成为 Tau Beta Pi 会员。[2]

1902 年来到中国的饶伯森胸怀着"帮助那里的国民组织和建立教育讲演课程"（to help in the organization and establishment of an Educational Lecture Course among the peoples of that nation）[3] 的理想，他用丰富的探索，实践着"用科学牖启中国民智，扫除中国人的迷信观念"的愿景，在语言学习和业务熟悉的基础上，更多接触中国民众，逐渐走出一座城市，活跃于多家城市，渐渐从基督教青年会人群走向学堂、教育界、政要及各社会阶层。从这个意义上讲，从事英语、体育教学不失为广泛接触人群的重要途径。1910 年，饶伯森离开天津赴上海，并在上海成立青年会讲演部，从事近代科学的展示与传播，足迹遍及多座重要城市，从而走向更广阔的人群中，发挥了更加深入和持久的传播影响。20 世纪 30 年代国人对其工作有相对生动和形象的描述："他用实地试验的方法在中国提倡科学，比较纸上空谈的提倡科学好得多。他每到一处，好像变戏法一般的拿许多器械做公开的试验；美国地方特别组织了一个饶伯森学会，供给他一切器械。他在中国已有多年，前清时候已经在做提倡科学的工作，直到

---

[1]　1896 Debris, Debris Yearbooks of Purdue University,vol.8, 1896, p.19, Purdue University Archives and Special Collections, Purdue University, https://earchives.lib.purdue.edu/digital/collection/debris/id/12860/rec/9, 访问日期 2021 年 2 月 19 日。1897 Debris, Debris Yearbooks of Purdue University, vol.9, 1897, p.15, Purdue University Archives and Special Collections, Purdue University, https://earchives.lib.purdue.edu/digital/collection/debris/id/12550/rec/10, 访问日期 2021 年 2 月 19 日。

[2]　1898 Debris, Debris Yearbooks of Purdue University, vol.10, 1898, p.152, Purdue University Archives and Special Collections, Purdue University, https://earchives.lib.purdue.edu/digital/collection/debris/id/12294/rec/11, 访问日期 2021 年 2 月 19 日。1899 Debris, Debris Yearbooks of Purdue University,vol.11, 1899, p.165, Purdue University Archives and Special Collections, Purdue University, https://earchives.lib.purdue.edu/digital/collection/debris/id/11392/rec/12, 访问日期 2021 年 2 月 19 日。1901 Debris, Debris Yearbooks of Purdue University,vol.13, 1901, p.168, Purdue University Archives and Special Collections, Purdue University, https://earchives.lib.purdue.edu/digital/collection/debris/id/10618/rec/14, 访问日期 2021 年 2 月 19 日。1902 Debris, Debris Yearbooks of Purdue University,vol.14, 1902, p.141, Purdue University Archives and Special Collections, Purdue University, https://earchives.lib.purdue.edu/digital/collection/debris/id/11714/rec/15, 访问日期 2021 年 2 月 19 日。The Annual Catalogue of Purdue University 1900–1901, UA175i027, UA175, p.12, The Collection of Purdue University Course Catalogs, Purdue University Archives and Special Collections, Purdue University Libraries.

[3]　1920 Debris, Debris Yearbooks of Purdue University,vol.32, 1920, p.145, Purdue University Archives and Special Collections, Purdue University, https://earchives.lib.purdue.edu/digital/collection/debris/id/30968/rec/33, 访问日期 2021 年 2 月 19 日。

如今，未尝稍息。"①饶伯森的工作与广大学生和民众直接接触，得到来自近代中国政治家、教育家们的支持，比如孙中山、余日章、张伯苓、晏阳初等人。甚至当时有评论将一些重要事件也归因于饶伯森个人，比如"受他感动而信教的有张伯苓先生等；晏阳初先生举办平民运动，也是因为受了他的演讲的感动而兴起的。"②

　　如果将科学讲演从形式上归属于"群众性布道"，那么科学讲演中在群众性特点的凸显下，布道的成分几乎黯淡无光，更受听众青睐的在于科学现象及原理本身，讲演内容遍及了科学常识、提倡卫生、破除迷信和识字扫盲等等。这也是近三十年间饶伯森在中国的科学讲演盛而不衰的重要原因所在，由此他被称为"中国迷信思想的破除者"③。他的讲演行程密集，数量众多，往往每到一处要在短时间内面对不同人群多次开讲，讲演内容丰富充实，形式灵活多样，使用科学仪器，进行实物展示，参与性强，面向教育、技术、军阀等社会各个领域和阶层。

　　严格说来，作为先进技术的使用者和传播者，饶伯森对近代科学的传播始终贯穿于他在中国的实践经历，并非起始于 1910 年他到上海后成立演说部。早在初到南京之时，饶伯森就已经开始少量的讲演，但因听众有限，且讲演方式受限，影响甚微。此后，情况已经有所改观。比如各种文献记载和现今提及最多的是，1908 年 10 月，在天津第六届学堂运动会发奖大会上，天津基督教青年会干事饶伯森讲述了体育对中国青年的重要性，④其间利用投影机放映了当年伦敦举办第四届奥运会的照片⑤。饶伯森使用幻灯片、仪器和图标来配合教育与宣传，也为日后晏阳初等人在教学工具的选择上提供了借鉴和启发。⑥

　　1911 年以来，饶伯森在中国重要省会城市发表了多次科学讲演，主讲的内容主要包括回转仪、电和磁力、无线电报、航空学和温度等，颇受各地欢迎。1911 年 3 月，《申报》刊登饶伯森演说新发明之轮力机，"考泰西艺术月异日新，近又发明一种轮力

---

① 明灯报社编：《近代人物》，上海：广学会，1933 年，第 73 页。

② 同上书，第 73 页。

③ 同上书，第 74 页。

④ 刘欣：《天津近代学校体育发展史（1860–1949)，太原：山西科学技术出版社，2016 年，第 81 页。丁英俊、崔伟、林克明主编：《大学体育教程》，郑州：河南人民出版社，2006 年，第 104 页。兰凤翔：《天津人的奥运情结》，中国人民政治协商会议天津市委员会文史资料委员会编：《天津文史选辑（总第 87 辑）》，天津：天津人民出版社，2000 年，第 206 页。

⑤ 对于饶伯森投影机放映的内容，学术界有不同的意见，有学者根据时间考证，提出放映英国伦敦奥运会的可能性不大，很可能是美国圣路易斯奥运会的场景。

⑥ 杨华军：《教育家晏阳初研究》，济南：山东人民出版社，2016 年，第 53 页。

机，为轮中自动力之机关，举世界运行之物与轮力机皆大有关系，而于空际地面水中亦有绝大之功用。前北洋大学堂教员饶伯森君于格致一门独得秘奥，同人特请其演说轮力机之作用，并随带各种器具逐件试样为讲解约有十余种之多，俾听者咸晓然于物理之伯用，实与寻常演说不同，洵为难得之机会云。"① 1911 年 4 月 1 日，饶伯森在上海基督教青年会讲解陀螺仪（回转仪）的图解和应用。他在一天中给不同的社会团体包括官员、学生、商会，邮局、海关、电报公司等做了两场演讲，通过陀螺仪的机械原理，向听众展现了一个格外有趣和清晰的机械世界。②

在饶伯森等人的努力下，基督教青年会全国协会于 1912 年专门成立了演说部，带动了许多城市基督教青年会的演讲工作之深入开展。③ 1912 年 10 月 24 日—29 日，饶伯森在上海讲无线电报机，通过令人吃惊的设备仪器，向近 400 名听众，展示了科学发展的辉煌成就和开启新未来的可能性。此举被《教务杂志》在转年称颂为"是对基督教青年会发展的大大地推进"。④ 1913 年，饶伯森走访了 11 个城市，《北华捷报和最高法庭与领事公报》记载了饶伯森在当年 3 月 17 日于上海给上海工程师协会成员讲述无线电报的奇迹。⑤ 同年，在浙江讲演近世科学界之新发明无线电，⑥ 在北京的八天时间里，饶伯森的科学讲演吸引了 15 900 名听众。⑦ 1914 年 1 月 6 日，饶伯森为美国妇女俱乐部生动地讲授了陀螺仪、在单轨列车上的应用及其海上稳定性。⑧ 由于饶伯森演讲内容新颖，宣传近代科学与思想，内容遍及单轨道实验、温度升降、无线电等近代科学主题，有益于来自西方的先进科学技术应用在社会生产领域，一时间中国人多对饶伯森其人其事有所耳闻目睹，其讲演内容也频繁见诸各类刊物，比如《东

---

① 《演说新发明之轮力机（饶伯森教员）》，《申报》1911 年 3 月 30 日，第 19 版。

② "THE GYROSCOPE: ITS APPLICATION ILLUSTRATED," *The North — China Herald and Supreme Court & Consular Gazette (1870-1941)*, Apr 1, 1911, p.17.

③ 左芙蓉：《社会福音·社会服务与社会改造：北京基督教青年会历史研究（1906—1949）》，北京：宗教文化出版社，2005 年，第 90 页。

④ Gillespie, W H , "Opening of Y.M.C.A. in Kirin," *The Chinese Recorder*, Jan 1, 1913, p.57

⑤ "MARVELS OF WIRELESS TELEGRAPHY: PROF. ROBERTSON'S LECTURE," *The North — China Herald and Supreme Court & Consular Gazette (1870–1941)*, Mar 22, 1913, p.849.

⑥ 孙增大：《时评一：欢迎饶伯森先生》，《教育周报（杭州）》1913 年第 28 期，第 24—25 页。

⑦ Correspondence, F. S. Brockman to H. P. Judson, June 12, 1914, American YMCA National Archives, International Division, China.

⑧ "THE GYROSCOPE AND ITS USES: LECTURE AT AMERICAN WOMAN'S CLUB," *The North — China Herald and Supreme Court & Consular Gazette (1870–1941)*, Jan 10, 1914, p. 81.

方杂志》①《气象月刊》②《进步》③ 等刊物。讲演主要面对影响中国的领袖人物和文人学者，所产生的影响是不可低估的，对近代西方先进的科技通信等知识的讲解和介绍，促使人们在文化、生活以及思想上逐渐发生改观。1917 年夏，饶伯森从中国赴西伯利亚工作了两年，1919 年短暂返美，又于 1920 年到中国。④

　　到 20 世纪 20 年代，饶伯森对无线电的讲解已经从数年前的推介新发明，深入到对原理和部件的解构，使人们更直接、更真切地感受科学与技术。1920 年饶伯森在青年会讲演无线电话及电线，"仪器凡五大件：二为发报机；二为收报机；一为放大机。分置两处，另尚有余件。饶伯森君先将分置二处之仪器、互通无线电话而放大其声音，演讲有线电报。盖以暂行磁铁基本，逐渐制成六种机械，如通断机，继续机，接力机等者。复次试验电池，用两种黑板表明无线电报之来源。其发报台除电池外有二物：（一）感应机；（二）通断机。以手按通断机，则感应机即发火花，并生磁浪。其火花从人目视之，每秒钟仅有一次。若以科学方法窥测之，则每秒钟实有百万次也。磁浪之进行速率与光同，每秒钟可行十八万六千英里。能绕地球七周半。由此可见人之所谓无光者，其实尚有无量物矣。遂由收报台试验以证明之，竟得徐家汇及各外国兵舰上所互通之无线电台。由放大器传达而出。最后复用无线电放一爆竹，激射出窗，轰然作响。众为轩渠不置。遂散会。"⑤

　　除了政要和多家学会知识分子外，各类学生团体也是饶伯森讲演的重要对象之一。1920 年 10 月 18 日，饶伯森在上海，当天给近 300 名中国学生讲授无线电话及电报的特性，教授准备了所有关于发送信息的资料，充分解释了这次演讲的内容。由于他繁忙的安排，最后，他宣布将在本周晚些时候举办一系列讲座，面向那些希望更详细地研究这一主题的学生，并表示希望最终能够在这个协议中组织科学俱乐部。第二天周二下午本地中学生听众达到了九百人。当天晚上饶伯森又为上海当地的铁路、电报、海关和蒸汽轮船公司的代表讲授。10 月 23 日（周六）下午继续为上海市中学生

---

①　梁宗鼎：《饶伯森氏之单轨铁道实验记》，《东方杂志》1915 年第 12 卷第 12 期，第 7 页。

②　《饶伯森氏温度升降之演说》，《气象月刊》1914 年，第 8 期，第 9 页。

③　《饶伯森君无线电报演说之大概（附照片、图表）》，《进步》1914 年第 6 卷第 1 期，第 16—42 页。《饶伯森君温度升降之演说：饶伯森君之试验式（一）》，《进步》1914 年第 6 卷第 4 期，第 22 页。

④　参见 "DR. ROBERTSON'S RETIREMENT: Y.M.C.A. Lecturer Ending Long Career," *The North — China Herald and Supreme Court & Consular Gazette (1870–1941)*, June 9, 1931, p. 338. 稻孙：《青年界：个人片讯：饶柏森君来华有期》，《青年进步》1918 年第 15 期，第 78 页。

⑤　《青年会科学演讲会纪：饶伯森讲演无线电话及电线》，《工业杂志》1920 年第 7 期，第 45—46 页。

讲解，晚上为基督教青年会成员讲授。① 1921 年 10 月 19 日教育部致公函北京大学："青年会全国协会讲演部科学主行列饶柏森博士，于本月十九日起至二十四日止，假东单牌楼三条互通协和医学校大礼堂，讲演无线电话及最新之发明，送上听讲券二百张，务请按照券上所定日期时间及人数先十分钟莅场。"

再比如，饶伯森两次亲赴沪江大学发表讲演，以及国立劳动大学学生往听演讲，无疑体现出科学讲演受众人群向学生群体的偏重。1920 年 10 月 28 日，饶伯森先生到沪江大学演讲"无线电话"。② 对于当时的情况，《沪江大学周刊》留有记载：28 日晚六时半，本校特请美国科学硕士饶伯森先生演讲"无线电报及无线电话"，并将无线电具实地试验。饶伯森又在青年会逐次将无线电报以及无线电话之内容详细解释。本校格致科同学往听者不乏人云。③ 而 1923 年 3 月 21 日，饶伯森又一次来到沪江大学，借用图例讲解，发表了两次讲演，受到好评。难得的是，在 1923 年出版的英文版《沪江大学月刊》中留下了这两次讲演的内容摘要。④

1928 年，上海青年会邀请饶伯森于 11 月 13 日至 20 日每日上午九时半专为各校学生演讲美国最新发明发音电影；国立劳动大学"工院指导课为增进学生知识起见"，原准备令学生在 16 日上午前签名预定，后与青年会接洽，重订"（十九日）上午九时半为本校学生前往该会听饶伯森博士讲演之期"，并具体布告学生往听饶伯森博士讲演要求。⑤

又比如，对 1922 年 11 月饶伯森讲演行程的记录，各种文献甚至出现了相抵牾的记录。根据记录，1922 年，饶伯森从 11 月 4 日至 11 日向长沙各界人士和学生讲演各种科学知识。⑥ 而根据《饶伯森博士演说志盛》一文的记载，"十一月四日饶伯森先生自津乘通州输抵烟台，乃于翌日午后开会。请博士演讲无线电。届时军乐齐奏。各界领袖如道尹、监督、商会、教育会、警厅等，均致欢迎词，鼓掌如雷。次由博士演

① "Lecture on Wireless," *The North — China Herald and Supreme Court & Consular Gazette (1870-1941)*, Oct 23, 1920, p.248.

② 《民国九年大事记》，《沪江大学周刊》1921 年 1 月 1 日，第 10 卷第 9—10 期，第 18 页。

③ 《校内新闻》，《沪江大学周刊》1920 年 11 月 30 日，第 10 卷第 1 期，第 3 页。

④ 《内容摘要详见》，《沪江大学月刊》1923 年，第 12 卷第 5 期，第 10—14 页；参见上海理工大学档案馆编：《沪江大学学术讲演录》，上海：上海交通大学出版社，2011 年，第 260 页。

⑤ 《校务要闻》之（六）工院指导课半月来之工作：（一）布告学生往听饶伯森博士讲演，《国立劳动大学周刊》1928 年，第 44 期。

⑥ 中国人民政治协商会议湖南省委员会文史资料研究委员会编：《湖南近 150 年史事日志（1840—1990）》，北京：中国文史出版社，1993 年，第 93 页。

讲，分为四段：一曰磁力之效果；二曰有线电报；三曰无线电报；四曰无线电话。到
场人数约二千三百余人。皆称奇赞美不已。诚空前未有之演说也。是后每日分二次演
讲。第一日午后。专为学生与童子两部……第二日午前为各界普遍演讲。午后为特别
研究班。系专为本埠西人。第四日普通演讲。第五日午前于西人学校演讲，晚为本埠
西人演无线电。计演讲五日。听讲者有一万一千余人。效果甚大。"[1]虽然关于两段行
程的记录在时间上的交合，目前尚无其他材料予以考证，但无独有偶，两处记录的听
众都涵盖了当地的学生群体。

　　大夏大学当年的刊物留存了对 1930 年饶伯森来校在纪念周会演讲盛况的记录，
"三月二十四日下午二时举行第二次周会，特请美国人饶柏森博士来校讲演盘旋机及
其作用，并带有该项机械多种实地试验。是日听讲同学计千余人，非常踊跃。""先叙
盘旋机之意义和范围，对于人生之重要；次述盘旋机之原理，随时参以机械表演，于
是极精深之理，全场同学，无不明白。最后又述盘旋机之功用有轮船，单轨火车，及
单轨运货车之模型，当场试验，全体同学鼓舞称扬，博士讲解，娓娓动听，试验措置
纯熟，听者了无倦容。"[2]

　　值得一提的是，1922 年 12 月，饶伯森为二六旅（即张作霖的通信旅）讲授无线
电。据记载，13 日，"饶伯君曾给二六旅演讲无线电，省议会的人也与会听讲。同时
进行实验表演广播无线电。由他屋唱戏，由机器听取之，亦非常清晰"。[3]

　　随着近代科学技术的日新发展，在 20 世纪 20 年代末，电视、高频灯、有声电影
逐渐取代陀螺仪等机械仪器及无线电成为饶伯森科学讲演的重要内容，也引发了近代
国内刊物对饶伯森科学讲演的新一轮宣传，饶伯森再次成为各刊物的热点人物。1928
年 5 月 24 日，饶伯森在扶轮社午餐中讲到电视的机理和重要部件高频灯。[4] 11 月，
饶伯森从美国携来一台"特福莱"有声电影放映机，在上海青年会殉道堂试映影片。[5]

---

①《会务消息：城市青年会—饶伯森博士演说志盛》，《青年进步》1922 年第 51 期，第 96 页。

②《校务概况：饶柏森在纪念周会演讲盛况》，《大夏周报》1930 年第 78 期，第 99—100 页。

③《饶伯森之无线电讲演》，《滨江时报》1922 年，转引自陈尔泰：《中国广播史考》，北京：中国广播电视出
版社，2008 年，第 70 页。

④ "TELEVISION AND PSYCHOLOGY: ADDRESS BY PROF. Robertson BEFORE ROTARY CLUB," *The
North—China Herald and Supreme Court & Consular Gazette (1870-1941)*, May 26, 1928, p. 337.

⑤《上海基督教青年会外籍工作人员饶伯森博士在该会殉道堂试映影片》，1928 年 11 月 11 日，http://memory.
library.sh.cn/node/68079.

同年，《电影月报》刊登了饶伯森博士讲演福那飞而姆时情形手持福帝恩灯的照片；[①]
而《上海青年》则刊发了饶伯森博士之近景照片和他演讲发音电影时的情景照片。[②]
1929 年 4 月 13 日的《北洋画报》刊载了饶伯森在坐落于天津劝业场的天宫影院播放
有声影片的情景。文中饶伯森被称为"饶老博士"，"携有声影片来津，在天宫影院
开映之第二日，记者方敢前往瞻仰，因第一日为领袖参观之特期（广告所载如是）"。
"是日开幕后，首由某君致词，语每溢出声影以外，泛为宗教之宣传，座客多表不满，
嗤嗤声四起，以致不终词而退。继由饶伯森讲演有声电影构造，首映四人奏琴，名女
歌曲家清唱，余自鸡鸭牛狗，飞艇火车，以及总统名人之类，影映于银幕之上，声随
发于动作之间，对影闻声，颇娱耳目……"[③]1929 年 4 月 14 日，京报《图画周刊》刊
发《饶伯森（原文为饶柏森）博士试演有声电影时之摄影》一文："有声电影之来平公
演消息已久。现此影片，将于青年会自本月十八日起至二十三日止。逐日公演。该会
并于每早设研究班，由上海青年会全国协会讲演部主任饶伯森博士讲演。右图为饶博
士试演电影时之摄影。后图（在第四版）为有声电影映演机也。"[④]同年，《大亚画报》
刊登了饶伯森讲演有声电影、有声电影声音扩大器的照片，并在有声电影摄制及映照
简图中标示了弧光灯、普通影机、映照声带之小灯等部件。[⑤]

　　1931 年 6 月 5 日，基督教青年会总会为饶伯森举行了欢送会，饶伯森结束了长达
29 年的青年会工作，于 6 月 12 日自上海返回美国。[⑥] 在华工作期间，饶伯森赢得了
来自中国社会、青年会以及母校普渡大学等各方面的认同和赞誉。饶伯森在中国的工
作，也在无意间提升了其母校普渡大学在美国教育领域的地位。1919 年，普渡大学成
立了普渡大学中国俱乐部（The Purdue in China Club），俱乐部实行会员制，对任何愿
意为基金捐款的学生、教职员工或校友开放，以获得足以资助更多美国教师在中国工
作的经费。根据 1919 年 5 月 1 日的《教务杂志》上记载，饶伯森教授从西伯利亚回
来后，在上海待了大约十天，现在他正在去美国的路上。[⑦] 饶伯森回国正是要回到母

---

　　① 记关于有声电影的几段谈话：饶伯森博士讲演福那飞而姆时情形手持福帝恩灯：[照片]，载《电影月报》
1928 年第 8 期，第 3 页。

　　② 《饶柏森博士之近景照片》，《上海青年》1928 年第 35 期，第 1 页。

　　③ 《对影闻声记》，《北洋画报》1929 年第 305 期，第 2—3 页。

　　④ 《饶柏森博士试演有声电影时之摄影》，《图画周刊》1929 年第 14 期，第 1 版。

　　⑤ 《讲演有声电影饶伯森博士》，载《大亚画报》1929 年第 154 期，第二版。

　　⑥ "DR. ROBERTSON'S RETIREMENT: Y.M.C.A. Lecturer Ending Long Career," *The North — China Herald and Supreme Court & Consular Gazette (1870–1941)*, June 9, 1931, p. 338.

　　⑦ "News Items," *The Chinese Recorder*, May 1, 1919, p. 353.

校组建普渡大学中国俱乐部。无疑，组建俱乐部这一举措是建立在饶伯森在华工作的基础和视野上的，同时也是一项立意更新更高的战略探索，以帮助普渡大学能够跻身于领先大学之列，与哈佛大学、耶鲁大学、普林斯顿大学、俄亥俄州立大学、伊利诺伊大学、威斯康星大学及其他高校一样成为"遥远地区教育和学习的推动者"。①

　　他在华的工作得到了中国社会的广泛好评。1933 年，广学会出版的《近代人物》介绍了法拉第、利斯特、斯蒂芬森、约翰·弗拉克斯曼、爱因斯坦、林白、奥杜邦、贺川丰彦、马志尼、安徒生、沃兹沃思等 26 名近代人物传略。饶伯森博士位列其中第十一位人物。根据《近代人物》一文中的描述"他是近世的一位科学的研究者，对于科学上的新发明，如：无线电话和有声电影等，都有深切的了解，并且把这些发明，试验给大众'听'和'看'。在最近的十个月之内，博士走了一万二千英里的路，经过中国、日本和菲列［利］宾，到处演讲，一共演讲了三百五十多次，听者达二十万五千六百人。他每到一处，总要演讲好几次，起初听者寥寥，讲了几次之后，来听讲的人就大为拥挤，每每一天演讲几次。除了大规模的演讲之外，他又同学校里的教授与学生聚谈讨论，所谈的东西不仅限于实用科学，并且谈论人生哲学和爱因斯坦的相对论等。他是近世的一位大演讲家。演讲起来，口齿伶俐，娓娓动听，并用实验来证明他所讲的东西。"② 1935 年，在基督教青年会在中国成立 40 周年的时候，创始人来会理也曾专门从青年会组织发展建设的角度，肯定了饶伯森在青年会教育和科学传播上的贡献。③ 饶伯森离开中国后，国人依旧对他的行迹致以热切的关注。④

---

　　① 1920 Debris, Debris Yearbooks of Purdue University, vol.32, 1920, p.145, Purdue University Archives and Special Collections, Purdue University, https://earchives.lib.purdue.edu/digital/collection/debris/id/30968/rec/33，访问日期 2021 年 2 月 19 日。

　　② 明灯报社编：《近代人物》，上海广学会，1933 年，第 71—72 页。

　　③《来会理先生早年创始本会之史实》，《天津基督教青年会四十周年纪念册》，非正式出版物，1935 年，第 125 页。

　　④《饶伯森博士悠游林泉》，《同工》1933 年第 126 期，第 59 页。

北洋大学堂总办丁惟鲁

刘宗江 *

丁惟鲁，字奎垫，山东沂州府日照县人，《国立北洋大学卅周年纪念册》记载其光绪三十一年（1905）二月至光绪三十二年（1906）一月任北洋大学堂总办，任职期为一年。关于丁惟鲁的资料不多，见周川主编的《中国近现代高等教育人物辞典》的丁惟鲁词条："丁惟鲁（1871—1954），字揆野，晚号素画。山东日照人。1891年中举人。1895年参与'公车上书'，主张变法维新。1898年中进士，授翰林院庶吉士。旋襄办直隶全省学务。后任济南知府、济西道观察使、山东东临道尹等。1905年2月至次年1月，任北洋大学堂监督。其间，主持实行按学生成绩分班教学制度；分法律、土木工程、采矿冶金等专门正科；主持接收保定高等学堂学生进预科。1913年赴日本，任留日学生副总监。1915年当选为国民代表。晚年隐居故里。著有《日本学制纂要》《新式万国地理》《医学管窥录》《揆野诗集》等。"① 这则词条信息准确吗？本文将从故纸文字中还原真实的丁惟鲁，即结合当年报纸新闻，以及其本人或他人的奏折、书信等文字，看其是否参加"公车上书"，是否参加"戊戌变法"，如何任职于北洋大学等等。

一、家世及履历

丁惟鲁出身于日照丁氏家族，其家族耕读传家，诗书继世，为明清时期山东著名的科举世家，从明末到民国初年繁盛近300年。在政治、文化以及地方建设方面都做出了重要贡献，产生了巨大的影响，丁氏家族共有进士十五名，举人四十九名。家族

＊ 刘宗江，天津地方文史学者，近年致力于天津大学校史研究。
① 周川主编：《中国近现代高等教育人物辞典》，福州：福建教育出版社，2012年，第6页。

中有为民上疏要求开海禁的丁泰，有官至江西布政史被称为"方伯公"的丁士一，同盟会元老、国民党创始人之一的丁惟汾，还有金石学家丁艮善，考古学家丁麟年，教育家丁观海，航空专家丁履德，更有诺贝尔物理学奖获得者丁肇中等知名人物。丁惟鲁生于同治辛未年（1871）五月二十七日，住城南四十五里涛雒镇。祖上是当时涛雒最著名的儒商，经营农业、商业、海运业，南通江浙，西连沂蒙，其后丁惟鲁的三弟丁惟晋开创"庆和商号"，为民国初年著名的农商资本实体。

丁惟鲁的家世情况，从《日照丁氏家乘》可以查得其父母、兄弟。摘录如下：

> 丁惟鲁父，印汝鏑，字铠轩，贡生候选中书科中书，以捍御捻匪功保奖五品衔，举乡饮大宾，以子惟晋官，诰封奉政大夫，覃恩晋封朝议大夫，以子惟鲁官，诰封奉政大夫，生于道光八年十月初三日未时，卒于光绪二十八年八月十七日卯时，娶庄氏，诰赠恭人，生于道光六年二月初十日寅时，卒于咸丰五年六月二十八日子时，合葬辛庄子西南。继娶赵氏（监生桓公女），诰赠恭人，生于道光十七年三月三十日丑时，卒于光绪五年正月初七日寅时，葬右所祖茔西南。再娶继高氏，诰赠恭人，生于道光二十九年二月二十二日戌时，卒于民国八年九月初三日午时，与公合葬。子六惟晋、惟耆、惟鲁继出，惟蕾、惟音、惟馨高出。[①]

丁惟鲁本人的履历，其会试朱卷也有详细记载。朱卷一般由履历、科份页和考生的文章三部分组成。履历项包括考生本人履历、家族谱系、从学师承和历科考试成绩。考生履历包含考生姓名、字、号、排行、出生年月、时辰、现籍、祖籍、学生类型、籍类等内容，同时标明已取得功名、官职、著述方面的情况。谱系包括考生上起始祖下至子女辈，一般是上部为嫡亲，下部为对应各辈的叔伯兄弟。丁惟鲁在光绪二十四年（1898），应戊戌科会试，中二甲第二十六名，赐进士出身。

丁惟鲁朱卷首页索引栏记载：会试第九房同门姓氏，光绪戊戌科。丁惟鲁：字奎垫，一字惪儒，号海男，行三又行五，同治辛未年（1871）五月二十七日吉时生，山东沂州府日照县学增生民籍，辛卯科本省乡试中式第二十五名，会试中式第九名，覆试一等第二名，殿试二甲第二十六名，朝考一等第二名，钦点翰林院庶吉士。

---

① 《日照丁氏家乘》第十册，丙寅年（1926）二月版，第 169—170 页。

图1　丁惟鲁

　　其本人朱卷履历又载：丁惟鲁，字德舆，亦字孺堂，号绍海，行三又行五，同治辛未年五月二十七日吉时生，山东沂州府学优行增生日照县民籍。住城南四十五里涛雒镇。

　　朱卷里还记载，丁惟鲁在光绪二十四年（1898）会试时其兄弟情况，也记载了丁惟鲁的妻子以及儿子。

清代官員履歷檔案全編

兒上任

賀月初三日陳通聲現年五十一歲係浙江諸暨縣人光緒十二年丙戌科進士改翰林院庶吉士散館授職編修十七年充會試同考官二十一年保送知府分發江蘇補用二十二年三月委署松江府知府嗣於二十三年分海運案內奏保俟得道員後加二品銜二十四年引

見以道員仍分發江蘇補用三十一年政務處王大臣奏充政務處籌總辦三十二年四月政務處王大臣奏著財政處提調閏四月奏充政務處總辦九月初一日奏

旨補授四川川東道

丁惟魯現年三十六歲係山東沂州府日照縣人由增生於光緒十七年應辛卯科本省鄉試中式第二十五名舉人覆試一等第十八名二十四年應戊戌科會試中式第九名貢士你和殿覆試一等第二名殿試二甲第二十六名

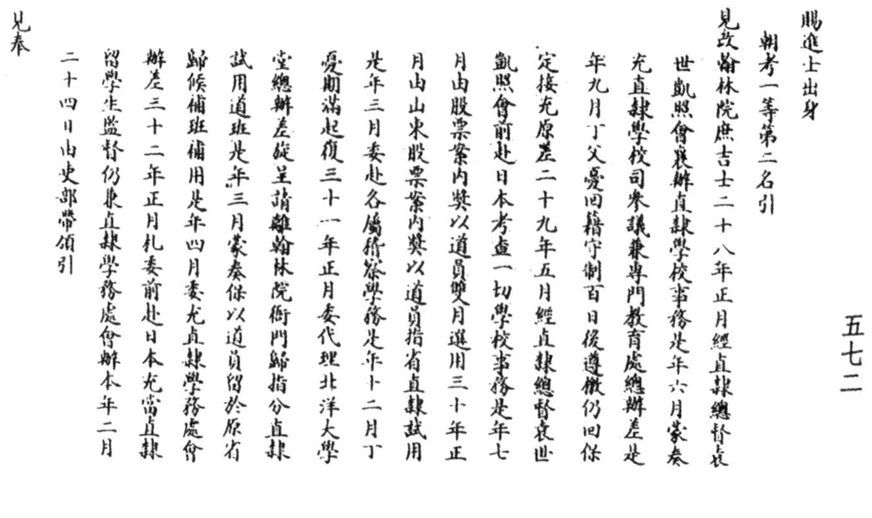

赐进士出身
朝考一等第二名引
见改翰林院庶吉士二十八年正月经直隶总督袁世
凯照会襄办直隶学校事务处年六月蒙奏
充直隶学校司朱议兼专门教育处总办差是
年九月丁父忧回籍守制百日后遵檄仍回保
定接充原差二十九年五月经直隶总督袁世
凯照会前赴日本考查一切学校事务是年七
月由股票案内奖以道员双月选用三十年正
月由山东股票案内奖以道员指省直隶试用
是年三月委赴各属稽查学务是年十二月丁
忧期满起复三十一年正月委代理北洋大学
堂总办差旋呈请翰林院衙门归指分直隶
试用道班是年三月蒙奏保以道员留于原省
归候补班补用是年四月委充直隶学务处会
办差三十二年正月札委前赴日本充当直隶
留学生监督仍东直隶学务处令办本年二月
二十四日由史部带领引

兄本

五七二

图 2　《清代官员履历档案全编》（上海：华东师范大学出版社，1997 年）关于丁惟鲁的记载

关于丁惟鲁的姓名，字奎垫，也有写为"奎野""揆野""揆也"，还有资料写为"丁维鲁"。实际都应作"丁惟鲁"。本文引用部分专著依从故纸记载。

再查《中国第一历史档案馆藏 清代官员履历档案全编》第七册，关于丁惟鲁的履历，光绪三十二年（1906）二月之引见折，详细载明了丁惟鲁的前期履历，特附如下：

丁惟鲁，现年三十六岁，系山东沂州府日照县人，由增生于光绪十七年，应辛卯科本省乡试中式第二十五名举人，覆试一等第十八名。

二十四年，应戊戌科会试中式第九名贡士，保和殿覆试一等第二名，殿试二甲第二十六名，赐进士出身，朝考一等第二名引见，改翰林院庶吉士。

二十八年正月，经直隶总督袁世凯照会襄办直隶学校事务，是年六月蒙奏充直隶学校司参议、兼专门教育处总办差，是年九月，丁父忧，回籍守制，百日后遵檄，仍回保定接充原差。

二十九年五月，经直隶总督袁世凯照会前赴日本考察一切学校事务，是年七月，由股票案内奖以道员双月选用。

三十年正月，由山东股票案内奖以道员指省直隶试用，是年三月，委赴各属稽查学务，是年十二月，丁忧期满起覆。

三十一年正月，委代理北洋大学堂总办差，旋呈请离翰林院衙门，归指分直隶试用道班，是年三月，蒙奏保以道员留于原省，归候补班补用，是年四月，委充直隶学务处会办差。

三十二年正月，札委前赴日本充当直隶留学生监督，仍兼直隶学务处会办，本年二月二十四日，由吏部带领引见，奉旨著照例发往，钦此。[①]

这份履历清楚地记载了丁惟鲁早期仕途的经历，为其本人所写，其北洋大学任职时间为光绪三十一年（1905）正月至三十二年（1906）正月，为期一年，此一年内仍兼直隶学务处会办差。

二、参与公车上书

甲午中日战争中，清军节节溃败，日本肆无忌惮地提出了割地、巨额赔款的要求，拟与清政府签订《马关条约》。和议条款传到北京之时，正值丁惟鲁参加乙未科（1895）春闱会试，面对清政府的割地之举，各地举人拍案而起，与清廷据理力争，集体赴都察院请愿，谓割地赔款不可，请清政府废约再战、拒绝盖宝换约。危急时刻，谏诤方式也一反常态，不仅有单人谏诤，也有与同乡京官或志同道合者的联名上奏，此类上书不能送交某部堂官代递，于是便被送到都察院或督办军务处代奏。丁惟鲁受传统儒学家国观念影响，饱含爱国之心参加了拒和、上书运动。

康有为在《康南海自编年谱》曾这样描述发动举人上书的情形：

三月二十一日电到北京，吾先知消息，即令卓如（梁启超）鼓动各省，并先鼓动粤中公车，上折拒和议，湖南人和之。于二十八日粤楚同递，粤士八十余人，楚则全省矣。与卓如分托朝士鼓（动），各直省莫不发愤，连日并递章满察院，衣冠塞途，围其长官之车。台湾举人，垂涕而请命，莫不哀之。时以士气可用，乃合十八省举人于松筠庵会议，与名者千二百余人，以一昼二夜草万言书，请拒和、迁都、变法三者。[②]

此"万言书"即著名的"公车上书"。康有为在《公车上书记》里，附有十六省

① 秦国经主编：《中国第一历史档案馆藏 清代官员履历档案全编》（第7册），上海：华东师范大学出版社，1997年，第572页。
② 康有为：《康南海自编年谱》，中国史学会主编：《戊戌变法》中国近代史资料丛刊（四），上海：上海人民出版社，1957年，第130页。

举人题名共六百零二人，其中却无山东举子记载，但举人的上书并不止这些，四月初六、七、八日，都察院代奏的举人上呈达到高潮，皆谓和议不可。

《清光绪朝中日交涉史料》卷四十一记载了光绪二十一年各地举子公车上书的详细奏折，这些奏折后面均有举子题名记录。在光绪二十一年四月八日，由督查院代递山东周彤桂等举子的奏折里有丁惟鲁参加了公车上书记录，他在一百二十人提名记录是最后一位。他们一起奏告朝廷：坚决反对议和，力主变法自强，认为"倭人不足畏，和议不足恃"，建议朝廷统筹全局，启用良将，严明赏罚，则"破倭不难"。

奏折原文附录如下：

　　山东举人周彤桂等谨呈为敬陈管见伏乞代奏事。窃闻近日和议将成，倭人百端婪索，流弊无穷，傥遽允所求，此后几难立国，是故天下人皆知为不可，亦早在圣明洞鉴之中，无庸缕陈者也，然或急于定议者得，无谓倭之强有胜我者欤，请详言倭之不足畏而和议之不足恃，有断然者旅顺之失也。寇未至而将遁，威海之失也，敌一攻而即破，今之筹大沽、北塘者不将惴惴焉。虑蹈其覆辙乎，然大沽北洋非彼二处也，旅顺、威海向归北洋节制，奉天将军、山东巡抚均不得过而问焉，两处守将谂知李鸿章专主和议，故平日毫无振作，又因远隔大海，李鸿章耳目难，周武备废弛，一失也，隔海控制全凭水师连络，而水师全不足恃，二失也；旅顺陆军平日恃有宋庆，宋庆既去远无可恃，三失也；李秉衡仓猝布置征调未齐不敷援应，四失也；将领素皆禀承北洋不遵巡抚号令，五失也，有此五失，所以致败耳。若夫北塘、大沽之设守本即远胜二处，可胜之道一也；大帅亲临耳目易周，可胜之道二也；聂士诚贤将足恃，可胜之道三也；有旅顺、威海以为前车之鉴，士知必死皆有战心，可胜之道四也；畿辅大兵云集，董福祥威名远播，刘坤一、曹克忠等皆老将知兵，其余统带各官身经百战者指不胜屈，纵使海防有万一之虞，后路援兵甚厚，陆军峙若金汤，可胜之道五也；由是言之，倭人必不敢径犯津沽，尤不敢深入腹地，其言直犯津沽者，故作大言也，此水路之不足畏也。至于陆路之不足畏者何故也，我虽偶有挫折，然皆我之自取，非倭之能必胜也。知我之所以败则转败为胜之计，即在其中矣……①

---

①　故宫博物院编：《清光绪朝中日交涉史料》，卷41，1932年，第91页。

三、参与戊戌变法

公车上书失败后，维新派积极进行宣传和组织活动，维新变法运动逐渐在全国兴起。戊戌变法又名百日维新、戊戌维新，是清朝光绪二十四年间，1898 年 6 月 11 日（农历四月二十三日）至 9 月 21 日（农历八月初六），发生的短暂政治改革运动，仅经历了 103 日就告终。

光绪二十四年（1898）的戊戌变法，是中国政治改革的一次实验。在此期间进行的一项重大举措，便是允许司员士民不受限制地上书。

司员即中央各衙门的中下级官员，主体是各部院主事、郎中、员外郎、翰林院编修、内阁中书等官，当时也包括各衙门小京官、笔帖式等；士即取得各级功名的人，当时也包括候选候补官员；民即指一般民众。代奏，一是指有上奏权的机构与官员为无上奏权的中下层官员及民人出奏。都察院本是"风宪"机构，凡是受冤狱的民人，陈述政见的士子，被革或候选候补京内外的官员，都可以到都察院陈情要求代奏。二是京内各衙门的中下层官员可以通过本衙门堂官要求代奏。在这两种情况中，都察院及各衙门堂官均有权决定是否为其代奏。

丁惟鲁主张在中国践行财政预算制度，他的条陈《奏富强大计折》于七月二十七日由翰林院代奏，他在上书中称："内务府承办供奉，暨随时举行典礼，以及苏、杭等处织造，每岁开销不下巨万，而以所费之款绳以所办之工，不过用十分之一。其余则皆乾没侵渔，习为故事。朝廷有大工作，则觊差者营谋恐后。一万之工，估工者必捏报五六倍，承办之商人分其一，自承办大臣以至监督丁书分其二三。名曰节省银两，其到工者不过一二成。……军饷之浮支，考试之杂费，诸如此类，不可枚举。"为此，他建议编岁入岁出表："户部将每年钱漕正供所人若干，关税杂款之有定者若干，其无定者约人若干，缕析条分，按簿细核，定为岁人一表。即将每年度支，自宫廷内外，以及各省常年开支分别正项杂项，逐一开单，进呈御览，交王、大臣会同各部院详加核议，将有名无实之款，一概裁汰，定为岁出一表。俟诸臣核议详妥奏闻，均行颁行，天下周知。若所议有不尽不实，皆得指明参揭。"[①]

丁惟鲁上书的目的，在于防范官员"中饱""分肥"，然其提议的方案却牵涉清朝财政制度的变革。丁惟鲁建议中未出现"预算"一词，但是显而易见，他指的正是要

---

① 丁惟鲁：《奏富强大计折》，转引自茅海建：《戊戌变法史事考》，北京：生活·读书·新知三联书店，2005年，第 320 页。

建立预算制度，而且要"均行颁布，天下周知"。

清朝的上谕多由军机章京拟稿，军机大臣修改，皇帝审定。朱谕由皇帝亲拟，数量是很少的。交光绪帝审定后，即可下旨办理，最后将处理结果与原条陈呈送慈禧太后。

丁惟鲁的条陈是数量极少的由上书未经"交议"而直接形成诏令的事例之一。在八月一日得到了光绪帝的首肯，他曾经下令："近来泰西各国皆有预筹用度之法。著户部将每年出款入款，分门别类，列为一表，按月刊报，俾天下咸晓然于国家出入之大计，以期节用丰财，蔚成康阜，朕实有厚望也。"[1] 但无奈的是，这一历史机遇随着戊戌变法的失败而流产。虽然改革最终被顽固守旧势力扼杀，预算制度也没有来得及建立，但是"预算"一词却由此广为人知。

关于丁惟鲁的奏折以及光绪皇帝的上谕，梁启超在其《戊戌政变记》一书中有详细记载，参见新政诏书恭跋一节：

八月一日上谕：翰林院奏代递庶吉士丁惟鲁请编岁入岁出表颁行天下一折。户部职掌度支，近年经用浩繁，左支右绌，现在力行新政，尤须宽筹经费，以备支用。朕惟古者冢宰制国用，量入为出，以审岁计之盈虚，近来泰西各国，皆有豫筹用度之法，着户部将每年出款入款，分门别类，列为一表，按月刊报，俾天下咸晓然于国家出入之大计，以期节用丰财，蔚成康阜。朕实有厚望焉。钦此。

谨案：我朝国计在户部档房数人，各司分职，已无从知其详者，士大夫更无从知之，安能如各国统算豫计决算而理财用哉？盖中饱之人多故也。康有为于进呈《日本变政考》，发明此事极详，西学大开，此义大明，上皆采用，此户部之所恶，而天下之所乐。然非上之刚决，则一宦寺之言，即不行矣。[2]

另外晚清政治人物，近代实业家刘锦藻（1862—1934）著《皇朝续文献通考》，记载内容多涉及清末近代洋务，历代政书卷一百二十一《职官考七》有如下记载：

（注：前为光绪皇帝上谕同梁启超记载，略。）

臣谨案：治国犹家也，盛时不撙节方其敝也，即损之，又损己。无补于帑，项此惟统豫算、决算，一一刿心，于平日而有以开其源，纤毫之出入与天下人以共见，有不及者，由国家力任保护百姓，足君孰不足卒，无以易于昔贤之言，若

① 茅海建：《戊戌变法史事考》，北京：生活·读书·新知三联书店，2005 年，第 320 页。
② 梁启超：《戊戌政变记外一种》，上海：上海古籍出版社，2014 年，第 53 页。

以罗掘为开源，以克减为节流，仰屋之欢亦何益也，治国地大物博，刘晏谓如见地上钱流在司农自为之耳。

同年（1898 年）夏历 9 月 18 日《申报》也报道了光绪皇帝关于丁惟鲁奏折的上谕。

四、就读北京东文学社

丁惟鲁在北京东文学校学习的时间应该是 1901 年学校开办至 1902 年去学校司赴任之前。

北京东文学社于 1901 年 3 月 20 日开设。溯其渊源，始于 1897 年 9 月，中岛裁之在直隶省保定府莲池书院，做吴汝纶的弟子，同时任其家庭教师，当时两人曾商议开设东文学社。义和团之乱逐渐平定时，中岛又在北京会晤吴氏，再次商议在京开设学堂。据称当时吴氏的侄婿、户部郎中廉泉也曾有开办学堂之意，经吴氏介绍，与中岛共同筹办。幸得慈善会刘铁公（刘鹗）总董事一千美元捐款，立即付诸实施。总之，本学社的创办者为吴、廉、中岛三人。开设的目的是"力各省师范学校开设之期培育教师人才"[1]。该学社初设在外城琉璃厂南锡金会馆，在扩大教务时迁至菜市口北半截胡同，经三迁后定校址为现今顺治门外上斜街。

吴汝纶在《致严复书》中记述了当时东文学社成立的盛况，辛丑三月二日（1901年 4 月 20 日）："舍侄婿廉郎中惠卿，倡办东文学社，始议以卅名为额，既开讲，则来者百余人，比一月，则从学者已及三百人，皆京朝官及游学士夫宦游子弟，可谓极盛。以此卜之，国家此时若兴学校、改科举、直一反复手耳。"[2]在吴汝纶山东籍门弟子表中，有记载：丁惟鲁，日照人。

创校之初设总监督等，由中国人担负，后因创建者吴汝纶已故，廉泉亦摆脱关系，遂逐渐变成归中岛一人主宰。东文学社的宗旨，是用中文向青少年传授近代学问的一般知识的同时，教授日文，以期学生能够通过阅读日本书籍加深对近代学问的理解。报名者的年龄，从老人至儿童，大小不等；学历也多种多样，既有修习旧学、已获翰林学士称号之人，如丁惟鲁，也有举人、秀才，还有小学生。但是，同时向如此

① 《东文学社创立章程》，转引自：（日）竹中宪一著，天津编译中心译：《北京历史漫步》，北京：中国文史出版社，1991 年，第 107 页。

② 苏中立，涂光久主编：《百年严复：严复研究资料精选》，福州：福建人民出版社，2011 年，第 215 页。

多且杂的学生授课毕竟很困难，因此划出两个班级：青少年入普通学班，老壮年中具有相当汉学素养者入专门学班。对于普通学班，学社从发音起，循序渐进教授他们日语，又用中文教授地理、历史及其他一般普通科目；对于专门学班，首先教以日语助词的使用方法，训练他们解读夹杂汉字的日文并将日文翻译成中文。丁惟鲁当在专门学班学习，而且深受中岛裁之的赏识，为以后的赴任学校司，及东渡游学，打下了良好的基础。

五、任职学务处

清末旧体制下的教育行政设施无法满足新时期兴学的要求，清朝地方教育行政机构沿袭自明制，各省学政主管一省学务的最高官员。在科举时代，主要负责巡历各地，考录诸生。清末开始兴办的新式学堂，从教学内容到教学方式都迥异于旧学。所以，要想推动教育的近代化，必须新设特定机构，专门规划学堂创建的各项事宜。光绪二十七年（1901），袁世凯升任直隶总督兼北洋大臣。他力主废除科举制度，兴办新式学堂，广设师范学堂，力倡普及义务教育；上任伊始，袁世凯即设立一个专门负责办理学务的新机构学校司，光绪二十八年（1902），中岛裁之向直隶总督袁世凯建议，从"东文学社"挑选数人去保定兴办教育。经袁世凯同意后，他便推荐丁惟鲁（翰林）、江亢甫（即江亢虎，官僚）、王金绶（秀才）三人赴省城保定组织学校司。经过一段时间筹备后，直隶学校司在当年四月正式成立。直隶学校司仿军政司管理全省营务之制，"专司通省学校事务"。学校司最初设立时，暂时借署办公，后来又在莲池书院建筑新署。由直隶总督刊发学校司关防启用。

学校司置督办、参议，内分三处二所。学校司设督办掌通省学校事务。凡本司职员暨各学堂之职员教师，均归其稽察。督办之下，置参议一员，"随同督办参议学校各事，随时讨论，遇事纠绳，不得附和同声，亦不得自安缄默"。直隶总督袁世凯奏派在籍前山东按察司胡景桂廉访为学校司督办。候补道丁惟鲁为参议兼专门处总办，候补道王景禧编修为普通、编译两处总办，置顾问、随办文案、支发、稽查各员。五月筹设师范学堂于保定北关。三处即：第一，专门教育处，其职掌为"凡有学术湛深技艺精良者"，由其负责调查，"其书籍器具等应如何给赏之处，禀候督办核定"；第二，普通教育处，负责办理关于蒙养学堂、小学堂、中学堂、候督办核定"，办理关于蒙养学堂、小学堂、中学堂、师范学堂的所有一切事务及教习的考验等事；第三，翻译处，负责检选中外各种图书善本，"会同专门、普通二处总办商定教科参考两项，分别翻译编纂"，呈请督办查阅，交由印书局刷印校勘。当时翻译处的主要任务是编订翻译教科书，由日文翻译成汉文。这在一定程度上解决了兴学伊始教科书缺乏的困难。二所即：第一，支发所，掌学校司银钱事务及通省学堂修造校舍，置备器具，购买中外图书仪器等事；第二，稽查所，掌"分查通省学校事务"，不设置定员，随时由督办遴选人员禀请总督委用。

丁惟鲁所掌管的专门处负责关于专门教育各事项，监督高等教育部、法政部、学艺部三部事务，同时负责大学堂和各专门学堂的有关事务，及各种专门学堂教课规程、设备规则及关于管理员、教员、学生等一切事务；并保护奖励各种学术技艺，及海外游学生事务。

光绪二十八年七月初五日（1902 年 8 月 8 日），袁世凯上奏清廷，叙述成立学校司。

> 再：直隶省会及各府、厅、州、县遍立学堂，端绪纷繁，必须有总司学务者，乃能若网在纲，有条不紊。臣现于省城设立学校司，为通省学务总汇之所，犹前此之奏设军政司，经理全省营务也。学校司置督办一员，以董其成。其中区分三处：一、专门教育处；一、普通教育处；一、编译处；各置总办一员，分理其事。查有在籍前湖南按察使胡景桂，正直博通，体用兼备，堪以派充督办。翰林院庶吉士丁惟鲁，才识敏赡，究心时务，堪以派充专门教育处，总办北洋学习。翰林院编修王景禧，学有本原，讲求经济，堪以派充普通教育处总办并暂兼编译处总办事宜。臣谨当随时督同各该员认真经理，期收实效。除分咨外，理合附片具陈。伏乞圣鉴。谨奏。

> 光绪二十八年七月初九日奉朱批；知道了。钦此。[①]

光绪二十九年（1903）四月，学校司房舍告成，即时迁移。七月设排印局于保定府东街。三十年三月，设立稽查所，专查学界诉讼之事，复设立研究所于莲花池内，每逢星期，集各学堂职教员，研究一切教育事务。时总办胡景桂任研究所总长，丁惟鲁与王景禧任副长。

光绪二十九年（1903）十一月张百熙、荣庆、张之洞所呈的《学务纲要》指出，

---

① 天津图书馆、天津社科院历史研究所编：《袁世凯奏议》（中），天津：天津古籍出版社，1987 年，第 598 页。

"各省府厅州县遍设学堂，亦须有一总汇之处以资管辖"，[1] 并奏请在省城各设学务处一所，由督抚选派通晓教育之人统管全省学务，并派讲求教育的正绅参议学务。同期颁布的《奏定学堂章程》立学总义章第一对学务处的职掌作了相应的规定，如负责办理各地小学堂、中学堂、高等学堂的教员名数、学生入学毕业人数及出入费用等事宜。

遵照《学务纲要》和《奏定学堂章程》中有关规定，光绪三十年（1904）五月直隶学校司改为学务处，督办改称总理。原学校司所设立的专门、普通、编译三处改称为局，九月，改编译局为编译课。同年七月，胡景桂廉访服满，升见改派升任学部左侍郎，在籍五品卿衔严范荪编修继其任，丁惟鲁、王景禧两总办均改为参议。九月裁并编译、专门、普通三局，改设编书、译书两课。

光绪三十年（1904）11 月，严修与直隶学务处官员们一起创办了中国近代省级教育行政机关刊物——《直隶教育杂志》。初名为《教育杂志》，创刊时由严修与杨士骧任总理，直隶学务处参议丁惟鲁、王景禧和顾问渡边龙圣任总监。《教育杂志》为半月刊，每年约出 20 期。1907 年改名为《直隶教育杂志》。该杂志主要刊出有关教育的诏令、奏章、论说、文牍、报告、学制、时间、杂录及翻译国外的教育著作和教科书，到 1910 年停刊。丁惟鲁任总监的同时也刊发自己的一些文章、奏折。

光绪三十一年（1905）二月，学务处移驻天津。丁惟鲁任职北洋大学的同时仍兼学务处参议。四月选派各属学董赴东考察学务，并伤各属设立劝学宣讲等所。同年三月，改参议为会办，四月添委新授奉天提学使卢木斋观察为会办，分委保定天津两府知府为提调，并随办参议议员及各课长课员查学等员。九月添委候补道徐思谦观察充学务稽查。光绪三十一年（1905）十月改设总务、普通、专门、实业、图书、会计和游学七课。光绪三十二年（1906）四月，学部奏设提学司，原有之学务处改称学务公学，分设总务、普通、专门、实业、图书、会计六课。开办东文翻译储才所。五月购地四十亩，建筑学务公所于河北公园之东，共用金五万六千余两。十月落成，即行移迁。严修总理以在直隶的办学业绩被拔擢为学部升署右侍郎，卢会办驻所办公。袁世凯满意地说："吾治直隶之政策，日练兵，日兴学，兵事自任之，学则听严先生之所为，吾供指挥而已。"丁惟鲁在严修领导之下，也为直隶省蒸蒸日上的教育事业，贡献了自己的一份力量。

丁惟鲁自学校司光绪二十八年四月份成立，光绪三十年五月后改学务处，包括后

---

① 冯克诚主编：《清代后期教育思想与论著选读》（中），北京：人民武警出版社，2011 年，第 246 页。

来任职北洋大学时仍兼职，至1906年初赴日本任留学生监督，任职近四年之久，期间的一些任职经历以及事务性的工作，从当年的《大公报》以及《申报》有一些记载，特别是一些时间点，尤为确切，特摘录如下：

《大公报》1902年8月22日：廉访来津：直学校司总办丁忧在籍，臬司胡景桂、学校司参议翰林院庶吉士丁惟鲁同于十六晚由保定到津住集贤书院官报局内，十七晚谒见袁宫保，面商学务要公。

《大公报》1902年8月23日：探闻直全省各学堂招考教习，即在天津开考，定期本月二十五日，在北洋医学堂内考试英文教习，由丁家立君监试。二十六日，在集贤书院内考试汉文教习，由胡廉访景桂、丁庶常惟鲁监试。

《大公报》1902年8月24日：督辕纪事：七月十九日晚见，翰林院丁惟鲁、候补府蔡绍基、汪启、大学堂总教习丁家立。

《大公报》1902年8月30日：直隶全省中学堂教习招考定期已详本报，兹闻二十五日上午丁家立君在北洋医学堂监试英文，命题五门：地志、西史、数学、代数、形学，二十六日上午，胡月舫廉访、丁奎野太史在集贤书院监试汉文，命题二道：来百工则财用足义、教学相长论。

《申报》1902年8月30日：总办学堂事宜，前山东藩司明方伯于本月十六日，由京师偕会办丁观察乘火车至津小驻河北集贤书院

《申报》1902年9月9日：专司学校：天津直报云：直督袁慰庭宫保，以直隶省垣，暨各府、厅、州、县刻方创立学堂端绪纷繁，应令人专司其事，特奏请设立学校司董，以督办一员，中分大纲为三，一专门教育，一普通教育，一翻译诸书，各置总办一员分司其事，并保前湖南按察使胡廉访景桂为督办，翰林院庶吉士丁太史惟鲁为专门教育总办北洋学习，翰林院编修王太史景禧为普通教育总办兼摄翻译事宜。

《大公报》1902年9月25日：时事要闻：探闻直中学堂前次招考教习尚未足额，兹又在津续行招考，于本月二十二日在总教习丁家立君寓所考试，洋文命题五门：数学、代数、形学、地志、泰西近世史，与试者九人。二十三日，在北洋医学堂考试汉文，由丁太史惟鲁监试，命题二道：大匠诲人必以规矩义、师者所以傅道受业解惑论，与试者二十人。

《大公报》1902年10月23日：太史丁忧：学校司师范总办丁奎野太史惟鲁近已丁艰惟差仍留办云。

《大公报》1902年12月30日，纪学校司：学校司新筑局房在行宫旁侧，地基居

保府城之中，包工银一万一千两，明年二月底告竣目下，学校司系赁房在东大街前官报局所有，学校司督办胡廉访景桂、普通处总办王太史景禧、专门处总办丁太史惟鲁、学校司随办高舍人淑琦、文案陆大令维炘、支发委员顾少卿司马等均住局内。

太史来保：专门处总办丁太史惟鲁丁忧回籍袁宫保给假三月，前日已由山东来保，日内拟赴津谒见宫保云。

《大公报》1904 年 6 月 29 日，奉派查学：学校司派丁惟鲁观察往各州县查学，已于月之初二日起身。

《大公报》1905 年 5 月 3 日，直隶学务处职名：学务处由保定移至天津已志本报，兹将该处各员职名录列如下：总理严修，参议王景禧、丁惟鲁，提调凌福彭，顾问官渡边龙圣，文案官曾傅谟、潘文藻、刘宝和，稽查官周保琛，支发委员郭鉴光，随办王泽澄、杨廷秀，译书长吴闿生，编书课员高步瀛、陈宝泉，译书课员吴燕来，绘图回春藻、徐毓曾、校对誊录储毓英、赵椿龄、王德明、陈鸣冈，支发司事董文郁、杨学书，账房王家珍，管卷李玉琦。

《大公报》1905 年 5 月 12 日，会办学务：候补道丁奎垫观察惟鲁特奉督宪札委学务处会办事宜。

丁惟鲁任职北洋大学堂总办的同时仍兼直隶学务处会办职务，而且深受袁世凯的赏识，见袁世凯光绪三十一年三月二十日（1905 年 4 月 24 日）奏折：

请将道员丁惟鲁编修王景禧留省补用片：

再，指分直隶试用道丁惟鲁、翰林院编修王景禧，经臣于光绪二十八年奏明，分别派充省城学校司专门教育处、普通教育处兼编译处总办，等因在案。维时学务草创，漫无端倪。该道等筹拟章程，昕夕讨论，凡通省师范，大、中、小各学堂，以次设立，料理公牍，编定课本，任劳任怨，始终不渝。于开通风气之中，尤能慎防流弊。其精心毅力，皆足以担荷重任，宏济时艰。先后至日本考察学制，本所心得，逐渐施行。遂使通省学风骎骎起色。

臣查该道丁惟鲁，才长心细，器识阔通。兹编修王景禧，志趣正大，为守兼优。实为不可多得之员，于直隶情形亦甚熟悉。合无仰恳天恩，俯准以道员丁惟鲁仍留原省归候补班补用，编修王景禧俟保送知府后以道员留于直隶补用。出自鸿施逾格。

谨附片陈请。伏乞圣鉴，训示。谨奏。

硃批：著照所请。吏部知道。[1]

六、日本游学

直隶教育之所以能在袁世凯的治理下取得这样好的成绩，与他积极派遣官绅及教育界人士出洋考察国外教育以资借鉴的主张和做法密切相关。为了学习借鉴其他国家先进的教育经验，袁世凯多次派遣官员和学生出洋游历、游学。规定游历官绅务必到学校参观大概情形，并要求他们以日记、心得的形式记录考察成果以便交付验查。

袁世凯在光绪三十一年（1905）六月十八日，曾向朝廷上疏《遣派官绅出洋游历办法片》，陈书多次派官绅出洋游历的益处所在：

> 直隶游学官绅士人，经臣先后派遣官费、自费各学生一百数十人，陆续东渡，但费重时长，较难普及。因议订官绅游历之法，期于祛锢蔽而广见闻。亲民之官吏莫于牧令，凡学堂警察农工诸大政，皆关紧要，宜有师资。现通饬实缺州县人员，除到任已久，未便令离职守外，其余新选新补各员，未到任以前，酌给津贴，先赴日本游历三月，参观行政、司法各署及学校实业大概情形，期满回国，然后饬赴新任，并责令呈验日记以征心得。数年以后，出洋之地方官日见增多，庶新政不致隔膜。此派官游历之办法也。又，以各州县学堂工艺诸端，官不能独任其劳，皆须绅董相助为理，特以风气未开，或漫不经心，或暗相掣肘。现通饬各属公举品端学粹之绅，咨送日本游历四月，应需经费有取诸学款者，有另行筹备者，每州县至少须送一人，选派护送员、译员随同东渡，此遣绅游历之办法也。[2]

光绪二十九年（1903）五月，丁惟鲁与直隶学校司督办胡景桂奉直隶总督、北洋大臣袁世凯之命赴日本考察学务。同行者有直隶学校司随办高淑琦、补用同知晏宗慈和来自山东的自备资斧者王令珊等。一行自五月十九日塘沽出发至六月二十七日船返大沽，往返两月余（闰五月）。在日期间，除考察大阪、京都、东京各校外，还会见了大隈重信、长冈护美、菊池大麓、嘉纳治五郎等政界、教育界名家。由于考察期间适逢学期末，一行还参加了高等商业学校、东京高等工业学校、东京帝国大学等校的

---

① 骆宝善、刘路生主编：《袁世凯全集》（第13卷），郑州：河南大学出版社，2013年，第401页。

② 天津图书馆、天津社科院历史出版社研究所编：《袁世凯奏议》（下册），天津：天津古籍出版社，1987年，第1162页。

毕业典礼。

归国后胡景桂著有《东瀛纪行》，由学校司排印局校印，有光绪二十九年（1903）十月直隶布政使杨士骧序和同年九月洪济跋。此外，同行者晏宗慈著有《随槎日记》，所记日程和所考察的各校与大体相同，但此记疏于对考察内容的记述，而详于对所会见者的记录。

《东瀛纪行》记述了当年丁惟鲁此行的一些痕迹，摘录如下：

> 光绪癸卯，二十九年五月十五日，奉北洋大臣袁宫保之命赴日本考察学务，随行者丁庶常惟鲁、高委员淑琦、晏同知宗慈，而以日员松平康国为之先导，高委员、丁庶常十六日先后自保定启行赴津订购芝罘丸船票。

> （六月）十三日，十钟到黄海停一小时，随潮进黄浦江，口面不宽，江水颇深，大船可至码头，日本邮船会社本无码头，新购得奥国码头，连栈房价银一百二十万元，十一钟到上海虏大东门外油车街广记丁奎野家所开货栈也，晚餐五马路泰和楼，座有徐星阶，山东人，年六十一，前充出使德国，随员奎野表叔卜辑五主人也。

> 十八日，早理发，晚餐泰和馆，同席皆丁奎野同乡来沪贸易者。

> （六月）二十七日，午前十钟抵大沽口外，卸货未毕，十二钟乘潮进口，六钟至海河，舟滞浅，停一钟，时用小火轮拖带出险，八钟抵紫竹林，登岸，九钟至官书局。

> 三十日，谒宫保，禀覆。

> 七月初二日，登早车，晚六钟至保定学校司。①

胡景桂、丁惟鲁此行日本归国后，向直隶总督袁世凯提出选派学生赴日学习速成师范的建议，很快得到袁的准许。同年秋，直隶学校司普通教育处编译处总办王景禧率领 23 名留学生赴日，入宏文学院速成师范科。这可以说是地方教育官员游历日本后直接推动留学教育的典型事例。王景禧日本考察学务后著《日游笔记》，胡景桂为其作序，详细记载了胡、丁此行日本归国后，向直隶总督袁世凯汇报此行过程并提出选派学生赴日学习的全过程。见附胡景桂所作《日游笔记序》：

> 光绪癸卯（1903）初秋，予考视学制，至自东瀛，反命于宫保袁公。公曰：此行其得要领矣乎？予应之曰：明治维新，庶政纷纠，与吾国颇相若。其学校经

① 王宝平编，《晚清中国人日本考察记集成：教育考察记》下，杭州：杭州大学出版社，1999 年，第 600 页，第 618—620 页。

始，尤与吾北洋不谋而同。厥后自育师资，不复借材异地，三十年来规制数易，精益求精，乃臻完备。要其全神所注，着重国民教育之普及，遂收捷效，惊美全球。今我学校规模粗立，功候尚稽，民智未开，财政困乏，所赖宫保维持，庶几通观厥成。顾欲普及国民，非造就师材不可；欲造就师材，非广派留学不可。公曰：可谓知要矣。归语王燕泉太史，为送师范生二十人赴东，且以所见所闻，藉资考镜。予应之曰：唯。先是严范孙同年，久韫斯意，因就而商定之，天津保定，各遴十人，资而属之燕泉，乃以八月杪，挈而东渡，安置宏文学院。部署余间，恣情浏览，以是冬归国，今春持所述日游笔记，问序于予。

　　光绪三十年岁在甲辰二月，永年胡景桂序。①

丁惟鲁此行日本的川资在《袁世凯全集》中也有详细记录：

　　批学校司禀赴日本川资应支若干请示遵行由

　　光绪二十九年五月二十六日（1903 年 6 月 21 日）刊载

　　批：据禀已悉。款司带同参议等赴日本考察学务，所需川资，该司并丁参议应各支银五百两，高随辨应支银三百两。仰即遵照。此缴。②

当年的《大公报》，也记载了丁惟鲁此行的一些行程，摘录如下：

《大公报》1902 年 12 月 30 日："时事要闻：日前张香帅电致袁宫保探问直教育事之办法，袁宫保立即电委臬司杨廉访士骧将学校司现办情形电达以凭覆电：直学校司督办胡景桂氏近奉袁宫保派往日本视察学规，拟于明年四月启程，偕行者于丁太史惟鲁王太史景禧中择一人，及前东京大学卒业生高淑琦同往，然届时正值师范学堂开学恐必迟至六七月间始得前往云。"

《大公报》1903 年 6 月 10 日："纪学校司：保定学校司，于十二日移居新建之屋，即往年莲池书院内学古堂之故址也，该司督办胡月廉访与总办丁奎野太史、译员高亦韩氏将于十七日由保定起程赴日本调查学制云。"

《大公报》1903 年 8 月 22 日："官场纪事：前湖南臬司胡月舫廉访景桂、翰林院丁太史惟鲁、候补同知高司马淑琦均由日本回国，前晚到津，胡廉访、丁太史寓北门东官书局，高司马寓长发栈云。"

《大公报》1903 年 8 月 24 日："督辕纪事：六月三十日晚见，前湖南臬司胡景桂、翰林丁惟鲁、运司汪、候选道张镇芳。"

①　王宝平编，《晚清中国人日本考察记集成：教育考察记》下，杭州：杭州大学出版社，1999 年，第 625 页。
②　骆宝善，刘路生主编：《袁世凯全集》第 11 卷，郑州：河南大学出版社，2013 年，第 229 页。

七、任职北洋大学

丁惟鲁在学务处掌管专门处，负责关于专门教育各事项，负责大学堂和各专门学堂的有关事务，教课规程、及海外游学生事务。加之曾游历日本考察学务，因此直督袁世凯命其掌管北洋大学堂，在当时也算专职人才，与丁惟鲁同在学务处任职的王景禧，也在直隶高等学堂任学堂监督。

《国立北洋大学卅周年纪念册》中前任职员录中记载：总办丁惟鲁，籍贯：日照，就职年月：光绪三十一年二月，离校年月：光绪三十二年正月。备考：代理。前任为总办沈桐，就职年月：光绪三十年九月，离校年月：光绪三十一年正月，备考：光绪三十年八月二十八日委充会办，九月二日改委总办。丁惟鲁其后为监督罗惇曧，就职年月、离校年月均为空白，可以理解为与丁惟鲁同时在任。前任大学堂总办沈桐于1904年（光绪三十年）订立学堂新规则《天津大学堂新订各规则》，学堂管理结构为总办与总教习学堂监督各司其任。时丁惟鲁为总办，丁家立为总教习，罗惇曧为学堂监督。丁惟鲁的入职原因是前任沈桐受江督周玉帅（周馥）奏调南洋，直隶督袁世凯应允借出六个月。

丁惟鲁的前任总办沈桐，字敬甫，又字凤楼，浙江湖州府德清县人。寄籍广东广州府番禺县，光绪八年（1882），中壬午科举人举人，中光绪二十一年（1895）乙未科二甲第六十一名进士。二十三年（1897）三月，经伍廷芳奏调，任驻美使馆二等参赞，曾代办驻美公使事务。授二品顶戴。二十八年（1902），差满后保举候补知府。光绪三十年（1904），任北洋大学堂总办。光绪三十三年（1907），署山海关道（营口海关道）。在任期间，革旧习，锐行新政，振兴文教。光绪三十四年（1908），任安东道尹。宣统元年（1909）二月，卒于任。

丁惟鲁于1905年3月9日正式入职北洋大学堂，1905年3月19日北洋大学堂师生送别沈桐，参看当年的报纸新闻。附录如下：

《大公报》1905年2月22日："督辕纪事：十八日见候补道丁惟鲁。学生归并预闻：保定大学堂前有归并天津大学堂之传言，兹闻系拟将该堂头班学生归并于天津大学堂中，当在秋间归并云。"

《大公报》1905年2月23日："总办易人，西沽大学堂总办闻已派委候补道丁观察惟鲁任充。"

《大公报》1905年2月27日（正月廿四日）："奉委南洋：直督札委保定学务处参

议丁观察惟鲁充大学堂总办，已志本报，兹悉系会办非总办，其前会办沈观察桐奉委赴南洋公干，于二月初旬起程前往云。"

《大公报》1905年3月9日（二月初四日）："入堂任事：候补道丁观察惟鲁奉委会办大学堂事宜已纪前报，兹悉丁观察已于本日入堂任事云。"

《申报》1905年3月10日（二月初五日）："直督创设官幕学堂天津：直督袁宫保素以兴学育才为急务，近复筹有的款，创办官幕学堂，专课本埠印委各官及幕府各员子弟，课程已请大学堂总教习丁家立君与总办沈凤楼观察互相商定，闻二月间即可开馆，宫保之三四五公子亦将就学焉。"

《申报》1905年3月11日（二月初六日）："西沽大学堂功课素称完善去岁经沈观察竭力整顿中西科目两得其平，年终大考经督宪评定甲乙，兹将国文一等念六名姓氏列左：孙多蓁、叶景莘、朱庭祺、叶达前、马泰钧、蔡远泽、严治、王鸿寿、秦汾、严江、戴家涛、李公钊、刘符诚、区庆科、席德凤、郭文瀚、陶育臣、钟世铭、杜潜、李家桐、祝毓瑛、水崇逊、张星烺、钱方度，二等三十二名三等三十七名。"

《大公报》1905年3月12日："官场纪事：督办铁路大臣胡云楣侍郎于昨日早车回京，候补道丁观察惟鲁于初七日早车赴省交代学务处事宜。"

《申报》1905年3月18日："本报讯：北洋候补道沈凤楼观察，袁督倚之如左右手，屡以要差畀之，现由江督周玉帅奏调南洋已邀俞允，闻日内即附轮船南下矣。"

《大公报》1905年3月19日（二月十四日）："送别志盛。天津大学堂总办沈观察桐迭奉南洋大臣电调襄办要政，直督袁宫保允借六个月札派前往江南湖北调查学务，月之初一日已交卸学堂事务南行有日，因于初八日诣堂辞行，是日总教习丁家立君、监督罗君惇曧、化学教习任道辅君、工程教习裴爱仁君、德文教习罗沙君、法文教习吉德尔君、俄文教习来觉福君、几何教习江君为善、算学教习罗君泮辉、国文教习桂君埴、严君俏恪、宋君期贤、俄文助教全君懋、斋务官居君贤举、卫生官王君恩绍、正文案官甘君联超、副文案兼掌书官沈君嘉炎、副文案官潘君寿恒、正支应官张君文涛、副支应官汪君福熙、杂务官钱君锡舆、储藏室官许君朝绅、代理体操教习赵君天麟率领全堂英文学生八十余人，法文俄文学生四十余人，合拍一照以为临别纪念。赵君率领全班学生入体操室列队立定，沈总办对众演说，勉以爱国合群，服从法律，励志学业，约四十分钟之久，演毕对众一揖告别。丁总教习复对众言：自沈总办来，勤于其事，全堂实深爱戴，今遽言别恋恋余心，当以西礼送别欢呼三声以表同情，并以祝沈总办之复来也，因自摘帽欢呼，各西教习及全班学生齐同摘帽欢呼三声，复由赵君率领全队先至大门前两旁列定，候总办至前，行举刀礼，全堂教员办事员簇拥沈总办升舆，均握手而别。兹将沈观察留赠天津大学堂学生楹联照录如下：'海水正群飞大好河山谁谓陆沉关气数，风云日相薄巨川舟楫须知吾党系安危。'"

前任总办沈桐光绪三十年（1904）修订《天津大学堂新订各规则》，其中详细规定了总办职责要求：

> 总办有总理全学之权，当尽热心教育之义。诸生有未开通者启导之；能够学者奖励之；不率者董戒之。学堂大事必关总办。凡学务事宜当随时与总教习详议商办。总办于监督教习行宾主礼。监督教习有事谒总办，不拘时刻。总办有缺失，教习皆得规劝之，以合公理为断，应时更定，再不能决，则以占三从二之法决之，毋执己见，毋护前非。堂中七日一休沐。非休沐日，总办非有故有病，不得不到堂。诸生来谒具名不具，赞一揖必答揖。诸生有事或请业，不拘时刻接见，通名就座，有疑难就问，务尽其意所欲言，答必以诚。有不中理者，诲正之，毋疾言，毋厉色，使之悔悟，不追既往。学务有当改良者，集总教习、监督、教习于研究室，提议互相质难，折中贵。当意有不同，各抒己见，毋偏徇，毋执拗，惟其当。监督缺人，由总办择学行优长、深通管理法者，照会延订。教习缺人，由总办择学行优长者，慎为延订，戒徇情，戒阿好。不称职者，据公论谢退之。堂中办事各员，由总办慎选札派，随时查核，有不谨者，易置之来学者中学高等学递升，具读书姓名、年籍，总办会同总教习分日试中西学，因其程度所及定班之高下，其不及格者则屏之。学生学业不进，积分不及格，由总教习核定，商之总办，高班者降班，无可降者许留一月以观后效，又不及格则退之，总办当详加析核以定去留。月考中文课卷由本班教习阅定呈总办评定甲乙榜示给奖。西学课卷由西教习阅定呈总教习评定甲乙，汇送总办查验。年终大考，总办会总教习、监督、教习以中西文分日试验之。试日请于北洋大臣派员监试。每届领款之期，由总办派员赴领银据存总办处，候收支委员开列应领某款，分别发给。堂中额支活支各款册籍随时稽核，分别准驳。[1]

丁惟鲁上任后，职责所在，发现了一些问题，也想倾听学生的心声，于是他在学校发了一些传单，希望与学生有良好的沟通，以便利于学生的管理。1905 年度第六期《教育杂志》有关于此传单的记载，丁惟鲁时亦兼任《教育杂志》总监。

---

① 北洋大学—天津大学校史编辑室编：《北洋大学—天津大学校史资料选编（一）》，天津大学出版社 1991 年版，第 22—23 页。

北洋大学堂总办丁令学生各抒所见传单（光绪二十一年二月）

为传知事照得集思乃能广益，取法必赖择言，未有情愫不通而克交换知识者也，亦未有抉别不当而克渐臻美善者也，凡事类然，学堂尤亟。本总办视事半月，深嘉诸生之劬学，而又虑诸生之怀意而欲陈与欲陈而莫由是用疲心，不得不画一策，以冀诸生之倾怀而吐而，资本总办以所不及知，俾得进步改良，为本学堂学界大放其光彩，上以慰宫保乐育之屋，中以慰同人匡冀之切，下以慰诸生属望之殷而吾愿毕。今与诸生约其有关于公众之利益及困难等事项准以笺陈，注明舍号签名盖章封投所置新匮中，日收一次，分别甄阅择善而从，并借以观诸生之素蕴，其笺内外无名章者不收，虽有名章而不详舍号者亦不收，其有名章舍号而越分败度毫无实据或关于个人私意者虽收亦不采，以示区别而收公益，勉旃，慎旃，毋亵，毋忽，此传。[①]

此间，丁惟鲁又对学生的起居、学习，提出了自己的一些要求。这篇牌示与传单发表在同一期《教育杂志》中：

大学堂监督牌示，本监督丁示：为遵发奏章，俾资恪守事，照得直隶兴学三载，于兹自大学递及半日、半夜各学堂，霞蔚云蒸、日新月异为各行省之冠冕，动各强国之观瞻，此诚赖宫保热心倡导于前，亦实由诸生奋力振兴于后，而我大学堂之在北洋位置之高名誉之隆，于畿辅各学堂中尤独标特色，日前，钦使宫保临场调阅嘉许欣幸之忱溢于表，全堂诸生共见共闻，本监督于此窃有荣施惟是经一番鉴许，即增一番进阶，增一番进阶即增一番儆惧，不惧乎，诸生之不能精奋，惧乎诸生思想之过高而或越畔岸，不惧乎诸生之不能成立，惧乎诸生立见之过激而罔裨国家，有一此因以破吾辞，而失前次之令誉，不克臻于纯粹精美以重失举国蕲，望倚赖之本意，而授他人以镈隙而莫之，就此本监督昕夕所危懔，且揣诸生始愿亦决料不及此者也，今欲与诸生共守此戒，特每宿舍分置奏定学堂章程各四帙，愿诸生以修课之余间泛览深思而，于所谓管理通则三致意焉，有行修稍次者，观通则第二章第一节及八节；有兴居自便者，观通则第三章第一第至八各节；有堂规偶疏者，观通则第四章第三至第八各节；有操规懈忽者，观通则第五章第一至第五各节；有礼仪阔略者，观通则第六章第二节及第八节；有假规任情者，观通则第七章第三各节；有各室规条未谙者，观通则第八章第一至第十各

---

① 《北洋大学堂总办丁令学生各抒所见传单》，《教育杂志（天津）》，1905年第6期，第9—10页。

节；有禁令稍逾者，观通则第九章第一至第十各节；有功过不明者，观通则第十章第一至第十一各节，至纲要中之第八、第十五、十八、九各目尤当三复，毋等常谈盖爱之厚不觉蕲之切，蕲之切不觉责之深，责之深不觉言之渎，至管理员以欠，是又当各自儆惕交相劝勉，共维令誉而光学界，自示之后，诸生等如有不遵忠告，而故违规则及屡儆不悛者，本监督惟有遵章办理决不徇隐合行，晓谕为此示，仰合堂诸生一体知悉遵照毋违懔之、慎之，切切特示。[①]

本文文首在丁惟鲁词条中有叙述其曾经主持接收保定高等学堂学生进预科。这里略谈一下保定府高等学堂的沿革。光绪二十四年（1898）春，直隶总督王文韶为推动直隶教育维新，奏准于省会保定首创建立"畿辅大学堂"。同年，清苑知县劳乃宣于保定西关灵雨寺行宫开始筹办。直隶总督王文韶、清苑知县劳乃宣专门草拟了《畿辅大学堂章程》，对办学总纲、课程设置、聘用教习、经费等，都有详细的规定。1900年10月，法、德、英、意四国联军占领保定，畿辅大学堂及灵雨寺遭焚毁。1902年，直隶总督袁世凯在原畿辅大学堂的基础上建立了直隶高等学堂，亦称保定大学堂。同年四月，改建的直隶高等学堂开学。1902年丁家立受袁世凯委任为保定直隶高等学堂总教习，丁家立将直隶高等学堂之年限按北洋二等学堂之制，改为四年，奏明定为北洋大学堂预备学堂，使普通学堂、高等学堂的学制、课程设置与北洋大学堂的教学相联系，建立起由普通学堂、高等学堂到大学堂的完整的新式教育体系。丁惟鲁接收保定高等学堂学生进预科当属正常的日常工作。在《大公报》有如下记录：

《大公报》1905年2月22日："学生归并预闻：保定大学堂前有归并天津大学堂之传言，兹闻系拟将该堂头班学生归并于天津大学堂中当在本年秋间归并云。"

《大公报》1905年8月22日："挑生来津：大学堂总教习丁家立君在保定府高等学堂挑选学生六十名，同于二十日由省乘火车来津，均入大学堂肄业。"

与沈桐、丁惟鲁同时管理北洋大学堂的主要人物还有罗惇曧。罗惇曧的名字最早是《大公报》记述北洋师生欢送大学堂总办沈桐时，出现监督罗惇曧，他应该是当时北洋大学日常事务的实际管理者，因丁惟鲁在1905年仍然兼任学务处参议职，估计待在学校的时间有限，可能一些决策性的事务，罗惇曧会禀明丁惟鲁，罗惇曧当年还被朝廷选为出国考察政治成员，因其在北洋有差未能成行。见当年《大公报》、《申报》新闻均有记载。

---

① 《北洋大学堂总办丁晓谕本堂诸生告示》，《教育杂志（天津）》1905年第6期，第9—10页。

《大公报》1905 年 7 月 31 日："大臣调员再志：考查各国政治之四大臣，近日除泽公销差未久尚无暇议及调员外，其三大臣纷纷拟调，随员闻定额每员只带五员，而三大臣意中可调之员已越正额尚须选拔，闻戴侍郎拟调仕学馆学员关主政赓麟，并会其代邀同乡某学员及此次留学卒业生陆润生中翰宗舆，按以上之员均研究政法有素，此资调往考查各国政治必可收实效云，并闻又拟调前保经济特科之广东优贡生罗衍东君惇曧随往，惟该员现在天津大学堂有差但未悉能随同前往否。

同年 8 月 26 日《申报》也有记载："北洋选派学生随考查政治大臣出洋留学北京：此次派往各国考查政治之四臣随学生出洋游学，日前已由直隶总督袁宫保照请北洋大学堂总教习丁家立开该优等学生名单，听候带往各国分科留学。兹将丁君所开各生姓名籍贯照列，左，叶达前，江苏娄县，法；朱庭祺，江苏上海，法；秦汾，江苏嘉定，工；马泰钧，安徽合肥，法；蔡远泽，浙江德清，矿；区应科，广东南海，矿；钟世铭，直隶天津，矿；张星烺，江苏桃源，矿；朱公钊，江苏上元，法；严江，浙江杭州，法；朱家坚，江苏上海，法，右十一名皆依平时大考等级而开送者。孙多秦，安徽寿州；叶景□，浙江杭州；何恩明，广东东莞；陈道□，浙江宁波，右四名乃该学堂监督罗敦融大令开送者。闻丁君之意，拟令学生至外国先入高等学堂肄习一二年，然后再进大学堂研究专门，如是则所学方能登峰造极，有裨实用云。"

上文"罗敦融大令"与罗惇曧肯定是一人。这里的"大令"笔者认为应该理解为实际日常管理学堂的学堂监督。

罗惇曧（1872—1924），字孝遹，又字掞东，号以行，又号瘿庵，晚号瘿公。广东省顺德县（今佛山市顺德区）大良镇人。于同治十年（1872）生于顺德大良一个仕宦世家。其父罗家劭为清朝翰林院编修。罗惇曧幼承家学，1888 年至 1894 年间就读于广州万木草堂，与陈千秋、梁启超等人同为康有为弟子。后转到广雅书院，受广东学政张百熙赏识。1899 年 27 岁，获选优贡，保送上京，入国子监。1905 年 33 岁由张百熙保荐应考经济特科，成绩优秀，授邮传部司官。1904 至 1905 年底任北洋大学监督，1906 年初任北洋客籍学堂监督，1907 年间任京师大学堂编译局编纂，著《京师大学堂成立记》。中华民国成立后，久居北京，历任北京政府的总统府秘书、国务院参议、礼制馆编纂等职。袁世凯称帝，愤而辞职，弃政从文，纵情诗酒，写字度曲，消磨时光，以卖文卖字为生。1924 年贫病交加卒于北京。瘿公为人风雅，广交游，乐于助人，扶掖俊才。他学识渊博，多才多艺，工诗文，善书法，晓戏曲。与樊增祥、林纾等结诗社，诗酒唱酬。其诗学李商隐、白居易、陆游诸家，潇洒冲和，与黄节、梁鼎芬、曾习经并称"岭南近代四家"。他精通京剧，为京剧演员程砚秋度曲编戏，悉心培养，并为其编写《红拂传》《青霜剑》等京剧剧本。他的书法颇有名气，楷、行、草均工。曾从康有为学书，又宗法宋代米元章、黄山谷，其书既有北碑面目，亦具米、黄的笔意。生平著述颇丰，有《鞠部丛谈》《瘿庵诗集》，有关近世掌故的专著《太平天国战记》《德宗承统私纪》《中日兵事本末》《割台记》《拳变馀闻》《中英滇案交涉本末》《中俄伊犁交涉本末》《庚子国变记》《藏事纪略》等。

丁惟鲁在北洋大学就职一年，时间很短，究其离职原因，因年代久远，不能确切查明。试分析如下：可能因为自身疾病，这在后文离职奏折中提及因病离职；又可能因管理学生过于严格，引起学生不满；也可能因与监督罗惇曧不和，亦或与总教习丁家立在学校管理方面的理念不同而不和。总之是丁惟鲁自己向直督袁世凯提出辞职。

丁惟鲁与学生不和，抑或与罗惇曧不和，见于直督袁世凯复编修顾瑗函：

> 昨奉惠函，并冶秋（张百熙）尚书原书，均悉。天津大学堂经沈道擘画精详，嗣因事南行，改委丁道代理。丁道办事素称认真，此次重订章程，悉遵京师奏定之文，分清权限，本无不合。惟其任事过勇，立法太严，或有不便于学生之处，已嘱其徐事转移，不可操之过蹙，自得冶老函后，曾托严范孙编修，会同督办梁道备细查询，知教务提调罗惇曧业已回堂，丁道（丁惟鲁）亦并无意见，反对破坏之说，恐系旁人煽惑之词，未可据为典要。若一经查办，转启学生轻视总办之心，于敝处用人任事之权，不无窒碍，冶老见事最明，必能谅此苦衷，以冀徐图补救。乞转达一切是幸。[1]

从信中可以看出，袁世凯对自己提拔的丁惟鲁还是很赏识的，信中提及丁惟鲁办事认真，只是任事急躁，立法过严，信很短，但信息量很大，读者可见一斑。此处言及重订章程，很可能是沈桐刚刚修订的，抑或是还没修订完的由丁惟鲁完善的《天津大学堂新订各规则》，待考。

顾瑗，字亚蘧，河南祥符（今开封）人。晚清诗人。光绪十八年（1892）壬辰科进士，改庶吉士，授翰林院编修。顾瑗与兄长顾璜、侄子顾承曾先后入翰林院，被誉为开封顾氏"三翰林"。民国初，赵秉钧执掌内务部，顾瑗被荐为秘书。顾瑗有《西征集》二卷传世，光绪二十七年刻本。徐世昌编《晚晴簃诗汇》中，收入顾瑗诗作多首。

---

① 《督直朋僚函稿（六十二通）第二十五函》，骆宝善、刘路生主编：《袁世凯全集》（第16卷），郑州：河南大学出版社，2013年，第548页。

　　若说丁惟鲁与丁家立不和，也是因为一些办学理念上的不同认知，丁惟鲁认为丁家立随时招考学生，只试以英文等轻率做法，造成生源水平过低，或没有分科教学，再或学生注重英文不注重国文等等。这里有当年北洋大学堂学生马寅初的一些回忆，刊载于 1947 年 3 月 5 日上海《文汇报》上：

　　　　幸北洋总办（现在称校长）与教务提调（即现在之教务长）丁家立氏（美国人）意见上时有冲突，诉之于北洋大学督办袁项城（该时项城为北洋大臣兼直隶总督）。项城以丁家立创办北洋大学，成绩斐然，厥功甚伟，若因私人之间稍有意见，即解除其职务，亦非持平之道。于是想出一个使三方面（即总办、教务提调与学生）满意的办法，其法维何？即派送学生赴美留学，以丁家立为留学生监督，款由津海关道台梁敦彦氏筹措。三方面闻之皆大欢喜，而余亦随之赴美留学矣。这真是余一生之转折点。余之留学资格，并非由留学考试及格取得，亦非因余办事成绩优良而取得，乃因师长闹意见而成为幸运。[①]

　　到此，又不得不提一下丁家立的离职，丁家立的离职时间应该与丁惟鲁同时，或者稍晚一些。除去可能与丁惟鲁不和离职或许还有如下原因：

　　丁家立任职保定高等学堂总教习之时，安排以西学为主，如计算总平均分数时，中文课仅占英文课的三分之一，而保高师生向来着重国学。类此事情，引起丁与保高中国教师、学生的矛盾。历任总办对丁家立多采取敷衍态度。1906 年任总办的王景禧（翰林出身）为人倔强，凤抱排外思想，时与丁发生摩擦，常向袁世凯申诉，认为让西洋人把持中国教育实为不妥。时值"吴樾事件"，吴樾为保高第一班降至第二班学生。当时民主主义革命气势正盛，改良主义要求清廷立宪，清廷为敷衍舆论，拖延时间，而于 1905 年 8 月派载泽、绍英、端方、徐世昌、戴鸿慈五大臣出洋考察宪政。吴樾侦得五大臣行期，在东车站炸伤载泽、绍英，震动中外。当时官文书循刑名旧例，给犯人名字上加偏旁，将"越"为"樾"，故称为"吴樾事件"。案发查究，吴樾入学保人候补知县金祖祺为此获罪革职。一时保定气氛紧张。王景禧乘此向袁世凯申说，丁家立有负众望，很难平息学生情绪，不利于大局。袁亦怕酝酿出事端，遂欲将丁家立辞退，示意丁家立辞职。丁家立遂辞去北洋大学堂总教习、保定直隶高等学堂总教习、直隶全省西学督办等职，只任留美学堂监督一职。

　　相对于保定大学堂学生对于丁家立的不满，天津大学堂的学生并不认可，表明并

[①]《在今日的中国，何以学非所用，用非所学》，原载上海《文汇报》，1947 年 3 月 5 日。

未言大学堂学生有与美国教习为难之意，见 1905 年 6 月 21 日《大公报》声明：

> 天津大学堂学生来函照登：大公报记者鉴前，贵报所登告"津保两大学学生文"，益闻西报译登之，敝学堂生恐外人或有误会处，因致函益闻报谓，敝堂并无与美国教习为难之意，今日益闻西报已登此函，惟谓前系从大公报译来，应请向大公报改正之，然敝堂只能向贵报声明无此意，而不能请贵报改正，何则所谓学界中人乃普通之言非有所专指顾，特告保两学堂者，以闻学界中有人谓，应由大学生倡率此举动恐两学堂为所惑，故豫劝之耳，敝堂虽并无此意，而学界中或有人曾作此说，否则非所知若有一二人作此说，贵记者闻之而登此文以劝告，则贵记者并本有错误，何改之有，惟敝堂学生既无此意，则自可向贵报声明，并吾等所欲抵制者乃美之工党，至于其上等人，则并无丝毫嫌隙，安有与之为难之意，应请贵报将此函登载，庶不至再有误会，北洋大学堂某学生启。按本记者曾闻有人谈论颇不满于大学堂之学生，深恐大学堂学生为外间物议所摇动，而卤莽从事，故劝告之，并未言大学堂学生有与美国教习为难之意特此声明。

丁家立的确切辞职时间为 1906 年 2 月，但其真正离职北洋大学应该是在 1906 年 6 月，当年《大公报》与《申报》对丁家立的行程，也有一些详细的记录，体现在当年 6 月北洋师生曾恭送总及教习回国，并赐银爵留念。

《大公报》天津版 1906 年 2 月 19 日："大学堂总教习丁家立氏业已辞职闻袁宫保已嘱丁君挑选优等学生二十名于回国时同往美国留学云。"

《大公报》1906 年 3 月 27 日："游历纪闻：天津大学堂头班学生有三十余名，拟全班随同丁家立君赴美国游学，并有本埠学堂教员十余名亦拟随往游历。"

《大公报》1906 年 5 月 11 日："天津大学堂总教习丁家立氏将次离津，在上海会齐出洋，各学生先往日本，然后由神户放洋，共带学生四十名分往美国暴斯顿及雅鲁两大学校留学云，以上译《益闻西报》。"

《大公报》1906 年 6 月 2 日："丁监督带生出洋：据西报云天津大学堂总教习丁家立氏会齐南北洋学生四十名同往美国，盖丁君已派为中国留学生监督每月薪水银六百两，并订合同四年，凡留学美国之中国学生俱由丁君管理，闻袁宫保又与丁君订定每年当选派学生五六十名出洋游学，并着将美国学务情形随时报告，又闻丁君已经学部派其兼理英国留学生监督之职。

《大公报》1906 年 6 月 5 日："日前美领事在署设筵恭请天津大学堂总教习丁家立君，因伊率领中国学生赴美，不日起程，与筵并有英国领事。"

《大公报》1906年6月7日："恭饯总教回国：天津大学堂总教丁家立君南下返国，日昨学生全体公意，赠以银爵一对高约五六英寸许，另为文以宠其行，于昨日十点钟由总办蔡太守子赓、教务王大令少荃及全堂教员率领全堂学生百余人肃诣大礼堂，先由教务王君以英语宣表全堂学生敬意，继由班长郭君文瀚捧读诵辞抑扬尽致，并赞导同学行三拱礼毕，丁君乃以英语表谢忱，并深勉同学，以惟学乃真能爱国之理，约一小时，全体百余人肃立无哗，彬彬有礼，爱情浓挚颇极一时之盛，兹丁君拟今日七钟附轮南下，到时全堂学生再赴码头走送云，并序文登录报端以见吾国之爱情不薄耳。"

《申报》1906年6月13日："美人丁嘉立带领学生赴美：天津西报云天津北洋大学堂总习美人丁嘉立君于西六月七号，由天津带同中国学生四十人起程取道上海赴美，尚有学生二十人在沪会齐同往游学。"

丁惟鲁与丁家立辞职的同时，袁世凯对北洋大学管理者又有了新的任命，在1906月2月，将监督罗惇曧派往北洋客籍学堂任学堂监督，与时任北洋客籍学堂监督的蔡儒楷对调，蔡儒楷任北洋大学新学堂监督。蔡儒楷当年受袁世凯指派成立北洋客籍学堂，建校目的在于集中官吏子弟，授以中等程度教育。校址在河北督署西（今天津美术学院址）。首任监督即为蔡儒楷。袁世凯同时又命王邵廉任英文总教习，结束了外人任总教习的时代，后改称教务提调。

天津北洋大学堂自创办就遴选"深通西学体用之员"的丁家立总理校务。丁家立自筹建直到实施，一直认真负责贯彻"西学体用"。王劭廉继任后继续贯彻"西学体用"的原则。由此可见，丁家立、王劭廉在学堂初创时期，历经艰难，苦心经营，使学校得以发展，蒸蒸日上，为全国学子所向往。

北洋大学堂继任总办蔡儒楷（1869—1923），字志赓，南昌县人。父亲蔡垣，性豪迈，清咸丰、同治年间，捐数十万金，以解决当地军饷短缺之急。蔡儒楷幼承庭训，博通经史，豁达有父风。同治八年（1869）考为举人。援例以知府用，发直隶（今河北省）佐理教育行政。曾任北洋客籍学堂监督，后任北洋大学堂监督（总理全校事务）、国立北洋大学校长。宣统三年（1911），任直隶提学使。1913年，任直隶教育司司长。其兴学之法，首重择师，而择师又首重德行。由此，师道立而学风盛。同年2月，任教育部总长。1914年5月，任山东巡按使，在任力图推行德政，为各县学校增筹经费，奖励捐资兴学，士绅多起而响应。1915年12月，被袁世凯封为一等男。后因政局纷扰，1916年去职。1921年出任江西南浔铁路总经理。两年后在天津去世。

当年的新闻真实记录了罗惇曧与蔡儒楷对调的以及王邵廉任英文总教习的具体情

形，附录如下：

《大公报》1905 年 5 月 4 日："设客籍学堂：袁宫保拟在津郡建立客籍学堂，讲授科学凡有本省官幕子弟年在十岁以上二十岁以下，身体结实、资质聪颖、口齿清利、文理通顺者，必须开具三代姓名、年籍送交天津县署汇齐注册，呈覆宫保定期考试以便送学，昨奉袁宫保面谕天津府县转行周知官幕一体遵办云。"

《大公报》1905 年 10 月 3 日："客籍学堂落成：督院西之客籍学堂刻已落成，专课外省侨居之学子，以蔡志赓太守总理其事，额定六十名，而报各者已有数百人之多，其汉文教习聘定孙吏部师郑已奉袁宫保札饬矣，开学之期当不远云。"

《大公报》1905 年 10 月 4 日："直隶天津客籍学堂监督蔡（蔡儒楷）：为晓谕事照得案督宪饬于天津地面设立客籍学堂，业经投考，诸生先后在天津县署报名注册汇齐，呈请督宪查核奉批，报名诸生均应注明该生父兄，现系何官等，因蒙此合示谕为此示仰，曾经在天津县署报名诸生一体知悉，务于九月初六日、初七日、初八日三日内，亲至客籍学堂将护生父兄现在直省系属何官补行声明，以便汇呈督宪查核，即于本月初十日在李公祠考试，投考诸生于是日早八点钟齐集听候点名给卷局试，切勿迟误，切切特谕。"

《大公报》1906 月 2 月 26 日："改派监督：大学堂提调罗君掞东现派为客籍学堂监督。"

《大公报》1906 年 6 月 21 日："纪天津大学堂：天津大学堂既经新监督（蔡儒楷）整顿一切焕然改观，本年三月中又经聘定最有名誉之王少泉邵廉氏充英文总教之职，师生一堂雍雍和洽，功课亦十分认真，且诸生锐意求学俱有服从文明法律之诚心，而向日浮嚣习气扫除净尽，并闻王总教与新监督水乳交融、相助为理，故有此等效果尤望该学监督等和衷共济、始终如一、不辞劳瘁，则造福于诸生者大矣。"

八、离职条陈改良北洋

丁惟鲁仅在北洋大学堂任职一年，1906 年元月因种种原因辞职，虽然时间很短，但其对学校各个方面从管理、教学，以及学生学习情况有了全面的了解，因其多年从事高等教育工作，再加上曾游历日本，对新式高等教育有所一定的认识，临辞时心有不甘，饱含责任之心向直督袁世凯提出自己改良大学堂的八项见解：

一、课程宜加整顿，即：按奏定章程有关规定增设其预备科的课程；针对学生根底不深的情况，应用中文补习中学普通课程；部分专门课程如大清律例、商律、中国矿务章程、中国铁路章程及图考等改用中文教授。并要求会同总教习丁家立详加斟酌，务使与大学之课程及今日各班之程度轻重适宜，课程渐臻完备。

二、教员宜分科担任也。该堂国文教员人任一班，所授地理、历史等科多属敷衍，其余如博物、卫生等科皆置而不讲，教员宜分科担任，人任一科或二科目，按堂轮流教授，考验何科即由该科教员拟题阅卷。

三、高等、中等教科书宜检定以资补习。教科用书尚无定本，教员编写讲义，程度不一，须由省学务处按章选定教科书，以资遵守。

四、中外各员宜定权限也。该堂各员权限未曾划清，于堂中职务不免有误争误让之举。

五、南北学额宜分定名数。应以直隶为主，北洋各省为辅，而南洋各省附之。拟请明定限制，以学生若干名为该堂定额，直隶占数几何，北洋几何，余省几何，著为定章。

六、学生国文宜请严加甄别。学生应以中国文字为根底，以外国文字为辅助，克服畸轻畸重之弊。

七、考收学生宜遵伤停止，总教习丁家立随时招考学生，只试以英文等轻率做法，北洋大学堂嗣后缺额应由高等学堂学生选升，不得别行招考。欲行自费附学之法亦应呈请批准，饬由学务处会同本堂监督考验及格，方可收入该堂。

八、译学班学生程度多未及格，宜展毕业期限改为五年毕业。①

丁惟鲁的这些条陈对北洋大学初期的管理、教学是非常重要的，尤其提出教员分科担任，是对高等教育实行班级授课形式的重要补充。袁世凯对所禀非常重视并分条加以批示。当年《北洋官报》与丁惟鲁任总监的《教育杂志》一并刊出了《代理北洋大学堂监督丁条陈改良北洋大学堂事宜禀》一文。丁惟鲁条陈八条学堂"亟宜整顿之事"：

一、课程宜加整顿以便毕业考验也。查该堂学级向有头等、二等之分，头等分习法律学、矿学、工程学机器学，为专门科；二等习英国语言文字、算术、化学等为预备科……伏查奏定章程内载，教务提调于课程各事必须与监督商办。拟请饬由监督会同总教习丁家立详加斟酌，何者用英文教授，何者用中文教授，何

---

① 《北洋官报》光绪三十二年（1906）丙午正月十五日至十七日（第910—912期），均是第2页。同文亦刊登于《教育杂志》（天津）1906年第四期，第1—5页。

课程拟于何钟点，何科学任于何教员，拟订总表及分表，务使与大学之课程及今日各班之程度轻重适宜。一俟拟就，即呈由学务处核定遵行，则课程渐臻完备，将来学生毕业考验不致有不及格之虞矣。

一、教员宜分科担任也。查现在该堂国文教员人任一班，均非分科教授……拟请饬下该堂，嗣后中文教员均由学务处遴选曾在外国专门毕业之留学生派充，人任一科或二科目，按堂轮流教授，考验何科即由该科教员拟题阅卷，庶各班分数不致高下不公矣。

一、高等、中等教科书宜检定以资补习也。……《学务纲要》内载，选外国教科书无流弊者暂应急用，又载采用各学堂讲义及私家所纂教科书必呈由学务大臣鉴定等语，盖视学堂之程度以为教科书之浅深，又视学堂之年限以定教科书之多寡，非但小学用书之必宜审慎也，今大学堂学生既须补习高等、中等之功课，势需用高等中等之图书，拟请饬由学务处按章酌宜选定，俾资遵守而杜纷歧，虽为大学补习之科，仍求完备整齐之法，后虽学堂别有善本或教员认明宗旨自编讲义，仍可随时呈由学务处核定遵办。《学务纲要》谓章程内指出各书不过示以准绳，俾办学堂者有可下手，亦此意也。

一、中外各员宜定权限也。……拟请饬定该堂人员权限规则，俾资遵守而专责成。至定外国教员权限，前蒙札行学务处核议在案，拟请饬下学务处，将合同程式条例一并拟定，呈准遵行。庶凡学堂聘用外国教员者知所取从而无流弊矣。

一、南北学额宜分定名数也。学堂之设与科举本自不同，原不必显分省界，惟学堂经费皆筹自本省，似不宜喧宾夺主，漫无限制。该堂从前学生一百余人，直隶不过十分之一，本年秋间将省城高等学堂学生调入，而直隶名数始较增多，然一百九十四名中只有北洋八十九名，仍不过十分之四，似未平允。查江南学堂，若高等、若实业，取定学生名额皆限定省分，他省之人只可入资附学，其额数不得溢于原省，可见公理所在，人心皆同。该堂向无土著客籍之分，近以外籍人数较多，本省人士颇有异议，窃谓就该堂北洋名称而论，应以直隶为主，北洋各省为辅，而南洋各省附之。拟请明定限制，以学生若干名为该堂定额，直隶占数几何，北洋几何，余省几何，著为定章。如此则名实相符，庶不贻本籍学生之口实矣。

一、学生国文宜请严加甄别也。大学阶级较高于中小学堂数倍，今日之学生即皆异日服官临民之人，若仅通西文不通国文，译员尚不胜任，授之以政，其何能达？……拟请官保传集该堂学生面试，国文及格者准留原班肄业，否则斥退出堂，降为中小各学之学生，以国文字为根底，以外国文字为辅助，庶无畸轻畸重之弊矣。

一、考收学生宜遵饬停止也。……拟请明定限制，凡来投考者，无论籍隶何省，必须先将高等学堂毕业凭照呈送监督核验，或由该生本省高等学堂咨送，方准收考，否则一概不收，以期仰符宪示，庶录取多能合格矣。

一、译学班学生程度多未及格，宜展毕业期限也。……拟请仿照省城师范学堂东文专修科之例，照章定为五年毕业，按照方言学堂章程给予出身。每班以五十名为定额。于本届年终饬由学务处会同本堂监督按名考验酌定去留。其不愿久学者，听其出堂自行营业。如不足额，查照译学馆附学章程招考自费生附学。年限既长，学生即得加以研究，其优者精益求精，其逊者亦可免于舛误，庶造就日深而无含糊敷衍之弊矣。

据其条陈，袁世凯后批示：

"拟订旧日课程表，该监督会同丁总教习详加斟酌。

一、嗣后中文教员均由学务处遴选专门毕业生派充，使分科担任。

一、批高等、中等教科书，学务处按章选定，皆为整顿课程慎选教员起见，应准照办，候行学务处查照。

一、请纺定该堂员权限规则。查奏定章程教员管理员章及管理通则俱已详载，应由该监督照章切实声明。至由学务处拟定外国教员合同程式条例，此时各教员合同未满，应从缓议。

一、请定南北学额名数，应自明年为始，照山东章程各籍名数办理，其（光绪）三十一年以前到堂者，姑仍其旧。

一、请甄别学生国文，应由该监督随时按分黜降，毋庸另试。

一、考收学生遵饬停止，已另批饬遵。

一、请考验译学班酌定去留，查该班学生程度太底（低），应于明年毕业后但给修业文凭，听其自谋生业。[①]

① 《代理北洋大学堂监督丁条陈改良北洋大学堂事宜禀并批》，《教育杂志》1913年第四期，第1—5页。原文亦刊于《北洋官报》光绪三十二年（1906）丙午正月十五日至十七日，第910—912册。

九、日本留学监督

丁惟鲁离职后被袁世凯任命为驻日留学生监督，掌管所辖区域的日常留学事务，此间有一些不愉快的事情发生，留学生孔继儒、宋鸿儒因某种原因被丁监督惟鲁革退，遂大起冲突，所有山东留学各生公电莲帅杨士骧，以丁监督设计倾陷诬革学生为由，恳请袁世凯裁撤，后袁世凯将所有留学生监督一律裁撤，山东留学生监督丁君惟鲁也卸职回国。由于年代久远，孰是孰非，也无法考证。见当年《大公报》：

《大公报》1906 年 2 月 22 日："监督游学：候补道丁观察惟鲁，现奉袁宫保札委游历日本之监督前已上院谢委矣。"

《大公报》1906 年 3 月 22 日："二月二十六日，兵部太仆寺厢白旗值日外务部引见四名，兵部三十一名，刑部十五名都察院二名，正蓝满二十名，道府丁惟鲁等谢恩。"

《大公报》1906 年 12 月 8 日："留学风潮：日本留学官费生孔继儒、宋鸿儒因被丁监督惟鲁革退，遂大起冲突，所有山东留学各生公电莲帅，以丁监督设计倾陷诬革学生，公恳另派贤员接充监督，两次电禀，有抵死不认丁监督之语，尚未悉抚帅作何调停。"

《大公报》1906 年 12 月 16 日："留学生不公认监督：日照县丁惟鲁太史在日本充山东留学生监督，学生素多不服，前有学习警察之官费生宋鸿儒、学习商业之官费生孔继儒被丁监督革除官费勒令回国，山东全体留学生以丁监督设计倾陷诬革学生，两次电禀抚帅，不公认丁君为监督，请另委贤员接充，未识将来如何结果也。"

《大公报》1907 年 1 月 25 日："裁撤监督：所有留学生之监督现奉部文一律裁撤，既省经费又免多生枝节也，山东留学生之监督丁君惟鲁氏业经交卸。"

丁惟鲁任驻日留学生监督期间，袁世凯曾修书丁惟鲁，言及接日留学生邢之襄函，关于地方自治事宜，叮嘱丁惟鲁，告知邢生勉其发愤读书，以便回国报效朝廷。见袁世凯致驻日留学监督丁惟鲁函：

> 昨据直隶同乡会邢生之襄等函禀，以直隶举行地方自治，仅从天津办起，意有未慊，请推行全省。等情。具见诸生殷殷桑梓之怀，惟于当局苦心未能相谅。鄙人所以由津试办者，非厚于此而薄于彼也。盖地方自治，须割官权之一小部分以付诸绅，而官则性喜专断，催侵其固有之权；绅则迹近要求，易借为抵抗之

径。其原因则皆由素无学识，假公济私，官绅程度维均，无庸偏讳。若全省同时举办，设有冲突，全局俱隳。惟择一二处，慎选良吏贤绅，厚集其力，以为模范，期以三年，或可普及。此正为爱惜良法，非有所缓急先后于其间。该生等望治之切，固所愿闻，而禀函又不便批示。请傅知直隶同乡会共喻此意，嘱其发愤为学，以备回归任事之选，并使父老子弟共知之。①

十、宪政研究所及路政学堂学堂监督

丁惟鲁从日本卸职归国后又在宪政研究所任会办。见当年新闻：

《大公报》1907年10月17日："各员奉委：杨莲帅（杨士骧）札委，候补道林观察志道为水利局会办，又委候补道丁观察惟鲁、逢观察承恩会办研究所事宜。"

丁惟鲁所任职之宪政研究所为袁世凯等为预备立宪而设，1908年1月6日，新年伊始，严修曾致信丁奎野，以为本年之大事，应以立宪为首，他在信中谈道：

> 立宪预备，为目前刻不容缓之事，慈圣尤为注意。前月弟随荣相入对，开首便问，今当宪政预备之时，尔部如何筹备？慈意孜孜求治，即此可知，外间或疑朝廷意向未坚，误之甚也。②

"慈圣"，即慈禧太后，老太太一重视，严修便信以为真督促丁惟鲁为立宪早做准备。

1908本年，津浦铁路开办路政学堂，丁惟鲁任学堂监督。学堂设国文、测绘、工程、机器、行车、电务、账目、种植、语言文字9个学科，聘中外教师授课。由于办学条件不够完备，经路局呈邮传部批准，于1909年9月并入在北京刚成立的邮传部铁路传习所。③

十一、民国后任职经历

丁惟鲁在中华民国成立后拥戴共和，1912年12月6日，受临时大总统任命为山东济南府知事，任七省联合会代表。1913年1月28日，丁惟鲁任山东济西观察使，

---

① 骆宝善、刘路生主编：《袁世凯全集》第16卷，郑州：河南大学出版社，2013年，第550页。

② 李冬君：《中国私学百年祭严修新私学与中国近代政治文化系年》，天津：南开大学出版社，2004年，第150页。

③ 许守祜编：《中国铁路教育志稿（1868—2010）》，成都：西南交通大学出版社，2013年，第553页。

在济西剿匪广受赞誉。1914 年任山东东临道道尹。1915 年因反对帝制，被选为国民代表；1916 年任总统府政治局咨议，1917 年任山东同乡会会长，并任山东中学校长。时张勋复辟，丁惟鲁极力反对，1917 年冬，日本在山东设立民政署，引起民愤，1918年 5 月，他和潘复、夏继泉、王朝俊等五人联袂晋谒冯国璋总统申明利害。又鲁匪肆虐，恳请派员限期肃清。作为山东同乡会代表丁惟鲁又同韩联基、徐绍聘面见段祺瑞总理，继续恳请速官军剿匪，以解百姓之困苦。1918 年 6 月获选山东参议院候补议员。1919 年 5 月 1 日，丁惟鲁与两院议员王讷等因青岛问题赴国务院谒见钱（能训）总理。陈述山东民气激昂万分，期望政府早早收回青岛。1920 年 9 月，山东灾区救济会成立，丁惟鲁主持会议同其他同乡为家乡筹款赈灾。同年辞去京师私立山东中学校长职务回到家乡归隐。

丁惟鲁在此间的一些任职经历，详见如下新闻：

《大公报》1912 年 3 月 15 日："山东力拒张广建之通电：南京总统府参议院、各首都督府暨各省临时议会、各报馆，公鉴前清山东巡抚张广建隔认共和，阴行专制、暴戾恣睢、日以捕拿政党为事、煽兵殃民、十室九扰，鲁省士绅不堪其虐相率来烟组织临时议会，现已完全成立，正式公举胡君为山东都督，由议会特派代表范君之杰、丁君惟鲁、安君举贤、丁君惟沛、暨议员周君树标、王君志勋、赴京面谒袁大总统要求罢斥张广建，饬胡都督赴济履新，誓以死力相争，不达目的不止，特此通告。山东临时议会周庆恩等全体议员公叩。"

《大公报》1912 年 12 月 6 日载："临时大总统令：任命丁惟鲁为山东济南府知事，宋绍唐为山东东昌府知事，丁镗为山东曹州府知事，王鸿陆为山东沂州府知事此令。"

《大公报》1913 年 1 月 28 日载："临时大总统令：任命夏继泰为山东岱北观察使，汪声玲为山东岱南观察使，丁惟鲁为山东济西观察使，吴永为山东胶东观察使，此令。"

《大公报》1914 年 6 月 10 日载："大总统令：奉天辽沈道道尹王树翰、山东东临道道尹丁惟鲁、河南河北道道尹胡远灿，均着开缺另候任用此令。"

《申报》1916 年 8 月 26 日载："本报讯：总统府政治咨议丁惟鲁，国务院秘书厅帮办张志潭均衔密命来宁，晋谒军、民两长晤谈甚久，昨已公毕回京。"

《申报》1916 年 8 月 27 日载："本报讯：总统府政治咨议丁惟鲁来宁公干昨日已乘车回京。"

《申报》1917年7月5日载："鲁闻撷要：前济西观察使丁惟鲁，前绥远都统署秘书长王景禧等仆仆于济南道中，希望取得代表一席，丁惟鲁并携有靳云鹏与梁启超之使命，惟闻张怀芝意见极不以诸人为然，昨与政务厅长谈及此事，谓以上诸人均难胜任。"

《申报》1917年12月14日载："旅京鲁人近有山东学会之组织：九日下午一点假山左会馆开成立大会，并欢迎鲁省各代表各校学员到者三百余人。临时主席孙君进初报告开会，大意致欢迎代表词，先由省议会代表朱紫垣君致答词，并报告日来进行手续，次由公民联合会代表王默轩君报告日人设立民政署之经过及鲁省民气之激励，其详情已有传单不及备载……次由旅京全体同乡代表丁君惟鲁演说，谓此次抗日铤而走险急不能择的办法至持久的办法，非由各地团结人心，和衷共济不可，日人能攫土不能攫吾人心云云。"

《申报》1919年5月1日载："国内要闻，山东青岛问题之急迫：昨日山东来京代表房金锜、刘志和及绅商学界代表丁惟鲁、孙学仕、孙毓址、王桂芳，并两院议员王讷等因青岛问题赴国务院谒见钱（能训）总理。当由王讷、房金锜、丁惟鲁等先后陈述山东民气激昂万分，政府办理情形究至如何程度，钱总理言政府对于此问题极为重视，从前经过事实想均有所闻无须再述，近英法美意四国会议结果，青岛地方交五国暂为接收。当时日代表颇持异议，因各国主张甚坚，遂即决定。政府现又电欧洲和会，声明青岛交五国暂收中国可不反对，惟将来须由五国直接交还中国，不能再由日本附带条件交还，并请在京各公使电致本国政府，大约可办到直接交还地步。美总统对于此举尤为赞助，日前沈省长电陈山东开会情形，已由政府据以转达巴黎和会，藉以表示民意，希转告山东各团体为要。房金锜、刘志和等又言，山东前次开会气象正大，人人主张向德国索还青岛，绝无排日论调，亦无别项举动，此种民气实堪为政府外交后盾。钱总理云如此甚好，各代表遂云巴黎覆电后，务请政府即日宣布以安人心。钱总理允即照办，各代表遂辞出。"

《京师学务局教育行政月刊》，1920年局令："指令（八月二十二日）：令京师私立山东中学校：呈一件为校长丁惟鲁辞职改聘刘昂充任校长附送名章乞鉴核备案由"。[1]

---

[1] 《京师学务局教育行政月刊》，1920年第1卷第4期，第42页。

十二、归隐

丁惟鲁为官力主廉洁爱民，前半生数次连任重要官职，皆是两袖清风。1920年底，先生退出政界回归故乡涛雒，闭门读书写字，不涉政治，偶有达官贵人来访，他亦不接见。日本侵华期间，先生居住青岛，依靠儿女供奉维持清苦生活。青岛市伪市长赵琪曾派汽车接请，他不去，又亲访，他亦托病不见。先生就是这样拒绝其种种引诱和贿赠。1949年青岛解放后，中共青岛市委认为先生早年主张维新变法，具有政治远见；晚年在蒋政权和日伪政权统治下，又敢于蔑视、敢于拒绝引诱，因而给予好评和赞扬。丁惟鲁卒于1954年12月15日（夏历十一月二十一日），遗体安葬于青岛第五公墓，寿享八十三岁。青岛市委派时任第一副市长张公制代表党政亲往吊唁，并资助殡葬费。这也充分体现了党和政府对先生一生为人的敬重和对其眷属的关怀。[①]

十三、丁惟鲁的著作

丁惟鲁一生博览群书，学识渊博，著作有《老子道德经笺释》《日本学制纂要》《新式万国地理》《医学管窥录》《撲野诗集》等。其著作大多未出版，只能在一些书中找到一些介绍。现存青岛图书馆的《丁惟鲁遗著》稿本，在《中国古代著名丛书提要》里较为简略的介绍：

> 《南华真经》三十三篇，据清黎庶昌《古逸丛书》复宋本抄录，工笔小楷，字体雅洁，实为艺术精品。末附《庄子内篇》题词七首，对《庄子》内篇的旨意有所揭示。《庄子音义摘录》不分卷，唐陆德明《经典释文》中有《庄子音义》三卷，对《庄子》原文和郭象注均为之注音释义。而此书专抄经文音义，释郭注者概置不录。若陆德明无音义而需加注释者，则采择郭注、成玄英疏或其他诸家注为之补注，并时加己意，实际是《庄子》的汇注本，只是不附经文而已。《道德经笺释》二卷，分《道德经》上卷为六段、下卷为四段，分段注释解税，较为详备。与一般分《道德经》为八十一章者不同。《雪泥留痕》一卷，诗文集，《戊戌即事三十韵》，是组诗，共三十首绝句，详细地记录了1922年直奉战争的历史事实。对吴佩孚、曹锟、段祺瑞、张作霖、张宗昌的钩心斗角有较多的揭露，

---

① 秦贯如、丁作民：《涛雒镇的晚清翰林丁惟鲁》，日照市政协文史资料办公室编：《日照文史》，1985年第1辑，第138页。

对张作霖、张学良父子尤多贬词。《蛰窟吟》一卷，诗集，其中《打场》《刈豆》《打豆》《种麦》《地瓜干》《晒地瓜干》诸诗，以生动形象的语言描述了山东农村生产的真实面貌。①

丁惟鲁所著的《新式万国地理》，恩师吴汝纶曾为其作序，见《吴汝纶全集》，其中《丁维屏编修所辑万国地理序》一则：

> 丁君译此书，文甚简直明赡，于学术研习为善本，使初学之士粗知国于五洲者若是之多，亦稍戢其虚骄之见，而于天演家所谓"物竞天择"二义，或者其有惕于中，是亦进化之一助也。

> 盛衰存亡，何常之有！综数十年百年观之，往往有小弱易而强大者。今之列强，其锋殆不可犯，数十百年之后，又安知今之仅仅立者，不起而与目前所谓强国更盛代兴，而莫测荆凡之孰存亡也？独并世者不及待耳，呜乎！②

显然，丁维屏即丁惟鲁，可能是吴汝纶笔误，也可能是记错了名字。

《近代中国老庄学》记述了丁惟鲁的《道德经笺释》二卷，丁氏认为《道德经》是老子道学之书，而道不可道，那么道究如何道之？只能就天道人道之能长久与不长久者分而道之。长久者是谓道，不长久者是谓不道，如是道道，道就可以道了。而天道人道之能长久者来自自然，自然而后能长久。这是丁氏对老子思想的独特理解。丁氏强调老子著书时只分上下篇，并未分章，这在《史记》中已有明确记载，后人强为分拆，有五十五、六十四、六十八、七十二、八十一章的分法，丁氏用八十一章分法，但改名为"节"，而不称章，只是作为标识而便检阅。他认为《老子》全书上篇分为六段，下篇分为四段，合共十段。按段研究，脉络清晰，逐段接续读去，又是一气呵成。上篇分为六段，称为经纲、道始、无身、治民、用兵、守朴。下篇分四段：为道、修德、愚民、天道。

《老子》原文各本不同，丁氏依徐大椿注本为准。他分析全书的上篇重治术，下篇重哲理，根本思想是为日损之道，修袭常之德，楷式古之愚民政策，此即治国取天下之道。他认为老子所以作此书，是因为周室东迁，诸侯纵恣，视人命若草芥，以战争为儿戏，老子目击心伤，宗古治术，阐明道德，提倡无为，力戒刚强有为，冀弭杀祸，以挽狂澜。所以说《道德经》是道道之书，也是救世之书。这些说法，都能如实

① 潘树广、黄镇伟、涂小马主编：《中国古代著名丛书提要》（下），桂林：广西师范大学出版社，2015年，第1056页。

② ［清］吴汝纶：《吴汝纶全集》（第1册），合肥：黄山书社，2002年，第196页。

反映《老子》书的思想本来宗旨，不像后人只就一个角度来讲《老子》那样片面，故值得重视。版本有严灵峰《无求备斋老子集成续编》本等。①

　　斯人已去，雪泥留痕，笔者努力从故纸文字中寻觅丁惟鲁一生留在历史长河里的一些印记，丁惟鲁著有《雪泥留痕》一卷，惜无缘拜读，期待更多的资料出现，也期待更多的学者关注北洋大学，挖掘出更多的史料来纪念这些留史丹青的先贤。

---

① 　刘固盛、刘韶军、肖海燕：《近代中国老庄学》，福州：福建人民出版社，2014 年，第 52 页。

两度执掌北洋大学的蔡儒楷

曲振明[*]

在北洋大学的历届校长中，蔡儒楷两度执掌北洋大学，清末任北洋大学堂监督，民初任国立北洋大学校长，经历了由北洋大学堂到国立北洋大学的转变。离开北洋大学后，署理北洋政府教育总长、山东按察使，登上了仕途的巅峰。蔡儒楷生平事迹鲜有人系统梳理，而史料较多且细碎，笔者撰写该文时，为贯穿其在北洋大学和从事教育事业的主线，舍弃了一些内容，现将有关事迹整理如下：

一、由举人到直隶学官

蔡儒楷字志赓，江西南昌县三江口（今三江镇南街蔡家村）人，生于清同治六年（1867）。蔡家祖籍浙江新昌，后迁居江西南昌。始祖蔡用之为宋朝天禧年进士，曾为宋真宗献万言书，御赐"江南夫子"之号，此后蔡家累世科名不断。父亲蔡垣为道员衔候选知府，十分重视子弟教育。兄弟八人，蔡儒楷排行居七。胞兄如椿、如莲、如苏、如景、儒贵、如梓，胞弟如璋皆科举入仕。其为优廪贡生，三十岁获清光绪丁酉科（1897）乡试举人，[①] 在兄弟中最为显赫。蔡儒楷到天津，有云"早年曾入北洋大学学习"[②]，经核对史料，未见北洋大学记载。实际上是中举后，经过"大挑"到直隶任官。按清代科举规定，三科以上会试不中的举人，挑取其中一等的以

* 曲振明，现为天津民间文学研究会秘书长、天津口述史研究会理事、天津大学北洋大学与近代中国专项研究员，主要从事天津地方史及地方文化研究。

① 江召棠：《南昌县志·卷二十二》，1935年。

② 李盛平编：《中国近现代人名大辞典》，北京：中国国际广播出版社，1989年，第718页。闻黎明编：《北洋军阀·北洋军阀时期军政人物简志》，武汉：武汉出版社1990年，第545页。

知县用，二等的以教职用，俗称"大挑"。沃丘仲子《当代名人小传》云："儒楷并傅增湘皆以通达学务，受知严修。修因荐于世凯焉。赣人初以知府需次直隶，充学务处提调，年方三十也，颇负才气，工结纳。"①说明蔡儒楷大挑后分发直隶，受知于严修，并由严修推荐给北洋大臣兼直隶总督袁世凯，这一点，在其仕途中有所体现。

光绪二十八年（1902）四月，袁世凯奏定在保定成立直隶学校司，由前湖南按察司胡景桂任督办。光绪三十年（1904），胡派任陕西按察使。同年，严修继任直隶学校司督办。在当时学校司及其附属机构人员列表中，蔡儒楷任直隶农务学堂会办，官职为候补知府，这是到直隶后的最初官衔。②

直隶农务学堂创办于光绪二十八年（1902），地址在保定西关灵雨寺霍家大院。首任总办由直隶农务局总办黄璟兼任，提调为李兆兰。后因黄璟在天津小站管理营田并筹建北洋烟草公司，李兆兰继任总办，蔡儒楷为会办。由于李兆兰还任直隶农务局总办，学堂日常管理实际由蔡儒楷负责。学堂分速成、预备两科，速成学习一年毕业，预备科学习五年毕业。两科均开设农业、蚕桑专业课，教习多经过日本留学，还聘任一些日本学者。光绪三十年（1904）直隶农务学堂改为直隶高等农业学堂，是我国最早的高等农业学堂。

光绪三十一年（1905），直隶学务处在天津河北天纬路成立北洋客籍学堂，蔡儒楷为首任监督。北洋客籍学堂是一所中学堂，学生多为外省旅津的官宦子弟，如袁世凯的二子袁克文、侄子袁克暄、南社诗人林庚白都在此上学。首批录取学生有袁克文、袁克暄、朱宾坚等三十名。③近代著名学者罗惇曧、方地山、张相文等都在此教书。时大公报馆主英敛之为吕碧城筹办北洋女子公学事奔走，与蔡儒楷相识。当时蔡在河北天纬路上班，家住西开，学堂事务比较清闲，经常光顾法租界大公报馆。

方豪编录《英敛之先生日记遗稿》中记载，蔡儒楷曾有开办瓷器公司的打算，还让英敛之帮助江西同乡邬竹斋运送瓷器。英敛之夫人淑仲与蔡儒楷如夫人谈得来，两家过从甚密，后来蔡儒楷的女儿蔡葆真与英敛之的公子英千里结合，又成为儿女亲家。

①　沃丘仲子：《当代名人小传·官僚》，中原书局 1920 年版，第 90 页。

②　严修自定，高凌雯补，严仁曾增编：《严修年谱》，齐鲁书社 1990 年版，第 153 页。

③　《津报·客籍学堂蔡牌示》，1905 年 10 月 13 日。

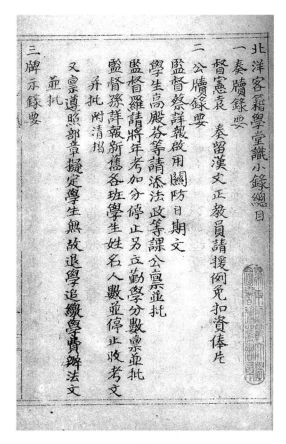

图 1　孙雄《北洋客籍学堂识小录》[光绪三十二年（1906）油印本，国家图书馆藏]

光绪三十二年（1906）正月，蔡儒楷调任北洋大学堂监督。三月移家至西沽武库北洋大学堂，英敛之夫妇携英千里专程拜访。那天下雨"出郊后颇爽畅，至蔡新寓，同蔡及桂东园（监学官兼教习桂植）冒雨看花园，近五点归。"四月十三日，又"与张少秋同赴大学堂蔡志赓家，罗拔东（惇曧）、桂东园同周览学堂、体操场。运动少时，近五点归"[①] 从文字上看，英敛之十分羡慕蔡儒楷居住环境以及大学堂的设施。

蔡儒楷通过英敛之与严复结识。光绪三十二年（1906）八月二十二日，刚辞职安庆高等学堂监督的严复自沪来津，英敛之电话召蔡儒楷与吕碧城相见。严复很高兴与蔡、吕两位教育同仁相识，当场为他们"写条幅各一"[②]。后来，蔡儒楷与严复成为朋友，光绪三十四年（1908）八月初四，直隶提学使卢靖在津请客，严复、蔡儒楷、王

① 方豪编录：《英敛之先生日记遗稿》，沈云龙主编《近代中国史料丛刊续编》（第三辑），台北：文海出版社，1974 年，第 1029、1033 页。

② 同上书，第 1075 页。

劭廉一起聚餐。同年九月，严复应邀到北洋客籍学堂演说，卢靖与蔡儒楷陪同到场。[①]

二、北洋大学堂监督

蔡儒楷在北洋大学堂的前任丁惟鲁，曾为直隶学校司参议，上任之际，身染重病。丁氏身体恢复后，向袁世凯提出辞呈，为此又委任蔡儒楷为北洋大学堂监督。

北洋大学堂设立督办与总办之职，督办为名义校长，由津海关道兼任。总办管理全校事务，一般由道员担任。丁惟鲁由代理总办改为监督，蔡儒楷相应也为监督。时蔡儒楷为候补知府衔，担任此职可谓重用。

蔡儒楷

图 2　蔡儒楷（引自北洋大学—天津大学校史编辑室：《北洋大学—天津大学校史（第一卷）1895 年 1 月—1949 年 1 月》，天津：天津大学出版社，1990 年版）

蔡儒楷通达学务，上任伊始，对北洋大学堂校务管理进行了改革，制定了《北洋大学堂管理规则》。按照旧制，监督（总办）下设会办，最初由段守兰担任，任职半年后，会办改帮办，由李景濂继任。按照旧制，总办之外，总教习权力很大。这次改革，将总教习改为教务提调，由王劭廉担任；斋官改为斋务提调，由徐源德担任；又设庶务提调，由潘文藻担任。从此，北洋大学堂校务工作进入"三提调"时期。"三提调"的设置使旧制总办、总教习的权力得到分散，并由原来的总办管行政、总教习

---

① 王栻主编：《严复集》，中华书局 1986 年版，第 1439、1483 页。

管教务变成监督一人统管的局面。蔡儒楷任职期间，举贤任能。其初到北洋大学堂，任江西同乡徐德林为正会计官，任原客籍学堂国文教员罗惇曧为国文教习，任直隶学务处日本顾问渡边龙圣为教育学教员。其中罗惇曧字掞东，号瘿公，是近代名士。喜欢历史，曾著《庚子国变记》《拳匪余闻》《京师大学堂成立记》《中法·中日兵事本末》等。精通京剧，提携名伶程砚秋，为其量身撰写十二出剧本。还精通诗文，被钱基博赞为"气体骏快，得东坡之具体"。[①] 渡边龙圣任直隶学务处顾问前曾任东京音乐学校校长，对新式教育颇具研究。

蔡儒楷掌校期间，还对北洋大学堂学科进行了改革。根据直隶省普及教育办学堂，师资匮乏的状况。光绪三十二年（1906）七月一日，为培养中学师资起见，蔡儒楷禀准在北洋大学堂附设一年速成的师范科，从保定高等学堂和北京五城中学堂拨来的学生中，择其年龄稍长、国文较优、西学程度较高者肄业。第一期毕业生25人，第二期毕业生36人。光绪三十四年（1908），重新厘定大学堂课程，将高等普通科目作为预科课程，专门课程亦另编配，呈准学部立案，仍分法律、土木工及采矿冶金三学科。

争取办学经费是校长的重要职责，北洋大学堂经费起初从津海关拨发，光绪三十一年（1905）办学经费为48 000两。光绪三十四年（1908）夏季，"因扩充专门按分科大学办法办理，本校监督蔡详请直隶总督杨士骧咨准学部，以直隶每年应行解部之款，就近拨付，计每年藩署足银一万两，学务公所（学务处改称）库足银五千两，海防支应局京平银五千两，盐运署库足银四万二千两，共六万二千两，称为扩充经费。实行之初，有按年拨发者，有按半年拨发者。至宣统元年（1909）十月，遂改为学务公所支应局按季，其余按月。"[②] 这次办学经费的扩充，使北洋大学堂的发展有了资金保障。但晚清时代，直隶财政空虚，学堂发展的资金往往也得不到支持。如宣统三年（1911），北洋大学堂预算案中有书楼（图书馆）建筑费一万一千两，却遭直隶咨议局议核裁去。后来，只能在办学经费中拨发。[③]

北洋大学堂自光绪二十八年（1902）复校至宣统三年（1911），共有两百多名毕业生。光绪三十二年（1906）至1914年共派出四批留学生，其中光绪三十二年（1906）派出35名学生赴美留学。

---

① 钱基博：《现代中国文学史》，沈云龙主编《近代中国史料丛刊续编》（第八十三辑），台北：文海出版社，1974年，第243页。

② 北洋大学编：《本校经费沿革略》，《国立北洋大学卅周年纪念册》，1925年10月。

③ 同上。

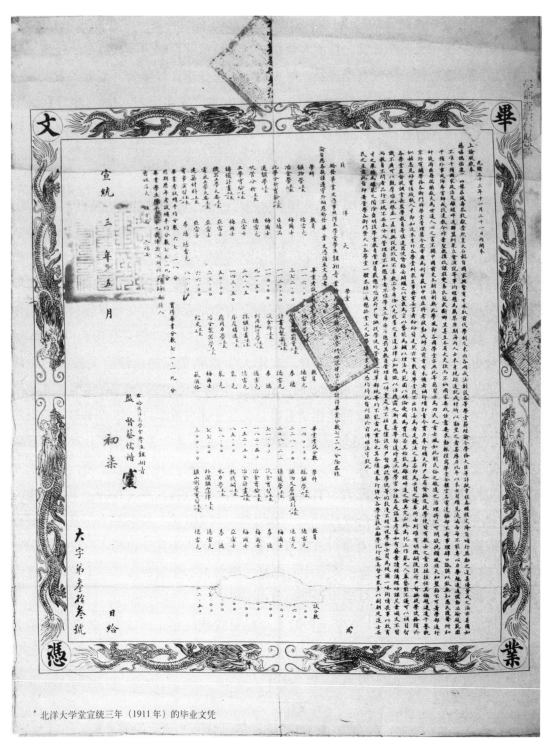

北洋大学堂宣统三年（1911 年）的毕业文凭

图 3　宣统三年，蔡儒楷签署的北洋大学堂毕业文凭（引自中国第一历史档案馆、天津大学编：《中国近代第一所大学——北洋大学（天津大学）历史档案珍藏图录》，天津：天津大学出版社，2005 年）

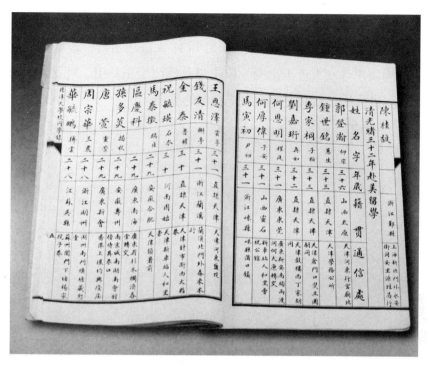

图4　光绪三十二年，北洋大学堂公派赴美留学生名单（引自中国第一历史档案馆、天津大学编：《中国近代第一所大学——北洋大学（天津大学）历史档案珍藏图录》，天津：天津大学出版社，2005年）

蔡儒楷比较重视对优秀学生的奖励，光绪三十二年（1906），北洋大学堂复校后的第一批学生毕业，其上奏袁世凯，请求按奏定章程规定，给予考试最优等及优等、中等者，一律作为举人的奖励。此事得到袁世凯的认可。袁世凯根据蔡儒楷的禀文，上奏《北洋大学堂毕业生分别请奖片》："臣于光绪二十八年间，在天津创设北洋大学堂，业经奏明在案。兹查该堂预备科学生吴敏向等一百一十名，均已先后肄业期满。据该堂监督禀经饬由提学使督同该监督及各教员等，遵照奏定学堂考试章程，严行考验，记明分数等次，详请给凭奏奖。"[1]这份奏折得到光绪皇帝朱批，由学部讨论办法再奏。蔡儒楷的这份请奖禀文，也是为袁世凯力主复建北洋大学堂表功，为此得到高度重视。宣统二年（1910），蔡儒楷为冯锡敏等12名学生请奖。同年十一月，清廷军机大臣奕劻、毓朗签署任命"北洋大学堂毕业学生考列最优等之冯锡敏、王正黼赏给进士出身，授为翰林院编修；王钧豪赏给进士出身，改为翰林院编修检讨；考列优等之朱行中、王瓒、徐岳生、卢芳年、萧家麟、黄保传均著赏翰林院庶吉士；考列中

---

① 天津图书馆、天津社会科学院历史研究所编：《袁世凯奏议》，天津：天津古籍出版社，1987年，第1433—1434页。

等者程良模、冯誉臻、叶德言著赏给进士出身，以主事分部，尽先补用。"[①]宣统三年（1911），清廷赏给北洋大学考列优等生朱焜等 11 人进士出身，改翰林院庶吉士；赏给考列中等生周稿川等 9 人进士出身，以主事分部门尽先补用。对北洋大学堂优秀学生的奖励，体现出清廷开始对新型大学毕业生的重视。

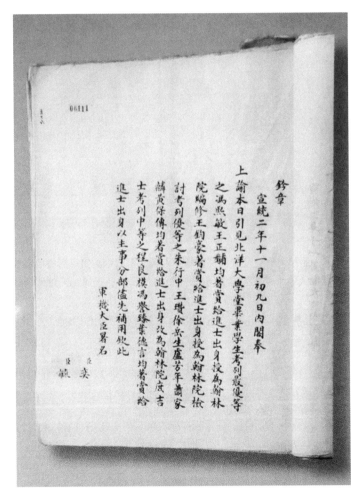

图 5　宣统三年，清廷任命冯熙敏等为翰林院编修的谕旨（引自中国第一历史档案馆、天津大学编：《中国近代第一所大学——北洋大学（天津大学）历史档案珍藏图录》，天津：天津大学出版社，2005 年）

李书田在《北洋大学五十年之回顾与前瞻》中说："光绪末叶，需才益亟，时袁世凯任北洋大臣，先后资送北洋大学未毕业生全班赴美留学者数次，赴日留学者亦数批，成材甚伙，多为民国以还，国家社会所倚擘。我国名经济学家马寅初，名医学

---

① 中国第一历史档案馆、天津大学编：《中国近代第一所大学——北洋大学（天津大学）历史档案珍藏图录》，天津：天津大学出版社，2005 年，第 114—115 页。

家刘瑞恒，名数学家秦汾，盐政名宿钟世铭、朱庭祺、马泰钧等，名银行金融家钱永铭，名冶金学家温宗禹、蔡远泽等，名法学家赵天麟、冯熙运等，名军事家温应星，交通名宿刘景山，名工程教育家罗忠忱，名师范教育家李建勋、齐国樑等，均为此一时期所孕育人才。其他尚多，兹从略。此自光绪二十六年（1900）以迄宣统三年（1911），是为北洋大学之第一次复兴时期。"[1]北洋大学的第一次复兴时期，蔡儒楷掌校时间最长，其对人才的培养做出了一定的贡献。光绪末年，北洋大臣兼直隶总督杨士骧呈报《奖励北洋大学堂办学异常、寻常出力各员名单》，其中，"监督花翎直隶试用知府蔡儒楷，请免补知府，以道员仍留原省补用，并请赏加二品衔。"[2]

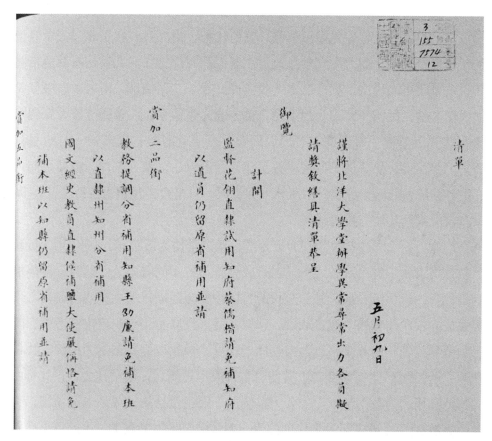

图 6　光绪末年，直隶总督呈报奖励蔡儒楷等办学出力人员名单（局部）（引自中国第一历史档案馆、天津大学编：《中国近代第一所大学——北洋大学（天津大学）历史档案珍藏图录》，天津：天津大学出版社，2005 年）

① 李书田：《北洋大学五十年之回顾与前瞻》，《东方杂志》第 41 卷 20 号，1945 年 10 月，第 51 页。
② 中国第一历史档案馆、天津大学编：《中国近代第一所大学——北洋大学（天津大学）历史档案珍藏图录》，天津：天津大学出版社，2005 年，第 114—115 页。

宣统三年（1911）五月，直隶总督陈夔龙奏《为请奖北洋大学堂办学出力各员事折》，称"该监督蔡儒楷等殚力经营，规划宏远，设备编制，均臻完善。成就学生二百余名，各有专长，呈供任使实属办事得宜，成效卓著，自应照章请奖，以资鼓励。"清廷对蔡儒楷历次嘉奖，也是对其办学成绩的认可。

三、兼任国立北洋大学校长

光绪三十四年（1908）九月，卢靖调补奉天提学使，学务处会办傅增湘继任直隶提学使。宣统三年（1911）十月，受袁世凯委派，傅增湘随唐绍仪议和代表团南下谈判。十一月，直隶总督陈夔龙委派幕僚林葆恒代理。十二月，授予北洋大学堂监督蔡儒楷继任直隶提学使，而北洋大学堂监督一职由徐源德继任。此后还有蔡儒楷替代曹锐担任直隶布政史的说法，据冷红僧《政海诛奸录》："蔡儒楷，清时以直隶候补知府充西沽大学监学，民国一跃而为提学司，盖亦北洋系关系也。及张金波（张锡銮）督直与藩司曹锐因差徭一事龃龉，曹愤而请假，蔡于此时机得代藩司。时清制犹未尽革，藩司仍驻保定，比曹假满回任。曹至津而蔡赴保，而蔡又来津，辗转之间，已延多日，值各县解款之际，此数日中所获不在少数，自是曹遂视蔡为仇敌矣。"[1] 蔡儒楷代直隶布政史未见其他资料记载。

辛亥革命后，北洋政府改学部为教育部，改提学使为教育司。1913 年，行政官厅改组，教育司隶属于省民政长之下，在行政公署与各司同署办公。此间，蔡儒楷专心管理直隶教育，曾积极参加严修为会长的官民治安会活动；还主持戏曲改良工作，推举汪笑农成立戏曲改良社，改良戏剧，移风易俗。严修主张校长应出洋考察，时任北京高等师范学校校长的陈宝泉以此向蔡儒楷建议，被蔡以经费拮据为托辞。陈将此事言之严修。严修称："主持学务者，其费由本司或本局筹之；管学日久者，其费由本校筹之。撙节动用，为数不甚巨。志公（蔡儒楷）虑经费拮据，或系未经预算，否则本不以此举为然也。"[2] 陈宝泉是严修的门生，蔡儒楷曾是他的属下，由此可见严修善解人意，对蔡儒楷有所关照。

此间北洋大学堂也有改变，根据教育部 1912 年 1 月令，所有学堂，一律改为学校。1912 年 4 月复课时，北洋大学堂改名为北洋大学校。同时根据《大学令》取消监

---

① 冷红僧：《政海诛奸录》，三不社，1919 年，第 64 页。

② 严修自定，高凌雯补，严仁曾增编：《严修年谱》，济南：齐鲁书社，1990 年，第 310 页。

督，改设校长主持校务。1912 年 2 月 18 日，由北洋政府教育部任命原北洋大学堂的监督徐德源为北洋大学校校长。1913 年 2 月，蔡儒楷又以直隶教育司身份兼任北洋大学校校长，任职期间，根据教育部令又改称为国立北洋大学。

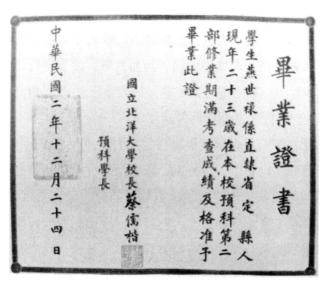

图 7　1913 年蔡儒楷签发的国立北洋大学毕业文凭（北洋大学—天津大学校史编辑部：《北洋大学—天津大学校史》，天津：天津大学出版社，1990 年）

蔡重回北洋大学后，加强管理，严谨治学，制定推行了《国立北洋大学办事总纲》《国立北洋大学学事细则》，这是一套完整的管理制度和管理办法，为中国高等院校的管理工作树立了典范。此间还发生了两件大事。

首先，保定直隶高等学堂归并北洋大学。保定直隶高等学堂是北洋大学堂预备学堂，光绪二十九年（1903）成立时由丁家立负责教务。蔡儒楷任北洋大学堂监督时，由教务提调王劭廉负责教务。辛亥革命后，颁布《大学令》规定不准设无大学的预备学堂。1913 年保定直隶高等学堂停办，一部分教职员调到北洋任教，在校四个班 112 名学生全部并入北洋大学预科作为预科学生。预科分为两部：第一部毕业者升入法律学门本科；第二部毕业者升入工科本科。预科初为三年制，后改为二年制。

其次，北洋大学与北京大学整合规划。1913 年暑假以后，北洋政府教育部按照大学区制，计划将国立大学划为四个区，分别以北京、南京、武昌、广州为本部，各设一大学。当时天津有北洋大学，北京有北京大学，教育部以京津两地相距太近为由，拟将北京大学并入北洋大学。此议一出，即遭社会舆论与北大师生反对。1913 年 11 月 10 日《教育杂志》有一篇《北京大学并非停办》的文章，云"北京大学停办之说，早已喧传。此中原委外人不能深悉。惟日前教育部指令大学校长文略云，本部上年规划全国国立大学，拟定四区。北京以外，尚有三校，方冀国力稍纾，将来次第兴办。……现在北京大学员系就住屋改设，均不甚合，若就城外拟建之大学屋宇，工程浩大。此时无此财力，且京津咫尺，与北洋大学距离太近，于学区分划之意，亦嫌不符。查北洋大学开办多年，成绩尚优，建筑地点均合大学之用，倘能将北京大学与北洋大学合并改组，以谋扩充，则事半功倍，轻而易举，撙节经费，犹属余事。总之本部所筹画者，在合并以图积极之进行，本非停校废学之意。"①由此说明，北大被北洋兼并颇有一些道理，但终因一些原因而停滞。

1914 年 1 月，北洋政府教育部又提出将北洋大学并入北京大学，同样也遭到北洋师生反对。最后教育部制定一个妥协方案，派专门教育司长汤中会同参事王振先、许寿裳，秘书汤彦洁拟具说帖，使两大学采取相对的分立制。北京大学设文、理、法、医四科，北洋大学专设工科而渐加扩充。此方案同样遭到两校师生反对。在此事酝酿之际，同年 2 月，蔡儒楷荣升孙宝琦内阁署理教育部总长。直隶教育司务由普通科长李金藻代行；北洋大学校长由赵天麟担任。

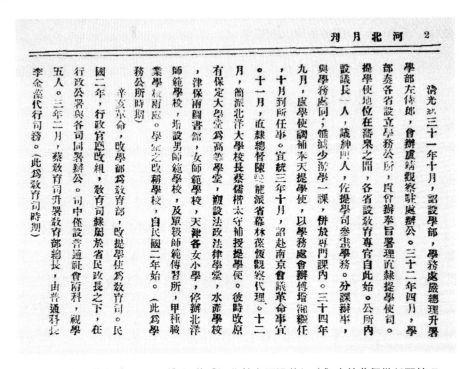

图 8　李金藻在《河北月刊》记载《河北教育厅沿革纪略》中的蔡儒楷任职情况

① 《北京大学并非停办》，《教育杂志》第五卷第八期，1913 年 11 月，《记事》第 63 页。

四、仕途巅峰与解甲归隐

蔡儒楷在直隶及北洋大学从事教育"颇著能声"，得到时任大总统袁世凯的信任。1914 年 2 月，国务总理熊希龄辞职。袁世凯授意熊内阁的外交部长孙宝琦代行国务总理，组成临时内阁。孙内阁任严修为教育部长，蔡儒楷为教育次长。1914 年 2 月 20 日颁任命令，由于严修未到任，特任蔡儒楷暂行署理。[①] 时严修正在欧洲考察教育，力拒出任，于是由蔡正式署理教育部长，还被任命高等文官甄别委员。[②] 蔡儒楷致电严修："公长教育，国庆得人。铨材暂摄，惧弗克任。盼速东旋，以从民望，国务幸甚，学界幸甚"[③]。严修回电："修已恳辞，祝公即真"[④]。由此可见，严修的辞职促成蔡儒楷走向仕途的巅峰。蔡儒楷对此事心存感激，同年 6 月任山东巡按使时，正逢严修与张伯苓为筹办南开大学去南京筹款，回津路过济南，予以盛情款待。

蔡儒楷到教育部任职，还流传一段故事。据陈赣一《睇向斋秘录》记载，蔡儒楷署理教育总长是由于袁世凯看重其在直隶的业绩。蔡儒楷到教育部报到，原教育总长汪大燮及次长均未在，于是在招待室等候。时有两位教育部部员在此看报，蔡也阅读报纸。两位部员不认识蔡儒楷，见报上刊载内阁议定蔡儒楷任教育部长，不日颁布任命。二人相顾诧异，有一位说："何物蔡某，其资格亦足做总长耶？"[⑤] 蔡在一旁默不作声。不一会儿，汪大燮与教育次长来到招待室，二位部员退去，顺便询问听差此为何人，方知这位沉默不言一直看报竟是即将上任的总长，二人顿然失色。过了几天，大总统任命令下，蔡儒楷到教育部上任，二位部员一起托故呈上辞职信。蔡得知后，将二人召见，并提出慰留，说："予以教育司长，越级为教育总长，此在民国诚不足异。而予自信谫陋，弥深愧怍，两君不安于位，由于前言之失，以为即不自去，亦绝不能相容。予与两君素昧平生，无仇无怨，两君所不满意者，以予资浅蹿高位，予又乌能以是见恶，若两君知我者，则前言不作耳。"[⑥] 二位部员相对惭愧，连连点头，随即收回辞职信。陈赣一所记慰留部员的掌故，反映出蔡儒楷具有胸怀大度，不以小事计恶的情怀。

---

① 骆宝善、刘路生主编：《袁世凯全集》第 25 卷，郑州：河南大学出版社，2013 年，第 319 页。
② 同上书，第 375 页。
③ 严修自定，高凌雯补，严仁曾增编《严修年谱》，济南：齐鲁书社，1990 年，第 313 页。
④ 同上书，第 314 页。
⑤ 陈赣一：《睇向斋秘录》，上海：上海文明书局，1922 年，第 90—91 页。
⑥ 同上。

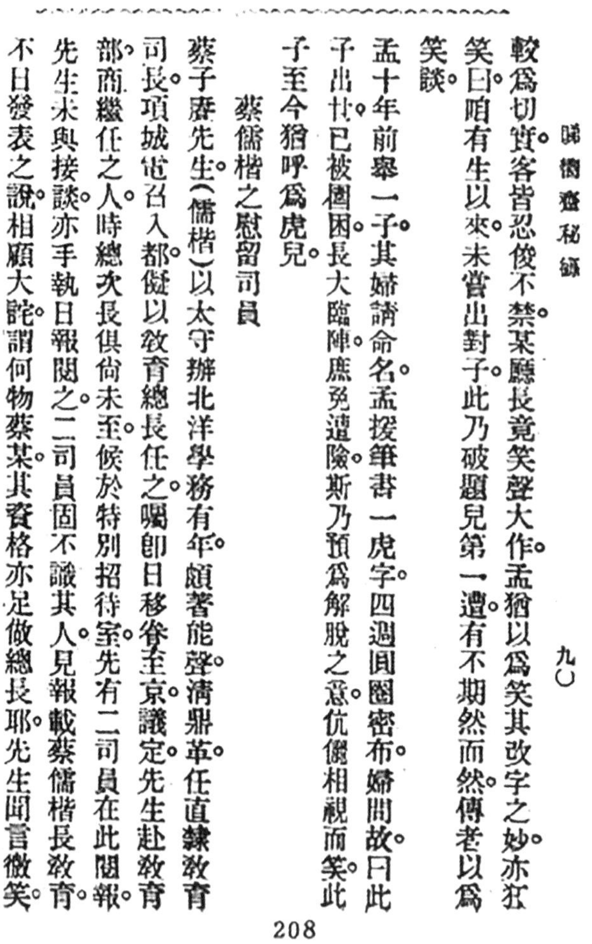

睇向齋秘錄

較爲切實客皆忍俊不禁某廳長竟笑聲大作孟猶以爲笑其改字之妙亦狂
笑曰咱有生以來未嘗出對子此乃破題兒第一遭有不期然而然傳者以爲
笑談

九〇

孟十年前舉一子其婦請命名孟援筆書一虎字四週圈圈密布婦問故曰此
子出世已被困長大臨陣庶免遭險斯乃預爲解脫之意優儡相視而笑此
子至今猶呼爲虎兒

蔡儒楷之慰留司員

蔡子庼先生（儒楷）以太守辦北洋學務有年頗著能聲清鼎革任直隸教育
司長項城迨召入都儗以教育總長任之囑卽日移眷至京議定先生赴教育
部商繼任之人時總次長俱尚未至候於特別招待室先有二司員在此閒報
先生未與接談亦手執日報閱之二司員固不識其人見報載蔡儒楷長教育
不日發表之說相顧大詫謂何物蔡某其資格亦足做總長耶先生聞言徹笑

208

图 9　《睇向斋秘录》刊载的蔡儒楷轶闻（引自陈赣一：《睇向斋秘录》，上海：上海文明书局，1922 年版，第 90—91 页）

蔡儒楷上任后，如何开展教育工作，成为当时教育界瞩目之事。《教育杂志》记者曾询问他的教育方针。"署教育总长蔡儒楷业于二月二十五日就任，有人询以教育方针。蔡君对于国民普通教育颇为注意，谓非施以强迫，难期普及。拟划全国若干小学区域，每区域设小学若干处，并责成各省教育司速为调查刻下学校确实数目及其学生之总计以外，更拟施行工场儿童之教育，矿山儿童之教育及罪人学校、贫民学校、感化院之组织，总期普通教育贯彻全国云云。"[①]从这段采访中，看出蔡儒楷十分重视普及教育，特别重视教育的盲区，鼓励工厂、矿山开展子弟教育，同时重视对贫民、罪犯的教育。

①　《蔡总长教育方针》，《教育杂志》第六卷第一号，1914 年 4 月，第 3 页。

从当时的教育公报及其他报纸杂志上看，蔡儒楷上任伊始，还推行了一些工作，如训令各省推行通俗演讲、鼓励各省民政长整顿教育、举办全国儿童艺术展览，审定教科书，编制《视学规程》《视学支费暂行规则》《中央学会互选细则》《高等师范教育课程标准》等。

蔡儒楷署理教育总长仅数月，同年5月孙宝琦临时内阁解散。适逢山东民政长高景祺辞职，蔡儒楷于同年5月9日继任山东民政长。直隶、山东官吏皆为袁世凯的嫡系，蔡儒楷到山东任职，也被视为袁世凯的旨意。辛亥革命后，各省行政长官一律称民政长。1914年5月23日，改民政长为巡按使。从此，蔡儒楷当了两年的山东巡按使。

蔡儒楷长期从事教育，任职山东巡按使以后，依然关注教育，尤其是普及教育，曾向教育部发出普及教育之新条陈，称"我国自前清之季，兴学垂二十年，于上级中级教育，殚力经营，独于小学普及教育审慎迟迴，莫敢克期举办。"[1] 提出了七点建议：1.县属各乡乡长均令担任设学义务；2.奖励私人设学；3.改私塾为代用初等小学；4.高等小学以上之校兼补助教育；5.公私立慈善团制造场所兼办补助教育；6.特颁国训，以一民志；7.注重实用主义，以求实践。蔡儒楷重视教育，在《山东教育公报旬刊》上专门有"山东按察使公署饬"一栏，屡有对教育事业的政令颁发。

此前，蔡儒楷在署理教育总长时，曾推动武昌等高等师范六校统一教育办法。任山东巡按使后整顿学务，将曲阜师范与岱南道立兖州、临沂、济宁、曹州四处师范合并，定名为山东省立第二师范学校。还在全省推行山东筹备义务教育四项办法等。蔡儒楷在山东执政期间，为鼓励山东土特产走出国门，主持成立山东展览会兼办巴拿马赛会出品协会，耗资九千多元，在济南商埠公园（今中山公园）新建了一座长三十丈、宽八丈商品陈列馆。1915年，又拨公园后面官地扩建体育场。

蔡儒楷初登仕途即主管学务，在山东依然主张普及教育。时逢各地鼓吹地方自治，减少教育经费，多移作他用。但蔡儒楷不以为然"颇责属官兴学，而齐鲁吏治不修，地方官多滑吏，乃假兴学敛财自肥，民颇以为苦"[2]。其虽为教育事业而奔波，但仍阻挡不了传统顽固势力顽症横行，使得政令不通，经费得不到专用。

---

① 蔡儒楷：《蔡儒楷普及教育之新条陈》，《教育杂志》1914年4月第七卷第四号，第32页。
② 沃丘仲子：《当代名人小传·官僚》，上海：中原书局，1920年，第90页。

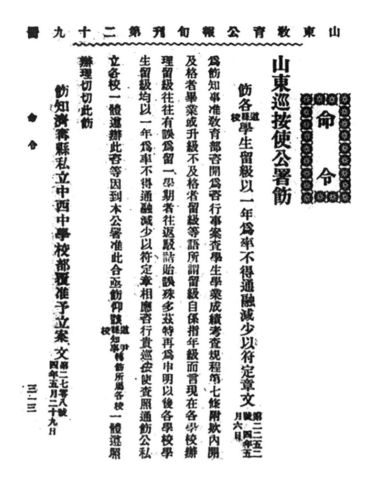

图 10 《山东教育公报旬刊》刊载的山东巡按使公署饬令

蔡儒楷仕途走向巅峰之后，遭到一些人的嫉妒。有人称像周自齐一样受到袁世凯眷顾，"宠遇骎骎视周自齐辈矣"[1]；也有人认为他长期从事教育，并非行政事务人才。特别是手握实权的山东督军靳云鹏，"亦不满儒楷所为"[2]。由于蔡儒楷被袁世凯看重，一些军阀对他无可奈何。此间，袁世凯密谋称帝，蔡儒楷"则亦随人劝进焉"[3]。1915年 12 月 21 日，袁世凯登基，册封蔡儒楷为一等男爵。1916 年 7 月 6 日，蔡儒楷终因拥戴帝制被免职。

此后蔡儒楷解甲退隐，淡出政坛，洗净铅华，谈佛论道，开悟人生，曾与李晓

① 沃丘仲子：《当代名人小传·官僚》，上海：中原书局，1920 年，第 90 页。

② 同上。

③ 同上。

暾、王度公、徐蔚如等数人捐资刊印《佛教六经》，由此反映其出世之心理。1921 年出任南浔铁路总经理，张肇达为协理。南浔铁路，为赣北地区第一条铁路，自江西南昌（南）至九江（浔阳）。这条铁路由商办江西铁路公司于光绪三十年（1904）集资兴建，后有日资渗入。光绪三十三年（1907）开工后，曾几度停工，到 1916 年 5 月竣工。南浔铁路的几任总办（总经理）皆为江西省籍旧官僚，首任总办为原江宁布政史李有棻，1916 年原参政院议长李盛铎任总理。蔡儒楷上任时，南浔铁路是一个烂摊子，1921 年收入 2 630 597 元，支出 2 786 325 元，亏损 155 728 元，还不包括股本及借款利息在内。蔡儒楷热心桑梓事业，自北京南下，到九江主持路政。上任之初，主张将南浔铁路收回国有。那时军阀混战，民不聊生，收归国有，无从谈起。为维持南浔铁路运转，蔡儒楷以"延长南浔路线为名，又向日本兴业会社借款三千万"，[1] 遭到江西人民的反对。蔡儒楷已不复当年的风头了，当时有人评论江西之官僚政客，说蔡儒楷"与李盛铎为人才稀少之江西，能出二人于中央政府为总长，殊为江西生色。惟刻下仅以长老之资格，有相当之势力，早已不能谓全国之人物矣"。[2] 南浔铁路炙手可热，蔡儒楷任职未到两年，1923 年 2 月 18 日，积劳病故。天津名宿李廷玉言："南浔铁路创办有年矣，内容如何？有识者类能言之。自蔡志赓总理接办后，正谋整顿，以期积弊渐除，乃蔡公中道殂谢，其志未竟。"[3]

　　纵观蔡儒楷的一生，最辉煌的时期在北洋。清末民初，直隶是中国近代教育首善之区，孕育了一大批教育家与教育人才。此间，蔡儒楷受到严修、严复、卢靖等近代教育家的影响，无论在直隶农务学堂、北洋客籍学堂以及直隶学务处，积累了一定的办学经验。其两度执掌北洋大学，在学校管理、经费筹措、学科建设、聘用人才、培养学生诸多方面做出了成绩，并被袁世凯推举为署理教育总长和山东按察使，走向仕途的巅峰。蔡儒楷不乏报恩的意识，最终因拥戴帝制遭致仕途的终结。但是客观地看待蔡儒楷在任直隶教育司、署理教育总长、山东按察使期间，大力提倡普及教育，特别重视对贫困人群的教育，提出了一些切实可行的办法，进行了初步尝试，还是值得肯定的。

---

①　上海历史研究所编：《大事史料长编草稿·1921 年 12 月》，1960 年。
②　〔日〕园田一龟著，黄惠泉、刁英华译：《新中国人物志》，上海良友图书馆印刷公司，1930 年，第 231 页。
③　《南浔铁路月刊·弁言》第一期 1923 年 3 月。

薛仙舟先生传略

唐　越[*]

一、家世

薛仙舟，名颂瀛，号仙舟，香山县恭常都南大涌（今珠海市南溪村）人。父，岐山，生三子，长三镛（字孔嘉），次颂勋（号竹书），三颂瀛。

长兄三镛生于1857年，先后在上海、天津和汉口经商，娶四室，育子女二十名。发迹后，三镛送其子女出洋留学。二哥颂勋即竹书，则是日后随丁家立、蔡绍基等赴上海、香港为天津北洋大学堂招生之华人英文教习。[①]但生年不详，只知其卒于庚子之乱。三弟颂瀛生于1878年6月14日，其父当时为扬州盐政官员，故颂瀛生于扬州。[②]颂瀛与长兄三镛年龄相差二十年，[③]其父临终托付三镛曰："此儿有异禀，善抚之，必有成"。[④]

---

* 唐越，珠海博物馆文博馆员、珠海高新区唐家历史文化研究会秘书长、珠海唐廷枢历史文化研究中心研究员、天津大学"北洋大学与天津"专项研究特约研究员。研究方向：留美幼童、香山历史人物和天津大学校史。

① 汪熙、陈绛：《轮船招商局》（盛宣怀档案资料选辑之八），上海：上海人民出版社，2002年，第653页。

② 秦孝仪主编：《革命人物志》第十八集，台北："中央"文物供应社，1982年，第352页。

③ 年龄如此悬殊，薛仙舟可能是如夫人所生。

④ 参见：薛傅钊、薛锦寰：《广东珠海市南溪村薛三镛家谱》（未刊）。子女中，以次女锦琴（1883—1960）名声最著，因其1901年3月15日在上海张园参加拒俄集会，登台演说，时人惊为千古奇女子，为国人所热烈颂扬。薛锦琴后来赴美留学，回国后从事教育事业，成绩卓著。而三子锦标，则追随孙中山革命，先后留日和留美。十女锦廻，早年留美，抗战期间为中山县妇女协会会长。

二、求学与革命

颂瀛 4 岁丧母，5 岁随父寄居上海，[①] 始习传统文化，对《三字经》《千字文》《百家姓》《神童诗》《千家诗》以及《大学》《中庸》乃至朱子之注释，均能朗朗上口，讽诵无讹。9 岁复失怙。11 岁随长兄赴天津，就读中西书院。其时，颂瀛虽年幼，然心地善良，常思念扬州故居，尝与仆人商量归家。[②]1895 年，考入北洋大学堂法律科，就读头等学堂第四班，在校成绩动辄名列前茅。1896 年末岁考，头等四班洋文第三名，获奖洋五两；1897 年 4 月大考第四名；1897 年夏季课考，头等三班第一名。[③] 时总教习丁家立持校规甚严，颂瀛厌其束缚过严，诋为专制，时或故意违规以忤逆之。惟丁氏爱其才，不加过问。[④]

1899 年，颂瀛毕业，由北洋大臣裕禄发给头等头班毕业士学生文凭。[⑤] 是年，义和拳事起。越明年，庚子国难，学堂解散，出洋留学之计划落空，[⑥] 先生亦怅然南返。其时，先行赴日留学之同学黎科返国，侈谈新政，在汉口一役事败殉难。先生愤而与同学江为善同谋革命于惠州，并约同学王宠惠暂驻香港，以资接济。惟事泄，先生不幸被拿获。提讯时，先生竟侃侃而谈，宣称自己乃盛大人门生。县令震慑不已，不敢定谳，只劝其努力用功，勿再误入歧途，竟将其释放。[⑦]

1901 年 3 月 15 日，汪康年在上海张园组织拒俄约集会。[⑧] 先生登台演说，警醒国人，"今日之事关系中国存亡及各人身家，当此犹不发爱国之心，为爱国之事，恐他

---

① 薛傅钊、薛锦寰：《革命人物志》，第352页。而薛仙舟另一弟子王世颖则在其《薛仙舟先生传略》中称薛氏 4 岁丧父，9 岁丧母。王世颖见《薛仙舟先生传略》，《江苏合作》1936 年第 6 期，第 10 页。另，"国史馆"亦有另一版本的《薛仙舟先生传略》，对薛氏幼时的描述亦有不同。见胡建国主编：《薛仙舟先生传略》，《国史馆现藏民国人物传记史料汇编》第 28 辑，台北：中华民国"国史馆"1989 年，第 550 页。

② 因前述三个版本互有出入，笔者在此综合各版本而下判断。史料阙如，未免主观。

③ 1896 年末岁考，头等四班洋文第三名，获奖洋五两；1897 年 4 月大考第四名；1897 年夏季课考，头等三班第一名。分别见：《学堂岁考》，《香港华字日报》1897 年 2 月 23 日第四版；《续录北洋学堂岁考各童》，《香港华字日报》1897 年 2 月 24 日第四版；《学堂试事》，《申报》1897 年 4 月 27 日第二版；《天津北洋大学堂夏季课榜》《香港华字日报》，1897 年 7 月 23 日第三版。

④ 《薛仙舟追悼会纪》，《申报》，1927 年 12 月 19 日。

⑤ 北京图书馆编：《慎独斋七十年谱》，《北京图书馆藏珍本年谱丛刊》第 181 册，北京：北京图书馆出版社，1999 年，第 378 页。另见 University of California, *University of California Register 1903–1904*, Rerkehey: The University Press, 1904, p. 440.

⑥ 毕业前，数名毕业及头等学生经考取获派出洋肄业资格。惟义和拳事起，未能成行。见北洋大学—天津大学史编辑室编：《北洋大学—天津大学校史》（第一卷），天津：天津大学出版社，2012 年，第 51 页。

⑦ 《薛仙舟追悼会纪》，《申报》，1927 年 12 月 19 日。

⑧ "The Chinese Mass Meeting at the Chang Gardens," *North China Herald*, 1901 年 3 月 16 日。

日欲爱国而无国之可爱也。"[1]5 月，先生自费赴美留学[2]，入新成立之加州伯克利大学，并与同学陈锦涛、胡栋朝、王宠惠、王宠佑、严锦荣、吴桂灵、张煜全等北洋大学堂留美同学组成兄弟会。[3]1902 年 10 月 17 日，美国金山中国学生会成立，倡导爱国精神，先生获举为支应员。翌年获举为总理，并发表学说，讲述学生与国家之关系、商人与国家之关系及学生与商人之关系。[4]1903 年 5 月，获商务学院格致科学士学位。[5]是年冬，先生归国。[6] 时旅美华商醵巨资建广东公学于广州，聘先生为总理。[7]

　　1904 年 12 月 24 日，署两江总督端方奏派学生分赴东西洋留学，先生以翻译随留学生监督饶智元赴欧。[8] 惟来德江南学生对饶不满，因而对先生亦不快。而饶需撤差回国，先生亦应回。为此，先生以船资留学德国。时孙中山正在欧洲筹款，欲在留学生中建立革命组织，在与诸同学见面后，临别时叮嘱朱和中与先生见面。先生始与在

---

　　① 《记上海味莼园集议电阻俄约演说》，《北京新闻汇报》，光绪辛丑二月初十日第 5—6 页。张园集会二次，薛氏均有出席。首次尚见华服辫子，二次则一身西服，剪去辫子。第二次还带同侪女薛锦琴。薛锦琴登台演说，震惊四座，后被誉为中国之贞德，誉满中外。见 *North China Herald*，1901 年 4 月 3 日。

　　② 王宠惠称官费赴美留学共 8 人，惟薛仙舟有前科不得参与。众人乃商议节约膏火费，以资助素所推服者二人共同留学。薛氏获得推举。见前揭《薛仙舟追悼会纪》。较诸王宠惠等人，薛仙舟先行一步，乘"北京"号于 1901 年 5 月 30 日（星期四）抵达旧金山。同船者有保皇会人徐士芹（Hsu Shih Chin），因持伪造文件入境而被大清驻旧金山总领事何佑要求美国税关将其扣留查讯。后经延请律师，徐氏获得以 2000 美元保释脱身，并随保皇党人、《文兴报》主笔唐琼昌（Tong K. Chong）及两名持枪华人保镖离开法庭。同船之人尚有刘静庵（Loo Chin An），自称江苏人，道台衔，奉盛宣怀之命赴美考察商务及制造并将往华盛顿呈文云云。此乃伪词，刘氏实为湖北潜江人，后积极投身反清革命，1907 年 1 月被捕，1911 年 6 月在狱中病逝。虽则薛颂瀛自称为翻译，而何佑亦称"薛颂瀛是盛大臣札派出洋学生，虽与徐士芹同船，但两不相谋，毫不相涉。"惟薛氏与革命党人交相往还，当为参与保皇会活动。但史料阙如，详情未悉。以上参见：*Three Chinese Who Come on a Special Mission, San Francisco Chronicle*, 1901 年 6 月 1 日；"DECEIVED BY THREE BOXERS," *San Francisco Chronicle*, 1901 年 6 月 8 日；"REFORMERS SU GIVES A BOND," *San Francisco Chronicle*, 1901 年 6 月 18 日。另见黄嘉谟主编：《中美关系史料·光绪朝五》，台北："中央"研究院近代史研究所，1990 年，第 3130 页。

　　③ "The Oldest College Fraternity," *San Francisco Chronicle*，1901 年 10 月 13 日。

　　④ 美国留学生：《美洲留学报告》，上海：开明书店作新社，光绪三十年（1904）五月，第 2—3 页。

　　⑤ "Won Honors at the State University," *Oakland Tribune*，1903 年 5 月 13 日。另，据王世颖所撰《薛仙舟先生传略》称，薛仙舟到美国后不久即回国图谋革命，在北海被捕下狱，后得狱卒帮助逃脱，返美继续学业。惟王氏全文无任何引征，又多文学修饰之词句，不知真假，待考。但容闳在 1902 年 9 月 7 日的日记上写着"写信给薛仙舟要他把文件翻译或直接给梁启超"（见吴义雄、恽文捷编译：《美国所藏容闳文献初编》，北京：社会科学文献出版社，2015 年，第 101 页。），显然薛氏求学期间一直与各革命党派保持着紧密接触。

　　⑥ 美国留学生：《美洲留学报告》，第 19 页。

　　⑦ 《美洲留学报告》，第 32 页。另，1903 年 10 月 26 日，康有为弟子徐勤致函康，提到"弟子在美国时，欲与薛仙舟返国开办一学校"。故此所谓广东公学当为保皇会所办之南强公学。该学校后称"广东公学"，惟建于何时，待考。

　　⑧ 南京大学校庆办公室校史资料编辑组：《端方奏请选派学生分赴东西洋留学折》，《南京大学校史资料选辑》（内部资料），1982 年，第 10 页。

欧留学生结交，并一同讨论革命形势。但先生并非一味唯唯诺诺，对孙中山之平均地权说"反驳甚力"。[①]

数月后，先生船资将尽，此行又携有甥女一人，更形支绌。先生乃"日以清水面包充饥，甘之如饴，曰吾国人尚有茹苦甚于我之人。他人可以，我为什么不可以？我以分国人之苦为乐也。"[②]

光绪三十一年（1905）杪，清廷为预备立宪，谕令载泽、戴鸿慈、尚其亨、端方、李盛铎等五大臣随带人员分赴东西洋各国考求一切政治。戴鸿慈随员中有龙建章者，乃先生旧识，先期函告先生，请其援手调查。事毕，戴以500马克酬先生，惟先生坚辞不受。朱中和闻之，即急函戴，谓"薛颂瀛本美国留学生，程度在我等之上，只因学费无着，归国屈充江南留学生饶监督之翻译来德。饶撤归，乃以船资留学。三月前业经用尽，全由同学资助"，请其"电请岑督，依湖北、江南之例，补薛生粤省官费，并自前三月补起，以清薛生积欠"。戴允之，并即电署理粤督岑春煊。不出一周，先生获以前三月起补粤官费，即从光绪三十二年（1906）四月补起。[③]先生之游学经费由此解决，惟先生节俭如昔。

先生入读德国柏林分科大学，主修财政。[④]在校期间，深受合作主义影响，乃留心德国之合作银行制度，以至于充当德国银行义务行员，实习考察，期望回国藉合作银行之道，实施孙中山之民生主义。[⑤]1907年2月，外务部奏调留学生入储才馆，先生与同学王宠惠、严锦荣入选。[⑥]1911年，先生回国。同年11月，孙中山悉武昌首义成功后，赴英从事外交斡旋活动，请先生协助处理英文文书。[⑦]

---

① 前揭《革命人物志》第二十一集，第122—124页。惟饶智元之"元"误作"果"。

② 前揭《薛仙舟先生传略》，第550页。惟作者记以清水面包度日于美国读书时期，而笔者认为当在德国留学时期。而蔡元培亦称"薛先生爱国好学，自奉甚俭，携他的甥女韦增瑛女士留学，常自购蔬菜，借房东厨房自烹。"见蔡元培：《蔡元培自述》，北京：中国言实出版社，2015年，第63页。

③ 前揭《革命人物志》，第123、133—134页，及《广东教育公报》第8号，1910年9月。惟"韦增瑛"误作"魏增瑛"。韦氏为先生日后之夫人韦增佩之妹。先生女儿德音及微音曾撰文《回忆我们的母亲薛韦增佩（1908届中西校友）》，称其母亲15岁即爱上远房亲戚薛颂瀛。见张珑编：《回忆中西女中（1900—1948）》，上海：同济大学出版社，2016年，第78页。

④ 教育部《民前七、四学年度留德毕（肄）业生、调查表、报告等》，"国史馆"藏号019-020400-0014。

⑤ 前揭《薛仙舟追悼会纪》。

⑥ 《时报》，1907年2月16日，第二版。此实为张元济之推荐。见张元济：《拟请调员生说帖》，《张元济全集》（第5卷），北京：商务印书馆，2008年，第140页。

⑦ 王耿雄编：《孙中山史事详录（1911—1913）》，天津：天津人民出版社，1986年，第25页。

三、银行家、教育家、合作主义导师

　　1912 年 1 月，在大清银行商股联合会的要求下，临时大总统孙中山批准将大清银行改为中国银行，先生获委为副监督。[①]2 月，与黄兴、胡汉民、蔡元培等发起创办《中华民报》。[②]4 月，唐景崇、唐文治、伍廷芳、张謇、严复等呈请创设神州大学，先生具名联署。[③]8 月，与同学梁巨屏、关赓麟创办明诚学校，开设银行学及工程学两个专科。[④]同年，任中国公学董事。[⑤]1913 年，获广东省都督聘请为省财政高等顾问。[⑥]

　　1914 年冬始，先生执教于复旦公学并兼任教务长，教授经济、银行、财政、德文及公文学，因以复旦为鼓吹合作理论、办法及实验之所。[⑦]1917 年 6 月，复旦公学同学组织商业研究会，先生出任顾问。[⑧]同月，孙中山之革命同志在香港成立中国工商银行。[⑨]1918 年 3 月，工行发布美洲招股公告，先生以副总理具名。[⑩]1919 年 3 月，工行招股获梁启超、蔡元培、梁士诒等赞助，先生为特派招股员。[⑪]10 月 1 日，在先生推动下，复旦大学成立国民合作储蓄银行，是为中国合作组织之嚆矢。先生获举为其监理会之办事监理员，指导一切。[⑫]旋即与复旦大学教授林天木亲赴美洲为工商银行招股，获当地侨领热烈赞助。[⑬]

　　1920 年 5 月，先生推动复旦部分教职员及学生组织平民周刊社，出版中国首份宣传合作主义之刊物——《平民周刊》。6 月，任国民合作储蓄银行行长。是月，先生携复旦大学董事唐绍仪劝捐函至美加，获司徒美堂、雷维槐、李韬等捐巨款，共 1453

---

①　《中国银行成立》，《申报》，1912 年 1 月 30 日，第 7 版。吴景平：《政商博弈视野下的近代中国金融》，上海：上海远东出版社，2016 年，第 223 页。

②　《创办〈中华民报〉通告书》，《申报》，1912 年 2 月 23 日。

③　《临时公报》，1912 年 4 月 17 日。

④　《民权报》，1912 年 8 月 13 日。

⑤　《张謇程袁世凯范源濂周学熙文》，《近代中国》，第 25 期，第 312 页。

⑥　《广东新闻》，《香港华字日报》，1913 年 3 月 17 日。

⑦　《复旦大学百年纪事》编纂委员会编：《复旦大学百年纪事（1905—2005）》，上海：复旦大学出版社，2005 年，第 15 页。

⑧　同上书，第 21 页。

⑨　*North China Daily News*, June 27, 1917.

⑩　《大汉公报》，1918 年 3 月 14 日。薛氏后任该行总经理。见徐沧水、姚仲拔：《中华民国银行年鉴（1921—1922）》，1922 年，第 128 页。

⑪　《北京大学日刊》，1919 年 3 月 17 日。

⑫　《复旦大学附设储蓄银行》，《申报》，1919 年 9 月 29 日，第 11 页。

⑬　《中华工业协会八次日会纪》，《申报》，1919 年 10 月 28 日，第 10 页。另见《大汉公报》，1919 年 12 月 11 日。

美元。[①]12 月，联合上海合作同志组织上海合作同志社。[②]1921 年 10 月，中国工商银行沪行开业，先生为该行董事之一。[③]1922 年初，俄国旱灾，日毙千人，各界成立俄国灾荒赈济会，先生为该会董事之一。[④]7 月，携夫人赴美考察经济事业及商务。在美期间，以工商银行驻美代表身份在美加华埠招股，获众华侨慷慨赞助。[⑤]1926 年 2 月，李登辉、邝富灼等组织上海消费合作社，以提倡经济合作。6 月，先生获举为理事之一。[⑥]1927 年，江苏省成立后拟设立江苏省农业银行，延先生为筹备主任，惟先生因病未能就职。[⑦]是年 9 月初，先生腿发一疔，割治后中毒，在宝隆医院医治近两周后，竟于 9 月 14 日撒手人寰。[⑧]

先生逝世时为工商银行总经理，享年 49 岁，遗下遗孀韦增佩及幼女德音、徽音。先生一生好学不倦，通英、法、德、意、西 5 种外语，病时仍计划学习日、俄两国语言。生前受陈果夫委托，著有《实现民生主义的根本计划——全国合作化的方案》，[⑨]惟先生赍志以殁。

四、道德文章足矜式

1927 年 12 月 18 日，薛仙舟追悼会在宁波同乡会举行，陈果夫、邵力子、王宠惠、李登辉等党、政、学界要人出席。与会致辞者高度赞扬薛仙舟的一生，王宠惠称"综计先生平生事迹，读书以造极为功，励志以安贫为本。无自赡之财力而不甘辍学，有可乘之际遇而不肯服官，艰苦卓绝，惟以服从社会为此生唯一之天职。虽志愿未酬而精神不死，洵足以矜式国人"。中国经济学社则称"古人称立德、立功、立言为三不朽。敝社同人以为仙舟先生固可当之无愧。然则先生之形体虽逝，其精神固犹宛留天

---

① 《国民合作银行股东会纪》，《申报》，1920 年 6 月 16 日，第 11 页；《大汉公报》，1920 年 6 月 29 日；《复旦大学百年纪事》编纂委员会编：《复旦大学百年纪事（1905—2005）》，上海：复旦大学出版社，2005 年，第 28 页。

② 平民学社：《平民三周纪念册》，平明学社合作购买部，1923 年，第 134 页。

③ 《工商银行沪行开幕广告》，《申报》，1921 年 10 月 22 日，第 7 页。

④ 《俄国灾荒赈济会宴各界纪》，《申报》，1922 年 2 月 24 日，第 14 页。

⑤ 《申报》，1922 年 7 月 17 日，第 13 页。另见《大汉公报》，1923 年 2 月 2 日、1924 年 12 月 29 日及 1925 年 1 月 5 日。

⑥ 《上海消费合作社征求开幕预志》，《申报》，1926 年 2 月 28 日，第 14 页。《消费合作社选出理事》，《申报》，1926 年 6 月 11 日，第 15 页。

⑦ 中国银行经济研究室：《中国银行年鉴》，上海：汉文区楷印书局，1937 年，第 25 页。

⑧ 《经济学家薛仙舟昨晨逝世》，《申报》，1927 年 9 月 15 日，第 14 页。

⑨ 陈仲明：《薛仙舟先生与中国合作运动》，《江苏合作》第 6 期，1936 年，第 13 页。

壤间也"。会上决定筹建薛仙舟图书馆，举定蔡元培、王宠惠、戴季陶、陈果夫等为筹备员。[1]

1930 年 6 月 30 日，复旦大学校务会议决定将校图书馆命名为"仙舟图书馆"，以纪念中国合作主义导师薛仙舟先生。[2]

---

[1]　《薛仙舟先生追悼会议建图书馆作为纪念》，《民国日报》，1927 年 12 月 19 日，第 2 页。
[2]　前揭《复旦大学百年纪事（1905—2005）》，第 66 页。

家政教育先驱齐国樑

张金声[*]

齐国樑，字壁亭。生于 1884 年，殁于 1968 年，直隶宁津（今属山东）人。其肄业于北洋大学师范科，后留学日本、美国，并获美国哥伦比亚大学教育学院硕士学位。自 1926 年始，先后任直隶第一女子师范学校校长、西北师范学院系主任、河北师范学校院长。建国后，历任河北省第一至三届政协副主席、民革河北省委等职，是我国家政教育的先驱。

一

齐国樑的父亲齐俊元是一位开明士绅，鼓励儿孙们接受新式教育。齐国樑的母亲谢氏，聪明、能干，是一位勤俭持家的好手。两人共育有五个儿子。齐俊元身体不好，除进行一些公益活动外，常年卧床休息，看看书而已，家中一切事务完全落到谢氏身上，她不但把家庭治理得井井有条，而且使五个儿子都受到良好的新式教育。由于齐国樑母亲，在这个家庭中"男尊女卑""男强女弱"的封建传统观念发生动摇，为齐国樑毕生从事妇女教育事业奠定了思想基础。

1906 年，丁家立辞去北洋大学堂总教习之职，向直隶总督袁世凯推荐王劭廉。王劭廉接任北洋大学堂新职。甫一上任，即着手创办师范科，并于 1907 年招收学生。时，齐国樑刚从保定高等师范学堂毕业，随即入北洋大学堂师范科学习。

光绪三十四年（1908）《政治官报》有直隶总统杨士骧的《又奏改习师范班学生齐国樑等请奖片》：

---

  * 张金声，天津文化地理研究中心研究员，主要从事天津地方史的研究与整理。

　　再北洋大学预备科学生吴敏向等前届毕业请奖，经部履议核准，将侯景飞等奖给举人在案。兹查该堂师范班学生齐国樑等三十七名，由中学堂升中入高等学堂肄业多年，均有根柢。因中学师资缺乏，非择尤改习不易造就高深，该生等学业优长，始令改就师范，兼程并进，攻苦一年递升北洋大学堂，加习一年，扣至本年六月毕业，计其积累功深，均有五年及六年之久，其报名考入之张锡周、李晓泠、王树荻、张大寿等亦均有四五年，成绩按照补习中学普通课一年之例，均属相符。该生等所造程度较上次获奖之侯景飞等有过之无不及，据前署提学司卢靖开具履历分数呈送试卷，详请奏奖前来。臣查该生等始由中学高等，层级递上，当时改习师范虽与定章未合，实为学界所需。迹其耽习学科，绳以年岁，成绩并茂，允宜从优奖励，以勖精勤。合无仰恳天恩，敕下按照上次预备科毕业生请奖办法，视其程度高下，分别核奖。

朝廷批复，依前例奖给齐国樑等人举人出身。

1908 年，齐国樑被北洋大学堂选派到日本广岛高等师范学校深造学习，他的人生及以后的事业肇始于北洋大学堂。

　　第一次走出国门，齐国樑学习十分刻苦，成绩不俗，但饮食上不习惯，由此患上终生难愈的胃病，只得靠喝咖啡来振作精神。此后，每日必喝咖啡成了他终生的习惯。在留学其间他深深感受到日本的教育理念，他观察到日本非常注重女子教育，尤其是女子家政教育。他著文指出，日本的女子学校非常重视家事教育，原因是日本女子在家庭之中，承担着重要的家务，包括家庭中的清洁、整理、缝衣、饮食、教养子女、照顾家人，都需要做到周全。因此这就会使家庭健全，国家和社会也会获益，其创办家政教育的想法肇始于此。

　　1911 年冬，齐国樑回国参加辛亥革命，曾任宁津县高等学堂校长、保定师范教员。1912 年，清廷退位，中华民国建立。1913 年，齐国樑回到日本继续完成学业。1915 年，他毕业于广岛高等师范学校并获得学士学位。1916 年，南开学校校长兼任直隶女子师范学校校长的张伯苓推荐齐国樑担任直隶女子师范学校校长。直隶女子师范学校的前身是创立于 1906 年的北洋女师范学堂，傅增湘任学堂总理，吕碧城任教习。1906 年，北洋女师范学堂招收的简易科，学生分为两部，第一部偏重文史，第二部偏重数理，由个人自愿选择。学校第一部开设科目有修身、国文、历史、地理、家政、体操、习字、图画、手工、乐歌、外文。第二部开设课程有修身、国文、算学、理科、家政、图画、体操、习字、手工、乐歌、外文。家政是其中的重要科目之一。

家政科目的具体课程包括家事卫生、衣食住、育儿、看护、家计簿记、教授法等。家政课的开设，其要旨"在使能得整理家事之要领，兼养成其尚勤勉、务节俭、重秩序、爱清洁之德性。"对于女红课则"学习适切于女子之手艺，并使其指手于技巧，性情习于勤勉，得补助家庭生计。"同时开设完整的教育类课程，要旨在于"使理会女子小学堂、蒙养院保育及家庭教育之旨趣法则，并修养为教育者之精神"，具有明确的女子师范教育特点，体现师范教育的职业化。[①]

1912 年春，北洋女师范学堂改为北洋女师范学校。1913 年 5 月学校改归省立，北洋女师范学校更名为直隶女子师范学校。1916 年后更名为直隶第一女子师范学校直至 1928 年。

1916 年 1 月 10 日，"直隶省教育厅批准：留学日本广岛高等师范毕业生齐国樑，现经电调回国，昨奉巡按使朱经帅委派为直隶女子师范学校校长，齐君昨已谢委莅该校，与代理校长张伯苓君接交办理。"[②]

张伯苓之所以介绍齐国樑任该校校长，与齐国樑的教育理念有关，他认为"男子教育宜重，女子教育亦不可轻，男子教育宜急，女子教育亦不可缓"，张伯苓欣赏其理念，故愿为其作伐。事实证明，齐国樑并未辜负张伯苓。

齐国樑是我国中等师范学校中唯一海归校长。他不仅具有先进的教育知识和技能，还把国外先进教学理念和管理经验运用到教育工作中。他在《我们为何要研究家政学》中指出："家庭在社会上，既占重要的位置，家政学的知识又为我们必具的常识，要想提高家庭生活，专门依靠固有的经验，是不能达到完美的地步。必得按照科学方法来研究和整理，才能有改良的一日。"[③]齐国樑一生秉持试图通过改造家庭而改造社会的教育理念。他认为中国贫弱的原因在于家庭不够健全，如果欲图改变这个贫弱不堪的中国社会，建设富强的国家，就需要从社会最基本的单位做起，也就是从家庭改革做起。

为实现理想与抱负，他在家政学科的建设上为之奋斗一生。

1916 年 7 月 2 日，《大公报》刊发直隶第一女子师范学校甲班毕业消息，计 15 条，最后一条写道："是日与校参观者，为师范学生蒙养园及全体学生毕业生等之家庭，并学务机关人员暨男女等，不下数百人，至五时余始克宣布闭会。后由校长齐国樑引导

---

① 刘京京：《齐国樑女子家政教育思想探析》，《山西大学报》，2018 年第 45 卷第 6 期，第 89—90 页。
② 《益世报》，1916 年 1 月 10 日。
③ 戴建兵、张志永：《齐国樑文选集》，天津：天津古籍出版社，2012 年，第 71 页。

各参观人员入成绩室，其陈设之成绩则为刺绣、缝纫、编物、铅笔画、水彩画、作文、习字、英文等甚多，其刺绣之花卉草虫无不与真毕肖，来宾啧啧称奇。"

由上述报导，可见该校取得令人刮目相看的成绩。但齐国樑并不满足，他深感国内女子教育与国外女子教育的反差，决定添加家事专修科。

1917 年 8 月，女师设立家事专修科，以培养中等女校师资。当时学校教员缺乏，聘用日本老师，齐国樑则充当翻译，惨淡经营。最后，因师资缺乏，此班学生毕业后学校就没有再续招新生。因齐国樑在教学上的贡献，同年天津县劝学所长华泽沅、天津县第一学区劝学员邓庆澜等为齐国樑等颁发优秀办学员奖励。

1918 年，河北教育厅以女子教育关系重要为由，委派齐国樑、刘宝慈赴日本考察女子教育并顺道赴江浙等省视察女学。

刘宝慈（1873—1941），字扫云，号竹生，天津人。早年赴日本考察教育，1905年，直隶提学使卢木斋提名其为天津官立模范两等小学堂首任堂长，是天津最早官立小学的创始人。担任小学校长长达 36 年，培养了数不胜数的人才，为天津市基础教育事业的发展做出了重要贡献。他注重革新旧教材，科学设置课程，优化教学内容，让学生全面发展，此举在中国近代小学教育史上具有开创意义，是天津向社会全面普及科学知识的第一人。1941 年，刘宝慈先生由于突发脑溢血逝世，享年 69 岁。

从日本回国后，齐国樑与刘宝慈南下参观江浙教育情况。齐国樑对黄炎培职业教育印象颇深，他指出中国所学不适、所用而尤的弊病，极为赞成"改良职业教育使与社会实况接近者"，这表明他学以致用的教育理念。

1919 年，五四运动爆发，为营救被捕学生，北洋大学校长赵天麟、天津法政专门学校校长李镜湖、第一女子师范学校校长齐国樑等联合在 5 月 7 日的《大公报》发表《天津各校校长请释放被拘学生》的声明。声明中不但要求政府释放学生，还"力争青岛交涉"。

1919 年《教育公报》第 6 卷第 9 期刊登直隶第一女子师范学校家事专修科学生毕业名单。这些毕业生中，后来有许多从事家政教育工作。家事专修科是该校家政教育的早期尝试，具有重要意义。

1921 年 6 月 10 日，《大公报》刊登《录取直隶留学生》消息："教育部本届举行选派留学生试验，第二复试业经按规程分别试验，所有直隶应试全部或第一部学生，已将平均分数核计完竣，取录者共三名，为姚文林、杨真江、刘凤年，全部免试第一名齐国樑。"

在直隶第一女子师范学校校长任上已经取很好的成绩，且得到业内认可的齐国樑，此时放着校长不当，非要出国再次留学，令人大为不解。而他却认为我国办教育者，其学识往往不能与时俱进，以致教育不能进步。

1921年10月，齐国樑辞去直隶第一师范学校校长之职，由冯荣绂接任。他前往美国留学。

齐国樑先入斯坦福大学获得文学学士、教育学硕士学位，后又入哥伦比亚大学师范研究院继续研究教育两年。放眼民国以来，这样的大学校长也是极其罕见的。

在留美期间，他感受到美国各级学校要比日本更加重视家事教育，而美国的家事教育也更为进步，女子在家庭和社会中的贡献更大。"因之国家建设及兴盛更受其益，所以本人回国后，又决议提倡家庭教育。"[①]

1926年，齐国樑回国，仍出任直隶第一女子师范学校校长。此时，他的办学理念上升到新的层面，为着力把女子教育推向深入，他屡屡呈请增设女子家政艺术学院，以期研究家事科学及与家事艺术，改进女子教育。时值北方政局动荡，他的提议未被重视。

1928年，直隶第一女子师范学校改名为河北省立第一女子师范学校，学生人数达350人，各类学科课程共210学时。

1929年，河北省政府正式批准成立河北省立女子师范学院，"以家政为学院之一系"，聘请齐国樑为该院院长。9月10日学院正式开学，齐国樑制定的院训是："崇实、明理、守法、合作"。为此，他著文解释道："规定人生各方面所需之德性，并参照总理生平特著之德性，并其所同，存其所异，归纳为54个德目。又就各个德目之性质，分别统属于总理遗教忠、孝、仁、爱、信、义、和、平八项国民道德之下，以求观念之统一，而谋实践上之便利。并再具体地归纳为崇实、明理、守法、合作八字，作为本院院训。庶几健全人格易于养成"。[②]后来他归纳为"崇实含有二义，一曰诚实，二曰朴实……前者为内心之存养，后者乃行为之表现。虽分两面，实为一体。师资造就，负指导社会之责，故以崇实为训育德目之首。正本清源，此为至要。明理究其含义，厥有二端，一曰明是非，二曰重礼仪……以明理为训育德目之二，开物成务，此为其本。守法为训育德目之三，公民道德，社会秩序，不可离也。合作为训育德目之

---

① 齐国樑：《在河北教育会议上的发言》，《河北教育》1948年第7期，第8页。
② 齐国樑：《河北省立女子师范学院概况》，《河北教育公报》第5卷第14期，1930年5月20日，第6页。

四，公共道德团体福利，完成人格，不可缺也。[①]

1930 年春，河北省立女子师范学院与河北省第一女子师范学校合并，学院本部及师范、中学、小学、幼稚园各部，成为完整的教育体系，齐国樑兼任家政系主任。他为家政系制定以造就女子师范及中学校家政教师，并以改善我国家庭生活为主旨，其培养目标为指导学生认识家庭为社会发展之基础，授以家政学识技能，俾能充任家庭指导师之职任，并采择众中外新旧家庭之优点，诱导社会，改良家庭生活；养成师范及中学校家庭学科之教师。齐国樑的这些观点在当时是极为先进的，于今仍有指导意义。

齐国樑的办学理念虽然先进，但开办家政系缺乏现成的规范和经验，许多工作在探索试验推进。他启用马千里协助他主持校务，聘请一批思想新、学问好、提倡男女平等、赞成妇女解放的教师，如冯沅君、李霁野、丁善德、张洪岛，及刚从美国归来专门学习家政学的孙家玉等，皆为一时之俊。当时女师的教师可谓人才济济，同时根据每位教师所长，重新安排课程内容。

以国文课为例，过去的教学只重视古典文学，特别是古代女性诗词的讲授，而今加强新文学著作的选读，并给教师以自由空间，根据本人所长自选教材、自编讲义。如 1926 年入学的王振华回忆她在女师上学时写到：在顾随先生班上，初中三年的国文课程是以讲授鲁迅等进步作家的作品和苏俄及其他外国作品为主的，并印发了大量讲义供同学课外阅读。1926 年在北洋军阀褚玉璞统治时期，在校中学生要奉令读《四书》《五经》，北伐革命之后，国民党也如法炮制，但女师在教材上并不严格规定，老师教学很自由。理科方面，学校的实验设备一应俱全，化学试验用品每人一份，每个学生都有自己的柜子用来装试验用品，生物实验室四壁都是标本和挂图，显微镜每二人一架。课程除在课堂上由教师演示外，还安排学生亲自试验，每周两小时，连在一起以利操作。动物课还让学生进行解剖，如解剖青蛙、鸽子、兔子、鱼等，这在当时是很先进的。初中音乐课程除教授中外名曲及乐理外，还经常让同学欣赏各种器乐演奏与中外唱片，用以提高音乐修养，同时也很注意民歌、民谣的教唱与欣赏；高中时期重点是乐器的训练，先是风琴，继而钢琴，还有提琴、琵琶等，设有专门的练琴室。美术课程包括国画、油画、水彩画、粉笔画等。由于个人的兴趣、爱好及努力程度不同，掌握的程度也就不尽一样，但课程要求必须掌握基本素描和图案，以便将来工作应用。

---

① 齐国樑：《院训》，《河北省女子师范中学部一览》中华民国二十三年（1934）四月，第 1—12 页。

体育课教学从体操、国术，至田径、球类都有专门课程设置，专门场地练习。为满足当时同学中滑冰、骑自行车的要求，女师设有专门的冰场、旱冰场、自行车场，备有一定数量的冰鞋、旱冰鞋。高中三年级还设有小学体育教材编写与教学方法课，每位同学都要独立编写一部分儿童体操与儿童舞蹈的教材，并进行实习。在天津运动会上，直隶第一女子师范学校的成绩总是名列前茅，涌现出不少运动高手。

学生的课外生活也很丰富，经常举办各种展览和比赛活动。就讲演而言，女师十分重视学生的口头表达能力，这是当好教师的一项基本功，平时注意对学生锻炼与培养，通过经常性的讲演比赛进一步鼓励她们。这对于大多数没有当众讲话习惯、见生人说话脸红的青年女学生尤为必要，也为学生走上讲台，打下良好基础。

在齐国樑的管理下，女师对学生的要求十分严格。学生平日有事出门要经过批准，每日晚饭后到晚自习前，可到街上去散散步，但出门必须在门口翻牌，回校后再把牌子翻过来，传达室有所有学生的牌子，一看牌子的正反，就知道那个学生在不在。上课时不准会客，下课后会客要到会客室，客人来访只能在会客室等候，绝不准进入学生宿舍。如有人违反制度，超假不归或在外留宿，就要受到纪律处分。

齐国樑管理的女师校风朴实，在人们的心目中印象颇佳。

齐国樑认为师范、中学要实行分科教育。师范造就小学教师，中学培养普通人才。小学教师分任各科，师范分科必然；但中学生不同，兴趣各异，且大学招生分科，社会职业繁多。所以在师范、中学有相当分科素养较为适宜。鉴于此，师范、中学除设普通学科外，要特分文、理、艺三科，略增特殊科目，以示区别。学生各就其性之所近，分别学习，以发展其特长，结果教育至为优良，形成特色。

1933 年，第一届学生毕业典礼上，齐国樑在院长致辞中回忆学院家政学系创建缘由时，再次重申自己出国深造学习研究家政、创办家政教育的信心。同年，齐国樑参观定县平教会后，更加坚定开展社会教育的决心，他著文阐述道："吾国现在一般学校，大都遵部章而定课程，藉书商以选教材，教者以是教，学者以是学，至于学者之实际需要如何，所处环境之实在情形如何，均所不问。如是至法定年限届满，凭主观所定之程度，考试及格，毕业出校，至毕业生之前途如何，对社会所发生之影响如何，亦所不知。如此不负责之青年旅栈，究竟于青年有何裨益，于社会有何补助"，批评"现在教育与生活脱节，学习与劳作分离，致新教育蒙'洋八股'之徽号"。他对定县平民教育大加赞赏，"定县农民教育之施行，系先以科学方法，调查农民需要及乡村缺陷。调查所得，据以研究补救方法，以为教材，从事实验，实验有效，然后推行，其以科学方法施行教育之途径，一般学校确可遵循. 以期于青年有益。于社会有补，于自身有救”“现在一般学校之课程，亟宜参照定县平教之办法，而加以纠正”。[①] 他如此说，亦如此做。同时，齐国樑积极把家事教育推向社会。1936 年春，女师在天津“设立妇女民众学校，先谋妇女之解放而造就全民教育之先声”，以四个月为一期，采取研讨式教学，向缺乏文化的劳动妇女普及家事知识。

齐国樑注重与外界的沟通与交流。1935 年 6 月，美国哥伦比亚大学著名家政学专家安主司来女子师范考察并参观该校后，对女师的科系及实施室等建设，赞许有嘉。

1936 年，河北省女子师范学院共有 11 个系，23 个班，学生 350 名左右，连同所属的师范部、师中部、小学部等，学生 1800 多人，是全国同等院校中规模最大，约超出普通女子师范院校经费五六倍之多。女师从小到大，从单一到多层次办学，这充分展示了齐国樑的办学理念。

从学院成立到抗战前夕，颇具规模，发展态势良好。但随着抗日军兴，齐国樑苦心经营的学院随着硝烟几乎荡然无存。

办理家政学科、倡导家政文化是齐国樑一生坚持不懈的教育追求。在办学实践中，他将家政教育理念运用于家政学科的办学实践之中，树立起鲜明的家政文化旗帜。他的办学实践过程主要经历四个阶段：一是家政教育理念发蒙阶段。他先后两次赴日本留学，被日本家政教育所震撼。他积极将日本的家政教育模式采纳到办学实践之中，改良中国的女子教育。二是家政教育初试阶段。他归国后，深感国内女子教育与国外女子教育的反差，开始寻求女子家政教育之路，在女师添加了家事专修科。三是家政教育理念深化阶段。他在美国考察教育归国后，办学理念上升到新的层面。1929 年，他建立了家政系，完善家政学科的设置。四是家政教育思想成熟阶段。从 1929 年成立家政系至 1937 年抗日战争爆发的八年之中，家政系从初具规模到办学条件逐渐完善以及办学质量逐渐提高，最终成为全国家政学科的一面旗帜。齐国樑的家政教育轨迹经历从起初家政教育理念的萌发，到初步实践，再到在实践中思想和理念的不断完善和成熟。

---

① 戴建兵、张志永:《齐国樑文选集》，天津：天津古籍出版社，2012 年，第 92 页。

二

1937 年"卢沟桥事变"后河北省立女子师范学院校舍毁于炮火中。齐国樑率学生退入英租界，并商洽由耀华中学和圣功中学将学院附属师范部和中学部学生分别收容，以使学生继续完成学业。附属小学部学生于志达小学继续上课。只有学院本部的学生在租借地各私立高校准备复课，但由于没有相应科系，没有办法安置。齐国樑又于同年 9 月间到南京向教育部面陈学院被毁情形，并请示复课办法。后经国民政府教育部核准，同意女师学院用中英子赔款补助办学。

1937 年秋，女师迁到陕西西安，并与西迁的北平大学、北平师范大学、天津北洋工学院合并，组建西安临时大学。家政系整编迁入，并维持独立建系，其他各系学生分别转入西安临时大学各系。西安临时大学下设的教育学院 149 人，其中家政系有40 人。齐国樑任家政系主任，教师主要有女师学院孙之淑、王非曼等。随着西安临时大学的南迁及西北联大的变迁，先后成为西北联合大学教育学院家政系、国立西北师范学院家政系，从而将家政教育从华北带到西安、汉中、兰州，开启西北家政教育的先河。

由于办学环境的变化以及各学院之间的交流合作增多，齐国樑因时因地调整办学理念，这体现在课程设置上有较多的变化，如：增加部分基础性课目，生物学、生理学、卫生学、美术学概论等；在公共课目中增设英文家事各科教材选读，注重吸收西方家政学优秀成果。在专业方向上设置教育类和家政类课目，分类细化，便于学生选择。在专业课目中开设有教育类、家政类。在选修课目中，涉及国画、音乐、服装、烹饪、家庭机械学、护病学、统计学及家庭调查、民众教育、工艺等科目。

1938 年 9 月，西北联大拟定《二十七年度兼办社会教育计划大纲》，其中师范学院家政系承办为期三个月的家事讲习班。

1939 年 4 月，第一期讲习班开课。讲习班设有衣服学、食物学、育儿法、家庭布置、家庭卫生及看护、手工等基本科目，讲解由家政系学生负责，招收能读书识字做简单笔记的妇女，每天下午四时至六时上课，第一期听讲者达六十余人。

1939 年 9 月国立西北师范学院成立之后，家政系成为西北师范学院的特色学系。开设的课程有：普通化学、家政学概论、伦理学、有机化学、生物学、生理学、织品与衣服、定性定量分析化学、营养学、食物选择及调制、服装学、儿童保育、家庭管理、家事教学实习、论文研究、家庭工艺等科目。

在正常的教学活动之外，西北联大家政系还在城固县城开设儿童保育实验室，既补助家庭教育之不足，亦提高母亲工作之效率。尽管当时招收的儿童有限但起到示范作用。

国立西北师范学院成立之后，齐国樑根据教育部指令大力开展乡村社会教育活动，在城固县邸留乡设立乡村社教施教区。在施教区成立大会上，家政系学生所制各项衣服等百余件也作为展品参展，效果良好，并由家政系学生做家事教育讲演。此后，家政系以学生为主体的家事讲演持续开展，每周在张家巷妇女会讲家事一次，备受民众欢迎。

西安临时大学时，家政系教员极少，仅有齐国樑、孙之淑、王非曼、张琴书四人。至成立国立西北师范学院之后，由于家政教育的特殊性及在乡村社会教育中的重要作用，师资得到增加。到 1941 年，家政系新聘干事三人，总人数达到了七人。至1945 年 12 月，西北师范学院家政系的师资在兰州期间又有所增加，达到了 11 人。家政系由于所学专业的性质，社会上对此了解不多，故报考率不高，且报考的均为女生。西安临时大学时期，家政系有学生 40 人。1939 年，西北联合大学家政系学生依然不多，总计 30 人。1940 年时，家政系学生人数为 44 人。西北师范学院时，家政系同教育系、体育系为三大系之一，家政系还能得到中英庚款的资助，办学条件比其他学系稍好。但由于家政教育传入中国时间不长，之前均在大都市开设此专业，而在偏僻的陕南地区鲜为人知，故在招生上困难。因此校方和齐国樑等家政系师生通过各种方式宣传家政教育的重要性，鼓励考生报考。

1940 年 2 月，国民政府教育部为制定统一职业学校教学计划委托家政系编制高初级家事、缝纫、刺绣、烹饪各科职业学校课程及设备标准，要求于 3 月底报送教育部。随后，齐国樑组织家政系教师经过论证撰写并按时提交课程及设备标准，以供各职业学校施行。

在全国的家事教育，西北联大家政系影响很大。齐国樑经常发表文章宣传家政教育的重要性，以期获得社会的更多认可，为家政教育的普及进行舆论宣传，希望通过家政教育为改进社会、国家建设做出贡献。

1940 年 12 月 30 日，在西北联大纪念集会上，齐国樑发表演讲大力宣传家事教育的重要性。

齐国樑自 1911 年任宁津县高等学堂校长，至 1941 年他任职满 30 年，按规定可以享受休假一年，他没有选择出国访学深造，而是利用这个机会，对大后方家事教育情况进行考察，"分赴陕、甘、宁、川、黔、滇各省考察中等女校（及男女合校之女生班）对于家事教育之设施及其不发达之原因，顺便考察各省社会情形及家庭生活状况，以便草拟促进家事教育计划，建议教育部采择施行。在考察期间并拟对于各省教育当局及各校院生说明家事教育之重要及推进方法，以为将来促进之地步。"[①] 同年 6 月，齐国樑根据实地考察，其代表家政系拟就《关于上报家事教育全盘纠正及推行办法给教育部的呈文》，他提出家事教育的重要性及当前的家政教育现状和纠正建议，并指出："惟环观后方各省学校，小学无论矣，中学及师范对于家事学科之设施，十之九亦付阙如。或以工艺、缝刺等劳作科目代替家事科全体，或并工艺缝刺而无之。其置有家事科设备，聘请专门教员，遵部颁家事课程标准，认真施行者，直如凤毛麟角。至于社教机关，因无家事专门人才，推行此项教育者亦少。间或行之，亦不过形式上之宣传，而无实际上之督导及训练，致收效极少。"他进而分析造成此种情形的原因有三："专门教师不易聘请，设备费难以筹措，多省教育厅及学校虽有推行家政教育之意志，但少实行之决心。"他还提出解决办法："第一，请令各省选送学生投考，以扩大生源范围；第二，请令各省选送受训学员，以储备、训练家事教育师资，提高各省家事教育的师资水平；第三，请令各省宽筹家事设备费，以改进家事教育的基础设备，提高教育质量；第四，培植各学院家事教员，解除各校聘请家事教师困难的问题。"齐国樑的呈文有理有据，提出的改进措施切合时弊，很有针对性。[②] 同时，王非曼也著文陈述对抗战时期家事教育的意见，为齐国樑的呈文鼓与呼。

1940 年 4 月，国民政府鉴于城固县地处偏僻，且高校较多，下令将国立西北师范学院迁往甘肃兰州。1941 年 4 月成立兰州分校建筑筹备委员会，齐国樑出任兰州分院主任。同年，在兰州招收新生 200 余名，并于同年底开学。

西北联大家政教育从华北教育发达地区一路播迁，经西安至汉中，再至西北腹地兰州，家政教育的理念也在实践中不断更新，留下许多家政教育的经验，对偏远的西北地区家政教育发展起到重要的作用。

1946 年 5 月，河北省立女子师范学院正式复校。复校前齐国樑为弥补校舍不足，多方奔走，最后天津市政府将省府后花园一部，拨借该院作为体育场。8 月，女师先就呈部核准之各科系，分别招新生，9 月，正式开学。

1947 年 6 月，学院基本恢复正常教学秩序，设置教育、国文、体育、家政、音乐

① 《衷心的倾诉——会员报告选粹》，河北省档案馆藏，卷宗号：617-2-289。
② 岳霞：《西北联大家政教育研究》，《陕西理工学院学报》，2016 年第 34 卷第 2 期，第 46 页。

五系，学生 127 人。惟家政系课程大部须以实验或实习佐证理论，事变前设备毁于战火。齐国樑及家政系教授，多方努力，将科学馆设备逐渐充实，计有化学实验室，生物生理实验室，服装、织品与食物实习室等，各实验实习室设备，初具规模。

1948 年 6 月，齐国樑提议省政府分别呈咨行政院及教育部，对河北省各学院，比照国立大学或独立学院，特别拨付建设费，从而修整校舍、充实设备，以谋恢复。其理由是：

　　　　第一，河北省为华北首要之区，高等教育一向发达，各学院均有相当历史及成绩，抗日战争胜利后，因为河北省经费拮据，学校恢复未能顺利进行，亟需国家加以扶持，恢复旧观，为国育才；第二，河北省各学院虽为省立，实际上与国立各大学及独立学院，共同负有为国育才之责，经费数目太少，则聘请教授及充实设备均感困难，国家应不分国立省立，一视同仁，就其所处特殊环境及其责任，充分发展，完成任务；第三，中央对于河北省各学院已有的补助数目太少，现物价动荡剧烈，对于各学校实际应用，相差太大；第四，各省高等教育机关，多合成省立大学而改为国立大学，享受国家待遇，省内各学院，各自独立，但国家也不宜令其向隅，从而违背教育平衡发展的宗旨。①

齐国樑此倡议得到业内的好评，并获得积极支持。

1948 年，有感于当时的情况，齐国樑在《河北教育》第五、六期合刊上发表《目前女子师范教育应有之改进》，提出："要提高师范教育的质量，一方面要保障教师的生活，提高师范生待遇；另一方面要提高师范教育的学术基础、促进青年对师范教育的信心和提高师范教育之地位。"② 他建议师范学院分区设置，至少应依照人口之多寡、面积之广狭以及文化水准之高低三方面为根据，以免有所偏颇。强调师范学校应当设在乡村，由于文盲遍布于广阔的乡村，如果师范设于乡村，使师范生习惯于乡村生活，离校后，自能从事乡村之教育事业，不以为苦，国民教育之普及．亦可迅速完成。他再次强调，在教育双轨制没有实现之前，要单独设置女子师范院校。女子师范教育之完全单独设立，不仅不成问题。且可完全以女子为中心，对教育作有计划的贡献。他重视女子师范生的素质训练，因为我国女子教育的落伍，社会风气的顽固闭塞，更须有良好之成绩表现，以利教育之发展，而且女子师范生尚具有其特殊之任

---

① 邱士刚：《民国时期家政学科建设的理论与实践——以河北省立女子师范学院（现河北师范大学）为例》，《河北师范大学学报（教育科学版）》，2015 年第 5 期，第 39—44 页。

② 齐国樑：《目前女子师范教育应有之改进》，《河北教育》，1948 年第五、六期合刊。

务，要求加强专业训练、养成质朴生活、培养优良学风和自我独立人格的重视。另外，他向社会呼吁欲加强师范教育，必须提高师范教育之地位，而尤须提高女子师范教育之地位，以唤起社会人士的重视。在此文中，他提出妇女要有独立的人格，即过去乃至现在的女子教育，有一个不可掩饰的病象，便是许多受教育的女子，轻视自己的独立人格，仿佛她们受教育的目的，第一，是在享受，所以受教育愈高的女子，好像自己的身份愈显特殊，也就愈需要特殊的享受，加以好逸恶劳的习染。便产生了第二个目的，以教育为职业的准备，而以出嫁为职业，换言之，即女子之受教育，只是再加上一层教育的外衣，来求得资格、学历较好的丈夫，而且为了达成这一目的，不惜奇装异服、画眉、烫发多方修饰以求取媚于男子，这种病态的忽视自己人格的教育观，如何不使女子教育落后于失败呢？他呼吁师范教育要使学生重视自我之独立人格，养成真正为求学为服务社会而受教育的精神。[①] 上述所言，无不体现一位正直有责任的教育家的远见卓识。

三

在繁重的行政及教学之余，齐国樑勤于著述，宣传先进的教育理念及对教育的思考。计有：《女子教育》《欧美普通历史教本对于中国历史之叙述的认识》《目前女子师范教育应有之改进》《河北省立女子师范学院家政学系一览》《欧美普通历史教本对于中国历史之叙述的认识》等。

他在《实施家事教育与培养家事师资》中指出：

> 家庭改善为社会进步之基础，家事教育为普通女子教育之中心。此在平时然，在战时亦然。诚以家庭良好，可促进个人身心之发展，以增加建国卫国之力量。而女子天性宜于家事，应切实予以特殊之训练，俾能发挥家庭之效能也。

此语现在读来，仍有现实意义。

齐国樑热心社会及公益活动。

1919 年，天津拒毒会聘请齐国樑为名誉董事。他为此在《大公报》发表声明：

> 贵会秉至大至公之心，抱济世救民之念，以铲除烟毒为宗旨，读之无任钦佩。鄙人一介庸愚，才智绵薄，谬承不弃，举为名誉董事，深感有负雅望。惟此举关

---

① 齐国樑：《目前女子师范教育应有之改进》，《河北教育》，1948 年第五、六期合刊。

系国计民生，极为重要，凡我悉应力予维持。鄙人既承推举，何敢固辞，惟有勉随诸君子之后，共谋会务之进行，如有相委之处，尚祈随时面示是幸，此覆。

在其担任拒毒会名誉董事期间，齐国樑为之奔走，并做了有益的工作，囿于篇幅，不再一一枚举。

1929 年 6 月 16 日，北洋大学天津同学会成立，钟世铭出任会长，齐国樑出任董事。

中国科学化运动协会是 1932 年 11 月 4 日在南京成立的协会，该会主要从事科学知识、技术的传播及科学技术的研究。1933 年 12 月 16 日，中国科学化运动协会天津分会成立，公推张伯苓、魏明分、杨润甫、齐国樑等为董事，负责处理会务。齐国樑积极参与该会的事务，深受张伯苓等人的赞许。

1935 年 4 月 20 日，天津市政府发表训令（第 1039 号），就齐国樑等呈《先兴修河北四马路，以利交通，而重卫生》，训令工务局。5 月 4 日，天津市工务局有公牍：

呈为查复公民齐国樑等请修河北四马路，现正继续筹购石料，一俟运到，再行兴修，仰乞核文。

案奉，钧府第一零三九号训令略开：案据齐国樑等呈称"为恳请查案迅赐令行工务局仅先兴修河北四马路，以利交通，而重卫生"等由，合行照抄原呈令仰查核办理具报等因，计抄原呈一件，奉此，查河北路，系属土路，且为通行大车路线，上年曾经估拟修筑碴石路面，以利通行，但查该路颇长，需石甚多，本局原购石料，余存无几现正继续筹购，一俟购运到津，再行斟酌各路缓急情形，依次兴修，奉令前因，理合具文呈复，仰祈鉴核。

谨呈

天津市政府 [①]

同月 15 日，天津市政府批复，照准。由是可知，齐国樑关注民瘼，注意卫生的情怀。

1933 年 10 月 5 日，《大公报》发表《国立北洋大学成立同学总会》中有："国立北洋大学毕业同学，因募捐母校图书馆礼堂合厦，成立各地同学会，共策进行，本月二日该校三十八周年纪念，各地同学会均推有代表，来津参加典礼。天津同学会藉此机会，即晚在永安饭店欢宴各地同学会代表，并共商成立同学总会。一致主张，即根据南京分会修正之北洋同学会章程草程，即晚推定司选委员张润田、伍克潜、徐泽

[①]　天津市工务局呈文附在 1935 年 4 月 20 日，天津市政府发表训令（第 1039 号）内。

昆、崔诵芬、邓舒安五人……钟世铭、齐国樑等人被选为执行委员。"

齐国樑等人为完成上述目标，竞相奔走，受到北洋大学师生的好评。1936年，北洋同学总会第四届执委会选举齐国樑等八人为执委。

1934年，天津市举办春运会，张伯苓担任会长，齐国樑协助张伯苓完成工作。

1935年，河北省教育厅为恤济蓟密滦榆两战区内各县学生起见，特意成立"战区学生奖学金保委会"，委派张伯苓、李书田、齐国樑等十一人为委员，并制定章程。该保委会的委员们恪尽职守，公平分配，赢得学生及家长的好评。

1937年，齐国樑等代表民国政府出席世教会议。同年，在中国教育学会上，齐国樑有《全国各级女子学校应注意家事教育》《遵照部颁课程标准实施教学》的提案，受到与会代表的好评，并形成决议。从此亦可看到齐国樑的担当与远见。

新中国成立后，齐国樑历任河北省第一至三届政协副主席、民革河北省委等职。

1956年，周恩来、邓颖超夫妇在中南海接见齐国樑。

1968年11月29日，齐国樑逝世，享年85岁。

齐国樑十分注重子女及后辈的教育，其子齐思和（1907—1980），字致中，1931年毕业于燕京大学历史系后，留学美国，在哈佛大学研究院攻读西洋史。1935年7月获得历史科哲学博士学位，同年回国。1952年转入北京大学历史系任教授，1958年担任北京大学历史系世界古代史教研室主任，1979年被推选为中国世界中世纪史研究会名誉理事长。齐思和学识渊博，著有《中国史探研》《世界中世纪史讲义》《史学概论讲义》等。

齐国樑的孙女齐文颖、齐文心亦是学界翘楚。

齐文颖，生于1930年，毕业于燕京大学，1958年自北京大学历史学系研究生毕业，任教于该校。历任北京大学历史学系副教授、教授，北京大学燕京美国问题研究中心副主任。主持翻译了《新美国历史》《美中关系史论》，主编《中华妇女文献纵览》，先后培养了十三位美国史研究生。

齐文心，生于1936年。1960年北京大学历史系毕业，师从胡厚宣先生，参加编纂《甲骨文合集》及《甲骨文合集释文》。完成《国家大地图集·商文化遗址图》及《甲骨卜辞地名图》。

由齐国樑的儿子及孙女取得的成绩，亦可见齐国樑作为一名教育家的家国情怀及良好的家风。

北洋大学教授雷祚雯生平事迹考补

李琦琳 *

雷祚雯，江西靖安（今江西省宜春市靖安县）团岗村人，1924 年入北洋大学，1930 年毕业到南昌工作，后赴美留学。抗战爆发后回国，任西安临时大学教授，并从事矿业勘查工作，继李书田、周宗莲之后任西康技艺专科学校（即今西昌学院，以下简称"康专"）第三任校长。1946 年，遭遇空难去世。

今人关于雷祚雯的著作，最早为其女儿雷克婉的文章《勤奋治学 赤忱爱国——追记先父雷祚雯的生平事迹》[①]，之后按照时间顺序为《靖安县志》[②]《宜春市志》[③]《中国第一所大学工程学门绵亘图录》[④]《西昌学院校志（1939—2019）》[⑤]中相关内容。天津大学校史《西安临大时期的北洋工学院》一节载："矿冶工程系，系主任由魏寿昆教授兼任，教授有雷祚雯……"[⑥]其他情况未多涉及。本文结合相关史料，对上述成果中雷祚雯生平事迹抵牾之处考补如下：

* 李琦琳，高级工程师，现供职于天津市房地产市场服务中心。多年从事天津建筑遗产保护、近代史料研究。

① 雷克婉：《勤奋治学 赤忱爱国——追记先父雷祚雯的生平事迹》，中国人民政治协商会议江西省靖安县委员会文史资料研究委员会编：《靖安纵横（第二辑）》，1987 年，第 77—82 页。

② 江西省靖安县志编纂委员会编纂，钟健华主编：《靖安县志》，南昌：江西人民出版社，1989 年，第 765—766 页。

③ 《宜春市志》编纂委员会编：《宜春市志（下）》，北京：方志出版社，2010 年，第 2462—2463 页。

④ 天津大学建筑工程学院编：《中国第一所大学工程学门绵亘图录》，天津：天津大学出版社，2015 年，第 64 页。

⑤ 西昌学院校志编辑组编：《西昌学院校志（1939—2019）》，成都：电子科技大学出版社，2019 年，第 34 页。

⑥ 北洋大学—天津大学校史编辑室编：《北洋大学—天津大学校史》第 1 卷（1895 年 10 月—1949 年 1 月），天津：天津大学出版社，1990 年，第 236 页。

图1　《西昌学院校志（1939—2019）》载雷祚雯照片

一、名字和出生年考

（一）"雷祚雯"还是"雷祚文"？

雷祚雯的名字，《靖安纵横》《西昌学院校志》中为"雷祚雯"，而《靖安县志》《宜春市志》《中国第一所大学工程学门绵亘图录》中为"雷祚文"。检《国立北洋工学院民国二十四年度校友及毕业同学录》《康专校刊》及《大公报》《申报》等记载，均为"雷祚雯"，未见"雷祚文"。目前也无任何原始资料显示他曾用"雷祚文"为名，如果此名曾被使用，至少雷克婉的回忆文章应当提及，显然"雷祚雯"才是准确的。

由于《靖安县志》《宜春市志》中"雷祚文"的误植，导致宜春市人民政府网站《靖安县》一文对雷家古村的介绍中出现了"我国著名地质学家雷祚文出生于此"一句，题目下明确标注了"来源：市史志办"。[①]检百度词条，也误为"雷祚文"。究其原因，《靖安纵横》收入的雷克婉文章，内文人名无误，但目录中文章名称内却为"雷祚文"，这应是导致系列错误出现的原因。

（二）雷祚雯生于哪年？

《靖安纵横（第二辑）》《靖安县志》等均载雷祚雯出生于1907年，但是计算终年时却有了差异。雷克婉称其父"终年42岁"，《靖安县志》《宜春市志》《中国第一所

---

①　宜春市史志办：《靖安县》，http://wap.yichun.gov.cn/news-show-574443.html，2021年6月30日。

大学工程学门绵亘图录》《西昌学院校志（1939—2019）》均直接用 1946 年与 1907 年做了减法，称雷祚雯罹难时"年仅 39 岁"。两种说法，差异 3 岁。

关于雷祚雯的终年，他的好友梅焕藻在《悼雷祚雯教授》中写道："雷祚雯教授，字漱云，江西靖安团岗村人，今年四十二岁，民国十九年毕业于天津北洋大学采冶系。"[①] 女儿和好友的记忆，将雷祚雯的终年锁定为 42 岁，却与 1907 年出生相矛盾。

检《国立北洋大学卅周年纪念册》《在校同学录》第 18 页预科二年班甲组名单载："雷祚雯，字漱云，21 岁，籍贯江西靖安，通信处靖安团岗村雷生记号转。"[②] 再检《国立西康技艺专科学校三十三年上学期现任职员录》载："校长，雷祚雯，字漱云，年龄39"。[③]

1925 年的 21 岁与 1944 年的 39 岁，差异为 1 岁。1944 年，雷祚雯为康专校长，职员录中的年龄应该是最准确的，故 1946 年他应该是 41 岁，按照当时习惯虚 1 岁记年龄的方式，雷祚雯终年为虚岁 42 岁无误。即雷祚雯 1944 年填写年龄用了周岁（39），1925 年填写年龄用了虚岁（21），所以他的出生年应为 1905 年。

二、北洋大学的求学生活

（一）雷祚雯何时入采矿冶金科？

《靖安县志》《宜春市志》《中国第一所大学工程学门绵亘图录》《西昌学院校志（1939—2019）》均称雷祚雯于 1924 年考入北洋大学矿冶专业，1930 年毕业。本科六年，显然与学制不符。

《国立北洋大学卅周年纪念册·在校同学录》显示，1925 年雷祚雯在预科二年班甲组读书。检《国立北洋工学院民国二十四年度校友及毕业同学录》的"民国十五年预科毕业生表"载："雷祚雯，籍贯江西南昌。"[④] "采矿冶金科十九年班毕业生表"载："雷祚雯，字漱云，籍贯江西南昌，留学美国，通信处南昌心远中学。"[⑤] 可以确定，雷祚雯 1924 年考入北洋大学预科，1926 年升本科，入采矿冶金科，1930 年毕业。

关于此节，雷克婉文章中已有"从预科到本科毕业共计六年"一句，应是后来人

---

① 《大公报》上海版，1946 年 10 月 25 日，第 12 版。
② 北洋大学编：《国立北洋大学卅周年纪念册》，1925 年 10 月 2 日，第 18 页。
③ 国立西康技艺专科学校校刊编辑委员会编：《康专校刊》（创刊号），1944 年 7 月，第 28 页。
④ 国立北洋工学院总务处编辑：《国立北洋工学院民国二十四年度校友及毕业同学录》，1936 年，第218页。
⑤ 同上书，第 155 页。

未加注意，导致雷祚雯 1924 年即入大学矿科。

（二）北洋学子梅焕藻

一名普通大学生的生活一般不会被记载，雷祚雯的幸运来自他的好友梅焕藻。检《国立北洋工学院民国二十四年度校友及毕业同学录》中《高级中学肄业生》表载有"梅焕藻"[①]，即他曾为北洋大学的高中生。

梅焕藻曾在海关和报界工作。《大公报》上海版 1946 年 10 月 28 日《是月也喜事多，本报婚礼三起》载："在本月里，本报同仁结婚者有三起。广告课主任傅德霖先生一马当先，于十月十二日与杜金梅女士假银行俱乐部礼堂举行婚礼。二十日本报总管理处秘书叶德真先生假海关俱乐部与张方嫘女士举行婚礼。昨日本报总务副主任梅焕藻先生又复假青年会与林嫚女士举行婚礼。三桩良缘，俱由本报总经理胡霖先生证婚。傅、杜姻缘，早缔于重庆，以复员船少，杜女士最近始抵沪完婚。叶先生鳏居已久，战后有家，其乐融融。梅先生、林女士则千里姻缘一线牵，梅先生去年来沪，与林女士一见倾心，此番好合，幸福无量。梅先生曾服务海关及中航公司，交游广阔，贺喜来宾，达三百余人。婚礼后，本报总编辑王芸生先生、编辑主任许君远先生相继演说，语多风趣，一场热闹，尤为生色。"据此线索，检《中国近代海关高级职员年表》载："梅焕藻，外文名 Mei Huan-tsao，籍贯江西，入关年代 1935 年 4 月。"[②]

著名报人徐铸在《难偿的债务》一文载梅焕藻经历："他原是《大公报》驻加尔各答记者，在印、缅抗日战争中，他写了不少情文并茂的前线通讯。抗战胜利，他到上海，任《大公报》总经理室的秘书，中英文都极流畅，处事有条不紊。他十分支持进步事业。上海《文汇报》招读者股时，他积极参加。1954 年，他没有随报北迁，留在上海学习。1956 年经我'三顾茅庐'，才到《文汇报》任社长办公室秘书。"[③]

梅焕藻疾恶如仇，思想进步。1946 年，震惊中外的"下关惨案"发生后，上海新闻界举行抗议活动。《文汇报》1946 年 8 月 25 日发《上海新闻界 116 人抗议下关暴行慰问受伤同业》，他名列其中。1957 年，梅焕藻去世。

---

① 国立北洋工学院总务处编辑：《国立北洋工学院民国二十四年度校友及毕业同学录》，1936 年，第 339 页。
② 孙修福编译：《中国近代海关高级职员年表》，2004 年，第 659 页。
③ 徐铸成：《报人六十年》，上海：学林出版社，1999 年，第 73—74 页。

图 2　1947 年《艺文画报》（第 1 卷第 7 期第 9 页）设专版介绍《大公报》，图为总管理处，左上为秘书梅焕藻

（三）《忆天津西沽》中的北洋大学

抗战爆发后，北洋工学院西迁，雷祚雯归国任教，《大公报》刊梅焕藻的文章《忆天津西沽》。[①] 文章回忆了在北洋大学的求学生活，重点是与雷祚雯等人的交往，展示了雷祚雯求学期间的部分生活情况和思想状态，文称：

> 凡是在天津住过一年以上的人，对于西沽这两个字总不该是陌生的吧？一年四季中西沽无时不是可爱的，尤其是初春时节，那里的桃花都开了，远远看去，红白相间，那不是人间，那简直是仙境！只可惜江山依旧，人事全非！

> 西沽的东面是北运河，那黄色的河水，那一时不停流向金钢桥的河水，充分的象征北方人强悍沉毅的性格。除去涨大水以外，这河里从来没有过轮船；帆船的往来，虽然终日不断，可是河面上仍是那样的幽静。正是在那样的幽静里，他发挥了他那无限量的潜势力，沟通平津的货运！

> 河的东面是平津公路，西面是古老的北洋大学——天津人口中的武库学堂。在这里我消磨过，一年半，宝贵的光阴。武库虽然没有了，但是东门口的几尊铁炮，仍旧是那样的雄视一切，显着凛然不可侵犯的神情。在那几尊铁炮的上面，雯和我曾经讨论过个人的前途和家国的命运。出了东门便是河堤，河堤下面是一片沙滩机，沙滩下面是游泳的胜地，沙滩上面—柳荫之下是谈心的处所。

---

① 《大公报》上海版 1937 年 11 月 2 日第 5 版。

沿着河堤向西北走去，走上个三两里路，便到了一条大车路。往北是丁字沽，往南便是西沽镇了。星期（天）的早上，往丁字沽或西沽的道上，总可以看见几个高谈阔论神情愉悦的青年学子。那就是浩、玖、淑和我几个人去吃糖皮的时候。糖皮也叫糖盖，在天津非常著名，是天津人士早餐的主要食品，糖皮加豆浆，其味无穷！

提起古老的北洋大学，它的命运正和我古老的中华民族的命运相同。它不知经过了多少折磨，十七年（1928）的大火，几乎是一个致命伤。然而，它有它那坚强不屈的性格，虽然在风雨飘摇和千疮百孔的时候，渡过了它的难关，继续为国家造就工业人才。它不但渡过了它的难关，并且逐渐走向复兴的途中，物质的建设和精神的建设同时并进！因为胃病的缘故，脱离了这可爱的"武库"。然而爱慕母校的情绪，简直是与日俱增。因事到天津去的时候，总要抽空去看看的。看见那外表古老而实际充满朝气的母校正迈向光明坦途，心中的喜悦，实在难以形容。学校西面的大操场，我们在那里上过军操，与其说是军操，不如说是游戏班。我们活泼惯了的青年，那里肯听教官的口令，弄得笑话百出。军官呢，虽然是有心人，也让我们这班顽皮的孩子弄得啼笑皆非。最荒唐的一次，我记得是全班逼教官讲杀头的技术。局面变迁得太快了，现在想去上操也不可能了。我关怀"武库"的安全，我更关怀"有心人"的境遇！

大操场的西北面是个葡萄园，也是漱和玖的天堂和乐土。想起那一串一串，俯仰都是的葡萄，现在还觉得垂涎欲滴。离葡萄园不远的地方，长眠着没见过面的朋友陈君。为了他的坟墓的事，刚、漱和我曾和学校当局办过几趟交涉。漱是那样的潇洒，潇洒中又含着严肃的成份。我推想漱朋友——陈君——和他也差不多。现在天津已经是群魔乱舞的局面，我那"未见面的相识者"是不是能长久的安眠而与世无忤呢？我关怀母校，我更关怀我地下的故人！！假若他活着，他必是一员勇猛的斗士，只可恨天不假年！！！说起了陈君，使我想起我们的"老象"。我不信他会死得如此的惨——摔到矿坑里死的。斗士当然不怕死，可是死得太早了点！在你们的朋友，你们的家人，你们的国家都期望着你们的时候，你们竟这样的回去了，空留着怀念你们的人们，在这里听恶魔的狂嚣，看烽火的漫延！

学校北面的土堆——我和漱每天早晨打架的土堆，学校东面的运河，整个的北洋以及整个的天津现在是个什么情景，我真不忍去想象！短短的六年间，北局的败坏竟到这一步的田地！希望我全国人士，踏着我各战场烈士的血迹，排除万难，向前迈进。再过六年，我们的青白旗，不仅要在西沽飘扬，还要在西沽的东北飘扬！

听说北洋母校在西安复兴了，老友漱云也回国赶往母校任教了。我惭愧自己没有工业上的智识贡献给祖国；我希望我的母校和我的故人，在漫漫的征途上，勇敢的、沉着的向前迈进，不进到松花江上，永不止休！

梅焕藻的《忆天津西沽》充分表现了对母校的热爱，对求学生活的深深眷恋，更是北洋大学学子在国难当头之际发出的战斗檄文。

（四）雷祚雯与同乡的交往

《忆天津西沽》中的漱、漱云为雷祚雯无疑，从籍贯看，梅焕藻与雷祚雯为江西同乡，因此浩、玖、刚也极有可能为江西籍学生。检《国立北洋工学院民国二十四年度校友及毕业同学录》中的"民国十五年预科毕业生表"载："熊正玖，籍贯江西南昌。"[①]"机械工程科二十年班毕业生表"载"熊正玖，字永群，籍贯江西南昌，服务处所及职务南昌心远中学教员，通信处南昌岗上街熊熙鸿堂。""采矿冶金科二十年班毕业生表"载"刘刚，字克中，籍贯江西吉安，服务处所及职务英国实习，通信处吉安大街永厚德。"[②]熊正玖在预科期间就与雷祚雯同学，刘刚与雷祚雯同专业低一届，关于"浩"的线索暂未找到。1947 年，梅焕藻在《周末观察》发《追念一位教育家——雷祚雯教授》[③]一文。文中多次强调二人 17 年的交谊，并称："我和他在天津西沽同学过一年。"说明梅焕藻于 1929 年秋季入北洋大学附属高中，与雷祚雯相识。

雷祚雯、梅焕藻、熊正玖、刘刚等江西籍学子，在北洋大学求学时间长短不一，但远在异地他乡，乡情使然成为好友，并由此结下了终生的友谊。

三、组织北洋同学会江西分会

1930 年 9 月，雷祚雯入职江西省立工业专科学校，[④]兼任南昌心远中学教员。

---

① 国立北洋工学院总务处编辑：《国立北洋工学院民国二十四年度校友及毕业同学录》，1936 年，第 213 页。
② 同上书，第 156 页。
③ 梅焕藻：《追念一位教育家——雷祚雯教育》，《周末观察》第一卷第五期，1947 年 8 月 2 日，第 13—14 页。
④ 详见江西省立工业专科学校编《江西省立工业专科学校同学录》（1933 年出版）之"本校现任教职员一览表"第 21 页载："雷祚雯，字漱云，籍贯江西靖安，国立北洋大学采矿冶金科毕业工学士，专任教员，到校时间十九年九月，通讯处南昌高家井八号。"

图3　《江西省立工业专科学校一览》（1935、1936）载该校照片：左上为第一大楼，右上为试金室，左下为电气冶金试验室，右下为矿冶模型室

1934年，雷祚雯受命母校，着手组织北洋同学会江西分会。北洋同学会天津分会春季大会上，钟世铭报告同学会一年来的进展要点时称："已函下列各处同学组织各地分会：陕西雷孝实、山西王颐梅、江西雷祚雯、广东胡梗朝、唐山赵庆杰。"[1]一个月后，在雷祚雯等人的组织下，北洋同学会江西分会成立，即函告母校，并附分会章程、会员录，[2]如下：

北洋同学会江西分会来函

迳启者：

北洋同学散居南昌市者，共有十余人。从前因无学会之组织，颇感散漫。本年六月间雷同学祚雯、项同学显洛发起组织北洋同学江西分会，以联络感情，敦睦学谊。六月十六日开分会成立大会，到会者计十一人。决议组织北洋同学会江西分会，拟定分会章程，选举本届执行委员会及职员。

本届执行委员。票选结果，由项显洛、曾伯雄、熊正玖当选，其次多数李中安、雷祚雯为候补执行委员。并推定项君任常务，曾君任文书，熊君任事务。

---

① 　钟世铭：《北洋同学会天津分会春季大会志盛》，《北洋周刊》1934年第21期，第2页。

② 　《北洋周刊》，1934年第29期，第7—8页。

所拟分会章程草案及本届会员录，理应函请贵会审核备案，即希覆示为幸。

分会成立伊始，对于母校情形及各地校友消息，颇为隔膜，祈贵会时加指导，并常将母校及各地校友消息和刊物赐下为盼。

此致北洋同学会执行委员会会长。

北洋同学会江西分会执行委员会常务干事项显洛

（通讯处南昌市省立南昌第二中学）

附上江西分会章程草案一份、会员录一份。

民国二十三年七月十一日

北洋同学会江西分会章程

（一）定名。本会依据总会章程第七条之规定，定名为北洋同学会江西分会。

（二）会址。本会暂设于江西南昌心远中学。

（三）组织。本会设执行委员会，由执行委员组织之。执行委员，任期一年，连举得连任。其中途去职者，所遗任期，以次多数补足之。执行委员会，设常务、文书、事务三干事，处理本会一切经常事务，由执行委员会推定分任之，任期一年。

（四）会期。每年开大会二次，于四月与九月中，由执行委员会酌定日期举行之。如遇必要时，执行委员会得召集临时大会。

（五）会费。会员每人每年纳会费二元。

（六）附则。本会章程，除以上各条规定者外，其余一切未尽事宜，皆遵照总会章程施行之。

会 员 录

姓名	别号	年龄	籍贯	现任职务	通讯处
熊正玖	永群	二八	南昌	江西心远中学年级主任兼教员	南昌心远中学
熊大适	—	二八	南昌	—	南昌廉让里九号
雷祚雯	漱云	—	靖安	江西省立工业专科学校采冶系专任教员	南昌算子桥侧巷十三号
喻于义	行宜	三五	崇仁	—	南昌中山路一六九号和记庄转
项显洛	赓耆	三四	靖安	江西省立南昌第二中学高中部年级主任兼教员	南昌江西省立南昌第二中学
汤大纶	—	三十	浮梁	江西砖瓦厂厂长	南昌鸭子塘青云堂八号
曾钦英	伯雄	三八	吉水	江西心远中学副教导主任兼教员	南昌道德观十四号

姓名	别号	年龄	籍贯	现任职务	通讯处
章远遹	子周	—	南昌	江西省立科学馆物理指导员	南昌江西省立科学馆
范时训	惠农	三七	新建	江西省立南昌第二中学高中部年级主任兼教员	南昌江西省立南昌第二中学
李中安	昆球	三八	浮梁	江西心远中学代理校长	南昌葡萄架三十二号
李崟华	藻生	三八	临川	江西省立工业专科学校教员	南昌廉让里二号（菊径内）

从会员录看，雷祚雯年龄偏小，能够受学校委托，并在短时间内组织成立江西分会，与他的担当精神、社交能力有着紧密的关系。

四、留学生活

（一）雷祚雯留美时间

前列著作均称雷祚雯于1933年考入科罗拉多矿业学院，雷克婉亦称，抗战爆发时，雷祚雯已在美近四年。1934年《北洋周刊》载："校友雷君祚雯，现任省立工业专科学校采冶系专任教员，对于国内矿业之开发，素抱很大的志愿。近为海造起见，决于本暑假往美国留学，研究金属矿及电波探矿术等。"[1] 1933年雷祚雯并未出国。

1934年8月，雷祚雯自上海出发。8月12日下午4点，寰球中国学生会、上海教育局等三十四团体举办欢送本届出洋学生大会，吴铁城、颜惠庆、黎照寰、潘公展、穆藕初、刘湛恩先后进行了热情洋溢的致辞，对留学生大加勉励。《申报》1934年8月13日《三十四团体昨欢送出洋学生，席上有热烈之勉励词》一文详报，其副标题将致词总结为："国难临头实不足畏须省复兴民族决心，赴西洋当重观察吸收文化补我国不足。注重运动充实体力，勇往做去勿徒自私。"该文并附留学生名单、院校、专业，留美学生名单内有："雷祚雯，哥罗来渡，煤矿工程。"

8月19日下午4点，寰球中国学生会在新亚酒店组织第二批欧美留学生谈话会，组织了学生团。《申报》1934年8月20日《寰球学生会昨举行二批留学生谈话会，指导行旅上应注意事项，并组织留美留英学生团》载："格兰脱轮组学生团。主席报告毕，即讨论组织学生团事宜，一致通过。当场推定张慕珊、孙绳曾、雷祚雯、周庆祥、汪家曾、裴锡恒、许传经七人为格兰脱轮学生团委员。陈永龄、俞大纲、伍启

---

[1]《北洋周刊》，1934年第29期，第8页。

之、吴在东、夏坚白、杨人梗等五人为瑞恩普拉号轮学生团委员，并指定陈永龄为总干事。"留学生的出发时间，该文同时披露如下："欧美学生定期放洋。本届第二批赴欧美学生，业定本月二十一日放洋，赴美学生乘格兰脱总统号轮起程。该轮于二十一日下午三时出口，赴美生须于三时前齐集江海关码头，搭乘小轮渡上大轮。赴英学生乘瑞恩普拉号轮起程，该轮于二十一日下午二时半出口，赴英生亦须于二时前由海关乘小轮渡上大轮，过时不候。"

作为格兰脱轮学生团七委员之一，雷祚雯于 1934 年 8 月 21 日下午 3 点从上海出发，继续探索实业救国之路。

（二）助力母校发展

雷祚雯到美半年后，刘德润与他取得了联系，并及时将相关情况报告母校。《刘德润同学自美致李院长函》载："北洋留美同学，除前次已报告者外，今又调查出雷君祚雯亦于去暑来美，其通讯处为 'Lei Tso wen，822 13th. Street，Golden，Colorado'，生已将同学会捐册寄交许同学传经，并填捐后转寄雷同学矣。"[①] 在北洋大学对毕业生的密切关注下，再次走进课堂求学的雷祚雯，虽身在海外，但仍与师友保持着紧密的联系。

1935 年 2 月，雷祚雯致信李书田汇报学习情况，对母校的学科建设和人才培养方向提出了建议。对比了中国和欧美各国矿业开发程度优劣，对中国今后矿业勘探提出了自己的见解。[②]

雷祚雯同学自美致李院长函——贡献改进矿科课程意见

耕砚院长吾师钧鉴：

奉到去岁除日大示，承不遗在远殷殷训诲，使居异地者有如续沐春风。感慰莫如所示应注意各点，诚为采矿要着，尤切国内矿业技术之需要。

生上学期曾选习 Mining Methods，本期已遵嘱选定 Mining Geology，又此校所授之 Mine and Minoral Land Saweying。为是特出暑期中有六周之实习（在距本校四十余英里之 Idaho Spring Hperimentalmine），每日工作逾十小时，生以良机不可多得，故亦选习。此外尚有 General Geophysics 与 Mineral Economics，前三者均为 Undergraduate Course，因其重要而又在母校未曾习过，故特选习。

此校大学本部设备均极完善，教授亦极认真，为美国矿校之特出者。生拟

---

① 《北洋周刊》，1935 年第 56 期，第 4 页。

② 《北洋周刊》，1935 年第 59 期，第 2—3 页。

留此两年，将采冶重要功课尽量选习，余二年（生拟留此四年）则赴各大矿场实习，尽力注意吾师所示 Mining Equipment, Mine administration and Organization, Coal and Ore dressing。各项如环境允许，拟于回国前赴欧，考察该处矿厂情形，此为生之计划，不知吾师以为然否。

母校近年对于采冶科课程编配不知有何改订否？回忆曩在母校时，于 Mining Mehods 只于普通采矿学中讲授，并无专课设置，Mining Geology 亦然。据生愚意，此二者均如吾师所云，于采矿科甚为重要，且应国内需要，似有设置专课之价值。又吾国地大物博，矿业尚在探矿时期，母校对于 General Geophysics 似可先行设置。惟于 Advanced Geophysics，将来经济充裕设备充实可设专科。生觉此科与采冶科对于国内需要应属并重，如陕甘、四川、云贵等及西北煤油与煤铁等富藏，均未曾经有规则与统系之探险，在此辽阔之地欲遍行钻探，非惟于矿业初期经济所不许，即时间上于国内经济建设之发展亦来不及。国内富藏无最低限度之概略估计，将何以策国防之设计与定国家经济建设之伟图？吾国虽系以农立国，然现时非闭关自守时期，国防与经济建设应以矿业为中心，此盖考诸现时欧美各国无不皆然。吾国地质固不优于大规模金属矿床之构成，然究竟各种所谓 Strategic Mineral 之储藏量有多少，似应有概括之测定，此种工作欲于吾国于最短与最切要期内行之，非 Geophysics 不办。母校向负供给国家矿业人材之责任，当应及早图之。生想吾师锐意经营母校，培植人才以应国需，此种计划当早在吾师硕图伟略中，不庸生之赘言也。

至于此地矿业，较吾国相去远甚。吾国矿业尚在幼年期，此间大多数矿业似已过壮年期，即如铜铁与无烟煤等均已入 Leep Mining 时期。技术常与天然之困难相奋斗，矿业趋势倾向于 Low Grade ore 之采取。因此管理之优良、工率之增进与作业之机械化均在极端注意之中，以求成本之降低。凡此诸端均以大规模作业为原则，故此间矿业趋势与矿学精华均在此途。发展吾国矿业，若为国家经营，则在此所学极合需要。若以私人有限之资本经营，则以在此所学以求应用，未见如理想上之适合也。吾师以为如何？

前承惠赐母校周刊及季刊一大卷，读之如躬临母校，目睹弦歌之胜，并于散处各地同学有如神晤，快慰之余，良深感荷。母校新编之英文学校一览，如已出版，请惠赐一册，俾此地美籍同学读之，一识吾国工程学校设施之一般也。矿展刊物既非校中刊行又非赠品，将来寄下时请示知价目，以便奉上。去岁曾寄母校图书馆 Colorado School of Mines's Catalogue 一本，兹再奉上吾师一册，俾于编订采冶课程时可资参考。

　　生上期究结果，各课均得"A"级，堪以告慰。关于钨矿业，曾搜集少许材料（惟惜于吾国部分因无籍可考反付阙如），如同学中有愿参考者，请吾师示知，俾便寄上，将来可期于吾师正定后刊登于母校校刊也。

　　专肃敬祝

　　　　　　　　　　　　　　　　　　　　　　　　　受业雷祚雯谨上

　　　　　　　　　　　　　　　　　　　　　　　　　二十四年二月三日

此后，雷祚雯经常向母校报告。1935 年 10 月信称："生暑中仍留此研究，此校本科部课程确属优良，设备亦颇完善，其所以能获得较好声誉者，殆亦以此。本校研究院似欠完美，并无特设之指导教授与设备，大概因研究生太少之故（全校共七人），且本校宗旨重普通采矿，于煤铁二者，似属忽略。兹与本校采矿教授谈及，彼亦以生所见为然，曾为介绍于密歇根矿工学院（非密歇根大学），该校因地域关系，颇重煤铁铜矿之采选，故关于此种设备，特别着重。现生已函询该校中国同学，如情形确较此优良，即决定转学该校。昨日已得该校准许转学复书，惟生此刻尚未能决定耳。"[①] 1936 年，雷祚雯关于钨矿研究的文章 Tungsten And Some of Its Economic Phases（全文为英文）在《北洋理工季刊》发表，这篇《钨及它的部分经济阶段》署名"Lei Tso-wen"。[②] 雷祚雯海外传鸿，为在校同学开阔视野，增长了智识。

（三）热心襄助师友

　　1935 年 3 月 27 日，美籍冶金专家施勃理教授因病逝世。施氏在北洋任教二十三年，著述很多，培养了大批矿科人才。为纪念施勃理教授，北洋工学院提出捐款设立施氏奖学金。雷祚雯得此消息，在报告近况的同时，确认捐款。《同学雷祚雯在美参观大规模矿冶工厂，慨捐施勃理纪念奖学金》载："本院矿冶十九年班毕业同学雷君祚雯，在美国克拉阿多矿学院，笃志求学，刻正积极努力草学博士学位之工作，关于大地物理及冶金，亦特别注意。本年五月十二日偕同本届采矿毕业班参观中部一带著名矿冶工厂，经时两周，于该处大规模矿冶作业，颇窥得其具体之纲要。该处矿冶工作，大体已成机械化，作业程序极为简单，其管理亦极容易，较诸我国现时之矿冶工作，诚不啻有天壤之别矣。并闻雷君以于下月八日即往其本校试验矿山实习测量，为

---

①　雷祚雯：《雷祚雯同学报告在美情况》，《北洋周刊》，1935 年第 82 期，第 3 页。

②　国立北洋工学院编印：《北洋理工季刊》，第 4 卷第 3 期，1936 年 9 月，第 66—118 页。

时约需六周，将来贡献于我国者定当无量。雷君爱护母校，特具热忱，施勃理教授逝世，雷君对于纪念施勃理奖学金，已慨捐国币十元，款项将由伊家中直接寄院。"[1] 不久，雷祚雯的名字出现在《施勃理教授纪念奖学基金收捐报告》[2]之中，首批捐款的二十余人，以大学教授、国家公职人员为主，雷祚雯作为在读留学生，经济拮据，却毫不犹豫地捐款十元，足见他对老师施勃理感情之深。

1936 年 8 月，北洋工学院矿冶工程系教员王子祐赴美深造。他与雷祚雯在北洋预科时即为同学，且均毕业于北洋矿科十九年班。为迎接老同学的到来，雷祚雯于 9 月 11 日专程迎候并陪同游览，极尽同学之谊。王子祐在《太平洋中随笔》中写道："予所搭之船名日本皇后号，系于八月二十四日之正午，离沪西行。……予于当日之下午四时二十分搭车赴达维（Denver），十一日上午十时半到，时有同学雷祚雯迎候，遂不感人地生疏之苦，并于达维游行数时之后，参观加州陈列馆（Colorado Museum），转觉兴致勃勃也。加州陈列馆分有生物、古生物、地质矿物各部，生物、古生物及地质之收藏极为大观，而矿物部之自然金块及钟乳石、石笋最美丽可爱。下午三时许，随同雷君乘电车直达金城（Golder City），长期旅途之生活，于焉告一段落，至于学校生活，他日有暇，当再为文以记之。"[3]

（四）参加轮回通讯

为增加《北洋周刊》趣味性，北洋大学留学同学发起轮回通讯。发起人将学习、生活、见闻等写成信件，按约定顺序寄下一同学，收信人将自己的信加入后转寄，最终寄回母校，在《北洋周刊》发表。

第二期通讯第 7 号为雷祚雯于 1936 年 12 月 31 日所写，信中记述了对美国普通家庭生活的体验，就中美社会进行了对比，文称："弟于放假后由美友邀赴 wyo 过圣诞节，于上礼拜日回金城。今拟藉这次通讯，作一假中行动报告。弟这次在友人家中住了将近一礼拜，于美国普通家庭生活状况及伦理情形，颇得实地观察。如果这个友人家庭可以代表一般的美国中等家庭的话，则美国家庭物质上设备，样样比中国家庭好，而伦理间亦不比中国礼教家庭坏。以前总听说美国人只要钱不管人情，现就这友人家庭而看，虽然美国人对于经济上界限是很分明，但是责任和义务心都很强，这是我们中国一般人所宜效法的。礼拜天我们曾出去猎兔，见友人父子兄弟，射击技术均

---

① 《北洋周刊》，1935 年第 73 期，第 4 页。

② 《北洋周刊》，1935 年第 82 期，第 3 页。

③ 《太平洋中随笔》，《北洋周刊》，1936 年第 129 期，第 1—4 页。

非常娴熟，实自颇增惭，幸获击中一二，聊可敷衍过去。中国现在尽力提倡军训，然而大多数人枪都没有见过。美国人于我所见的同学中，个个都是射击好手，无形中已是受了不少的军训。所以开放枪禁，我觉得是值得政府考虑的。"①

五、执教联大，探矿安康

抗战爆发后，李书田电召雷祚雯归国。在短短几个小时内，他便决定弃读归国。他乘坐的总统号轮到达上海吴淞，因战事不能进口而折往香港。经过旅途的波折，雷祚雯很快投入了母校的怀抱。

（一）执教西安临大

1937 年底，雷祚雯出现在西安临时大学工学院矿冶工程学会迎新大会上。《工学院矿冶工程学会迎新大会志盛——雷厅长讲陕西油产状况、李院长勉新旧同学六点》载："国立北洋工学院矿冶工程学会，为该院矿冶系同学之学术研究组织，本学期自新干事产生后，会务积极进行。该会以本期新指导员、新会员均有增加，特于客岁十二月二十五日下午七时假临大二院教职工员办公室举行迎新大会，以资联欢。到雷厅长、李院长、张教授（伯声）、雷教授（祚雯）及该会新旧会员等四十余人，由该会常务干事陈延熙主席。"② 同期校刊《本校教职员录》中"矿冶系职员表"载"教授，雷祚雯，字漱云，住址化验所。"

雷祚雯还是院务会议组织者之一。1938 年 1 月 2 日西安临时大学工学院第一次会议记录载："本学院院务会议由每学系系主任及每学系教授及专任讲师所选定之教授代表一人组织之。各系选定代表如下：土木系，赵玉振；矿冶系，雷祚雯；机械系，何绪绩；电机系，余谦六；化工系，李仙舟；纺织系，张佶。"③

随着北洋矿科精英纷纷到来，雷祚雯和他们一起担当起复兴北洋矿科的重任。《工学院矿冶工程学系教授聘齐》载："本大学工学院矿冶工程学系与土木工程学系在中国历史最久，同于前清光绪二十一年（一八九五年）北洋大学成立之时创始，迄今已有四十三年之历史，不但为中国工程教育之最久者，且亦为中国大学教育成立之最早之学系。现该系本年度教授业经聘齐。计有冶金工程教授兼系主任魏寿昆博士，地

---

① 《北洋周刊》，1937 年第 148 期，第 8 页。
② 西安临时大学出版组：《西安临大校刊》第 4 期，1938 年 1 月 10 日，第 5 页。
③ 西安临时大学出版组：《西安临大校刊》第 5 期，1938 年 1 月 17 日，第 3 页。

质学教授张通骏先生，采矿工程教授雷祚雯先生，选矿学教授王子祐先生，分析化学兼任讲师孙镜清先生，助教李荫深先生及周同藻先生，除王教授子祐即将于二月间到校外，其余均早已到校授课矣。"[①]

完成教学任务的同时，师生们还踏上了勘探金矿和宣传抗日救国的道路。

（二）调查陕南金矿

陕西南部安康一带，矿产丰富，1937 年发现了金矿。《导光周刊》1937 年 6 月 6 日《陕南安康越河发现金矿》载："陕探矿处近发现安康越河有大量产金区，由秦郊铺起至恒口镇止，面积百万里以上，厚度约二公尺，每吨含有价值八角之金，较美加利福尼亚产金区之金尤优越，建厅刻正勘查开采中。"

抗战爆发后，为补充军费开支，支持长期抗战，查明安康地区金矿储量，进行大规模开采提上日程。为此，陕西建设厅致函西安临时大学，请该校派出专家，前往实地调查，并设计开采方案。校方高度重视，《西安临大校刊》不惜版面，在同一页连发两则消息。《陕西建设厅委托本校代为调查陕南金矿》载："陕南安康一带，矿产丰富，建设厅前曾委派白技正前往调查。据查该处矿产甚多，其中尤以金矿为最有开采价值，惟将来如何开采，尚需详细研究。近该厅函请本校委派专家，前往调查研究，并代为设计。本校以长此抗战，端赖生金银之大量开采，以资抵补军需消耗之入超。在陕西省缺乏地质矿冶专门技术人才前往调查之现时，本大学工学院矿冶工程学系，允宜责无旁贷，毅然担负调查研究计划之责任。前经常务会议议决，派该系教授率领学生，于日内出发，前往调查研究。"《矿冶系将往安康调查砂金宣传救亡》载："陕南为本省产矿区域，前由建设厅派技正白士倜前往安康区各县详加勘测，发见各种矿产，均甚丰富，尤以砂金矿最有开采价值。丁此国困民敝之秋，开发资源，实属刻不容缓。特函请本大学工学院矿冶工程系前往调查，并代为计划开采事宜。本校接函后，以矿冶工程学系三、四年级学生，本有地质调查及矿冶厂实习共六星期之规定，拟即请该系教授率领三、四年级学生前往安康区各县调查，及计划开采砂金，藉以开发资源。并顺便在该区从事抗敌救亡宣传，以期唤起民众，组织民众，为抗战之后盾也。"[②]

1938 年 1 月 10 日，采矿队在总领队魏寿昆和副总领队张伯声（别名张通骏）、雷祚雯带领下，踏上征程。不到两个月，勘查结果即出，经推测汉江干支流砂层含金

---

① 西安临时大学出版组：《西安临大校刊》第 6 期，1938 年 1 月 24 日，第 5 页。

② 西安临时大学出版组：《西安临大校刊》第 3 期，1938 年 1 月 3 日，第 6 页。

较多，可以进行机械化试采。《本校探矿队推测汉江中河底砂层含金》载："本校矿冶系赴安康探矿队，推测汉江中河底砂层含金较多，干支流长千余里，宜用掘金船，从事开发。李院长耕砚与雷厅长孝实特往谒孙主席，商与经济部向国外购买掘金船，较小者约需美金十五万元之谱。"[①] 同期校刊载采矿队报告，将其艰辛勘探获得的成果及抗日宣传的情况详述。《本大学安康采矿队报告——总领队魏寿昆等报告》中关于雷祚雯的工作情况，简要列下：

十三日　魏教授率领学生十八人乘汽车南下，夜宿双石铺。雷张二教授自西安启程，随机件等（共重一吨半）来宝鸡，由杨莘芳留守迎接。

十四日　魏教授等下午抵汉中，学生借寓联立中学，雷、张二教授及杨莘芳并工人一名，随机件乘汽车南下，夜宿草凉驿。

十六日　雷、张二教授等抵汉中，前三日因军运甚忙，全数车辆开去，暂无汽车赴安康，魏教授面访佘罗三教授，商谈宣传事宜。

廿二日　学生入城借寓安康中学。魏、雷、张三教授视察恒口附近恒河流域之地层状态，及探询土人淘金方法。午后一钟，魏专员派卫兵八人来接，三教授下午三钟抵安康，魏雷张三教授访谒魏专员商谈。

廿五日　雷教授率学生二人西北行至五里铺，计往返约七十里。该地春间淘金者甚众，惟现近年关，遍览乡道竟不得一人。

廿六日　雷教授计划制作淘金盆及淘金床（长三四丈）。张、魏二教授率学生出南关绕行至西安区吉河口视察，往返计卅五里。

二月二日　张、魏二教授率学生十人出发赴淘阳，魏专员派卫兵十一人护送，沿汉江步行山路四十里，夜宿神滩。雷教授及留守学生九人，开始在七里沟（即胡家沟）从事掘探工作。该地砂砾层系属长枪岭期，试用 Jong　Tom 式淘金木槽，水源得自山沟，水压由所筑之堤坝阻蓄而得。

二月八日　雷教授完成胡家沟试探工作，曾掘试井一个，证明该地砂砾层无金。

---

① 西安临时大学出版组：《西安临大校刊》第 12 期，1938 年 3 月 7 日，第 8 页。

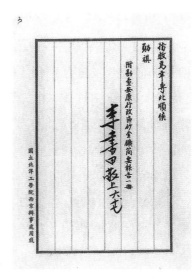

图 4　《中国第一所大学工程学门绵亘图录》载李书田呈报教育部《勘察安康行政区砂金矿简要报告》相关公文手续（原件为中国第二历史档案馆馆藏）

采矿队历时三个半月，对安康行政区内安康、洵阳、紫阳、石泉、汉阴等五县进行了详细勘察。1938 年 6 月 17 日，李书田向教育部呈报了《勘察安康行政区砂金矿简要报告》。《西北联合大学校刊》《矿冶半月刊》相继发表了魏寿昆、雷祚雯、张伯声三位教授合著的《勘察安康行政区砂金矿简报》。[①]

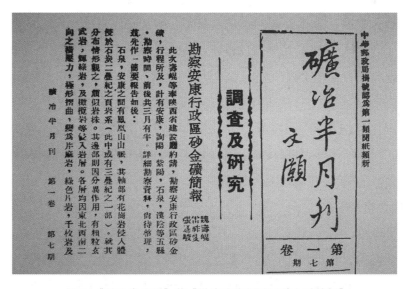

图 5　《矿冶半月刊》载《勘察安康行政区砂金矿简报》

---

① 西北联合大学出版组编辑：《西北联合大学校刊》第一期，1938 年 8 月 15 日，第 49—52 页；《矿冶半月刊》（第一卷第七期），1938 年 11 月 16 日，第 1—5 页。

（三）受命入川复校

由于抗战形势的变化及其他各种原因，雷祚雯与原北洋大学的师生陆续进入四川。除了为四川的矿藏开发进行勘探工作外，雷祚雯还有一项重要工作是筹备复校。《大公报》重庆版 1942 年 7 月 27 日《陪都一新学府——国立北洋工院校友决议，在渝设私立北洋工学院》载："国立北洋工学院于二十七年并组国立西北工学院后，已四年于兹。近以适应抗战建国关于工程专门人才之亟需，业由该校全国校友集议，决定于今秋先行成立私立北洋工学院于陪都。筹备委员会委员业经推定，并推定曾养甫为主任委员，孙越崎为副主任委员，李书田为委员兼总干事，分川康、昆明、黔、桂东南、西北及其他各区募集基金，工作进行极为顺利。现正在渝由该校前采矿工程教授雷祚雯筹备校舍，征集图书仪器，闻将定于本年十月二日该校四十七周年纪念日为私立北洋工学院成立日期。暨设土木工程，矿冶工程及机电工程三学系。并经预推该校前院长李书田博士为院长，茅以升博士为副院长。本年九月初拟分重庆、成都、汉中、昆明、贵阳、桂林、衡阳、赣州等八区招考各学系一年级新生。"

六、入川后的工作经历

关于雷祚雯的工作履历，梅焕藻在《追念一位教育家——雷祚雯教授》写道："雷祚雯回国之后，先后在西北大学、西北工学院、明贤专门学校、西康技艺专科学校等处任教。除了一度入川探矿并研究改良土法淘金之外，他始终服务于清苦的教育界。他所教书的地方如古路坝（陕西城固）、金堂、西昌等地方又全是些贫困的小城。"检《国立西康技艺专科学校三十三年上学期现任职员录》载雷祚雯履历："曾任国立西北联大教授、国立西北工学院教授兼矿冶研究部主任、铭贤学院教授，永久通讯处江西靖安团岗村。"[1] 两个记载内容基本一致，并无《宜春市志》等所称雷祚雯曾在西南联大任教的记载。显然，"西南联大"系误植。

（一）执教铭贤学院

关于铭贤学校，据《铭贤学校概况》[2]中《沿革》记载，光绪三十三年（1907），孔祥熙由美学成归国，在山西太谷创办私立铭贤学校，初仅设一小学于太谷南关之名道院，后增设中学。1916 年，设大学预科。1929 年春，接收太谷南关贝露中学，改组

---

①　国立西康技艺专科学校校刊编辑委员会编：《康专校刊》，1944 年 7 月出版，第 28 页。

②　铭贤学校编：《铭贤学校概况》，铭贤中学出版，1944 年。

为初中女子部，同时并筹办农工两科。1937年春，国防委员会为发展实业，令该校办理农工专科学校。因抗战爆发，晋南危急，学校停止招生并南迁，1937年11月8日迁至河南陕县，1938年1月迁西安，1939年3月迁入四川，在金堂县姚家渡曾家寨选址复课。1940年秋，专科开始招生。1943年，专科改为学院，增设商科，当年即招生。

查阅铭贤学院相关史料，其职员录等均未载雷祚雯任教时间及经历。今人著述显示，雷祚雯曾介绍北洋大学毕业生入职该校。《胡振渭教授传略》载："1944年2月，胡振渭辞去中央工校之聘，由北洋大学老师雷祚雯教授介绍，任四川金堂铭贤学院化学工程系讲师，并兼任该校机械系讲师。机械系系主任刘颖、讲师史绍熙是当时铭贤学院教师中与胡振渭来往较密的同事，他们经常相互切磋琢磨，准备出国留学，进一步深化科学技术知识。"[①] 可以肯定，雷祚雯曾在铭贤学院任职，或因执教时间短未被记载，或为兼职。

（二）勘查矿产资源

1940年前后，雷祚雯任西康省西昌行辕开办的会理金矿矿长兼总工程师，后任裕元公司总工程师。他还是中国矿冶工程学会会员，1943年版《中国矿冶工程学会会员录》载："雷祚雯，字漱云，裕元公司总工程师，西康会理。"[②] 该会员录第48页载，雷祚雯为该会筹备中的玉门分会成员。在今人记述中，他与攀枝花铁矿的发现发生了交集。

1. 雷祚雯发现了攀枝花铁矿？

雷克婉文称："1942年，有个资本家打算在西南地区开采金矿，邀请先父任工程师，他沐风栉雨，不辞劳瘁，一心想为祖国的矿产事业出力，单身一人踏遍了四川、云南的山山水水，调查结果，金矿储藏量很少，却意外地发现了四川渡口、攀枝花一带有丰富的铁矿和煤矿，他赶写了一份调查报告给国家资源委员会，报告如石沉大海。那个资本家听说金矿无开价值，连我父亲为查矿付出了大量辛勤劳动的伙食钱也不愿照付。那是一个多么令人失望、沮丧、寒心的社会！攀枝花的异彩直到解放后才放出来。"

关于攀枝花铁矿的发现，《攀枝花市志》载："攀枝花铁矿已知的最早记载，见于1912年出版的《盐边厅乡土志》。""1936年常隆庆、殷学忠调查宁属矿产，在攀枝花

---

① 萧冰：《胡振渭教授传略》，大连：大连出版社，1991年，第30页。

② 中国矿冶工程学会编：《中国矿冶工程学会会员录》，1943年，第39页。

倒马坎矿区见到与花岗岩有关的浸染式磁铁矿"。[①]《宁属七县地质矿产》（常隆庆作摘要）中第二编为"矿产"，第一章"铁"对攀枝花一带矿床、分布、储量等均有记载。即，此地有铁矿一事，在雷祚雯入川前已为官方知晓。[②]而网文所称《攀枝花铁矿调查报告》，作者则为康专教授汤克成。[③]

据《攀枝花市志》第 144—145 页所载，抗战爆发后攀枝花铁矿的调查情况如下：

一是 1940 年 6 月，资源委员会川康铜业管理处探矿工程师汤克成和助手姚瑞开，奉命到宁属调查矿产。推算攀枝花及倒马坎两矿区磁铁矿和磁黄铁矿储量为 1000 万吨左右，并写成《西康省盐边县攀枝花倒马坎一带铁矿区简报》。1942 年，汤克成等复勘，写出《盐边攀枝花及倒马坎矿区地质报告》，估计铁矿储量可达 4000 万吨。

二是 1940 年 8 月 17 日至 11 月 11 日，康专教授刘之祥和国民党西昌行辕地质专员常隆庆，受西康省建设厅的派遣，对宁属地质矿产进行了调查。1941 年 8 月，刘之祥用中、英两种文字印行了《滇康边区之地质与矿产》论著，估算铁矿储量为一千一百二十六万四千吨。

汤克成、姚瑞开成果，可参见《盐边县攀枝花倒马坎特矿成因》一书。[④]

刘之祥发现攀枝花铁矿说。《中国大百科全书（矿冶）》载："1940 年，北洋大学教授刘之祥在四川盐边县发现了攀枝花大型铁矿床，矿石除含有铁、钒、钛外，还含有镍、铬、钴、铜、钼等多种元素。"[⑤]1987 年，李书田撰文《攀枝花巨型铁矿发现之由来》[⑥]，肯定刘之祥发现该矿，文中未提及雷祚雯。

可以判断，雷祚雯不是攀枝花铁矿的发现者。

《攀枝花市志》第 145 页载雷祚雯参与攀枝花铁矿的工作如下："早在 1938 年，雷祚雯、袁复礼、戴尚清、任泽雨等即受宁源公司之邀调查了永仁、会理、华坪、盐边等地煤、铁、铜矿产的分布情况。1939 年袁复礼、苏良赫、任泽雨等亦曾到攀枝花、

① 《攀枝花市志》编纂委员会编著：《攀枝花市志》，成都：四川科学技术出版社，1994 年，第 144 页。

② 四川省政府建设厅编辑：《宁属七县地质矿产》，1937 年。

③ 王恒礼等编著：《中国地质人名录》，武汉：中国地质大学出版社，1989 年，第 76—77 页。"汤克成"词条载："江苏省如皋县人。中国科学院地球物理研究所地质工程师。1929 年毕业于中央大学地质系，留校任教。以后到四川、西昌等地从事地质调查工作，并在西昌专科学校任教授。……著有：《南京附近地质矿产》、《攀枝花铁矿调查报告》、《湖北大冶铁矿研究报告》等学术论文多篇。"

④ 汤克成、姚瑞开：《盐边县攀枝花倒马坎特矿成因》，《地质评论》1941 年第 6 卷第 3—4 期，第 302—303 页。

⑤ 中国大百科全书总编辑委员会《矿冶》编辑委员会、中国大百科全书出版社编辑部编，姜椿芳总编辑：《中国大百科全书（矿冶）》，北京：中国大百科全书出版社，1992 年，第 500 页。

⑥ 天津大学建筑工程学院编：《中国第一所大学工程学门绵亘图录》，天津：天津大学出版社，2015 年，第 67 页。

倒马坎铁矿区，绘制了地质草图，认为两矿属侏罗纪接触矿床，估计攀枝花矿区储量为 8000 万吨以上，倒马坎矿区为 5000 万吨。1941 年探矿工程师雷祚文又奉宁源公司之命，在戴尚清的工作基础上复勘攀枝花磁铁矿，认为矿藏极丰。"上述记载，与雷祚雯任会理金矿矿长的工作内容和时间上均十分接近，故在此期间，他的工作应该是以金矿为中心的。且凡是涉及雷祚雯与攀枝花铁矿有关的著述，所用人名均为错误的"雷祚文"，应是受了《靖安县志》《宜春市志》影响。

2. 谋划西康开发

虽然与攀枝花铁矿的发现失之交臂，在四川的岁月里，雷祚雯还是不断为中国矿藏发掘努力着。

通过长期工作、生活在西康地区，雷祚雯深入了解了这里的资源和环境。1945 年，他发表了《开发宁属之刍议》[①]。文称，宁属开发的动议，始于抗战军兴，八年来，由于人力财力的困难，此提议渐渐消失，但这并不意味着宁属不值得开发，时值抗战胜利，国家百废待兴之际，开发正当其时。他提出，宁属地区的煤铁资源十分丰富，但千百年来，由于交通阻滞，严重影响了该地区发展。开发这一地区，将资源运出，可大大支持国家建设。因此，开发第一步便是修铁路。他建议先修通昆明至金沙江一线铁路，材料全部进口。同时在金沙江建立钢厂，用本地的煤资源炼钢，用产出的钢铁继续修铁路，从而避免产品积压。重工业建设的建筑材料，可以用金沙江沿岸的石灰岩、页岩作为原材料。铁路与四川、云南实现连同后，可将宁属地区的煤、铁资源输出，同时可以从煤中提取石油，以补中国贫油的弱项。重工业基地形成后，自然带动周边轻工业发展。宁属地区气候本不宜种植棉花，1944 年，康专已经试验种植成功。今后可种植棉花、开垦荒地、培植森林，进而开发造纸、酒精、纺织、制革等产业。雷祚雯用战略的眼光，为宁属地区擘画了一个美好的明天。

（三）临危掌校康专

抗战爆发后，徐州、武汉、广州相继沦陷，悲观论甚嚣尘上。为提振整个民族的抗敌信心，开发大后方，西康省成立。1938 年，李书田奉命随边区调查团赴西康进行文化调查。在西昌考察后，他认为："宁属农林适宜，矿藏丰富，人才缺乏，应作文化之建设，以树百年之大计，辅助宝藏之开发及经济之建设。"[②] 在调查报告中，李书田详述了这里矿产、森林、牧场等资源的丰富，建议设立一所专门学校，负责培养开发

---

① 雷祚雯:《开发宁属之刍议》《西康经济季刊》1945 年第 11—12 期，第 76—111 页。
② 刘之祥:《学校简史及概要》,《康专校刊》(创刊号)，1944 年 7 月，第 3 页。

资源的人才，为长期抗战打下基础。

1. 康专的创办和发展

李书田的建议得到当局高度重视并很快付诸实施，《大公报》香港版 1939 年 8 月 2 日《行政院会议——在康设立技艺专校，黔省财政厅长易人》载："行政院一日上午开第四二五次会议，出席孔院长、张副院长及各部会长官，主席院长孔祥熙。决议事项：……（三）教育部呈，请设立国立西康技艺专科学校，训练技术人才，使对于当地实际需要有深切了解，以期积极开发富源，加强抗战力量案，决议准于西康设立国立西康技艺专科学校。"

教育部聘李书田为康专筹备主任，后聘其为校长，确定校址于西昌东南十五里之泸山东麓，利用半山处庙宇改为校舍，在重庆、成都、乐山康定、雅安，西昌、会理、城固等八处招生，报名者一千三百五十名，共录取三百二十名，于 1939 年 12 月 21 日开课。

为宣传康专，昭示中国抗战决心。《大公报》香港版 1939 年 11 月 24 日发表李书田《西康技专之创设及其使命》，该文也对康专今后的发展进行了详尽的规划。为实施康专发展规划，李书田积极造势，1940 年，他在《建国月刊》（第 3、4 期合刊）发表《西康之技艺专科学校》。

在李书田的努力下，各科系设置完毕，农场也开办成功。教授、职员及图书馆管理员均来自北洋工学院，农科教授也是请的全国知名学者。图书馆的图书、测绘仪器、化学和矿物标本亦大部来自北洋工学院，不足部分由李书田设法募集。这一时期，被当时的媒体称之为康专的黄金时代。

康专发展迅速，各界很快就有了将其升为大学的呼声。1940 年 7 月 7 日，韩少苏在《抗战中的西康技专》一文中对该校进行了详尽的介绍，文末提出希望："在抗战建国的现时和将来，西康省都占有极重要的地位。而开发这无尽宝藏和解决这几千年来不能解决的边民问题，都不是一个短促的时期所能成功！事实上有成立西康农工学院或西康大学的必要。就地作育专才，来完成这前无古人后无来者的伟大工作！西康技专现在具有一个普通农工学院所不能具备的许多优良的师资，似乎应爰照设立国立贵州农工学院，立即把西康技专改为国立西康农工学院，仍附设各种专科，以为改大的前期。"[①] 李书田于 1940 年夏，到重庆与教育部研究康专改大学事宜，最终无果。李

---

① 王觉源编：《战时全国各大学鸟瞰》，重庆：独立出版社，1941 年，第 300—308 页。

书田离开康专后，周宗莲接任，继续作着升大学的努力。《大公报》桂林版 1941 年 9 月 14 日《西康东南重镇西昌教育大进步——技专有改西康大学计划》，为康专升大学推波助澜。五天后，《大公报》香港版全文转载该文章。1941 年 11 月 24 日下午，国民参政会第七次大会通过提案，即："莫参政员德惠等提，为建议改国立西康技艺专科学校为国立西康农工学院案。决议，本案送请政府迅速斟酌办理。"[①] 但受抗战形势影响，该校一直没有升为大学。

1944 年，周宗莲因病离任，雷祚雯继任康专校长。

2. 雷祚雯承前启后

雷祚雯任校长后，全身心投入学校的发展，康专的教学、设备等都有了较大的进步，为社会输送了大批人才。《康专校刊》载雷祚雯撰发刊词：

> 窃尝深维，代教化之道，周礼："大司徒以三物教万民：一曰六德'知、仁、圣、义、忠、相'；二曰六行'孝、友、睦、姻、任、恤'；三曰六艺'礼、乐、射、御、书、数'。"论语："志于道，据于德，依于仁，游于艺。"自章句之学兴，而儒者竞尚虚浮。尧舜周公孔子德艺并重，利用厚生之道，遂日暗而不明。清季颜李诸贤，虽力倡实学，然亦以积习太深，难挽狂澜。洎夫民国改建，力祛前弊，始注重于民生经济，体用兼施，文实并重。我教部将专科以上学校作全国合理之分布，并注重于实科之增设，以资建教合一，盖亦复我"德艺并重，学以致用"之道也。"七七"以还，抗战与建国并驾齐驱，非常时期之教育，务合抗建之需要，风气肇兴，效果益彰。本校于此大时代中应运而生，培养农工医专门技术人才，以应建设边疆之需要。

> 李树田博士奉命创校于前，周宗莲博士继之于后，越时五载，祚雯今春奉命入康，追随诸贤之后，承乏校务。自维驾驭之资，临深履薄，陨越时虞！然以大义所在，不得不竭□绵薄，鞠躬尽瘁，勉逐初服。视事以来，渥承中枢之指导，同仁之赞襄，与各界人士之协助，祚雯赖以萧规曹随，学校得以循序渐进。兹者同仁将本校创设经过，暨进展概况，编为校刊，行将付梓。祚雯幸获检讨过去，策励未来。披览之余，曷胜感奋！爰弁数言：希我校师生于国步艰难需才孔殷之际，本德艺兼修，经世致用之义，共同奋斗，完成建设之大业。尤望海内贤达，不吝珠玑，时加策励，始本校前途，与日俱进，是刊之作，是在斯乎？！继往开

[①] 《国民参政会第七次会议通过提案二十余件》，《大公报》桂林版，1941 年 11 月 25 日第 2 版。

来，愿共勉之！①

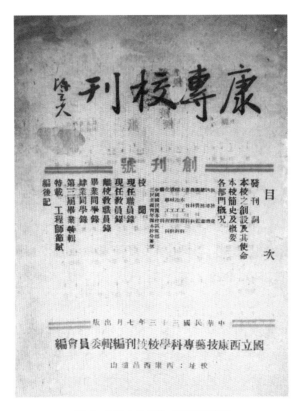

图6 《康专校刊》创刊号封面

雷祚雯的发刊词表达了发展教育、奋斗到底的决心，同期校刊转载了李书田的《西康技专之创设及其使命》，以激励学子。

雷祚雯不仅要主抓校务、教学，还要为师生的生命安全、福利待遇、今后发展不断努力。《申报》1946年2月1日《废历年关西康技艺专校防夷人滋扰》载："国立西康技艺专科学校系战后所办，成立于民国二十八年。第一任校长为李书田博士，校址西康西昌。该地风景优美，矿藏丰富。该校设有土木、矿冶、机械、化工、农林、畜牧、医学诸系，所有教授、学生，泰半来自外省。抗战胜利后，师生咸欲返乡省亲，苦无旅费。现该校奉准教育部，提早结束本学期课程，俾师生可早日返乡。而教员返乡旅费，全由学校供给，惟仍返校执教。至学生方面，该校亦依照部定办法办理。目前已近废历年关，西昌夷俗'掳汉人为奴'，均于此一时期中施行。该校月前几遭夷人滋扰，幸军警及时赶到，始免于难。该校已作紧急措施，除将教职员眷属移住城内外，

① 国立西康技艺专科学校校刊编辑委员会编：《康专校刊》（创刊号），1944年7月，第1页。

复请当地驻军常川住校，以资戒备。该校前有迁四川乐山之议，后以部方未准作罢。校长雷祚雯氏，仍留渝公干，月内返校。"雷祚雯为康专建设做出的艰苦努力，《申报》刊《屹立在西康高原的最高学府国立西康技艺专科学校》予以高度评价，文称：

> 卅二年春季，周博士病倒在重庆，校务由教务、总务、训导三位主任轮流负责，这时的学校，已走到了山穷水尽的一步，教授、同学大批的离开了学校，学校的生命，亦岌岌可危，像暴风雨中的飞鸟，随时能被灭亡。

> 新校长就任。到了卅三年春天，"西康技专"的命运，似乎是转变了些。新校长雷祚雯氏（也是北洋工学院的老将，一位矿冶学家）到了学校，学生们开了一个欢迎会，像久失了保姆的孩子，殷殷地诉吐着心中的委曲，而"西康技专"亦像一所荒芜了的园地，又有了一位努力不懈苦干勤恳的园丁。

> 二年来垦植的结果，一切都上了轨道，一朵朵含有生命力的花朵，一颗颗结实丰肥的果实，呈现在我们的面前，"西康技专"复兴了，在学校的每个人的心中喊出了这么一句的话来。

> 然而抗战胜利的喜讯，亦终于传播到边远的西昌，离家八年，谁不想返乡省亲？而"西康技专"的师生，百分之七十是外省的人，这事伤透了雷校长的脑筋，亦苦坏了外省籍师生的内心，现今大家还不安地等待着当局的办法。

> 西昌，这边地中的天国，它有富庶的物产，优美的风景，温暖的气候，可是缺少文化，缺少交通，更缺少强有力的治安和远见的政策。随着战争的结束，"西康技专"处在这种环境下，它的前途是不太乐观。今秋，忙于复员的今秋，师生的来源，更是一个极大的问题！[①]

康专是抗日战争期间中国教育布局的重要组成部分，更是开发祖国西南的重要举措，创办之初就植入了浓重的北洋大学基因。不到两年的时间，在李书田为首的一批北洋大学教授的努力下，创设之初的规划得到了很好的实施，康专的日新月异为西康成为西南文化中心起到了决定性的作用。雷祚雯接过老校长、老学长的重担，使康专重新扬起风帆，达到了全盛时期。从创办至抗战胜利这段时间，北洋大学从校长到重量级教授们接续开拓，历任校长都秉承着实事求是的精神推动校务，这一时期的康专被称为"小北洋"。康专的成长历程，可视为北洋大学在抗战期间教育、教学的传承和延伸。抗战胜利后，该校的发展走到了十字路口。随着雷祚雯辞去职务，北洋大学

---

① 《申报》，1946年3月7日第5版，1946年3月12日第4版。

教师结束了在康专的工作。

七、魂归泸山

1946 年 9 月 20 日，雷祚雯带家眷乘飞机赴重庆，飞机起飞后失去联系。《申报》1946 年 9 月 23 日《西昌失踪中航机，派机搜觅无结果，乘客有中央社渝记者》载："本报重庆廿二日电，中航公司八十一号机，廿日离西昌失踪后，迄无消息。今晨公司由昆派机前往搜觅，因川康滇边界，云层低厚，无结果而返。该机系由机师龙巴顿（美人）驾驶，副机师为段宝泰（中），搭客中有中央社记者汪庆云、张笃伦市长公子宏基及雷祚雯、熊老太太、雷章黻，均系来渝者。郝荣升、黄育为夫妇及小孩一名，陈幼群、吴绪、罗钧、寿吉健、王斌然等均系赴昆者。"

行政当局和航空公司经过多日搜索，确定全部人员遇难。《大公报》上海版 1946 年 10 月 13 日《中国公司失踪机确已在康境撞毁，机上人员全部遇难》连发两条重庆专电，披露搜救情况和最终结果，文称："本报重庆十二日发专电，月前失踪之中国航空公司八一号西昌班机，顷经证实确在西昌八十里触西溪背后螺吉山失事，全部乘客及机师、无线电员三十二人均罹难。失事时油门关闭，未起火，乘客多系震动致死。张笃伦市长四公子张宏基仅额部微伤，中央社记者汪庆农亦无外伤。被难人衣物均已被倮倮剥去，尸体已运西昌，正设法内运。失事机系经派出寻觅之士兵所发现，当士兵进入倮倮区域时，曾发生激战。至前传安全降落之中航机曾散发传单，谓如能报信寻获，予以重酬，系倮倮欲骗取赏格所捏造。遇难消息系西昌警备司令贺国光电告此间张笃伦市长，并派专人来渝报告。详情业经渝市府证实。中央社重庆十一日电，中航'八一'号出事机，曾悬重赏，着夷人帮同寻觅，并会多方寻觅未获。迄八日始得确实下落，该机系在西溪（西昌南六十里）附近之螺吉山撞毁，机上人员，全体遭难，财物均为夷人搜剥。内已认出有张宏基（张笃伦子）、汪庆农（中央社记者）尸体。机内乘客名单：郝荣升、黄育为夫妇与一小孩、陈幼群、罗钧岳、吴绪吉健、王馨然、张宏基、汪庆农、雷祚雯、熊老太太、雷章黻、雷蓉蓉、丁盘铭、卢毓蘅、杨昌国、李殿卿、骆盟雯、华延芳、彭戡之、曾泉清、陈代忠、刘烈、安琦、孟玉仙、宋显华，共二十八人外，正副机师及报务员各一人。"

1947 年 5 月 25 日，雷祚雯的葬礼在西昌隆重举行。《大公报》6 月 10 日上海版、6 月 15 日重庆版、6 月 18 日天津版均发消息，重庆版《雷祚雯遗体已在西昌公葬》载：

"国立西康技艺专科学校校长雷祚雯氏，不幸于去年九月二十日乘中航公司西昌、重庆班机遇难。西康警备司令贺国光将军，以雷君服务康省为期甚久，特商得其家属同意，于五月二十五日将雷君遗体公葬于西昌泸山。参加公葬典礼者，有西昌各界首长及技专师生共二百余人。雷校长纪念碑，亦于同日揭幕。"魂归泸山，各界公祭，设置纪念碑，是对雷祚雯服务康专的充分肯定。

八、梅焕藻笔下的雷祚雯

雷祚雯的性格特点，除雷克婉文章回忆外，均来自梅焕藻的追忆文章，他的笔下充分展示了雷祚雯的人格魅力。雷祚雯去世后，梅焕藻在《大公报》1946 年 10 月 25 日上海版、1946 年 10 月 29 日天津版两次刊登《悼雷祚雯教授》（以下简称"《悼》文"），内容基本一致。1947 年，在《周末观察》发《追念一位教育家——雷祚雯教授》（以下简称"《追》文"）。该文受到雷祚雯亲友的高度重视，很快来函，《周末观察》照登。[①]雷克婉函称："感谢贵刊发表梅焕藻先生的纪念我父亲的文章，梅先生与我父亲相交最久，相知最深。他的文字里含蓄了多么诚挚的情感，每一字每一句都令人感动。短短的几件事实已经把我父亲的性格为人描述的十分明显而确切了。"江西靖安旅京同乡会拟在其发行刊物上做一期雷祚雯纪念专号，亦来函提出转载梅焕藻的文章，《周末观察》周刊和梅焕藻均欣然同意。

图 7　《追念一位教育家——雷祚雯教授》载雷祚雯照片

① 《周末观察》周刊（第一卷第八期），1947 年 8 月 23 日出版，第 15 页。

1. 情定北洋，矢志不渝

《悼》文称："读完大学之后，虽然他自己还想渡美深造，由于经济困窘，总是难于实现。后来靖安县政府愿意资助，友好多人又纷加援手，这才依从故北洋大学教授施勃理的建议，赴美入著名柯州矿校专攻采矿。终日在数千尺的矿井中工作丝毫不以为苦。原想留美四年，读满三年，'七七'事变发生后，北洋大学校长李书田教授电促返国，因之才动了归思。"雷祚雯自求学起就把自己与北洋大学深深地联系在一起，甚至赴美留学都尊重老师施勃理的建议。在校长的召唤下，又立即中断学业归国抗敌。

雷祚雯此次目的是从重庆转机去南京教育部沟通工作交接事宜，并非为雷克婉称，应聘重庆大学和西南工专，赴渝就任。《悼》文称："今年七月间，为了恢复健康，雷教授再度坚决请辞康专校长，教部终于应允，同时发表罗广瀛氏继任。罗氏久久不到，雷教授连电教部催促，总无回音。北洋大学和西北工学院又都电聘任教，他盼望罗氏之到任实在有如大旱之望云霓。新校长两个月不到任，康专的学生逼着旧校长开课，雷教授尴尬极了，想来想去想不出好的法子，最后决定飞渝转京亲向教部请示。"有着在北洋大学求学、任教的经历，他此次争取回母校北洋大学任教的可能性极大。

2. 交友至诚，无私襄助

梅焕藻能够多次发回忆文章，足见与雷祚雯友谊之深厚。

《悼》文称："雷教授在本年九月四日的最后一封信里暗示，不出西康则已，一出西康便总得先谋良晤。当此秋高气爽，阳光普照郊原，本是携手遨游畅叙离衷的时会，忽传来做梦也想不到的噩音，真真使人不堪。然而，更使人不堪的是我写此文所用的自来水笔正是吾友十三年前远渡北美，船抵西雅图上岸后立刻购买的'长寿犀飞利'。在我每写完一段后沉思片刻，以便开始另一段的当儿，我总得转动一下笔杆，审视一下笔杆上电刻的上下款。每次看见那用罗马字母拼成的"雷祚雯"，我简直不相信我是在写一篇追悼他的文字。要不是桌上放着一份西昌拍来的急电，我岂不要以为我是在给他写一封长信，如同九年前在上海南郊不时写给他的长信？"

《追》文载："去年夏天我在上海宏恩医院医治扁桃腺。入院之前，我写信通知了他。出院不久便接到他汇来的二十万元，他始终没有来信说明这二十万元的性质，但我知道这笔款子是他赠给我的医药费。彼此既从来不拘行迹，我也就没有写信去道谢他。现在他去了，即算我要写封道谢的信，又寄给谁去呢？"

两人交谊之深厚，加之雷祚雯对同学、对师长、对母校的多方襄助，凸显了其真诚无私、甘于奉献的性格特点。

3. 少年老成，正直坦荡

《追》文载："有一次，我们两人在旧日租界旭街步行。在踵肩相接的拥挤中，祚雯无意中撞到一位中年妇人。她不容分说，破口大骂，那些不堪入耳的话实在令人难以忍受。可是'雷教授'（那时他还是一个二十三岁的学生）竟充耳不闻，好像根本没有什么事情发生似的。事后他说：'在一个人失去理智的时候，他便是一个疯子。跟疯子去辩论，能辩得出结果么？'"一个血气方刚的青年，能够在被无端侮辱的情况下保持理智，说明他的成熟程度是高于同龄人的。

忆及雷祚雯工作后的情况，《追》文称："不知怎的，南昌学界忽然传说'雷老师'和一位女弟子要好。相互传闻，好像真有其事。我私自问他为什么不向'师母'解释一番。他说事情的起因不过是一个女生的前来补习，他自问心安理得，有什么值得解释呢？他又说：'误会越解释越不容易消除，不解释反而可望消除。误会终究是误会，总不会永远存在的；即令永远存在，总比解释之后更增加误会要好些。'"面对此等解释不清楚的误会，襟怀坦荡的雷祚雯选择了冷处理。

4. 挑战陋俗，勇于革新

经历了北洋大学 6 年的学习生活，雷祚雯思想开放，满怀科技救国的信念，对旧有的生活陋俗十分摒弃。《追》文载："他在南昌教书的期间，为了提倡劳动，自己亲自去井里挑水。那时的士大夫阶级还保持着相当的'尊严'，一位'先生'脱去长衫，赤着脚去挑水，还是件看不惯的事，所以他终于被人劝阻了。然而，他并不气馁，并不服输。他对我说这不过是'暂时的挫折'，日后有机会时当再联合多数同志去提倡，终有成功的一日。他的理由是：'习俗是文化的一部，一种习俗的形成既非一朝一夕所能为力，它的革新自然也非一朝一夕所能见效。'"也是在这种信念的支撑下，他才能够远渡重洋学习先进的矿业技术，并在回国后，不断地在开发祖国资源的道路上改革进取孜孜以求。

无论是作为北洋大学教授、康专校长还是矿冶专家，雷祚雯的身上都透出深厚的爱国情怀。雷祚雯溘然长逝，令人扼腕痛惜。中国失去了一位矿冶专家、优秀教育工作者，康专失去了一位好校长，北洋大学更是失去了一名优秀的学子。斯人已逝，但雷祚雯身上的"北洋"精神至今仍散发着熠熠光辉。曾经倾注北洋大学师生大量心血的康专，如今已经发展成为凉山最高学府——西昌学院，这里依旧唱着李书田填词、萧友梅作曲的校歌：泸山崔巍，邛海烟涛，巍巍学府康专高。浩气凌霄汉，壮志励群曹。不从纸上逞空谈，要实地把康华改造。穷学理，振农工，重实验，薄雕虫……

北洋大学中的"洋教授"巴尔博事略

芦　萱[*]

天津大学坐落于历史文化名城、中国北方经济中心天津，是由教育部直属的首批全国重点大学，副部级大学，是国家首批"世界一流大学建设高校 A 类"、国家首批"211 工程"和"985 工程"重点建设高校，中国工程院和教育部 10 所工程教育改革试点高校之一。

天津大学原名北洋大学，前身为 1895 年 10 月 2 日开办，由光绪皇帝批准、盛宣怀出任学堂首任督办的北洋大学堂。北洋大学堂自创办之始，就仿照美国的大学模式，全面系统地学习西学，开中国近代高等教育之先河，素以"实事求是"的校训、"严谨治学"的校风和"爱国奉献"的传统，享誉海内外。1912 年 1 月，北洋大学堂改名为北洋大学校，直属教育部，1951 年北洋大学与河北工学院合并定名为"天津大学"，沿用至今。

北洋大学堂按照美国近代模式办学，全面引进西方教育模式，建立了一套较为完善的教育教学管理制度，设立头等学堂（相当于大学本科）、二等学堂（相当于预科），学制各为四年。头等学堂设专门学（即科系）四门：工程学、矿务学、机器学、律例学。1897 年学堂增设铁路专科，1898 年又设铁路学堂，上述学门皆为当时中国社会所急需，体现了北洋大学"兴学救国"的创办宗旨。1903 年北洋大学堂开学复课时，分设法律、土木工程、采矿冶金三个学门，后应外交需要附设法文班、俄文班，1907 年开办师范科，至此北洋大学堂已成为包括文、法、工、师范教育诸科，初具综合性的新式大学。

巴尔博（George B. Barbour，1890—1977），英国地质学家，美国哥伦比亚大学

---

* 芦萱，天津自然博物馆馆员，研究方向为博物馆历史及科普教育。

讲师，于 1922 年至 1923 年任北洋大学堂的外聘教授。巴尔博在中国工作时间不长，但其为中国培养了大批地质学人才以及在中国地质研究方面的成就，足以使之成为民国地质学史上不可绕过的人物。

巴尔博 1890 年出生于苏格兰爱丁堡，他的父亲是一名医生，"母亲家世则更为显赫，其外祖父乔治·布朗是加拿大著名的记者和政治家、加拿大联邦的缔造者之一"。[①] 1910 年，当他以优异成绩获得了文学硕士后，在父亲奖励下进行环球之旅，10 月抵达中国，先后访问上海、天津、北京以及沈阳等地，巴尔博在中国旅游期间，见证了辛亥革命，萌发了到中国工作的愿望。[②]

"1912 年旅行归来的巴尔博，离开爱丁堡到剑桥大学，进入剑桥大学圣约翰学院深造，然而第一次世界大战的爆发，使他投笔从戎，成为一名战地救护车司机，但是他并没有因为战事而中断学业。1914—1919 年间，他先后活跃在佛兰德斯和意大利等地，在 1916 年和 1918 年分别获得剑桥大学的文学学士和文学硕士学位。"[③] 1919 年 8 月巴尔博来到美国纽约，进入哥伦比亚大学攻读博士学位，决心研究中国地质："我在爱丁堡大学所做的科学研究只是初步的，其后在剑桥大学圣约翰学院学习，并获得硕士。目前我在哥伦比亚大学学习地质，我希望能撰写一个与中国有直接关系的博士论文"[④]。

1920 年，巴尔博受燕京大学创办人司徒雷登邀请，到中国筹建燕京大学并担任地质学教授，1921 年 1 月，巴尔博携妻子抵达北京开始了在中国的工作和生活。从到达中国起至 1930 年，巴尔博夫妇在中国生活了 11 年，期间，除 1922 年至 1923 年，巴尔博在天津担任北洋大学地质系代课教授外，其他时间均在燕京大学执教及参与中国地质调查所的大量考察和研究工作。特别是，1922 年 1 月中国地质学会在北京成立时，巴尔博成为学会的第一批正式会员，包括他在内的外籍会员共 22 名，这从一个侧面说明外国地质学者在中国地质研究中的地位和意义。[⑤]

1932 年，因为儿子健康原因他不得返回美国，相继在加州理工大学、辛辛那提大学及哥伦比亚大学执教。在中国的经历给他留下了深刻的印象，他决定重返中国，但

① 张雷：《巴尔博与中国地质学（1921~1935 年）》，《中国科技史杂志》，2015 年第 3 期，第 316 页。

② 同上文，2015 年第 3 期，第 316—317 页。

③ 邱维理：《巴尔博与泥河湾盆地》，王希桐主编：《中外专家情系泥河湾》，石家庄：河北科学技术出版社，2013 年，第 3 页。

④ 张雷：《巴尔博与中国地质学（1921~1935 年）》，《中国科技史杂志》，2015 年第 3 期，第 317 页。

⑤ 同上文，第 316 页。

因当时中国北方的局势不稳定，无法得到签证而未成行。直到 1934 年 3 月，巴尔博应加拿大人类学家步达生的邀请，再次踏上中国的土地，作为客座地文学家，对长江流域的地貌发育和第四纪冰川的问题进行专门研究。遗憾的是，半年后巴尔博又回到美国继续在辛辛那提大学执教，直至 1977 年在美国逝世。[①]

巴尔博是一位国际知名的英国籍地质学家和教育家，究其一生，巴尔博在中国的科学研究主要集中在华北地下水研究、张家口地质研究、扬子江地质研究等方面。1929 年 4 月，中国地质调查所成立新生代研究室，他是研究室的主要兼职研究人员之一，参与了周口店北京猿人遗址挖掘工作。与其他古人类学家不同，巴尔博的研究侧重于古人类活动的地质背景，特别是对"北京人"的生活环境——华北黄土研究情有独钟。

作为哥伦比亚大学的地质学家，他受邀多次参与了泥河湾的地质考察。鉴于巴尔博的考察和研究成果，获得"泥河湾层的首创者"的美誉。[②] 1924 年，河北阳原泥河湾地质进入世界科学界视野，因为当地地层盛产的哺乳动物化石和浅水水生动物化石，使得该地点吸引了如巴尔博、桑志华和德日进[③]这样的在华外国科学家的注意。同时，机缘巧合，巴尔博在这里也结识了来自北疆博物院的两位地质学及古生物学大咖——桑志华与德日进。在对泥河湾整个考察和研究的过程中，巴尔博、桑志华和德日进担任着不同的学术角色。

从 1924 年开始至 1929 年，巴尔博分别与德日进、桑志华数次来到泥河湾进行短期野外考察，他的主要目的是研究河北阳原泥河湾盆地的地质特征和地貌演变历史。随着他在这一带的频繁活动，中外学者对泥河湾盆地的科学研究便正式拉开了帷幕。1924 年，巴尔博发表了《张家口地区地质初步观察》，年底他又完成了题为《桑干河谷的堆积》的报告，巴尔博是"泥河湾层"的发现和任命者，也是进行了河湾地层与地貌研究，拉开泥河湾盆地科学研究序幕的第一人。1927 年，巴尔博又发表了两篇以桑干河地质为主题的论文。1928 年以《张家口附近地质》作为博士论文，获得哥伦比亚大学的博士学位。这篇论文的完成也实现了他希望能撰写一个与中国有直接关系的博士论文的夙愿。

---

① 张雷：《巴尔博与中国地质学（1921~1935 年）》，《中国科技史杂志》，2015 年第 3 期，第 317 页。

② 陈蜜、韩琦：《泥河湾地质遗址的发现——以桑志华、巴尔博对泥河湾研究的优先权为中心》，《自然科学史研究》，2016 年第 3 期，第 323—324 页。

③ 德日进，原名：皮埃尔·泰亚尔·德·夏尔丹，法国哲学家，古生物学家。

北疆博物院是天津自然博物馆前身，由法国动物学家、博物学家黎桑（中文名：桑志华）于1914年来中国天津筹建，其原址坐落在天津外国语大学院内。1993年被列为市级重点文物保护单位；2019年被列为国家级重点文物保护单位。北疆博物院是国内唯一一座在历史建筑、标本藏品、陈列展示、文献资料等方面保存完整的百年博物馆，可谓是中国近代早期博物馆中的"活化石"。其藏品囊括动物、植物、古生物、古人类、岩石矿物标本以及历史民俗文物等20余万件，奠定了天津自然博物馆馆藏基础。北疆博物院陈列室自1928年5月5日下午首次对公众开放以来，吸引来自世界各国的知名学者、专家到北疆博物院参观、交流，巴尔博成为最早的参观者之一。

巴尔博在中国工作期间，致力中国地质研究，除了在自己的研究领域做出出色的成绩外，还为中国培养了大批地质学人才。燕京大学地理地质系学生少，巴尔博实行精英培养模式，以英语教学，其理论与方法均取材于美国哥伦比亚大学地质系，这为学生出国深造奠定了基础。巴尔博还经常带领学生野外考察，撰写考察研究报告。"从1923年至1931年，地理地质系每年出版4期地学研究报告。在燕京大学期间，巴尔博培养的学生可以卞美年和李连捷为代表。"[①] 这些学生毕业后，无论是从事科研工作还是出国深造，均能独当一面，成为中国地质学界的栋梁。

巴尔博的学术成就不仅得益于其自身修养，同时与在中国进行地质学考察及研究紧密相关。不论其做学术研究还是教学，来自不同国家的朋友都能成为他的师长、合作伙伴或密友。从其个人的学术研究及在中国地质方面的成就，可以反映出外国学者对当时尚在起步阶段的中国地质学所作的贡献及世界古生物学的发展所做的努力。

---

① 张雷：《巴尔博与中国地质学（1921~1935年）》，《中国科技史杂志》，2015年第3期，第317页。

傅兰雅与中国首批大学生留学美国

井振武 [*]

北洋大学堂在创办之初，盛宣怀在章程中规定该学堂学生毕业后"准给考单挑选出堂或派赴外洋分途历练；或酌量委派洋务职事。"同时，在头等学堂章程中列出"头等学堂年经费……所节省之经费，除另造二等学堂及每次考试花红外，其余积存生息，以备四年后挑选学生出洋川资经费。"1899年北洋大学堂第一批大学本科生毕业，原本毕业后即可赴美国留学，可是因为英法等八国联军攻占了天津，北洋大学堂被德军强占为兵营，学堂被迫停办，留学一事只能搁浅。1901年，此时已经身在上海的北洋大学堂创始人盛宣怀，通过南洋公学资送北洋大学堂第一批学生赴美留学，具体商办人叫傅兰雅。

一、"中国通"是怎样炼成的

约翰·傅兰雅（John Fryer）（1839—1928）英国苏格兰人。父亲是一位小镇传教士，受家庭影响，他从小关注东方、搜集与中国有关的书籍，人送绰号"中国迷"。

1861年傅兰雅在伦敦海伯雷师范学院毕业后，即被英国圣公教派至香港一所教会学校——圣保罗书院，担任教员、校长。其语言天赋，使他很快熟练地掌握了汉文，以及会说"上流社会"使用的官话。1863年清政府聘其在北京同文馆担任英文教习。[①]1865年转任上海英华学堂校长，主编字林洋行的中文报纸《上海新报》，被教会团任命为《中国教会新报》主编，傅兰雅不仅是知名的传教士，还是一位杰出的报人。

* 井振武，中国现代史学会会员、天津口述史学会理事、天津大学大学文化研究所特聘研究员、天津师范大学地理学院兼职研究员。

① 刘耿生编：《同治事典》，北京：紫禁城出版社，2010年，第179页。

　　1868—1896 年担任江南制造局翻译，前后 28 载，翻译图书 98 种，包括数学、物理、化学化工、矿业、机械工程、医学、农学、地图测绘、军事兵工等多个科技领域。还与徐锡村等创建上海格致书院，长期担任书院董事和秘书。1877 年起任益智书会教科书总编辑，在传播西方科技知识上做出重要贡献。

　　甲午战争的爆发对傅兰雅刺激很大，他认为供职翻译馆 28 年，译书影响缓慢，跟不上时代的要求。中国的知识分子应该学习外国语言，接受欧美教育才有希望赶上邻国。基于家庭原因和上述认识的发生转变，1896 年 6 月，傅兰雅从上海动身回国度假，原定五个月，但在途经美国时受聘为美国加利福尼亚柏克莱大学东方语言文学教授（1902 年担任主任），从而离开江南制造局的翻译馆。傅兰雅开设的课程有：中国史，日本史，中日语言文学，政治、法律和社会状况，中国和日本的对外贸易，中国和日本的宗教和哲学，中国古典文学，中国文言文和官话等等。傅兰雅的工作向西方介绍了中国的文化和社会。[①] 后来，他干脆加入了美国籍。

　　在东方语言文学任教的同时，傅兰雅尽一切可能协助中国学生赴美留学。他在柏克莱接纳中国留学生，开办中国留学生之家，建立东方学院，还把自己的长子傅绍兰（John Rogers Fryer）介绍到江南制造局继承他在译书职业。

二、傅兰雅与北洋大学堂学生留美

　　选派北洋大学堂毕业生"派赴外洋分途历练"留学是办校的既定方针[②]，并写在直隶总督王文韶写给光绪皇帝的奏折上。1896 年设立了"留美学堂监督"一职，由总教习美国人丁家立担任。1900 年初，大学堂首批 18 名大学生毕业，不仅获得钦发的文凭，还选拔出多名出类拔萃的学生，准备送往美国各大学留学深造。然而"天有不测风云"，这一年爆发了八国联军侵华战争。"庚子之乱"不仅打乱了留学计划安排，还让丁家立的命运犹如过山车一般发生了急剧变化。在隆隆的炮声中，丁家立在大学堂成立自卫队，组织学生军训，以武装保卫校园。6 月，丁家立与五十多名学生在校园坚守，抵挡了大清的士兵和义和团众的入校，却没有挡住八国联军的侵占。7 月，联军占领天津，校园沦为德国兵营。学校被迫停课，师生星散，丁家立多次抗议无效。30 日，都统衙门在直隶总督行馆成立。这是八国联军成立的一个临时军政府，下设若

　　①　王扬宗：《傅兰雅与近代中国的科学启蒙》，北京：科学出版社，2000 年。
　　②　王杰主编：《天津大学志·综合卷》，天津：天津大学出版社，2015 年，第 14 页。

干部门，丁家立投身汉文秘书处，充任汉文秘书及部门首长（秘书长）。随着权力的扩大，汉文秘书部加称为汉文秘书部和不动产注册处。丁家立年薪 800 英镑，还配有卡宾枪一支和四百发子弹，成为乱世之中的殖民统治的重要官员之一。[①] 1901 年，丁家立在英租界创办先农房地产公司。参股者有胡佛、康淼、田夏礼、狄更生等人，公司注册在香港，以部分土地为投资，发行债券获得流动资金，从事建筑设计，房屋出租、买卖，经租代理等业务。由于华界大量人口涌入租界，房产需求刚性，公司以廉价买进大批租借地产，在"小白楼"核心区域修建先农里等大片建筑，建成后高价出租或出售。[②]

1901 年 9 月 7 日，《辛丑条约》签订，"都统衙门"解散已是时间问题。丁家立决定远离是非之地，于 14 日宣布"休假半年"。[③] 这一举动可能与母校（达特茅斯学院）在 1901 年 6 月 24 日授予他荣誉法学博士称号有关，但他并没有返回母校。丁家立赴美不是履行"留美学堂监督"的职责，而是去办另外一件大事——即"以道义及教育等符合美国利益之说说服政府敦促德国速予解决"占领天津北洋大学堂的校舍问题，[④] 为此还亲赴德国进行交涉。另据北洋大学校长李书田："美籍总教习丁家立博士，深痛五载兴学，夷为异国营房，爰亲赴柏林向德政府力争赔偿，卒索到赔偿费海关银五万两。"[⑤] 第二年，丁家立经日本横滨到上海，即致电直隶总督袁世凯报告情况，4 月 9 日返回天津，并以"从事教育"为由辞去"都统衙门"各项职务，得到袁世凯的赏识与重用，于是丁家立重返华北教育界，奉委担任直隶高等学堂总教习、直隶全省西学督导，兼保定学堂总教习等职务。

北洋大学堂沦为兵营，被迫停办，文书档案焚烧殆尽，遭受灭顶之灾。一些外国教习或回国，或改行在津谋生；学生四散，有的谋职相关企业以求生存，有的参加过革命党起义，有的回乡等待时机，还有的干脆东渡日本继续求学。租界当局以及占领者"分不清学生和义和团，对所有他们认为和中国有一星半点儿联系的人和物必欲摧

① 倪瑞英等译，汪寿松等编校，刘海岩总校订：《八国联军占领实录》，天津：天津社会科学院出版社，2004 年，第 36 页，第 33 次会议；第 112 页，第 82 次会议；第 402 页，第 192 次会议。

② 天津市地方志编修委员会编著：《天津通志·附志·租界》，天津：天津社会科学院出版社，1996 年，第 175 页。

③ 倪瑞英等译，汪寿松等编校，刘海岩总校订：《八国联军占领实录》，第 112 页，第 82 次会议；第 402 页，第 192 次会议。

④ 谢念林、王晓燕、叶鼎编译：《丁家立档案》，桂林：广西师范大学出版社，2015 年，第 197 页。

⑤ 李书田《北洋大学之过去五十三年》，左森主编：《回忆北洋大学》，天津：天津大学出版社，1989 年，第 146 页。

之而后快。"① 大肆抓捕中国人以及清政府在租界中的官吏，北洋大学堂总办王修植、二等学堂总办蔡绍基等人避祸江南。王修植（1860—1902），字莞生，浙江定海人。书香门第，早年曾在定海景行书院读书。后云游海内，求学于敷文书院、崇文书院、紫阳书院、诂经精舍等。1885 年考取乙酉科浙江优贡生，中为举人。1890 年，考中进士。钦点翰林院庶吉士、编修。1894 年 10 月，出任北洋水师学堂会办。时胡燏棻编练定武军，初在马厂，后移驻小站。王修植为其出谋划策，撰写练兵奏折，深得信赖，兼任定武军营务处帮办一职。1896 年 11 月 23 日，清政府"敕封四品卿衔伍廷芳"为出使美、日（西）、秘国大臣，卸任大学堂总办。第二年初，王修植补伍廷芳缺，出任大学堂总办。1898 年初，奉盛宣怀之命在大学堂内附设卢汉铁路学堂，专授铁路工程学、法文，以便达到与洋员交涉，并接替洋匠的水平。"庚子之役"爆发，大学堂及卢汉铁路学堂部分学生追随王修植一起来到上海。② 流亡于上海的王休植为学生前途，忧心忡忡。

时，创办天津大学堂，担任轮船招商局、电报局总办的盛宣怀亦在上海，以四品京堂候补督办铁路总公司事务，并又创办了一所南洋公学。于是，他照会南洋公学总理何嗣焜（梅生）登报召集北洋大学堂及所附卢汉铁路学堂失散师生，得学生 18 名：其中北洋大学堂头等学堂生 14 名、卢汉铁路学堂生 4 名。特腾出教室，由铁路学堂原工程教习麦基、法文教习马贺执教，附于南洋公学内，称为铁路班。③ 1901 年 3 月，南洋公学总理何嗣焜伏案拟稿，突发脑溢血病逝。盛宣怀请张元济代总理。④ 张元济（1867—1959），号菊生，浙江海宁人。清壬辰进士，钦点翰林。创办京城第一家民办西学——通艺学堂，受到光绪皇帝的接见。曾任总理各国事务衙门京章，参与 1898 年康有为、梁启超领导的戊戌变法。变法失败后，被"革职永不叙用。"10 月，经李鸿章搭救南下上海。转年 3 月，盛宣怀安排他在南洋公学，主持译书院工作。⑤ 他代理南洋公学总理后，锐意改革，开设特班，草拟章程，邀请蔡元培担任总教习，培养了不少人才。⑥ 在处理派遣北洋大学堂学生赴日本、美国留学等事宜上与王修植有了

① 谢念林、王晓燕、叶鼎编译：《丁家立档案》，桂林：广西师范大学出版社，2015 年，第 155 页。

② 《张元济与王宠惠》，《团结报》，"史海钩沉"，1990 年 1 月 21 日。转引自柳和城：《书里书外：张元济与现代中国出版》，上海：上海交通大学出版社，2017 年，第 479 页。

③ 欧七斤：《盛宣怀与中国近代教育》，上海：上海交通大学出版社，2016 年，第 44 页。

④ 柳和城、张人凤编著：《张元济年谱长编》，上海：上海交通大学出版社，2011 年，第 99 页。

⑤ 同上书，第 79—82 页。

⑥ 柳和城：《张元济的出版宗旨和他的教育思想》，《书里书外：张元济与现代中国出版》，上海：上海交通大学出版社，2017 年，第 30 页。

工作上的交集。早在 6 月，"公学代理总理张元济经北洋大学堂总办王修植"就毕业生留学事宜有过私下沟通与"商定"。①既然北洋大学堂派遣毕业生留学是办校的既定方针，又出现了盛宣怀、大学堂总办王修植、大学堂毕业生齐聚沪上的难得机遇，只要确定出资方与经办方，组织与落实留学事宜就是一件水到渠成的事。盛宣怀担当了出资方；南洋公学张元济担当了协助办理方，尚缺具体办事之人。

　　这一年（1901 年）傅兰雅访华来到上海，6 月 8 日他主动写信给盛宣怀，希望能见面。此时，盛宣怀正为如何落实派遣北洋大学堂毕业生留学一事着急，于是答应 6 月 21 日与傅兰雅会面。会面后，傅兰雅于是月 25 日起草了一份留学章程。经过反复修改，一星期后寄给了盛宣怀。7 月 2 日，傅兰雅并再次致函盛宣怀，请求面晤，以便深入讨论有关事宜。3 日，盛宣怀与傅兰雅会面，就章程内容、留学地点等等问题，予以磋商。6 日，盛宣怀给傅兰雅发去了最终照会敲定。②7 日，盛宣怀在《给南洋公学总理张元济关于派遣外洋学习札》中详细地通报了与"美国加利福尼亚省大书院总教习傅兰雅"有关商讨派遣留学生情况，并重点叙述了照会傅兰雅的主要内容：一、将派遣的留学生"委其带往该大书院分门肄业。所有该学生在美国肄业及住食起居大小一切事务归其专责"；二、"学生在美国读书一应巨细之事，悉听傅总教习主裁"；三、"筹款每年一万两，分两次先期汇去，每六个月一次，交付傅兰雅收管"，"以备支付""按六个月一届由傅总教习汇具报册，寄送本大臣察阅"；四、"照会所订各节即视作合同，以坚信任。如傅总教习悉愿依照办理，即当复文申明照办，以凭备案"；并委托张元济负责后续办理。③傅兰雅表示悉愿依照办理。④接着，王修植与张元济商定，派选北洋大学堂英文教习陈锦涛，以及毕业生王宠惠、张煜全、王宠佑、严炳芬、胡栋朝、吴桂龄等七人，"经盛宣怀批准同意赴美留学"。⑤

　　事情进展非常顺利。21 日，监督江南海关分巡苏淞太兵备道，即为出国留学生办理了留学护照。经费亦得到落实，盛宣怀在复载振函中说："光绪二十七年，饬招商局添拨规银二万两、电报局添拨洋银二万元，以备游学经费，派员专司汇寄，附列南洋

　　①　上海交通大学校史网：《南洋公学的留学生们》，https://sjtuhistory.sjtu.edu.cn/info/1011/1459.htm，2018 年 3 月 20 日。
　　②　邓昉：《清末北洋大学堂学生的首次留学之路——以上海图书馆馆藏盛宣怀档案中盛宣怀与傅兰雅的通信为例》，《图书馆杂志》2018 年第三期，第 121—127 页。
　　③　《盛宣怀给南洋公学总理张元济关于派遣外洋学习札》（1901 年 7 月），北洋大学—天津大学校史编辑室编：《北洋大学—天津大学校史资料选编（一）》，天津：天津大学出版社，1991 年，第 36—37 页。
　　④　欧七斤：《盛宣怀与中国近代教育》，上海：上海交通大学出版社，2016 年，第 119 页。
　　⑤　柳和城、张人凤编著：《张元济年谱长编》，上海：上海交通大学出版社，2011 年，第 35 页。

公学报销。此又南洋公学兼筹北洋学生游学经费之情形也。"[1]另外，盛宣怀与汉阳铁厂总办李维格商谈，从"南洋公学派工程学生四名，交傅兰雅带至旧金山大书院，以铁厂功夫为主，并就近交该处铁厂阅历，拟化铁炉、拉钢厂、机器厂各一名"，定向培养，以便学成归国交汉阳铁厂安排重用。[2]随后，留学生经日本横滨转船，随傅兰雅奔赴美国，被安置在旧金山附近的卜忌利（梁启超译为卜技利）大学读书（这四名学生属于南洋公学还是北洋大学待确定）。与此同时，北洋大学堂王建祖、谭天池两位毕业生使用游学会费、薛颂瀛自费奔赴美国留学，亦由傅兰雅给予安排在校深造。10月，北洋大学堂总办王修植致函张元济，提议"增派一名叫陆耀庭"的毕业生赴美留学。25日，张元济致函盛宣怀，转述王修植意见，陆耀庭留美深造得以实现。[3]从梁启超访美制作的"中国留美学生一览表"中我们知道，此次北洋大学堂赴美留学的师生前后共计11人，教习1人，毕业生10人。

　　傅兰雅没有到过北洋大学堂，在特殊的历史环境下却为天津高教事业办了一件彪炳史册的大事件，它标志着20世纪初中国大学留学教育的肇始，为中国高等教育留学史上写下浓重的一笔。盛宣怀、王修植、张元济们输送大学堂毕业生赴美国留学，从而兑现了创办大学堂之初的承诺。同年9月，清政府下令各省选遣留学生，并许诺诸留学生归来后，赏与进士、举人身份，以大力倡导留学日本教育。此后，各省派遣留日学生与退还"庚子赔款"选送留美学生运动此起彼伏、波澜壮阔，构成辛亥革命前的一次留学高潮。

---

① 《盛宣怀复载振函》，上海图书馆编：《上海图书馆藏盛宣怀档案萃编》（下），上海：上海古籍出版社，2008年，第420页。

② 夏东元编著：《盛宣怀年谱长编》（下册），上海：上海交通大学出版社，2004年，第731页。

③ 柳和城、张人凤编著：《张元济年谱长编》，上海：上海交通大学出版社，2011年，第107页。

"是党的组织领导保住了中国第一所大学"

——访何国模*

何国模　赵　晖**

何国模，1928年出生于北京市，祖籍浙江余姚；1947年考入北洋大学，毕业后留校任职；20世纪80年代初期调到天津市委，曾任中共天津市委常委、天津市政协副主席、天津市教育卫生委员会主任等职。从1946年7月1日入党那天起，他就坚定了作为一名党员的初心，一生为实现共产主义理想而奋斗。

图1　年轻时的何国模（何国模　提供）

---

　　* 本文转载自《天津大学报》2021年5月30日第4版。

　　** 何国模，1928年生于北京市，1947年考入北洋大学，毕业后留校任职，曾任中共天津市委常委、天津市政协副主席、天津市教育卫生委员会主任等职。赵晖，现为天津大学党委宣传部副编审，曾任《天津日报》主任记者，主持、主笔高端访谈等栏目。

平津战役前夕是黎明前最黑暗的时刻。国民党政府要求北洋大学（天津大学前身）南迁，巍巍北洋这所中国第一所现代大学风雨飘摇。危难之时，党领导了护校阻击战，组成了应变委员会，保护校产、转移师生，在战火中保护了学校，将中国第一所大学完整地交到了人民的手中。

图 2　何老 2021 年 4 月接受《天津大学报》记者采访（陈晓金　摄）

在这场护校保卫战中，当时只有 21 岁的电机系的学生党员何国模是其中的骨干力量。忆起当年那场护校保卫战，这位今年 93 岁高龄的老学长，思路清晰、娓娓道来，仿佛又回到了那段青春岁月。

一、坚定信仰为共产主义事业奋斗终身

中学时代，何国模就立志学工科、学技术，用科技救国强国。他以优异成绩被保送入北平师范大学附属中学，每次考试都名列前茅，是名副其实的"学霸"。他爱好广泛，尤喜读书。1945 年，刚上高一那年，他就在同班同学刘正洪的带领下走上了进步道路。

1945 年日本投降后，全国人民欢欣鼓舞，对国家前途充满希望，但是蒋介石反动政权在美帝国主义扶植下，撕毁政治协议，大肆向解放区发动军事进攻，重新把国家推入了内战的深渊。何国模凭着正义感和民主思想的要求，积极参加了学生运动。

"在学生运动中，在跟敌人的斗争中，我体会到中国共产党的思想领导和组织领导，产生了参加党的要求。只有融入党的集体中，才能推翻三座大山。"何国模表达了强烈的入党意愿后，刘正洪介绍地下党领导人石甦同志和他见了面。

图 3　抗战胜利复校后的北洋大学校门（何国模　提供）

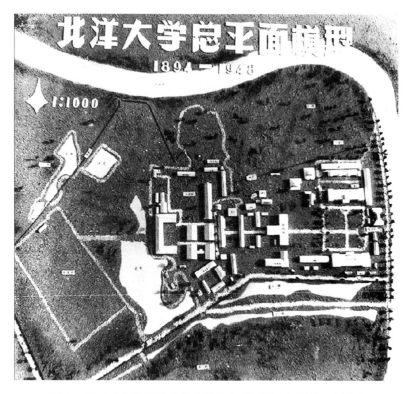

图 4　1946 年复校后的北洋大学校舍平面图（何国模　提供）

何国模回忆："石甦是中共华北局城工部派到北平专职做地下工作的同志，是职业革命家。石甦同志每周约我见一次面。因为当时是在敌人的白色恐怖下，见面的地方一定要非常安全。"会面地点是在北京图书馆和北海公园交界的地方。从北京图书馆的石栏杆跳过去，到北海公园西南角的湖岸，这里树影婆娑，被遮掩得严严实实。在这块人迹罕至的湖岸，石甦同志每周约何国模见一次面。上党课主要讲了两方面的内容：一是讲社会发展史，从劳动创造世界讲起，讲社会的五种生产方式，讲共产主义必然实现，共产主义的内涵，树立共产主义远大理想等；二是进行党的教育，讲阶级的产生和消失、共产党的性质和宗旨，党的最高纲领和最低纲领，党员的权利和义务和白色恐怖下党的铁的纪律、共产党员气节的要求等。这些话犹如一颗火种，点亮了何国模的理想之光，让苦于寻找不到国家前途命运的青年，找到了奋斗的方向，从一个爱国的知识青年，转变成一个共产主义战士。"见面的地方，安全得不得了。"回忆起那段青春岁月，已逾鲐背之年的何国模仿佛又变成了那个翻石栏的少年。

图 5　现在的北京师范大学附属中学（陈晓金　摄）

1946 年 7 月 1 日，地下党组织经过讨论，批准何国模加入中国共产党。"没有仪式，没有宣誓，却是我一生政治生命的开始，这是我一生最重要的生日。我下定决心，自己今后的一生一定要为共产主义事业奋斗终身，当时是做好牺牲准备的。"

二、卧底"求是学生会"　争取进步青年

1947 年秋，何国模被北洋大学冶金系录取（后转入电机系）。他的组织关系也跟着转到了北洋大学，成为北洋党组织的中坚力量。他组织发展进步青年，争取自由民主，迎接解放。

地下党领导学生运动一般是通过学生自治会公开号召和组织的。"学生自治会跟现在学生会一样，是大家选举产生的理事，理事组成理事会，还有一个代表会，每班选个代表组成代表会。罢课签名、组织游行这些事都是在党的领导下，由学生自治会出面组织。学生自治会有个机关刊物叫《北洋生活》，我被党指派在《北洋生活》担任编辑，负责社论工作。社长是李铣，是大三的学生党员。"何国模回忆《北洋生活》是个铅印小报，像现在《参考消息》大小，有 4 个版，定期出版，经常报道各地的学生运动情况，传播进步思想。这份工作，在中学就办过壁报的何国模干得得心应手，不过党组织给他下达了新的任务——到国民党控制的"求是学生会"做卧底。

图 6　2015 年 10 月 2 日何老参加李曙森铜像揭幕（陈晓金　摄）

解放战争时期，在蒋管区的人民运动中，学生运动起着带头作用，给国民党反动政府以严重打击。"伟大的正义的学生运动和蒋介石反动政府之间的尖锐斗争"，被毛泽东高度评价为解放战争的第二条战线。国民党对学生运动充满了畏惧和警惕，他们在学生中培植自己的势力，妄图分化学生队伍，打击正义的学生运动。北洋大学"求是学生会"就是在这样的背景下成立的国民党外围组织。

当时的北洋大学虽然是在国民党政府的统治下，但校内学生运动蓬勃发展，进步力量占上风，国民党和三青团分子声名狼藉，不敢公开活动，就部署了蒙蔽争夺学生群众的新对策，成立了一个"求是学生会"，口号是"安心读书""在安定中求进步"，散布"学生的天职是读书，不要搞政治运动"的思想，妄图釜底抽薪，瓦解进步学生运动。一时蒙蔽了200余名同学参加，占全校学生的近四分之一。何国模的新任务就是要到这个组织去"卧底"，了解其情况，及时向党组织汇报，使党制定相应对策，对其进行及时的瓦解。

那时何国模刚到北洋大学不久，大家对他的政治倾向不了解，"求是学生会"的发起人刘承诰是北师大附中比何国模高一年级的学生，因为是校友，他主动找到何国模，拉他参加"求是学生会"。将计就计，党组织决定让何国模退出《北洋生活》的工作，不让他再参加进步活动，而是打入"求是学生会"做卧底。何国模主动帮助刘承诰开展筹备工作，在"求是学生会"的成立大会上，刘承诰当选为主席，何国模被选为副主席。以后党又派赵光夏、姜学锦两位同志也打进去协助他工作。他们将"求是学生会"全体会员名单、该会领导层的政治结构、每个时期的活动企图和动态、它受到学校当局哪些支持及它通过市内三青团的关系无偿借用电影片来校内演出等情况，都及时向党组织作了汇报。

"'求是学生会'成立后正赶上那一年学生自治会改选，'求是学生会'上来就想夺取学生自治会的领导权，如果他把领导权夺去，那北洋大学的进步学生运动将受到很大的障碍和挫折。'求是学生会'推出刘承诰等十几个人竞选学生自治会理事，国民党全力运作，为他们做了几米高的照片牌，还组织游行，敲锣打鼓地造势拉选票。"

因为何国模及时通报了情况，党组织及时联络各进步社团，共同推选出一个由进步力量组成的竞选名单，以避免选票分散。党组织发动地下党员、民青同志、进步社团在全校展开强大宣传攻势，进步力量方面的竞选标语贴满全校教学楼和食堂，甚至各个教室每张课桌上都贴上了竞选人名单。

"那一年的学生自治会争夺战是非常激烈的，最后选举结果是进步力量大获全胜"，何国模回忆说，后来党组织发动进步社团剥开了"求是学生会""中立"的伪装，使得不少被蒙蔽的同学退了出来。到1948年暑假，"求是学生会"已经活动不起来了，实际上已名存实亡。

图 7　何老 2021 年 5 月在校园接受天津大学电视台采访（陈晓金　摄）

三、瓦解南迁留住北洋

1948 年下半年，辽沈战役结束，平津战役即将打响，国民党政府下令让北洋大学南迁。这时校内全部反动势力的中心工作就是动员南迁。

怕学生反对，一开始国民党对南迁计划秘而不宣，打算悄悄进行铺垫，然后一击即中。他们广泛散布"南方已为同学们做好了一切准备"的谣言。"求是学生会"等团体突然发起要召开全校大会商讨南迁事宜的活动。按那时的规定，凡有超过半数同学签名就可以召开全校学生大会。在广大同学不明真相和进步同学缺乏准备的情况下，反动势力勉强凑够半数。地下党组织了解这种情况后立即作出决策——拖延，先把这事拖下来，不使大会作出决议，然后再扭转局势。全校同学大会召开，先是几个反动学生跳上台去鼓吹南迁，然后是进步同学上台与之展开激烈辩论。有的讲过去北洋大学西迁所有仪器设备都丢了，中途流失了很多老师和同学，学校不可轻动，必须万无一失才能决定南迁。有的讲："南迁校址已经准备好了？谁也没有看到，咱们应该派代表去南方考察，考察回来，如果真准备好了咱们再决定。"还有的学生反问："北洋师生教职员工 2000 人，这么多人怎么走？有什么措施保证我们的仪器设备都能够万无一失，沿途平安？解决方案都定下来才能南迁。"就这样，这次由国民党发起的南迁决议大会，被进步学生瓦解了。

图8　何老2021年4月向天津大学档案馆赠送回忆录（陈晓金　摄）

会后，市地下党学委指示，要进一步争取群众，揭露阴谋，尽一切力量制止南迁。于是全校展开了一场声势浩大的反南迁斗争。学生自治会派出同学亲自到南方展开调研工作，了解到南方根本毫无准备的真相。地下党员、民青成员和进步同学齐动员，分工做好周边同学的工作。几天内全校墙上贴满了壁报、大字报和呼吁书，大造反南迁舆论。在充分有把握的情况下，一场由地下党领导进步学生组织的学生大会召开了。时隔半个多世纪，何国模依然能清晰地回忆出那场决定北洋大学命运的学生大会的场景：多名进步同学慷慨陈词，有根有据地驳斥主张南迁的谬论。《八千里路云和月》导演史东山的儿子史大千说："我就是东北学生，辽沈战役前，国民党说让我们东北学生进关内来读书，说在关内都给准备好了，我们东北学生到了之后，根本没人管。我们几十个人住在地下室，连铺的东西都没有，现在又骗你们上南方去，你们还不跟我们一样吗？"随后，学生自治会的同学上台公布了实地调研结果："我们派人到南方正式调查，南方根本就什么都没有……"

"最后全体学生通过决议反对南迁，留在天津等待解放。这件事意味着北洋大学在政治上表了态，与国民党划清了界限"，何国模说，"这次学生大会意义重大。"

四、保护珍贵仪器档案护校迎解放

1948 年 12 月初，平津战役打响了，中国人民解放军包围了天津。当时党的指示是："团结群众，护厂护校，迎接解放。"

那时北洋大学国民党当局的负责人都逃走了，学校处于无人负责的状态，在地下党支部的领导下，北洋大学以学生自治会为基础，吸收讲师助教联合会和工人联合会的代表参加，组成了应变委员会，担负起对学校实行领导的职责。这时地下党支部通知何国模可以参加进步活动了。何国模加入应变委员会，并成为其中的骨干力量，投入到护校斗争一线。

当时北洋大学地处战斗的前线，国民党军队几次试图进入学校，将北洋西沽校区作为国民党军队的前线阵地。为了安全起见，应变委员会将全校学生和教职员工及家属迁到河北女师的体育馆和教室临时安置。在河北女师居住期间，在应变委员会领导下，上午是全体同学学习讨论时间，学习中国共产党的城市政策和人民解放军的入城约法八章等；下午，由各个社团开展文娱活动。为保护学校财产，地下党支部把保护校产的任务交给了地下党员高光国，高光国邀请何国模帮助共同完成这项工作。

"南大楼有个地下室，很宽敞。我们通知各系把贵重设备都送到地下室，同时把图书馆的贵重图书、学校的重要档案也都搬到地下室。把大门用砖砌上，整个墙面重抹一层白灰，再刷上白浆，站在外面看就是一个白墙。"师生及家属迁往女师学院前，何国模和高光国筹划组建了护校队。护校队由七八位进步同学和十几位工人组成。在护校队成立大会上，组织者宣布高光国任队长，何国模做动员讲话。北洋师生及家属迁居市内后，国民党军队进驻学校。护校队员不惧战火，始终坚守在国民党军队的前沿阵地，看护校产，直至天津解放。就这样，北洋大学的主要仪器设备、珍贵图书资料、学校重要档案都被完好地保存了下来。

天津围城后，天津和全国各省市的联系被隔断，北洋大学内来自各省市学生的经济来源就中断了。城内戒严，店铺关门，任何东西也买不到了。围城期间如何解决全体师生及家属的吃饭是个大问题。地下党把这个艰巨的任务交给了何国模。那段时间，何国模四处找钱、找粮，终于了解到，国民党教育部为动员北洋大学南迁曾汇来一笔南迁费，已经到了学校，如果能拿到这笔钱，就能解决吃饭问题。"我就找学校出纳组主任王培傑，说我是应变委员会的，让他把钱拿出来，解决全校师生生活问题。他推脱说，'我只是出纳组主任，光我的签字盖章不行，非有学校负责人的签名盖章才能拿得出来。'我就打听哪个校领导还在天津。后来我找到了副训导长张务滋的家，他说他勉强可以代表校领导签字，但光他签字不行，还得有出纳组主任签名。于是我在河北女师借了一个教室，又动员了30个学生，把俩人同时请到学校。学生们把他们围在当中，强烈要求买粮食、要吃饭！两人无法推诿，都在支票上盖了章。"

支票有了，钱有了，但粮食去哪儿买呢？几万斤粮食可不是小数目，粮店里买不到。后来有人告诉何国模，机械系的副教授张凤岗有办法。何国模赶紧找到张教授家，听了何国模的话，张教授二话没说，一口答应。当天夜里3点多钟，张教授带着何国模从学校出发往市里走，道路漆黑一片，也不知过了多久，他们走进了一条长街，进了其中一家粮食批发商行，这里和普通零售店不同，店内看不到粮食，房子中间摆着一张桌子，桌子上有二三十个小布口袋，每个布口袋里装着一种粮食的样品。何国模当机立断订了20万斤最好的小站稻，连脚钱一并付了，只有一个要求，第二天一定要送到。天亮了，他又买了5000斤咸菜、5000斤鲜菜。第二天一早，一大溜儿的马车拉着装满粮食的麻袋，浩浩荡荡地进了河北女师，把粮食运进了膳团大师傅早就准备好的库房。那个场面特别壮观，围城的一个多月里，倚靠这批大米、咸菜，全体学生、老师及家属都到食堂来吃饭，一律不收饭费。学校有几十名工人，他们都住在学校附近，每周来河北女师一次，按家庭人口发给他们粮食。天津围城一个多月，这批粮食只吃掉一半，保证了党组织部署的应变任务的完成。直到解放二三十年后，有些老工人见到何国模还说，那个时候要是没有应变委员会给我们发粮食，全家早就饿死了。"两三天后就围城了，全城戒严，要是晚个两三天就是有钱也买不到粮。"何国模提起当时的情景不禁庆幸。

就这样，在党的领导下，中国第一所现代大学——北洋大学得以在战火中保存，被完整地交到了人民的手上。

后 记

　　诞生于 1895 年的北洋大学堂是中国第一所现代大学，开中国近代高等教育之先河。在办学奏折中，创始人盛宣怀清晰阐明了办学宗旨——"自强之道，以作育人才为本，求才之道，以设立学堂为先"，精确论述了中国大学与国家的关系，树立了"兴学强国"的中国大学精神。

　　继北洋大学堂之后，南洋公学、京师大学堂、山东大学堂等纷纷建立，这些学校均以"为天下储人才、为国家图富强"为核心诉求，高举"兴学强国"的旗帜，将"兴学强国"的文化基因融入中国大学的血脉中。

　　回顾历史，北洋大学是救亡图存、兴学强国、创新求发展的典型案例。加强对北洋大学的研究，不仅是对高等教育历史的研究，也更是对中国大学精神和中国大学发展建设的追溯和回顾，天津大学大学文化与校史研究所多年致力于此。集腋成裘，聚沙成塔。北洋大学与其诞生城市天津的专项研究，得益于天津文史学者以及社会各界对天津大学的关心和热爱，集中体现在前期出版的《北洋大学与天津》第1辑至第5辑中。前期的研究过程让我们更加清晰地认识到北洋大学研究可能实现的深度和广度，因此对这一主题开发始终抱有的锲而不舍的责任感和使命感，一直导引着我们走向视野和眼界更为宏大的主题研究——"北洋大学与近代中国"研究。更让我们感到欣喜的是，此项研究得到了天津文史学者的长期支持，也喜获来自上海、武汉、珠海、澳门等城市的学者悉心襄助，在此，向所有关心和支持我们的朋友表示衷心的感谢！

　　还要专门感谢天津市文史专家罗澍伟先生，南开大学历史学院、天津市社会科学研究院长期以来对我们工作的支持和帮助。感谢天津大学党委副书记雷鸣给予此项工作的大力支持。感谢宣传部吕静、刘一同志对此项工作的支持。感谢商务印书馆深圳分馆苑容宏总经理、孙延旭总编，在短短数月内完成了本书的出版工作。

百尺竿头思更进。我们将坚守"北洋大学与天津"恳谈会文化名片，跨步迈向"北洋大学与近代中国"的主题建设中，相信在社会各界的支持下，我们勤勉拓新，定不负众望，收获丰盈。

编　者

2021 年 6 月

图书在版编目(CIP)数据

北洋大学与近代中国．第 1 辑 / 王杰，张世轶主编
．— 北京：商务印书馆，2022
ISBN 978-7-100-21145-1

Ⅰ．①北… Ⅱ．①王… ②张… Ⅲ．①天津大学－校
史－文集 Ⅳ．① G649.282.1-53

中国版本图书馆 CIP 数据核字 (2022) 第 102742 号

北洋大学与近代中国

（第 1 辑）

王杰 张世轶 主编

商 务 印 书 馆 出 版
（北京王府井大街 36 号 邮政编码 100710）
商 务 印 书 馆 发 行
艺堂印刷（天津）有限公司印刷
ISBN 978-7-100-21145-1

2022 年 6 月第 1 版　　　　开本 787×1092　1/16
2022 年 6 月第 1 次印刷　　　印张 23 ½
定价：128.00 元